U0647493

彭 勇 著

THE
HISTORY
OF
MING
DYNASTY

明史

人民出版社

目录 CONTENTS

001　概　说　在机遇与挑战之间

013　第一章　明朝的建国立制

014　第一节　明朝的建立

026　第二节　明初皇权的加强

038　第三节　发展经济的举措

051　第二章　永乐朝的开拓进取

052　第一节　明初分封制的变革

067　第二节　成祖的宏伟事业

079　第三节　郑和下西洋

091　第三章　明前期的兴盛与矛盾

092　第一节　仁宣之治

098　第二节　宣宗的浮华生活

106　第三节　英宗时期的乱局

119　第四章　明中期的危机与革新

120　第一节　武宗的乱政

129　第二节　明中期的社会矛盾

137　第三节　各项改革措施的推行

153　第五章　明朝的民族和外交关系

154　第一节　明代的民族关系

158　第二节　与蒙古部的民族关系

171　第三节　与日本的关系

183　第四节　早期中西关系

197　第六章　明代社会经济的新发展

198　第一节　传统农业的结构调整

203　第二节　商业和城市的繁荣

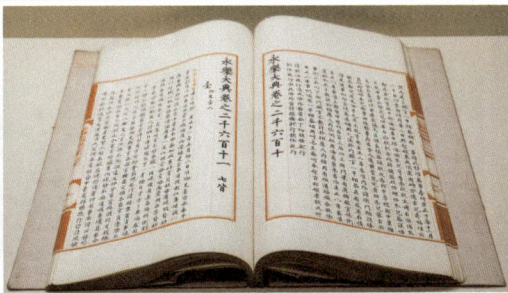

214　　第三节　国内外贸易体系的形成

223　第七章　明代思想文化的新变化

224　第一节　儒学思想的演化

239　第二节　文学风气的变化

245　第三节　明后期的社会新风尚

251　第八章　晚明的皇位更迭与乱局

252　第一节　"明之亡，实亡于神宗"

261　第二节　熹宗："虽欲不亡，何可得哉"

272　第三节　思宗："溃烂而莫可救"

279　第九章　明清易代中的必然、可能与不确定性

281　第一节　明朝灭亡的必然性

295　第二节　大顺政权存在的可能性

302　第三节　清朝统一全国的不确定性

311　第四节　明清嬗代的争议

319　第十章　明史研究的主要史料

320　第一节　通史类典籍

329　第二节　政书

337　第三节　诏令奏议

341　第四节　地方史志

351　第五节　文集

354　第六节　笔记小说

357　第七节　子部文献

360　第八节　新材料的发现与利用

372　参考书目

376　大事记

380　后记

概　说　在机遇与挑战之间

中外学者对明代的历史评价，长期处于争议之中，有人说，明代的历史充满了暴力、专制、独裁，充满阴暗、另类与变态，明代的恐怖社会宛若人间地狱；有人却说，明代的历史洋溢着睿智、新奇和文明，它开启了近代中国民主社会的新纪元和新时代，如果能够穿越历史，他们更愿意生活在晚明时代。迥异的观点似乎各有证据，却让人莫辨是非。其实，专注于明史研究的学者，或者能够打通中国历史研究的学者，大体能给明代的历史以客观的定位。那就是——明代是中国传统帝制的继续，是传统帝制走向衰败的开始，是孕育新时代、新生活的时期。在明代，垂死与新生并存，腐朽与神奇共生，有机遇，有挑战，明代的历史异彩纷呈，多姿多彩。

明王朝代元朝而起，从洪武到崇祯共历16帝、17朝，长达276年，其国祚之久长仅次于唐代的290年（618—907），长于清代的268年（1644—1911）。稳定是发展的前提，国运长久，从一方面既表明了明朝统治秩序在变革之中的适应、调整与生存能力，另一方面也说明了长期单一制度的霸权与独裁只有被打破才能获得新的发展机会。

一、明史分期及其特征

通常，人们综合明代的社会发展状况及其趋势，把明代的历史分成前、中、后三个时期。当然，根据研究明代史不同具体对象的需要，也有多种不同的分期方法，毕竟所谓的分期，目的都是为了从不同的角度来观察和认识研究对象的诸层面。大体而言，明代的前期是指从洪武建国到英宗正统十四年"土木之变"爆发（1368—1449），是明朝成长与发展的时期。在这一时期，经过明初全面恢复、新建、重构和发展，社会呈现政局稳定、边境安宁、经济发展的大好局面，人们生活稳定，家给人足，时人和后世称之为"治世"。中期是指从"土木之变"到万历十年（1449—1582）张居正去世。这一时期整个社会表现出的是承平日久下的弊病潜滋暗长，阶级矛盾、社会矛盾和民族矛盾不断积聚，在守常中寻求变革成为时代的要求，可称为明代的"积弱与改革"时期。后期是指从万历十年之后一直到明朝灭亡，是逐渐衰败的时期。由于明代国祚久长，后期的社会性质与前期有显著的不同，故又有"晚明时代"的表述。

处在传统社会后期的明代，落后的生产关系与活跃的社会生产力之间的矛盾已经暴露出来。明代

《明史》书影

的腐朽，表现在古老的官僚帝制上，体现在政治、军事、思想和文化等领域的保守、因循与封闭、僵硬上。明代的神奇，表现在以商品和货币经济发展为引领，思想文化和社会生活发生了革命性的变化，新思想、新生活、新观念带来了对新时代的追求和向往。

1. 明前期的恢复与发展

明建国之初，大规模改朝换代的战争虽已平息，但各种社会矛盾仍然十分尖锐，社会动荡不安，经济凋敝残破，统治秩序还很不稳定。太祖和成祖为加强皇权，稳定社会秩序，恢复与发展社会经济，采取了一系列措施。第一，他们调兵遣将，逐次消灭割据势力，逐步建立起统一的国家政权；他们努力清除蒙元的残余势力，力图肃清漠北，构建稳定的国家防御体系。第二，明统治者致力于革除元朝弊政，对国家机构进行大幅度改革，在中央废除丞相，权分六部，设四辅官（内阁制度），建立新的中央辅政制度；在地方设立南北直隶、十三布政司和都司（行都司），强化中央集权。同时，通过改革军事、司法、监察制度，析分权力，以统于上，使得专制主义中央集权，尤其是皇权得到进一步巩固和加强。第三，采取了一系列发展农业、手工业和商业的措施。安置流民，移民屯田，提供生产资料，鼓励种植和养殖业，保护经营者的基本权益，轻徭薄赋，这些休养生息的措施，使社会秩序趋于稳定，社会经济迅速恢复起来。第四，在思想文化方面，他们恢复科举选官取士之法，重视学校教育，传统文化得到快速发展。当然，在大力倡导

程朱理学的同时，统治者对思想和文化的控制也进一步加强了。

明初70年的时间里，历经太祖、成祖，至仁宗、宣宗时，休养生息，轻徭薄赋，社会秩序趋于稳定，遂成一个新的传统治世。放眼世界，当时中国在亚洲和世界上仍处于强国地位。郑和下西洋以其庞大的船队和先进的航海技术，将海上丝绸之路从印度半岛延伸到非洲东海岸，开辟亚非之间的交通网络，凸显了明朝在世界上的影响力。明宣宗死后，年幼的明英宗继位，前朝老臣"三杨"继续辅政，保持了政局的稳定。

2. 明中期的矛盾与变革

进入明中期后，政治上的集权专制（当然，明代也不乏像廷议制度这样具有一定民主色彩的议政形式）与经济上的自由流动必然发生激烈的冲突与撞击。在明前期良好的农耕经济恢复基础之上，社会生产蓬勃发展，农副产品商品化程度逐步提高，手工业生产持续发展繁荣，农民、手工业者和商人的流动性日趋增强，不仅大中型城市经济繁荣活跃，中小城镇尤其是江南地区工商业市镇迅速崛起。在明朝的广大农村基层，也全面出现了定期集市或商品交易地点，商品经济和白银货币经济达到前所未有的高度。私人海外贸易日渐兴盛，并迫使明廷在隆庆年间开放海禁。新的生产组织方式在江南一些工商业城镇破土而出，传统经济结构内部发生了明显的变化。城镇居民逐渐兴起拜金逐利、奢侈享乐的风气，违制越礼的现象突出，王阳明心学的出现及流传，向程朱理学发起强劲挑战。至成化、弘治年间，明代社会已表露出向近代转型的征兆。

与此同时，皇权高度集中之下的官僚政治体制却日益表现出它的寄生性和腐朽性。明代社会长期保持安定，受商品、货币经济的刺激，大地主集团的胃口日益膨胀，土地兼并加剧，赋役征派日趋苛重。除景泰年间、弘治前期和嘉靖初年的政治有所起色外，英宗、宪宗、武宗等皇帝或风流荒唐，纵情声色，或佞佛崇道，热衷念佛斋醮，懈怠政事，导致宦官与权臣迭相专权，社会矛盾日趋激化。从正统后期开始，先是爆发邓茂七、叶宗留起义，后又发生瓦剌南下、俘虏明英宗的"土木之变"，成化和正德年间，又相继爆发大规模的流民起义和刘六、刘七起义。到嘉靖年间，更形成鞑靼不时南下骚扰和倭寇不断入侵东南沿海的局面，葡萄牙殖民者长期滞留在澳门。内忧外患交织在一起，引起了朝野上下有识之士的高度警觉。从嘉靖初年开始，全国范围内掀起了政治、经济、军事和教育等方面的改革浪潮，到隆庆

明代银锭

和万历初年，则形成集大成的张居正改革。这一时期，以"廷议"为手段达成了"隆庆议和"和"俺答封贡"，最终解决了困扰明廷长达二百余年的北边问题。以响应时代要求和顺应时代潮流为精神，隆庆开关重新开始了一度中止的中西经济和文化交流。

明代中期的改革措施取得了显著的成效，它整肃了吏治，充裕了国库，巩固了边防，缓和了边地的紧张局势，具有深远的历史意义。改革继续推进了明前期业已开始的白银货币化进程，赋役制度和经济增长方式也发生了重大变化，整个社会经济发展的质、量都得到提升。明中期面临的社会矛盾及其应对措施，反映了中国社会在传统体制框架内寻找新的发展机遇的基本能力和发展方向。

3. 明后期的腐朽与神奇

学界对明后期的社会性质判定最为复杂，是腐朽，还是神奇？是帝制的持续，还是近代化的初起？嵇文甫认为："晚明时代，是一个动荡时代，是一个斑驳陆离的过渡时代。照耀着这时代的，不是一轮赫然当空的太阳，而是许多道光彩缤纷的明霞。你尽可以说它'杂'，却决不能说它'庸'；尽

明代谢环画《杏园雅集图》（现藏镇江博物馆）

可以说它'嚣张'，却决不能说它'死板'；尽可以说它是'乱世之音'，却决不能说它是'衰世之音'。它把一个旧时代送终，却又使新时代开始。这在超现实主义的云雾中，透露出现实主义的曙光。"①明后期所呈现的传统与现代交织，腐朽与神奇互现的特点比明中期表现得更加突出。

明代后期始自万历十年，张居正去世后遭到抄家惩处，自中期以来的改革之锐气受到沉重打击，士风也为之一变，明帝国的改革气象随之烟消云散。君主专制制度、大地主所有制的反动性和落后性暴露无遗，既得利益者变得更加贪婪而侈靡，疯狂地对广大农民和城镇居民进行压榨和掠夺，引起百姓的强烈不满和反抗。统治集团也更加腐朽，神宗亲政后长期不理政事，只顾聚敛财货，寻欢作乐，连国家机构大量缺员也不闻不问，官员奏疏多被"留中"，严重挫伤了官员参政、议政和行政的积极性。在职官员的考课升迁时停时行，不少官位长久空缺，助长了官场上的因循拖沓之风，为各级官员贪污纳贿、欺压百姓洞开方便之门。光宗沉溺酒色，熹宗嗜好玩乐。统治阶级内部派系林立，争斗不休，使统治力量严重削弱。专制统治已难维持高度的集权统一，对社会的控制力日渐松弛。明朝的政治环境日趋恶劣，社

① 嵇文甫：《晚明思想史论》，东方出版社1996年版，第1页。

会矛盾加剧，农民起义、市民暴动、军兵哗变、民族矛盾尖锐等问题日显突出。

与之相对应的是，商品货币经济却在持续发展，全国性商品市场已经形成，并向世界延伸，海外贸易迅速增长，大量白银流入中国，社会转型的步伐明显加快。逐利与奢侈之风更加盛行，逾礼越制的现象比比皆是。由心学发展起来的泰州学派，特别是"异端之尤"的李贽，高举反传统的旗帜，倡导人性自由、行为解放、满足私欲、贵贱平等的启蒙思想。作为心学的产物，实学思潮也悄然兴起。一些思想家、政治家在批判理学家空谈性理的同时，倡导实学、实功、实用，讲求经世致用、治国兴邦之术，实现富国、强兵、足民。晚明社会正是在这种政治腐败中走向了经济与社会的开放活泼。晚明时期的中国社会，正处于由传统社会迈向近代的社会转型时期。因此，有学者认为，晚明社会的基本特征是"变"，实质是社会转型。16世纪是人类社会发生深刻变化的时代，也是中国社会发生变化的时代，晚明社会变迁与两个划时代意义的开端，即中国的传统社会向近代社会转型的开端和世界一体化的开端相联系。①

二、明时期的中国与世界

明朝存在的时间是1368年至1644年，即14世纪中叶至17世纪中叶的近三百年时间。在中国传统的历史分期中，这一时期常被认定是传统帝国政制持续发展的历史时期，明朝与继之而起的清朝被视为专制主义中央集权高度发展的统一的、超稳定的"板块"。明清五百余年被笼统地视为专制、独裁、保守、闭关，而明朝更被视作近代中国落后于西方社会的"祸根"。然

---

① 万明：《明代中外关系史论稿》，中国社会科学出版社2011年版，"自序"。

而，如果认真去分析明朝时期的中国与世界，比较明朝时期的中国与清朝时期的中国，就会发现：明代的中国，依然走在世界发展的前列，明朝中后期的中国充满发展与变革的机遇，把明朝的国势与清朝的国运作为一个整体板块联系在一起，是不恰当的。

处在传统社会发展与变革时期的中国，国内和国际大环境总体还是良好的。国内环境为商品货币经济持续发展提供了持久保障，为思想文化和社会生活提供了强劲动力。这一时期的国际环境也有利于中国社会的转型，当时的中国与国际社会在政治、宗教、科学和技术等方面也一直保持良好的沟通、交流关系，在近代社会思想和科学文化方面保持较高水平的沟通与交流。

当然，社会转型的过程是痛苦的，国内传统专制势力仍然顽强，儒家传统政治、思想和文化价值观念的影响根深蒂固。明代社会走向近代化的道路还面临重重困难和阻碍，这一点与从中世纪走向近代社会的欧洲有很大的不同。

1368年，明朝建立之时，欧洲依然处在"黑暗"的中世纪（476—约15世纪），那一时期，黑死病肆虐下的欧洲大陆，充满了饥荒、瘟疫和暴力，经济混乱。英法之间的战争持续百年之久（1337—1453），其间，国王和贵族为争夺经济利益和国家控制权展开激烈斗争，加剧了政治和社会动荡。13世纪的罗马天主教会权力达到极致，教皇既是基督教的精神领袖，也对全部世俗统治者具有普遍权威。14世纪的宗教与经院哲学依然统治着人们的思想，只不过，教会走向衰落的步伐越来越快。也恰恰在明朝建国之初，欧洲教会正处于"教会大分裂"，即两个教皇并存的时代。大分裂直接破坏了基督教信仰，破坏了构成教会重要基础的教阶制度，动摇了普通基督徒的日常生活。可以说，这一时期的欧洲政治、宗教和社会都处在一个混乱的时期。"然而，欧洲新社会表现出相当大的韧性。危机常常激发新思想和新习惯。这一时期的知识分子认为自己即将迈入一个古典文明精华再生的新时代，后来人们普遍称之为文艺复兴。"[1]纵然有罗吉尔·培根这样的天才思想家，尝试向经院哲学发起挑战，但也不过是天边划过的一道流星，没有给当时的欧洲社会以实质性的影响。

16世纪欧洲帆船

汉萨同盟博物馆

　　欧洲社会的近代化进程起步于十三四世纪，地中海沿岸一些城市开始使用新的生产组织管理方式，历经14世纪后半期的几次经济逆转和社会制度之后，这些地区在十四五世纪开始使用脚踏纺车、脚踏织布机、水力和风力发动机、磨粉机等，制造业和贸易额增长迅速，走向了漫长的资本积累过程。例如，明弘治十三年（1500）出现在德意志地区的、作为商业和军事同盟组织的汉萨同盟已有80个城市加盟，他们在同北欧和英国的贸易中处于垄断地位。在意大利等国，传统商业部门出现了新机器和新技术。但显然，这时欧洲的技术大都落后于同时期中国的手工业生产技术，而且劳动者阶层主要还是农民，"除了在意大利和佛兰德斯等城市化较高的地区，农民占全部欧洲人口比例依然高达85%—90%"，直到15世纪末，欧洲的农奴制才衰落下去。[①]

　　15世纪是西方文明的"复现和再生"时期，这一时期既是中世纪历史的延续，也是一个新时代的开始，一方面，14世纪的分裂局面在持续；另一方面，政治、经济、艺术和知识变革出现，文艺复兴开启了欧洲近代化的大门。

----

　　①　［美］杰克逊·J.斯皮瓦格尔：《西方文明简史》，董仲瑜等译，北京大学出版社2010年版，第301—302页。

欧洲近代化进程加速发展于15世纪末至16世纪初的环球航行之后，即所谓的"大航海时代"。这是一个时代的开始，许多学者认为，欧洲开始全面与世界相遇，迈向世界经济由此全面开始。刘祚昌等先生认为"世界近代史开始于一六四〇的英国资产阶级革命"[①]，吴于廑等先生认为"1500年左右是世界近代史的开端"[②]。可以说，大航海时代的欧洲仍然至少比中国的郑和船队落后近一个世纪，至少在明朝建立后的150年左右的时间里，中国，仍然走在世界的前列。

16世纪以后明中期的社会转型与欧洲同时期的历史演进有诸多相似之处，商品经济的迅速发展，反传统思潮的涌起，社会思想和文化特质的变化，以及科学技术的进步等，都在昭示一个新时代的到来。对比中西社会的文明进程，从传统向近代社会的转型，虽然是综合因素共同作用的结果，但主要表现大体有三个方面：一是政治权力组织和运行方式的差别，即民主与专制之别；二是资本运行和管理方式之别，即雇佣劳动与家庭手工业劳动之别；三是推动物质世界的飞速发展动力，即科学和技术的差别。

由于16世纪之后，欧洲步入了近代化发展的进程，中国却继续以"鹅行鸭步式"徘徊在传统专制的官僚帝制时代，而且中西方的差距由此越拉越大，人们开始关注16世纪中叶之后中西方全方位的新的交流。

在中西方的交流方面，中国人在11世纪发明的火药，在13世纪时被设计成一种简易的火炮，经过蒙古人改良并用于对亚欧的战争之后，火药开始逐步使用于战争之中，精准的大炮和炮弹应运而生，13—14世纪，中东和欧洲都使用上了这一精锐的武器装备。15世纪以后明朝进入中后期，其政治思想、商业资本运作和科学技术等保持着大体与西方社会同步发展和较为顺畅的交流，并非像入清以后的18世纪那样与西方相去甚远、天各一方。在倡导"人文主义精神"的文艺复兴蓬勃开展之际，中国的阳明心学也正在席卷中华大地，李贽等人的反传统守旧思想之锐利并不逊于欧洲启蒙思想家。在经济领域，中国无论是东南沿海还是华北乡村，在手工业和商业生产领域都发生了结构性变化。此时的中国与世界越来越密切地联系在一起。明中期

---

① 刘祚昌等主编：《世界近代史》，高等教育出版社2001年版，"导言"。
② 吴于廑、齐世荣主编：《世界史（近代史编）》，高等教育出版社2011年版，第1页。

以后，西方传教士、商业船队相继登陆中国，中西间的政治、经济、宗教和科学技术活动交流日益密切。由西方传教士输入的欧洲近代科学知识，也为中国一些有识之士所接纳，包括皇帝和皇后在内的最高统治者都表现出浓厚的兴趣；中国的商品市场因为有许多国家的参与而纳入世界体系之中。中国，是那个时代世界白银资本市场的中心。

　　然而，历史发展充满了不确定性。17世纪中叶之后中国开始逐渐落后的历史事实是显而易见的。明朝以后的中国并没有像欧洲主要国家那样步入近代化发展阶段，其原因自然是多方面的。中国以传统农耕经济为基础，以儒家伦理为内核构筑的统治秩序在专制统治下表现出顽强的生命力，阻滞了社会结构的更新和变革。当晚明社会腐朽的政治秩序与鲜活的思想文化正在发生剧烈碰撞、急需寻求突破之际，明末农民战争爆发了；建州女真乘机在东北崛起，并建立了后金（后改为清）政权；在东南沿海，荷兰、西班牙的殖民者侵占台湾。为了对付内忧外患，明朝统治者耗尽了国力，最后终于为农民大起义的浪潮所埋葬。随后入关统一全国的清王朝，重建了传统统治秩序，新的专制主义中央集权重新建立，晚明闪现的变革曙光随即消失。这也打断了正在起步的中国近代化进程，使中国重新回到传统统治体系中，使中国失去了蜕变的机会，古老的中国仍然未能冲破传统帝制的藩篱。这是近代中国落后的关键所在。

明孝陵初春（杜维伟摄）

第一章　明朝的建国立制

明王朝取代蒙元政权而建立，它的建立者是汉家平民子弟朱元璋。明太祖朱元璋也是继汉高祖刘邦之后中国历史上第二位平民出身的皇帝。"时势造英雄"，以布衣之身，登九五庙堂之高，朱元璋除了有英雄的胆略与才干之外，元末混乱的时局也给他提供了机会。贫苦出身，让朱元璋夺取天下后，深知民生之多艰，治国之不易。渐次统一全国后，他采取措施加强中央集权，整肃吏治，稳定社会，发展生产，奠定了明朝近三百年的基业。就连清朝的统治者也肯定他的功绩，称赞他"治隆唐宋"。

第一节 明朝的建立

"驱除胡虏，恢复中华"是朱元璋在其《谕中原檄》中向腐朽的蒙元政权发出的挑战、呐喊，也反映了他的革命目标和建国主张。"胡虏"当驱，是因为蒙元贵族的统治难以维系，是因为广大百姓的生活难以为继。

1. 元失民心

1271年，成吉思汗的孙子、蒙古帝国大汗忽必烈渐次拥有了西夏、金、南宋和大理等四国辽阔的疆地，建立了庞大的蒙元帝国。

元立国之初，元世祖倡行"汉法"，采取保护和发展农耕经济的一系列措施，如迁徙民户充实内地和西北地区，清理豪强侵占的土地和民户，释放部分奴隶从事农业生产，兴修水利等，元朝各地的农业都有了不同程度的恢复和发展。在农业和手工业发展的基础上，城市逐步繁荣，加之元朝海运空前兴盛，杭州、广州、泉州、温州都设有贸易管理机构，逐步发展成为繁华的大都市。元以汉制立国，但并没有抛弃蒙古族传统政制，相反，随着政权的稳定，尤其是元世祖去世之后，"汉化"迟滞，甚至出现倒退的现象，各种矛盾激化，元朝统治出现了诸多不稳定因素。元帝国有广大的地域和发达

康宁寺内供奉的元世祖忽必烈与大元帝师八思巴像
在元代，僧、道等宗教群体拥有很高的政治和社会地位，元统治者的暴政中"颇具特色"的是赋予"喇嘛"、"番僧"等以尊贵的特权。元朝以喇嘛教为国教，僧侣不仅享有法律特权，甚至可以干预司法。

的海内外贸易，也有无法掩盖的复杂的社会矛盾和民族矛盾。

　　为了维护蒙元贵族阶层的统治需要，元朝从建国之初就采取了民族压迫政策，把国人分为四等（或称之为若干等级圈层）：第一等是蒙古族人，居政治和法律地位的最高等级；第二等是色目人，即以回回人为主的中亚"诸色人等"，他们较早归附于蒙古贵族；第三等是汉人，主要是指金朝时所属的北方汉族人；第四等是南人，主要是南宋所属的汉族人。元朝的四等人在法律上的地位、政治上的待遇和经济上的负担都各不相同。第三等和第四等的汉族人最受歧视。比如，法律地位的不平等，法律规定蒙古人、色目人、汉人犯了罪分属不同的机关审理。蒙古人殴打汉人，汉人不能还手；杀蒙古人者偿命，杀色目人者罚黄金四十巴里失（一巴里失约折银币二两），而杀死汉人者，只需交出一份埋葬费即可。在户籍管理方面，元朝实行职业、户籍分等制，把全国广大百姓分为官、吏、僧、道、医、工、匠、娼、儒、丐等，民间有"九儒十丐"之说，在他们眼中，一向在中国传统社会最受尊敬的儒家知识分子沦落到连娼妓都不如的地步。

元朝建立后，设总制院以掌浮图氏之教，至元二十五年（1288）改称宣政院，管理全国的佛教事务。忽必烈尊奉藏传佛教萨迦派八思巴喇嘛为帝师，并令其统治天下释教。此后的皇帝大都尊封为帝师，帝师的弟子被封为国师、国公等，他们都是当时社会的特权阶层。藏传佛教萨迦派得宠于朝廷，萨迦派僧人一直担任元朝历代皇帝的帝师，在朝中的地位很尊崇。第九任大汗海山对喇嘛教尤其狂热。1308年，海山下诏说："凡殴打喇嘛的，砍断他的手。凡诡骂喇嘛的，割掉他的舌头。"喇嘛欺行霸市，骚扰百姓，为所欲为，影响极其恶劣。

元时期的宗教与政治纠缠在一起。最为流行的仍是禅宗，同时从佛教派生的白云宗、白莲教等教团，在南方也拥有越来越多的徒众。在元代的宗教斗争中，佛、道之争，汉地的道教最终失败；在汉地佛教与喇嘛教之间，蒙元统治者支持吐蕃喇嘛教，抑制汉传佛教，这在某种程度反映了统治阶级的政治意图。"可以说教派之间彼此斗争，凡是能获胜者，都是由于统治者的支持，败者是由于得不到统治者的支持。"①

寺院是一种享有特权的经济实体，它们占有大量土地和劳动力，土地主要来源于皇帝的"赐田"。许多寺庙有皇帝颁赐的"护持"诏书，僧尼凭此享有免税免役的特权，这也成为他们在地方作威作福的理由。江南佛教总督杨琏真迦，驻扎杭州，把宋代皇室和大臣所有的坟墓掘了个遍，挖取陪葬的金银珠宝，据说至少有50万户农民（约250万人）被他编为寺院的农奴。喇嘛所过之处，随从如云，强住汉人住宅，驱逐男子，留下妇女陪宿等，直闹得民怨沸腾。

元立国不足百年，帝位争夺的矛盾一直都很突出，到元中后期更为激烈。自世祖忽必烈死至顺帝立的近40年间，更换了10位皇帝，每位皇帝平均在位时间仅3年多，有的仅有数月。为争夺皇位，皇族与贵戚、权臣之间明争暗斗，每一次帝位的更迭，又几乎都与拥有实权的漠北镇边亲王或大将

---

① 蔡志纯：《从佛、道之争看蒙元统治者的宗教政策》，载罗贤佑主编：《历史与民族：中国边疆的政治、社会和文化》，社会科学文献出版社2005年版，第435页。

有关。

元顺帝即位时，无论是蒙古贵族内部还是整个元代社会都已出现了严重的问题。统治阶层政治不修，贪婪腐败，挥霍惊人，社会风气大坏。由于朝廷的腐败，当时国库空虚，土地集中，赋役和地租剥削沉重，水旱瘟疫频繁发生。为解决财政上的危机，元政府变更钞法，铸至正通宝，印交钞。这又造成钞法混乱，经济环境进一步恶化，加剧了百姓的痛苦。

元统治者政治、宗教和民族等政策方面的落后和反动，导致广大百姓经济生活的困顿和精神文化生活的压抑。他们只能揭竿而起，反抗暴政。这种抗争从元朝建国开始，始终与蒙古人的统治相伴，至元朝末年达到最高潮。

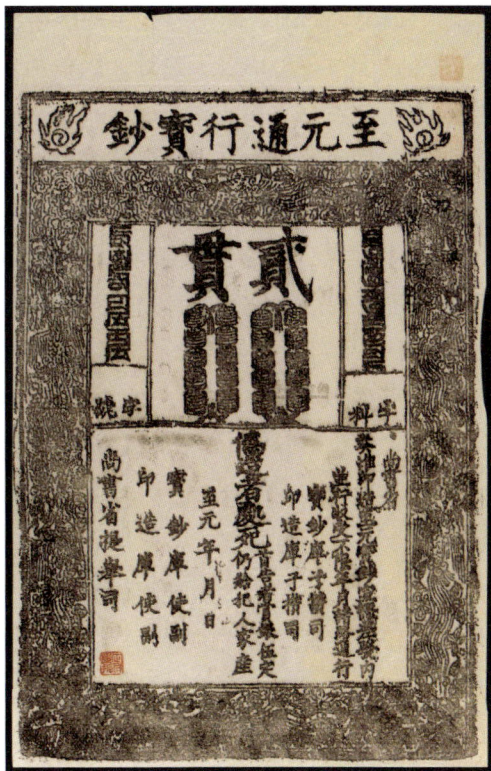

元末至正宝钞

2. 元末烽火

"政治腐败本来是历代王朝的通病，但元朝这方面问题出现得相当早……腐败风气较早出现并深化的原因，一是官员素质低下，二是法制不够健全"[①]。在元统治的百年时间里，各种反抗斗争不绝史书，仅汉族聚居的江南地区就有二百余起。1340年这一年，在战火和灾害双重打击下的山东、河北地区，就发生了三百余起农民反抗事件。起义的组织宣传形式也有了新的发展，利用宗教如白莲教进行宣传和组织下层群众成为普遍做法，起义组织方式和能力都大为提高。1345年，黄河又在今河南开封东北四十公里处决口，大部分的村庄、田地和农民被水淹没。顺帝至正年间，从首都到东北、

---

① 陈高华：《陈高华说元朝》，上海科学技术文献出版社2009年版，第44页。

岭北、西北、西南、东南等各个地区，反抗活动已遍及元帝国的四面八方。

至正十一年（1351）四月，因黄河年久失修，经常决口泛滥，元政府征发北方十三路15万民夫治理黄河，派遣2万军队监工。白莲教首领韩山童及其门徒刘福通等人乘机进行宣传鼓动，发动服役的民夫，准备举行大规模起义。他们提出"复宋"口号，并发布檄文，抨击"贫极江南，富称塞北"①的不公平现象，号召民众起来推翻元朝的黑暗统治，不幸消息泄露，官府派兵搜捕，韩山童被俘牺牲。刘福通率领部众，苦战突围，于五月攻占颍州（今安徽阜阳），点燃了元末农民大起义的烈火。各地百姓纷起响应，很快就涌现出许多支起义队伍。其中，信奉白莲教的起义军，因头裹红巾，被称为"红军"、"红巾军"，以刘福通为首的一支称为北方红巾军，主要活动在江淮一带；以布贩徐寿辉、铁匠邹普胜和僧人彭莹玉为首的一支称南方红巾军，主要活动在江汉一带。另有不信奉白莲教的起义军，主要有起兵于庆元（今浙江宁波）的盐贩方国珍起义军，以及起兵于高邮（今属江苏）的张士诚率领淮东苦于劳役的盐场盐丁的起义军。这些起义军各自为战而又相互呼应，共同对元朝的腐朽统治发起了猛烈的冲击。不久，朱元璋也参加了红巾军。

3. 逐鹿江南

在刘福通起义的次年二月，定远土豪郭子兴在濠州（今安徽凤阳临淮镇）起兵响应。濠州当地的驻守元军不敢与他们正面交锋，转而向附近老百姓下手，杀良冒功，走投无路的穷苦人只得纷纷投奔红巾军。在濠州参加起义的一位老乡捎信劝朱元璋前去投奔。不料这事被人发觉，扬言要向官府告发。恰在这时，朱元璋出家的於皇寺又被火焚毁，左右为难之际，朱元璋通过抽签问神，以决定是否参加反元武装。最后，走投无路的朱元璋在至正十二年（1352）闰三月初一，到濠州投奔了郭子兴的队伍。

朱元璋于元文宗天历元年（1328）九月十八日出生在濠州之钟离东乡一个普通农村家庭，像绝大部分农家人一样，家境贫寒，缺衣少食，风调雨顺时，尚可裹腹，碰到饥馑之年，逃荒要饭乃至饿死病死是很常见的事。朱元璋先给人做放牛娃，又出家当小行童，漂泊四方，尝尽人间寒苦，也养成了坚毅的品格。参加起义后，他从一名普通的步卒做起。因为朱元璋能刻苦、

---

① 叶子奇：《草木子》卷2（上）《克谨篇》。

明代南京城墙

"高筑墙，广积粮，缓称王"

元朝末年天下大乱，烽烟四起，群雄并争。最有实力逐鹿中原问鼎江山的是陈友谅、朱元璋和张士诚三个人。朱元璋夹在中间，占据安徽和南京一代，区域非常狭小，实力远不如前面两位，由于当时起义众多，元朝采取的政策是谁先称王就打谁，另外就是盯着几个有实力的人猛打。朱元璋针对当时形势，采取"高筑墙，广积粮，缓称王"的策略，稳扎稳打，步步为营，最终取得了胜利。后人又称此"九字三策"为朱升的建议，然据学者夏玉润考订，恐为朱升后人附会。

肯学习，武艺进步很快。每次作战，他有勇有谋，因而深得郭子兴的赞赏，被调到身边当亲兵，担任九夫长，并娶其养女马氏为妻。后来朱元璋回到家乡，招募700名乡亲，又陆续收编附近的几支地方武装，严加训练，培养了一批骨干力量和一支3万人的精兵，一举攻克定远、滁州，更受到郭子兴的器重，很快被提拔为镇抚、总管。至正十五年（1355），郭子兴派妻弟张天佑等人攻占和州（今安徽和县），任命朱元璋为总兵官。朱元璋身先士卒，以德服人，以能力服众，威信逐步树立起来。不久，郭子兴病死，北方红巾军所建大宋政权的小明王韩林儿（韩山童之子）任命郭子兴之子郭天叙为都元

朱元璋妻子马氏像

帅，妻弟张天佑为右副元帅，朱元璋为副元帅。

和州东南紧靠长江，城郭小，驻军多，遭到元军的几次进攻，发生了粮荒。朱元璋率部于当年五月渡过长江，攻占采石、太平（今安徽当涂）。次年三月攻占集庆路（今江苏南京），改名为应天府，然后攻占镇江、宁国（今安徽宣城）、池州、徽州（今安徽歙县）、扬州等地，稳住了自己的阵脚。郭、张均死于集庆之役，朱元璋便成为这支队伍的最高统帅。宋政权的小明王韩林儿让他在应天设立江南等处行中书省，任命他为行省的最高长官平章政事。

此时的朱元璋仅占领应天及其周围的一些据点，地狭粮少，兵力和地盘不及徐寿辉、陈友谅和张士诚，政治威望和影响也不如小明王，影响有限。当刘福通带领三路人马攻打元军之时，朱元璋借机在南方扩大自己的势力范围。他审时度势，周旋于江南诸武装力量之间。他把主要兵力集中在东南一线，向南面和东南面出击，夺取孤立、分散的元军据点。至正二十年（1360）五月，朱元璋的军队已陆续攻克皖南和浙江的许多地方，迅速扩大了他的控制区。又派兵攻占了镇江、广德、长兴、江阴等地，使势力范围得到扩展和巩固。这一时期的朱元璋稳扎稳打，广纳贤能，运筹帷幄，渐露帝王之气象。

就在这一年的闰五月，陈友谅杀害徐寿辉，自称皇帝，建国号汉，约张士诚夹攻朱元璋。朱元璋采纳刘基的意见，把主力放在西线，在应天附近的龙江设伏击败了陈友谅。此役战罢，朱元璋不仅取得了应天保卫战的胜利，还俘虏了2万多人，获战舰和巨舰数百艘，一大批将领投降。借此机会，朱元璋继续用兵，复太平，下安庆，克信州。短短两年里，朱元璋占领龙兴（今江西南昌）、袁州、瑞州（今江西高安）、临江和吉安等地，实力大增。与陈友谅决战的时机到来了。这一时期，刘基的运筹帷幄、神机妙算不仅使同僚下属钦佩不已，也博得了朱元璋的信任与尊敬。朱元璋将他比作汉

武汉武昌陈友谅墓

代谋臣张良，尊称他"老先生"而不呼其名，经常和他一起商量军政大事，遇有重大决策，常召他相商。朱元璋对刘基一度几乎到了依赖的程度。刘基母亲故去，他告假回乡奔丧，朱元璋舍不得他离开，婉言挽留而不准假。后来勉强准了，还不时写信请教军政大计，刘基则详细分析答复，让朱元璋非常满意。尽管这样，朱元璋还是提前召他回来。

至正二十三年（1363）七八月间，陈友谅借朱元璋出兵解救被张士诚大将吕珍包围的小明王和刘福通之际，倾其全力，以号称60万大军包围洪都（今江西南昌）。朱元璋回师率20万大军救援洪都，朱元璋判定，陈友谅得知洪都的援军将至，肯定会放弃洪都。他分派众大将分别把守泾江口、南湖嘴，切断陈友谅的退路，再派兵把守武阳渡，防止陈友谅向西逃，准备把陈友谅的数十万水师困在鄱阳湖内予以消灭。陈友谅听说朱元璋的大军已到，果然解除洪都之围，率大军东出鄱阳湖迎击朱元璋。就这样，双方对峙于鄱阳湖上。由于陈友谅的巨舰相连，机动性差，行动不便。朱元璋和刘基商定，采用火攻战术。陈友谅的弟弟友仁、友贵及平章陈普略均被烧死，战士死伤惨重，士气严重受挫。此时，刘基和朱升等谋士都认为，自围困洪都以来，陈友谅大军倾巢出动已有数月，如今在湖区大战数日，将疲兵困，离崩溃的时日已经不远。于是，朱元璋派兵分守鄱阳湖各出口要道，切断陈友谅的退路，再伺机将其消灭。就这样，陈友谅的数十万大军被死死地困于鄱阳湖内，粮食渐渐吃光，士气愈加低落，有军士陆续向朱元璋投降。8月28日，陈友谅冒死突围，混乱中，他竟然被大将郭英一箭射死。为期36天的鄱阳湖大战以朱元璋全胜结束。消灭了最强劲的对手，朱元璋统一江南也有了可靠的保证。此后不久，朱元璋攻下武昌，俘虏了陈友谅的儿子陈理。接着，又挥师东进，于至正二十七年（1367）九月攻破平江，灭掉张士诚，并迫使方国珍投降。至此，长江中下游这块全国最肥沃富饶、人口最稠密的地区，已尽归朱元璋所有。朱氏政权的建立指日可待。

4. 北定中原

消灭张士诚后，在出兵征服方国珍的同时，朱元璋审时度势，果断决定南征北伐。他分出一部分兵力向浙东、福建、两广和四川进军，消灭南方的割据势力。主要兵力则用来北伐，同元朝政权进行最后的决战。

其实，早在至正十九年（1359），全国的军事形势已经悄然发生变化，原来以"农民起义"的名义起兵的队伍渐趋下风，宋政权的失利以及天完政权被大汉政权取代，表明最初的起义队伍归于失败。纵横驰骋于元朝南北的实际上却是一批在元末起义中成长起来的"新兴军阀"。当然，北方红巾军

明军攻克元大都（电脑复原图）

在颠覆蒙元政权过程的作用还是巨大的，元政权虽然依靠地方武装把北方红巾军镇压下去，但它的统治基础却在各支起义军特别是北方红巾军的沉重打击下趋于瓦解，这一时期的元朝统治已经岌岌可危，它依靠几支武装来支撑残局，内部派系林立，矛盾重重，已是不堪一击。未来的天下将出各地的割据势力瓜分，新王朝建立的任务，最终由朱元璋来完成。

至正二十七年（1367）十月，朱元璋命徐达为征虏大将，常遇春为副将军，率师25万渡淮北上。在誓师大会上，他发布著名的讨元檄文，明确提出"驱逐胡虏，恢复中华，立纲陈纪，救济斯民"的纲领，以争取北方汉族地主的支持。"驱逐胡虏，恢复中华"反映了朱元璋对他生活现实的不满，如果说还有宣传手段色彩的话，"立纲陈纪，救济斯民"则反映了告别旧时代、建立新政权的目的或意愿。他同时宣布"如蒙古、色目，虽非华夏族类，但同生天地之间，有能知礼义，愿为臣民者，与中夏之人抚养无异"①，以争取蒙古部众，借以分化元朝统治集团。

对整个北伐的战略考虑，朱元璋有自己一套完整而稳妥的方案："欲先取山东，撤其屏蔽。旋师河南，断其羽翼。拔潼关而守之，据其户槛。天下形势，入我掌握。然后进兵元都，则彼势孤援绝，不战可克。既克其都，鼓行而西，云中、太原以及关陇可席卷而下"②。徐达、常遇春按照朱元璋的作战计划统兵北上，所向披靡，元朝的将领纷纷归降。仅短短两个多月的时间，北伐军即下山东，取汴梁，迫近元朝的政治中枢——大都。

至正二十八年（1368）正月，就在徐达统领北伐大军攻克山东的凯歌声中，朱元璋在应天登上帝位，国号大明，改当年纪元为洪武元年，以应天为京师，黄河以南诸地区分官建制工作有条不紊地展开，一个新的王朝建立起来了。

明洪武元年二月，徐达大军回师河南，山东全境悉平，大军兵锋直指开封、洛阳。元朝在河南的平章政事、察罕帖木儿之父梁王阿鲁温投降。同时，冯胜率兵西进潼关。四月底，潼关以东的河南诸地尽入明朝版图，至此，明军也完成了对元大都的三面（东、南、西）合攻之势。此时，朱元璋亲自抵达河南开封，部署前线战事。闰七月，徐达按照朱元璋的部署，集中兵力进军大都。二十五日，徐达的大军已抵达河西务（今河北武清），驻扎在距离通州仅三十里的地方，与常遇春的大军沿运河两岸驻扎。此时的元朝统治阶级还处于内讧和争斗之中，元顺帝倒成了真正的孤家寡人。二十八日，徐达率军攻陷通州。一部分大臣再三劝说顺帝死守京城，以待援军，他不同意，说夜间观测天象，大元气数已尽。当晚，元顺帝即率后妃、太子和部分大臣，出健德门，经居庸关，撤向元中都。八月初二日，徐达率兵进入元都城大都，元朝在中原的统治结束了。

此后，徐达、常遇春领兵西进，洪武三年（1370）已基本攻占北方各

---

① 《皇明诏令》卷1。
② 《明太祖实录》卷26。

元上都遗址

省。洪武四年，朱元璋又派水陆两路大军，分别从瞿塘和秦、陇攻入四川，迫降夏国主明昇，平定了四川。洪武十四年（1381），再进兵云南。据守云南的元将梁王把匝剌瓦尔密兵败自杀，云南也于次年平定。洪武二十年（1387），又令冯胜、傅友德、蓝玉北攻辽东，元朝丞相纳哈出力竭而降，全国已基本上实现了统一。

洪武元年七月，从大都主动退回上都的元顺帝及其廷臣仍自称"大元"或"大蒙古"，国号依旧，传统意义上的"王统"名义上仍然在成吉思汗家族内部。元顺帝初到上都，仍有意恢复中原。当时，山西、陕西等地还有奉元朝为正朔的武装力量。然而，蒙元贵族兵败如山倒，随着朱明王朝统一进程的加快，明军在较短的时间内就攻克了元上都，顺帝弃城继续向北逃向应昌城。

洪武三年四月二十八日，元顺帝病逝于应昌，皇太子爱猷识理答腊仓促北逃，他的妻子和幼儿买的礼八剌等被明军俘获。此后，蒙古贵族恢复元朝的介图基本破灭。爱猷识理答腊继汗名，改元宣光，是为昭宗，把宗室贵戚撤向漠北，任命扩廓帖木儿为右丞相，与明朝分廷抗争。明朝恩威并用，甚至于洪武七年九月，主动送回在应昌俘获的太子买的礼八剌。洪武十一年

（1378）昭宗去世，继立的是他的弟弟益王脱古思帖木儿，他改元为天元。脱古思帖木儿在位十年，此时的蒙古政权早已退回到游牧时代，一部分贵族各属牧地以自雄，一部分蒙古贵族南下归降明廷。

洪武二十一年三月，征虏大将军蓝玉率15万大军，对蒙古汗所在的捕鱼儿海（今内蒙古贝尔湖）发动进攻，脱古思帖木儿及太子天保奴等西逃，但其妻儿地保奴等64人，昭宗之妻、公主等59人，以及宗室藩王2994人，官兵及家属77000余被俘获[①]。十月，脱古思帖木儿逃至漠北土剌河，又遭到瓦剌贵族也速迭儿的袭击。他和太子天保奴均被杀死。脱古思帖木儿死后无庙号，蒙古尊号兀思哈勒汗。此后，蒙古政权里的所立"大汗"都再也没有汉文的年号和庙号。成吉思汗黄金家族"大汗"和台吉势力衰微，异姓蒙古贵族崛起，在蒙古地方政坛扮演了重要的角色。

第二节　明初皇权的加强

出身贫寒的太祖朱元璋深知江山来之不易，而治理江山，确保朱家的大明王朝能够万世长存，更需要精心治理，他每天天不亮就起床办公，接见大臣，批阅奏章，每天都忙到深夜。自古天下江山之失，有因外敌入侵，有因国内变乱。国内者，既有被压迫者的奋起，也有统治集团内部的争斗。作为被统治者的广大群体，如农民、中小地主，只要有可能的生存空间，并不会起事反抗，倒是统治者集团随时都有篡权夺位的野心家。朱元璋深知加强君权的重要，他改革政治制度，集行政、军事、司法、监察等大权于一身，以达"躬览庶政，整肃吏治"之目的。

1. 胡惟庸案：行政权的集中

古代中国的君权与相权之争已有千年之久，胡惟庸案是明初朱元璋为削夺相权、加强集权提供了重要契机。朱元璋对削夺相权、集中皇权采取了稳步推进的方式。明立国之初，天下未定，北伐、南征事务繁多，明中央政制多沿袭元朝，在中央仿元朝设中书省，置左、右丞相，其下设平章政事、参知政事，统领众职，掌中央最高行政权。

---

① 　达力扎布：《蒙古史纲要》，中央民族大学出版社2006年版，第141页。

胡惟庸，（安徽）定远人，与李善长同乡，也是朱元璋的淮西同乡，早年随朱元璋起兵，为人聪明奸猾，处事缜密细致。他历任元帅府奏差、宁国知县、吉安通判、太常少卿等职，颇受宠信。洪武三年（1370）时，被任命为中书省参知政事，洪武六年七月，担任右丞相之职。胡惟庸居相位多年，平日里飞扬跋扈，生活上骄奢淫逸。他联结同乡，打击和排斥浙东等异己官员，"生杀黜陟，或不奏径行"，奏章于己有碍则藏匿不呈。随着权势日隆，朝廷内外的文武百官趋炎附势众多。这早已引起朱元璋的极大不满。

其实，在仿元朝设中书省和丞相的最初几年里，太祖朱元璋已逐渐觉察到元朝的这种中央体制中相权之大对皇权的不利，特别是中书省的丞相权力过大，"君不能躬览庶政，故大臣得以专权自恣"[①]，容易导致皇权旁落。大都督"节制中外诸军事"，权力太重，御史台也无法满足对官民监控的需要。为此，朱元璋开始了改革，目的就是集中皇权，使"权不专于一司"[②]。明太祖很早就设法限制丞相的权力。明开国之初，任左、右丞相的是李善长和徐达。洪武四年，免李善长丞相职，由汪广洋任右丞相。洪武六年，汪被贬，任胡惟庸为右丞相。洪武九年，他又废除了地方权力高度集中的行中书省；次年，设立通政司，负责"中外章疏敷奏封驳"，取代原来奏疏直接禀报丞相的做法。洪武十年，胡惟庸和汪广洋分别任左、右丞。胡惟庸"骄恣擅权"，太祖本欲用汪广洋对其牵制，但未能如愿。直到洪武十二年十二月汪广洋被赐死之后，在次年正月，太祖最终把矛头指向胡惟庸。其实，胡惟庸也切实感受到了自己的权势被抑制和削弱，也感觉到来自皇帝的猜疑以及众大臣的非议，为了自己的荣华富贵，他可能有"谋危社稷"的举动。

洪武十三年正月，胡惟庸等人伏法之后，明太祖公开数列了胡惟庸等人的罪行，并宣布了他永久废除宰相制度的重大决定，他说："朕自临御以来十有三年矣。中间图任大臣期于辅弼，以臻至治，故立中书省以总天下之文治，都督府以统天下之兵政，御史台以振朝廷之纪纲。岂意奸臣窃持国柄，枉法诬贤，操不轨之心，肆奸欺之蔽，嘉言结于众舌，朋比逞于群邪，

---

① 《明太祖实录》卷59。
② 《明太祖实录》卷129。

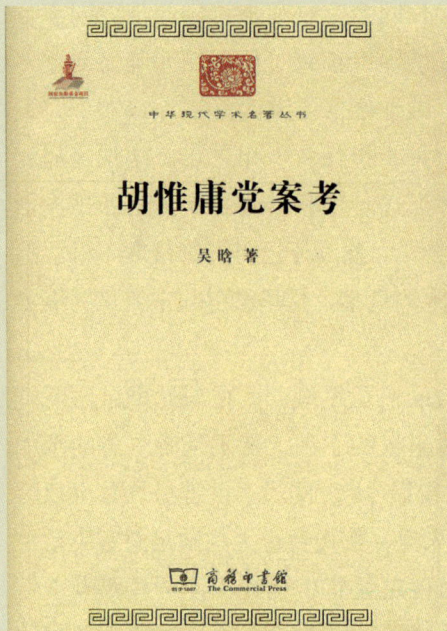

《胡惟庸党案考》

《胡惟庸党案考》是著名史学家吴晗的扛鼎之作。正是20世纪30年代发表于《燕京学报》的这篇独具创见的学术论文，令很多学问大家对吴晗刮目相看，也由此奠定了吴晗在明史界的学术地位。《胡惟庸党案考》通过挖掘丰富的史料，条分缕析，经由缜密的考证和推论，揭示了明朝著名大案——"胡惟庸党案"的真相。

蠹害政治，谋危社稷，譬堤防之将决，烈火之将燃，有滔天燎原之势，赖神发其奸，皆就殄灭。朕欲革去中书省，升六部，仿古六卿之制，俾之各司所事。更置五军都督府，以分领军卫。如此，则权不专于一司，事不留于壅蔽"①。

废除中书省后，沿用近两千年的丞相一职就此作古，国家最高行政权直接分解入六部，六部的地位提高了，各部尚书为正二品，侍郎正三品。六部分掌吏、户、礼、兵、刑和工等天下庶事，各司其职，平等执政，互不统属，遇有重大事务，均需交由皇帝或廷臣会议后，由皇帝最终裁决。地方行政建制同样体现了"分权于下、集权于上"的理念，撤行中书省，设都指挥使司、承宣布政使司和提刑按察使司，分掌地方军事、行政和司法监察权，长官互不统属，直属中央。同样，随着中书省的废除，明初实行的御史台也相应革除，明代的监察体系也发生相应变化。洪武十五年置都察院，设有左、右都御史，为正二品，下辖左、右副都御史，属官有十三道监察御史，

---

① 《明太祖实录》卷129。

人数过百，分管在京、在外衙门的监察事务。

为加强皇权，打击权贵的势力，在此后的十几年里，太祖借胡惟庸案进一步对国初的贵族勋贵予以清洗，他不断扩大胡惟庸的"同党"，罗织更多的罪名。比如，他给胡惟庸加上了"通倭"和"通番"等罪名，说他勾结日本人和蒙古人，甚至说他与李善长勾结谋反，更多的达官显贵被裹挟其中。据不完全统计，因胡惟庸案被诛杀者超过三万人，公侯一级的就有22人，包括御史大夫陈宁、御史中丞涂节、韩国公李善长、延安侯唐胜宗、吉安侯仲亨、平凉侯费聚、南雄侯赵庸、荥阳侯郑遇春、宜春侯黄彬、河南侯陆聚、申国公邓镇（邓愈之子）、临江侯陈镛（陈德之子）、大将毛骧、李伯昇、丁玉、宋濂次子和长孙等人。此外，宣德侯金朝兴、宁济侯顾时、营阳侯杨憬、靖海侯吴祯、永城侯薛显、巩昌侯郭兴、六安侯王志、南安侯俞通源、汝南侯梅思祖、永嘉侯朱亮祖、淮安侯华云龙，虽然在案发前已死，也被追坐同党，革除爵位，许多人的子孙被处死①。朱元璋将他们的口供结集为《昭示奸党录》，昭示于天下。

不过，废除丞相制度后，明代的六部变成了具体的办事执行机构，且机构分散，事权不一。皇帝直接面对各机构和事务，事无巨细，甚是繁杂，连勤政的太祖本人也深感："人主以一身统御天下，不可无辅臣"②，必须有一套中央辅政机构和类似于丞相的官员协理政务。

洪武十三年（1380）九月，太祖设四辅官，"以儒士王本、杜佑、龚敩、杜斅、赵民望、吴源为春、夏官"③。四辅官均由来自乡间的老儒充任，他们淳朴无他长，起不到协理政务的作用，所以，到洪武十五年七月，即被废除。又设置华盖殿、武英殿、文华殿、文渊阁和东阁等殿阁大学士，以翰林院官充任，为皇帝"咨询道理，商榷政务，评骘经史"④，另任用一些翰林院官协助处理章奏。这种将顾问与平章政事分离的办法，虽可防止皇权的旁落，但却限制了大学士的辅政功能，问题直到成祖朱棣以迄仁宣年间内阁制度的出现和确立后才解决。

①　陈梧桐：《洪武大帝朱元璋传》，贵州人民出版社2005年版，第581页。
②　《明太祖实录》卷133。
③　《明史·太祖二》。
④　黄佐：《翰林记》卷8。

2. 蓝玉案：对军权的控制

蓝玉案的性质与胡惟庸案有诸多相似之处，它们都是朱元璋加强皇权、铲除淮西势力的举措，不同的是，蓝玉只是一介武臣，虽无觊觎皇位之野心，却因军功卓著对朱氏江山稳固产生许多重大隐患。

明以武功定天下，作为开国之君，以"洪武"为年号立国，明太祖一直重视对军权的控制。为方便统一和掌控兵权，朱元璋曾于元至正二十一年（1361）设立大都督府，由自己的侄子朱文正任大都督。后考虑到其权过重，又设左、右都督，同知，副使，佥事，照磨各一人。1365年朱文正被免职后，仅保留左、右都督，不再设大都督，军权归于皇帝。

太祖大封功臣，给予高官厚禄、封妻荫子。有明一代，武官世袭受荫，免除赋役杂派，在经济上一直享受较为丰厚的物质待遇。明太祖对功臣们又很不放心，担心他们居功枉法，图谋不轨，影响朱家江山的稳定。一些文臣武将居功自傲，上僭制越礼，下侵渔乡里，太祖曾数次颁布诰敕予以规劝，效果并不甚理想。为巩固皇权，稳定社会，朱元璋在加强对军权控制的同时，也寻找时机对开国功臣集中清理，这也是"胡蓝之狱"的重要背景之一。

洪武十三年（1380），在废除丞相之职的同时，太祖宣布撤销大都督府建置，改设前、后、左、中、右等军都督府，分领天下都司卫所。各都督府职"掌军旅之事，各领其都司、卫所"[1]。五军不相统属，互为牵制。至于统兵和管军，则与兵部分工协作："明以兵部掌兵权，而统军旅、专征伐，则归之五军都督府。兵部有出兵之令，而无统兵之权；五军有统兵之权，而无出兵之令。合之则呼吸相通，分之则犬牙相制"[2]，"征伐则命将充总兵官，调卫所军领之；即旋则将上所佩印，官军各回卫所"，军政大权悉归于皇帝。[3]从大都督府到五军都督府的改革，虽然都督府的最高统兵之权得以保留，但丧失了调兵之权，仅能对卫所官军进行日常管理，并执行皇帝、兵部的命令。六部中的兵部主管国家军政事务，又称"枢部"、"枢垣"，负责军队训练及调遣、军官的选授、考核和官军的籍册管理等，其权力日重。明《春明梦馀录》对明初都督府所掌兵权与兵部权力演化有如此论断："凡

---

① 《明史·职官五》。
② 孙承泽：《春明梦余录》卷30《五军都督府》。
③ 《明史·兵志一》。

天下将士、兵马大数，荫授、迁除与征讨进止机宜皆属之。十三年分大都督府为五军都督府，见若以为品秩如其故者，而兵部阴移之，其权渐分矣。至永乐而尽归之兵部。所谓五都督者，不过守空名与虚数而已。"可知，兵部对都督府、都司和卫所职权侵夺的程度，自不待言。五军都督府及其所辖各都司卫所，逐步变成对庞大卫所的日常管理机构，兼具军事组织管理职能与行政管理职能，从军事机构设置的角度上讲，武官对皇权的威胁基本不存在。

蓝玉也是安徽定远人，早年投入开平王常遇春部下，并成为常遇春的内弟。蓝玉"临敌勇敢，所向皆捷"，积功升为"大都督府佥事"。[1]洪武四年（1371），蓝玉随从傅友德进攻四川；五年随从大将军徐达征讨北元，再从沐英收降吐蕃，十二年获封永昌侯；十四年，征伐云南；二十年，在辽东收降蒙古贵族纳哈出的战争中再立奇功。

洪武二十一年三月，蓝玉配征虏大将军之印，率15万大军，对蒙古汗所发动进攻，获宝玺、符敕金牌、金银印诸物，马驼牛羊15万余。此役之后，北元一蹶不振。同年十月，北元汗及其太子均被杀死。当时，蓝玉的捷报传至京城，举国欢呼，朱元璋大喜，赞誉蓝玉可比汉之卫青、唐之李靖，封他为凉国公。洪武二十四年（1391）时，蓝玉再擒在建昌起兵反叛的元朝旧将月鲁帖木儿父子，被封太子太傅。在平定北元的过程中，蓝玉从北边到南疆，从东北到西北，居功至伟。可以说，他是继徐达、常遇春之后最有军事才能、功勋卓越的大将。

蓝玉军事生涯的顶峰也是政治生命的终结。战功赫赫却不学无术，蓝玉居功自傲的心态日益突出，由于骄蹇自恣，违法乱纪，目无国法，甚至侵害皇权的现象日益增多。比如，他在捕鱼儿海大败蒙古人之后，竟然霸占了蒙古王室妃嫔，这被视为大逆不道的行为。他从北元掠取了大量的战利品，"私其驼马珍宝无算"[2]。他还私派家人到云南等地贩卖食盐，既扰乱地方秩序，也破坏国家盐法。他还横暴百官，鱼肉百姓，做了不少坏事，"多蓄庄奴假子，乘势横暴。尝占东昌民田，御史按问，玉怒逐御史。北征还，夜扣喜峰关，关吏不时纳，纵兵毁关入"[3]，这让明太祖大为不满，也多了几

---

① 《明史·蓝玉传》。
② 《明太祖实录》卷225。
③ 《明史·蓝玉传》。

《逆臣录》太祖序

御製逆臣錄序

朕觀自有載籍以來，亂臣賊子何代無之，然未有不受誅戮而族滅者雲何？人君開創基業，皆奉天命，故遣將出師，無征不克，無堅不摧。其亂臣賊子，初無他意，因奉君命，總數十萬精銳以出戰，見其若此，將不下數千百員，所向成功，皆戰將與士卒之力也。及其功成，歸之大權，逆起且謀，以為己能，安有不滅亡者乎？孰不知君奉天命則昌，臣奉君命則勝，若違君命，群雄蜂起，遂生騷動，日積月增，至於數十萬，繼而英俊來從，乃東渡大江，固守江東五郡，修城池，繕甲兵，保全生齒，以待真人。此朕之本意也。奈何皇天眷命，自乙未渡江，兵威所加，無堅不摧，至今洪武癸酉，三十九年矣。即位以來，悖亂叠出，胡、陳繼踵陰謀，今反賊蓝玉，公侯都督鮮有不與謀者。賴天地宗廟社稷之靈，悉皆敗露，人各伏誅。其蓝玉，幼缺開平，數從征伐，屢有戰功，初與胡、陳之謀，朕思廣，爲所未推，元歸之臣，相繼叠出。楊憲首作威福，胡、陳繼踵陰謀，公侯都督鮮有不與謀者。累加拔擢。[1]因諸將已逝，命總大軍，競令所開平之功及覬覦之故，宥而不問。

分对武官的担心，这种担心早就萦绕在朱元璋的心头。

早在洪武十三年（1380），明太祖就利用胡惟庸案清理了一批军功贵族，真正让他再次下决心清除蓝玉等最后一批淮西旧臣的背景却是太子朱标之死。洪武二十四年四月，皇太子朱标病逝，年幼的皇太孙变成了新的皇位继承人。朱明王朝面临新的考验，太祖深感能够对皇权形成威胁的武将就是蓝玉了。为了保证朱氏皇权的顺利交接并平稳过渡，他痛下杀手，欲留给皇太孙一个平安的天下。洪武二十六年，明太祖以谋反罪处死蓝玉，夷灭三族，并以此为契机，对淮西老将及其子弟、军事新贵等加以清洗。蓝玉案共牵涉2万人左右，包括一公、十三侯、二伯等。如果说胡惟庸案之后，淮西勋贵除带兵打仗外，不再担任职务，"勋臣不与政事"①，至蓝玉案之后，活跃于政治舞台的淮西勋贵势力已完全被铲平。来自开国异姓功臣对皇权的威胁已被消除。

当然，异姓功臣被清除之后，同姓藩王对皇权威胁的新问题也就清晰地浮出水面，这已是明太祖去世之后的事情。

3. 空印案和郭桓案：整顿经济秩序

政治和军事上的不安定因素是威胁明王朝统治的最直接的外在因素，而能够长时间、间接动摇明帝国大厦和基石的却是经济、思想和文化等方面的内在因素，朱元璋必须针对不同领域的情况采取不同的措施，而目的只有一个，打造朱明王朝的长治久安。空印案和郭桓案就是他在经济领域的整肃措施。

① 《明史·郭英传》。

朱元璋像

朱元璋画像有十几种版本，画像中的皇帝有两种截然不同的长相。一种脸颊狭长、长满麻子、大耳隆鼻、下巴凸起、耳朵肥大、胡须浓密，这种丑陋相貌显然就是"异相"。另一种方面大脸、五官端正、相貌堂堂、雍容富贵。

民间有传说，朱元璋患过天花而不死，留下了一副麻脸，加上他的下巴可能稍长，额骨稍凸，时人可能觉得太丑了，御用文人则正好附会说这是帝王奇相："下辅学堂地阁朝，承浆俱满是官僚。如教中辅来相应，必坐枢庭佐舜尧。"由此可见他的相貌是异于常人的。

根据《明史》记载，可知朱元璋"姿貌雄伟，奇骨贯顶"。到清代，盛行的绝大多数版本的朱元璋画像，都是下巴奇长、满脸麻子。

但问题是，即便按常理推测，朱元璋断不至于如此丑陋，因为不管是从生理结构来推测，还是从他的儿孙长相的基因来推测。尤其是他的下巴，大如馒头，从生理角度来讲，也是不可能的。

朱元璋的"异相"，是后人逐步异化和构建的过程，两副迥然相异的面貌，一方面体现了他的雄才大略，另一方面也揭示了他的猜忌滥杀。

空印案是朱元璋针对中央和地方官员违反财务制度予以严厉处理的重大案件。按明朝财务管理制度，全国各布政司、府、州、县各级地方财政部门，每年要派财务官员逐级汇报财务收入报表，呈送户部，以备考核。由于各级财务表格过多，统计之中难免繁琐有误差。按规定，凡有错误者，均须发回原地重审钤印，再次上报。由于地方到京师路途远近不一，一些地方官员就会携带一些空白财务表格，事先钤好官印，若财务表格有误，在京修改之后再次上交，以免舟车劳顿。对此，中央户部官员和地方官员也都习以为常。明太祖偶尔得知此事后，却大为震怒，他认为上到户部，下到布政使以下各级官员的"欺罔"行为是严重的经济渎职和犯罪行为，决定予以严惩。

空印案发生的时间学界长期存在分歧，主要有洪武八年、洪武九年和洪武十五年等几种说法。从目前因空印案而受处理的官员看，早在洪武九年就有方克勤被处理之事，谈迁《国榷》等史籍亦记载有八年事发而受处罚者，洪武十五年最可能有误。长期以来，学界普遍认为空印案被诛杀者超万人，有的则把空印案和稍后的郭桓经济大案并说数万人，实际空印案杀死的人数不可能太大，一是直接与财务上报和审计相关的官员数量有限，二是与空印案相关的直接史料与其他三案相比非常有限，间接证明人数不多。后人以"空印案"命名之，一直与"胡蓝之狱"并提，另与"郭桓案"并称，意在说明朱元璋的重典惩贪杜弊、整饬吏治的思想。以空印形式递交财务报表的做法前有先例，时人蹈常袭故，而以朱元璋多疑猜忌的心理和立国之初治国之急迫心理，借空印案处理并警告一批经济部门的官员，可能才是他真实的目的。

出身贫寒、苦大仇深的朱元璋深知前朝官吏之贪婪和富商官绅的为富不仁，对经济领域的管制一直不敢放松，遂大力整肃吏治，甚至不惜动用重典。他认为："吏治之弊，莫甚于贪墨，而庸鄙者次之"[1]，"不禁贪暴，则民无以遂其生"[2]，"此弊不革，欲成善治，终不可得"[3]。据《明史·刑法志一》，洪武初年，太祖规定："凡官吏人等犯枉法赃者，不分南北，俱发北方边卫充军……（明初）钞贵物贱，所以枉法赃至百二十贯者，免绞充军"。清人赵翼在《廿二史札记·重惩贪吏》中讲，太祖严惩贪污时有"赃至六十两以上者，枭首示众，仍剥皮实草"的规定。明初律法甚至连因公乘坐官府的牲口车船，附载私人物品超过规定重量者，也要处斩，如此严酷的规定足以让官吏心惊胆战。空印案虽然在时人和后人看来近乎严酷，却真实反映了明太祖严惩经济犯罪的事实。

郭桓案是洪武中期另一起牵连甚众的经济大案要案，既有官员，也有大批地主富室。洪武十八年（1385），御史余敏、丁廷举告发北平布政司、按察使司有官员伙同户部侍郎郭桓、胡益、王道亨等通同作弊，贪污税粮，侵盗国库。明太祖审问后发现，时任礼部尚书的赵瑁、任刑部尚书的王惠迪、任兵部侍郎的王志，以及任工部侍郎的麦至德等均牵涉其中。随着审

---

① 《明太祖实录》卷148。
② 《明太祖实录》卷29。
③ 《明太祖实录》卷69。

判的深入，当时全国各布政司的官吏均有涉案。继而，各布政司之下，又牵涉出府州县级的官员以及江南赋税大户等。一时间，朝野官吏富商士绅卷入其中，引起了更大面积的告发和恐慌，最后入狱被杀者超过万人，追出赃粮700余万石，许多中产以上之家被弄得倾家荡产，有材料表明，卷入其中的官吏和富人有4万—7万人之众，显然明太祖的这次打击经济犯罪被扩大化了。

洪武一朝对违法乱纪、贪污受贿的官吏处理极为严酷，既有大规模的清理，也有个案处理。由于措施严厉，一再追查，元末遗留的吏治腐败现象大为好转，缔造了明前期的盛世。《明史·循吏传》称："一时守令畏法，洁己爱民，以当上指，吏治焕然丕变矣！下逮仁宣，抚循休息，民人安乐，吏治澄清者百余年。"

4. "文字狱"：强化思想控制

长期以来，人们在论及明初加强中央集权的措施时，多把"文字狱"列为其中重要措施。征引的史料又以清人赵翼的《廿二史札记·明初文字之祸》为代表，赵氏认为朱元璋"学问未深，往往以文字疑误杀人，亦已不少"，比较有代表性的是杭州府学教授徐一夔，他因贺表有误而被杀，"有'光天之下，天生圣人，为世作则'等语。帝览之大怒曰：'生'者，僧也，以我尝为僧也。'光'则雉发也，'则'字音近贼也。"遂斩之。此类的事例还有不少。据说原因是因为"盖'则'音嫌于'贼'也，'生'知嫌于'僧'也，'帝扉'嫌于'帝非'也，'法坤'嫌于'发髡'也，'有道'嫌于'有盗'也，'藻饰太平'嫌于'早失太平'也"。也就是说朱元璋欲掩盖自己当年出家、起兵的历史，哪怕与这些史事之音、意相近者也不被允许。另一些胆敢诅咒大明江山者更不能被容忍。有人甚至认为，明初的社会生活一片灰暗，甚至血雨腥风，乃至人间地狱。

文字狱是指帝王依据臣民的作品，或摘取字句，或据其文意，便罗织罪名，轻者受罚入狱，重者引来杀身之祸，甚至族属皆受牵连。统治者为维护其至尊地位，对臣民文字使用和诗文作品内容皆有规定，不得违制越礼，所以"因文获罪"的事例历朝皆有。明初有没有文字狱，赵翼所记是否属实，有学者提出相反的意见，最具代表性的当属美籍华裔学者陈学霖。他认为："现存有关明初文字狱案史料不宜轻信"，"自赵翼而后学者所论明太祖文字狱案，皆系依据弘治至万历间野史稗乘所传故事，其间抵牾百出，亦有荒诞可笑，不可视为事实"。他认为，朱元璋对自己的贫贱出身没有丝毫讳饰，对当过和尚的经历，也没有丝毫隐瞒，"空门礼佛，出入僧房"，而且刻在石碑上，广布天下，流传后世。现存台北故宫博物院的《明太祖御笔》诗文中就有三首言僧谈禅。说朱元璋对自己出身忌讳，怕别人言及而制造文字狱，不符合情理，也不符合逻辑[1]。此外，王春瑜和陈梧桐等先生都撰文明确反对明初有文字狱。

当然，没有文字狱不等于明初朱元璋就放松了在思想文化领域的控制。重典治国，是太祖时代的一贯作风。他制定了水银泻地般的法律章程，对各级官吏的职权、任务以及应当遵守的事项，都有详细的规定。对官吏的违法乱纪行为，均有具体的惩处办法，在思想文化领域的僭制越礼自然也绝不被允许。

明太祖大力强化礼、法之治，"明礼以导民，定律以绳顽"[2]。所谓礼治，实际也是德治，强调道德仁义，以德服人，施行仁政，用道德教化，用争取民心的方法来治理国家。明太祖大力倡导儒家思想、程朱理学，他说："礼法，国之纪纲。礼法立，则人志定，上下安。"[3]他颁布的《洪武礼制》《皇朝礼制》和《大明律》《御制大诰》四编等，都灌注了儒家理学的遵从与秩序。明太祖重视学校教育，认为："治国以教化为先，教化以学校为本"。府州县皆设儒学，通常每一府州县均建有一处儒学，每处儒学设有教授（谕）或训导主管教育。学生除有廪膳生外，还有增广生、附学生等，附学生无定额。

明代的学校和科举制度主要以人才培养和官员选拔为目标，学校侧重在培养，科举侧重在选拔，以满足国家和社会的需要。学校以官学为主体，有国子学（又称太学）、府州县学以及零散的民间教学，学习内容主要由科举考试决定，科举则取决于统治者思想。各类学校的学习内容大致相同，均为传统儒家经典，以南宋朱熹之"四书""五经"集注为蓝本。学校儒学生员往往专修一经，又以礼、乐、射、御、书、数设科分教，此亦为科举考试的科目。

---

① 陈学霖：《明太祖文字狱案考疑》，《明史研究论丛》1991年第2期。
② 《明太祖实录》卷253。
③ 《明太祖实录》卷14。

明代学校教育最大的目的在科举考试，通过科举进入仕途。乡试和会试均连考三场，内容均以四书、五经中的文句作题，观点以程朱理学的解释为准。应试文章要以"八股文"为格式，即作文应当用八个排比对偶组成，包括破题、承题、起讲、入手、起股、中股、后股和束股等部分。明代的科举考试在内容和格式上都有严格规定，读书人只读科举必备要籍，只去背诵程朱观点，此外别无所闻，这样的教育和考试既限制了读书人的视野，也僵化了读书人的思想，它为君主专制统治培养了官员，但对中国传统科学技术进步及思想文化的普及和提高则有明显的消极影响。

《永乐大典》书影

明成祖朱棣也大力兴教育、尊孔学、修经义、纂典籍。他大力倡导儒学，永乐七年，他颁布《圣学心法》，以规范臣民的日常伦理。他下令编纂儒家经籍典章，并颁布天下。永乐十二年（1414），他又命令翰林院学士撰修《五经大全》、《四书大全》、《性理大全》，亲自作序，颁行全国，各学校建有尊经阁、藏有基本典籍，以备学习参考之用，目的在于"使天下之人获睹经书之全"，"修之于身，行之于家，用之于国，而达之天下，使家不异政，国不殊俗"[①]。几乎倾全国学士之力、历时五年编成的卷帙浩繁的《永乐大典》，更是着力宣扬儒家思想。永乐二十二年，赐衍圣公宅于京师，修曲阜孔庙，孔子的政治地位远远超过前代。明成祖在《御制重修孔庙碑文》中说，"孔子参天地，赞化育，明王道，正彝伦，使君君、臣臣、父父、子子、夫夫、妇妇，各得以尽其分"[②]，这是他大力崇儒的目的。

明初的礼乐制度完备，礼制对臣民使用的各种礼仪、饮食、服饰、房舍和器具都做出严格规定，乐制则包括祭祀、朝贺、宴飨之乐舞、器服制度。礼用以辨异，分别贵贱等级；乐则用以求和，缓和上下的矛盾。礼乐制度渗

---

① 《明太宗实录》卷168。
② 叶盛：《水东日记》卷19。

透到明代官绅百姓日常生活的方方面面，礼乐并行，相辅相成，起到稳定社会秩序、维护专制统治的作用。

从本质上讲，明代的礼制与法制关系是相辅相行的，既重视法制建设，法制的思想又体现了高度皇权意志，"德主刑辅"的特点明显，礼与法均是帝王思想的反映。这些思想较为系统完整地体现在明初法律的颁行上。

朱元璋称吴王的当年，就命李善长为律令总裁官，杨宪、刘基和陶安等大臣议定《大明令》。洪武六年（1373），太祖再命刑部尚书刘惟谦制定更详细的《大明律》，亲自裁定，历经多次修改，于洪武三十年（1397）正式颁行，此后历朝相沿无改。《大明律》共460条，分为7篇（律）、30门（卷），是明代的基本法典。明太祖颁布了亲自撰写制定的《御制大诰三编》，其中汇集明初大量的重刑判例，反映了明太祖重典治吏的理论与实践，它与《大明律》并行，成为有明一代的法律基础。明律的目的在于维护专制特权和社会秩序，"十恶"的规定意在严格保护皇权的无上权威和绝对专制，将反对专制的各种行为定为"谋反""谋大逆"之罪，一律按"重罪加重"的原则处刑，不予赦免。明律设有"奸党"条，以惩治大臣结党，设有"八议"保护特权阶层的利益。洪武以后，各朝结合实际情况对《大明律》加以诠释，并把司法实践中的条例汇集，成为新的法律依据。

明律加强了专制皇权，规定文武官员的任用权均由皇帝决定，臣下必须无条件服从皇帝的命令。它强化了皇帝的审判权，加强朝廷对司法的控制，规定：各府、州、县只能决定徒、流刑以下的案件，死刑的案件都要报请皇帝裁决。《大明律》是中国古代最有代表性的法典之一，其内容和形式几乎完全被《清律》所继承。

第三节　发展经济的举措

明建国之初，中原及江淮等战乱之地，田畴荒芜，榛莽丛生，有些地区竟然人烟断绝。百姓生活艰辛，国家财政匮乏。出身贫寒的太祖朱元璋非常珍惜来之不易的江山，他精心治理大明帝国，期盼朱家王朝能够永世长存。

他爱惜民力，安置流民，教民农桑，轻徭薄赋，推行屯田，发展边疆，凡二十年，经济发展，社会稳定，内治而外安。

1. 屯田的普遍推行

今天，在几乎大半个中国，都流传着这样一句寻根问祖的谣谚："问我祖先在何处，山西洪洞大槐树"。显然，无论是洪洞县还是山西省都不可能有那么庞大的人口流动规模，那么，又何以会有如此传说呢？这其实是与明初太祖为发展社会经济，采取的移民屯田制度有密切的关系。

耕地是中国传统自然经济最重要的基础，解决好了农民的安置、解决好了土地问题，就解决了中国最基本、最重要的问题。由于元末烽火打乱了旧有的人口分布状态和土地分配关系，明朝建立，迫切需要安置流民、解决土地抛荒问题。朱元璋深知土地对农民的重要性。为此，他采取一系列措施安置流民，开垦荒地，迁徙农民和地主，调整土地分配关系，以解决土地问题。

要想发展农业生产，一是解决劳动力问题，二是解决生产资料问题。在解决、解放劳动力方面，明太祖采取的主要措施，包括释放奴婢、提高佃户的法律地位、安置流民，改革工匠制度等。

在元朝，贵族有养奴之风，有不少百姓因灾荒而沦为奴隶，这既导致社会矛盾激化，也不利于经济的发展。洪武五年（1372）规定，凡因战乱沦为奴隶者，悉放还为民。他下令：凡在元末战乱时因贫寒沦为奴婢者，由官府出资赎回。《大明律》严格限制公侯使用奴婢的数量不超过20人，一品不过12人，二品不过10人，三品不过8人。庶民之家不得存养奴婢，否则"杖一百，即放从良"。凡收留人家遗失、在逃子女卖为奴婢或冒认良人为奴者，均处重刑。禁止普通官民蓄养奴婢，禁止百姓之家自阉充役，从而确保他们以自耕农的身份参加生产。对仍然是奴婢之身或者充当佃户的人，在法律上提高他们的社会地位。农民与地主人身的关系，便由仆主升为少长。"明律"还取消了"元律"中关于地主打死佃客的处罚规定。农民对地主的依附程度进一步减轻。

但是，元末的战乱导致劳动力分布出现了严重的不均衡，调整劳动力与土地的结合方式就显得非常重要，移民、屯田、垦荒遂变成明初恢复和发展经济的重要举措。明初，太祖要求各级官吏把"田野辟，户口增"作为治国之急务，推行垦荒屯田。立国之初，太祖就规定，凡是在战争中抛

洪洞大槐树

荒的田地，被他人耕垦成熟的，就成为耕垦者的产业，一旦原来的田地主人返回，就由地方官府在附近的荒田内"验数拨付耕"。同时，给没有生产物资的农民和军民配备种子、耕牛等生产物资，以帮助他们尽快恢复生产。政府考虑到了元末战火的影响因素，规定：陕西、河南、山东、北平等布政司及凤阳、淮安、扬州、庐州等府，允许农民尽力垦荒，官府不得征税。

由于受元末战乱的影响，全国人口和耕地分布极不均衡，地广人稀和人多地少的情况都存在。为此，明廷组织了大规模的移民屯田，在全国范围之内根据政治统治、军事防御和经济发展的需要，将原来的居民重新调整分配到新的地区。明代的屯田分三大类，即民屯、商屯和军屯，"山西洪洞大槐树"的移民主要属于民屯性质。

民屯，是把无田或少田的农民从地狭人稠的地区迁出，"移民就宽乡，或召募，或罪徙者"。当时移民最主要的迁出地就是人口比较稠密的洪洞所在的山西以及江西，其次是江南苏松诸府和徽州、北平的真定（今河北正定）、湖广的黄麻以及山东东部等。据《明史·食货一》，移民流入的地区相对广泛，"东自辽左，北抵宣、大，西至甘、肃，南尽滇、蜀，极于交趾，中原则大河南北，在兴屯矣"。屯田虽在沿边诸地，但主要集中在山东西部、河南及北平。这些移民，后来大多变成了自耕农。民屯由政府组织，统一分配土地、种子和耕牛等生产物资，与百姓自发流动垦田有所不同（比如民屯缴纳的税额要高一些）。

商屯是一种特殊的民屯形式，只不过，它是在一些特定的地区由商人组织的。明初，为解决边地军饷供应，规定：如果商人把军粮运到边地，就可以获得盐引，到指定的盐场换盐获利，此法被称为"开中法"。商人为了节约运费，就雇募一些人直接到边地屯田，收获粮食后就近缴纳，就近换取盐引，这种屯田形式被称为"商屯"。显然，商屯只是部分商人利用"开中法"发展起来的屯田形式，"开中法"并不等同于商屯。商屯在明前中期的北部和西北边地有实行，促进了人口流动与社会经济的发展。当然，随着明中期（弘治年间）盐政改革，"开中法"不行，商屯亦告废弛。

军屯是以卫所为组织的军事移民行为，它也是明代规模最大、最重要的屯田方式。明立国之前已推行军屯，它是将现役军人统一单独管理，统一迁移到指定的地区（卫或所），且守且耕，明立国之后逐步完善这项军政合一的制度。洪武二十五年（1392），"命天下卫所军卒，自今以十之七屯

河北蔚县暖泉（卫所古镇）

种，十之三城守，务尽力开垦，以足军食"①，这便是所谓的"屯七守三"则例。实际上，这只是原则性规定，屯、守的比例主要根据各地的防御任务而定。腹里卫所防御任务较轻，则屯七守三，边地卫所防守较重，则有屯三守七，或屯四守六，或屯五守五等。比例虽定，各地执行时又有很大不同。

在分布的地域上，虽然都司卫所是严密的军政管理组织，但卫所内的旗军却是来自全国各地，同一地区的军户也会广泛地分布在全国各地的卫所里。嘉靖三十一年（1552）时，商城县共有各类民人5404户，其中军户为1521户，军户比例为28.1%。这些军丁的应役卫所分布，集中体现了明代军户戍守地区的分散性与集中性相结合的特点。就其分散性而言，据统计，仅商城县26里的1521名军户就分散在当时全国五军都督府的都司下的百余个卫所，只有四川行都司、湖广行都司和福建行都司所辖卫所里尚没有发现商城籍军丁。就每一里而言，26里没有一里的应役卫所平均拥有三名军丁以上，如隆溪里48名军丁分布在28个卫所里，太苏里51名军丁分布在30个卫所，胡太里46人分布在33个卫所，阳山里103人分布在36个卫所是平均最高的，双溪里113人分布在50个卫所。军户应役卫所相对集中，主要表现在距商城县较近的都司卫所，是该县军户较为集中的地区。据粗略统计，河南辖境、河南都司及所在的中军都督府所属卫所是商城县军户应役卫所最集中的地区，特别在河南信阳卫、睢阳卫、河南卫、陈州卫、颍州卫、弘农卫、宣武卫、彰德卫、南阳卫和治所在汝阳（与商城县所在的汝宁府治同城共治）的汝宁守御千户所尤为集中，其次是陕西、山西、北直隶、云贵等地。云贵能成为商城县应役卫所的集中地区，主要是因为明初中央采取的汉民大量迁入戍守政策，吸纳了全国内地汉民（军户）。而三个行都司较少则主要因为它们所辖为边远地区，且辖区小、建置稍晚②。需要指出的是，这些移民归属嘉靖时期，由于明代军户实行的是世袭制，这些人中的绝大部分可能在洪武年间就已确定下来。此后，由于明中央规定，卫所里的军人都是以家庭形式来组织的，由于卫所和军屯的建立，在广大人口稀少的边疆和内地很快就出现了

---

① 《明太祖实录》卷216。

② 彭勇：《论明代州县军户制度——以嘉靖〈商城县志〉为例》，载《中州学刊》2003年第1期。

成千上万的家庭，经济也得以迅速恢复和发展起来。

这一时期的移民屯田、招抚流民只是很少一部分，绝大部分还是强制性迁徙（军屯、民屯），像山西平阳府的洪洞大槐树、江西饶州府鄱阳县瓦悄坝、直隶苏州城的西门阊门等，都是当时移民屯耕的集结地，"大槐树"作为他们的祖籍地记忆也就流传了下来。据不完全统计称，从洪武三年（1370）到永乐十五年（1417）的47年间，先后有881姓在内的一百多万人以山西洪洞县广济寺为聚散地外迁人口，以"民屯"的形式在18个省份重新安家落户。

有学者研究认为，仅洪武年间京师地区（南京）移民就超过二百万，其中京城的移民人口比例达到90%，京城以外的直隶地区有移民188.7万。在湖广地区，在洪武年间的278.7万各类在籍

四川行都司建昌卫城

人口中，有元末及洪武年间迁入的民籍和军籍移民73.1万。山东全境的迁移人口达到了207万余人，洪武年间的移民人口占其总量的35%左右，这还不包括一部分省内不同区域之间的流动。包括北平府、永平府、河间府、保定府、广平府和大名府、真定府和顺德府在内的北平地区洪武总人口约276.3万，土著人数为165.9万，移民高达110.4万，比例为40%。河南地区是元末战争的主要战场，洪武时期这里接收的各类移民较多，总人口285.9万中，原居住人口为167.0万，移入居民为118.9万，移民比例占41.6%。作者认为，各省移民人口的估计总体还偏低一点。全国各地的人口流动规模可见一斑[①]。

明初的移民屯田具有特别的意义。首先，军屯数量大，是解决军饷供

---

① 曹树基：《中国移民史（明时期）》，福建人民出版社1997年版，第213—264页。

给的重要途径，尽管军队没有实现完全的自给自足，但永乐初年屯田子粒数几乎与户部年收入大体持平，军屯耕地数也大体与民田相当。其次，屯田在明初社会经济的恢复与发展过程中起到极大作用，军屯有利于大规模开垦耕地。第三，明初，军屯与卫所是一个有机整体，卫所对辖区内屯田和军户的有效管理，在管理和经营疆域上有积极意义。

2. 恢复和发展经济

安置流民，分配和调整土地，只是发展经济的最基本条件，要想使贫苦的百姓尽快过上安稳的日子，还必须建立起切实的保障机制。出身贫苦的朱元璋知道其中的道理，他解贫助困，爱惜民力，重农恤商，轻徭薄赋，休养生息，务求百姓安居乐业。立国之初，太祖兢兢业业，一心想着如何巩固统治。每日黄昏，他便令专人在道路上敲打木铎，高声叫喊："和睦乡里，教训子孙，各安生理，毋作非为！"五更时，又派专人在城门谯楼上吹起画角，高声唱道："创业难，守成又难，难也难！"

洪武元年（1368）春正月，太祖对全国各地府、州、县来京师朝觐的官方谆谆教导说："天下初定，百姓财力俱困。譬犹初飞之鸟不可拔其羽，新植之木不可摇其根，要在安养生息之，惟廉者能约己而利人，贪者必朘人而厚己"[①]，要求各级官员爱惜民力，轻徭薄赋，洁身自好。他知道如果对百姓榨取过甚，就会激起强烈的反抗，懂得"步急则蹶（摔跤），弦急则绝，民急则乱"的道理。作为最高统治者，朱元璋从自身做起，从中央做起，制定恢复和发展农业、手工业和商业的措施。

（1）兴农举措

早在洪武元年，明太祖就命令官员核查土地、编造土地文册。明初制定的赋役法，规定民田一亩征税5升3合5勺，按当时亩产最低一石而论，为三十税一。徭役一般是有田一顷出丁夫一人，每岁在农闲时节赴京服役三十日，比元末也减轻许多。洪武三年，又下令将北方郡县近城的荒地分给无田的乡民耕种，"户率十五亩，又给地二亩与之种蔬，有余力者不限顷亩，皆免三年租税。"[②]

明代的户口管理经历了从户帖到黄册的发展过程。洪武三年，太祖下

---

① 《明太祖实录》卷29。
② 《明太祖实录》卷53。

令在全国调查户口，正式推行户帖制度："今天下已定，而民数未核实。其命户部籍天下户口，每户给以户帖。于是户部制户籍、户帖，各书其户之乡贯、丁口、名岁。合籍与帖，以字号编为勘合，识以部印。籍藏于部，帖给之民。仍令有司岁计其户口之登耗，类为籍册以进。著为令。"①户帖既包括家庭人口状况，户籍类型，还包括事产等，以便于金派差役。在户帖的基础上，在全国普遍建立里甲制，规定110户为一里，其中10户为里长，其余100户分十甲，选一户为轮流甲长，负责管理地方社会秩序、组织征收赋税和差役，因此，里甲制度是明代最基层的社会组织和管理单位。

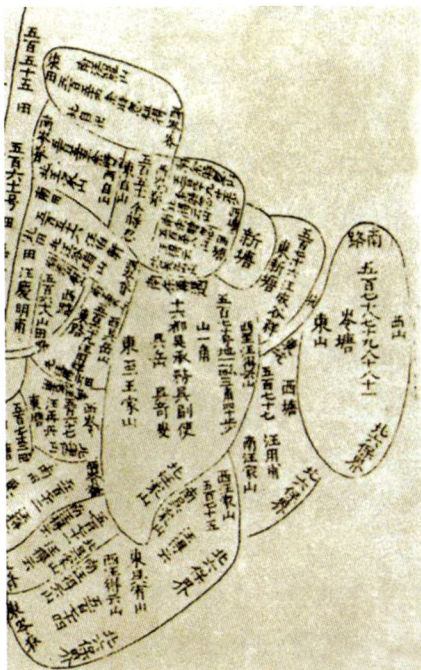

鱼鳞图册

在里甲的基础之上，为摸清家底，朱元璋下令在全国普遍清查户口、丈量土地，于洪武十四年（1381）和洪武二十年编制赋役黄册和鱼鳞图册，作为征派赋役的依据。洪武十四年时，明廷正式把黄册制度作为户籍和赋役合二为一，在全国推行，由黄册取代户帖。黄册每一甲一册，每10年一大造，册首有总图，除记载本里甲人口外，还附记带管畸零户，故一里人数又远远多于110户。鱼鳞图册是土地册，册中绘制里甲户田亩，形如鱼鳞而得名，记载田地的主人、面积、地形、四至、税则等信息。洪武二十六年以《诸司职掌》的形式正式公布国家主要经济指标。黄册编定后，又对徭役作了整顿。这就在一定程度上限制了豪强地主隐瞒丁口田产、逃避赋役的状况，使负担相对均平，从而减轻了农民的负担。

朱元璋出身贫苦，深知物力的艰难，农民的辛苦。他颇能体恤民情，注意勤俭节约，力戒奢侈，惜用民力，以便减轻百姓的负担。有内侍穿着新靴

---

① 《明太祖实录》卷58。

在雨中走路，朱元璋把他训斥了一顿，看到官员雨天穿着旧鞋子，他就重奖以示模范。他不仅要求别人节俭，对自己也是如此，他说："朕富有四海，岂吝于此？然所谓俭约者，非身先之，何以率下？小用不节，大费必至，开奢泰之原，启华靡之渐，未必不由于小而至大也。"①他还要求后妃注意节约，穿的都是洗过几次的旧衣裳，不许衣着华丽，唯恐暴殄天物，剥伤民财。朱元璋还严格控制大规模的营建工程，地方上修建大型工程，一律要报请批准，才许动工。凡是不紧急的工程，都尽量缓建。一般工程，也尽可能安排在农闲时进行，以免耽误农时。他还根据各地的具体情况，多次下令减免赋役，遇到灾情，则赈济钞、布粮食，帮助农民渡过灾荒。这些措施，都在一定程度上减轻了百姓的负担。

明太祖特别注意经济作物的种植，他认为经济作物既有果腹、救灾之效，也可以改善百姓的生活，实际上这也在客观上促进了手工业经济的发展。明朝建立前，朱元璋在江南占领区就下令，凡农民有田五亩到十亩的，栽种桑、麻、棉花各半亩，十亩以上的加倍，田多的按比例递加。明朝建立后，这个命令得以推广到各地。他让户部命令全国百姓多种桑、枣、柿和棉花，每户初年种桑、枣二百株，次年四百株，第三年六百株，违令的全家充军。多种棉花的免税。为了鼓励农民尽量多种，洪武二十八年（1395）还下令，凡是洪武二十六年以后栽种的桑、枣果树，不论多少，都免除赋税。到这一年为止，湖广布政司报告所属郡县栽种桑、枣、胡桃计八千四百三十九万株，全国估计当达十亿株以上。经济作物的发展，特别是棉花的普遍种植，既为手工业生产提供了原料，又促进了商业的繁荣。

（2）兴手工业

明代的手工业分官营和民营两种。元朝实行匠户世袭制度，常年为官府服役制作，没有人身、生产的自由，实际沦为"官奴"。明朝虽然承袭了匠户制度，但进行了较大幅度的改革，提高了匠户的社会地位。

洪武十一年（1378），太祖下令，要求工部按月给服役的在京工匠发放薪水盐蔬，"休工者停给，听其营生勿拘"②。洪武十九年（1386），他进一步改革元代沿袭下来的工匠常年服役的制度，规定各地匠户每三年轮流赴

---

① 《明太祖实录》卷34。
② 《明太祖实录》卷118。

京服役一次，每次三个月。洪武二十六年（1393）制定了更加详密的办法，将匠户按工种的不同和赴京路程的远近，重新编定班次，分五年、四年、三年、二年或一年一班制，每班服役三个月，这种匠户就称为"轮班匠"。另外还有一些固定在京城或各地官府服役的匠户，每月服役10天。手工业工匠的社会地位逐步提高，经营者有了灵活性，促进了手工业生产的商品化。

不过，明太祖对发展手工业一直抱有审慎的态度，尤其是在冶矿、制造业方面，他认为手工业的发展可能会影响农民的生活和农业生产。例如，洪武十五年时，广平府官员王允道奏请开采磁州铁矿，朱元璋说："朕闻王者使天下无遗贤，不闻无遗利。今军器不乏，而民业已定，（开矿）无益于国，且重扰民"，对王允道施以杖刑，流放到岭南①。对银矿的开采，太祖更是予以严格管控，他下令民间不得使用白银，禁止白银在民间的流通等。

明初，国家必需的手工业生产，以官营为主，派官员直接经营管理。这一时期官营手工业在矿冶业、造船业和制瓷业等方面均有所发展。如制瓷业，明初的官窑繁盛，江西景德镇是全国制瓷中心，瓷器以质朴、简约为特点。民间手工业以棉纺织业为代表。棉纺织业在元代的基础上有显著的发展，在南直隶、浙江、福建、广东、江西、中都凤阳等地的广大农村，妇女普遍从事家庭纺织。崛起于元代的松江，仍是全国的棉纺织业中心。北方的河北、河南、山西、山东等地，棉纺织业也逐渐成为农村妇女主要的家庭副业。从洪武年间开始，明廷屡次下令山东、北平、山西、陕西等地布政司将征收的棉布运赴辽东以供军需，说明北方农村的棉布产量已相当可观。

总体来说，官营手工业呈现日趋衰败的趋势，民营手工业的繁荣和民间纺织业的兴起，为明中后期商品经济的繁荣奠定了坚实的基础。

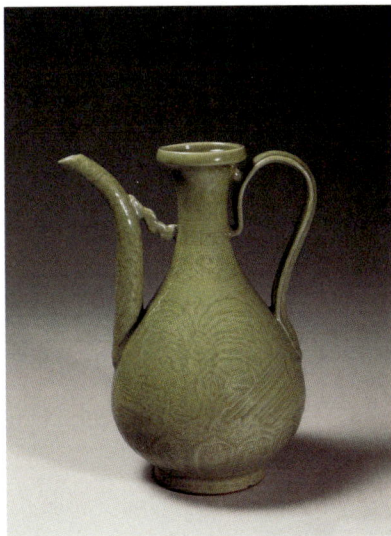

明代前期的官窑瓷器

---

① 《明史·太祖三》。

（3）恤商政策与商业的复兴

明初政府重视农业的恢复与发展，原则上遵守"厚本抑末"的思想，限制商人和商业活动。实际上，太祖和成祖均不抑制工商业发展，名为抑商，实则恤商。明太祖曾说："商贾之士皆人民也"。鉴于商贾多有不读书之弊，还特别命儒士编专书教授。太祖认为元末商税太重，改二十税一为三十税一，并扩大了免征商品税的范围，"军民嫁娶丧祭之物、舟车丝布之类，皆勿税"，并撤除税课司局364处，到明成祖时，又进一步扩大免税范围，"凡嫁娶丧祭时节礼物、自织布帛、农器、食品，及买既税之物、车船运己货物、鱼蔬杂果非市贩者，俱免税"[①]。减税措施有利于商业的恢复和发展。

为保障商品经济的良好运行，明王朝还改革了货币制度。元末，由于滥发纸币，导致严重的通货膨胀，扰乱了商品秩序。明朝建立后，铸造洪武通宝钱，在应天建宝源局，各行省建宝泉局，严禁私铸。《明史·食货志五》载：洪武七年（1374），设宝钞提举司，并于次年重新发行钞票，"禁民间不得以金银物货交易，违者罪之"，尝试改革货币制度，规范商品交易。但这次改革并不成功，由于明中央对钞币发行规律不甚清楚，导致新的通货膨胀。到洪武末年，大明宝钞急剧贬值，白银逐渐成为民间和官府的交换媒介和流通手段。

明初商品经济发展水平不高，在大中城市有满足城市居民需要的商品交换，在边地有与边民进行的茶马贸易，城镇乡村的交换水平较低。比较而言，明初广东、福建等地的商品经济水平较高，尤其是海外贸易比较发达，东南和西南地区海外珍奇商品汇聚于市场，各地商人来此贸易，把这里的珍稀商品贸易迁到京师。对克扣和刁难商人的官吏，太祖还予以严厉惩罚。但总的说来，元朝较为发达的海上私人贸易在明初受到很大的影响，官方朝贡贸易获得迅猛发展。明太祖和成祖均以"怀柔远人"和"薄来厚往"为宗旨，把招徕海外诸国入华朝贡作为一种政治手段，同时达到控制海外贸易的目的。这是明初对外海上贸易的新形式、新特点。

洪武朝推行的"休养生息"政策，使元后期以降衰败的社会经济逐步复苏和发展起来。作为传统农业国家，全国的垦田面积大幅增加，洪武二十六年（1393）达到850余万顷，这足以养活更多的人口，并为经济结构的调整

---

① 《明史·食货志五》。

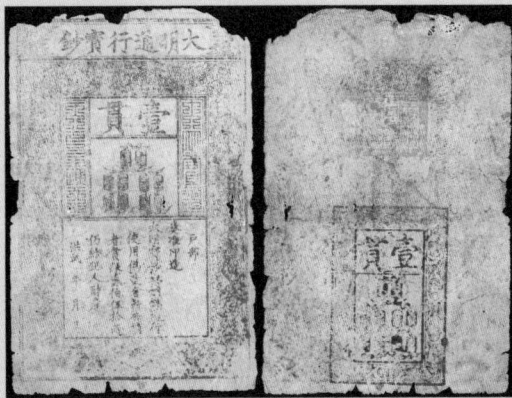

大明宝钞 　　　　　　　　　　　　　　　　　　　　　　　　　　　　　　　洪武通宝

明代币制

明代初期币制曾用钞不用钱，后改为钞钱兼用，以纸币为主。明朝只发行一种"大明宝钞"纸币，是明朝官方发行的唯一纸币。由于当时缺铜，于是明洪武七年颁布"钞法"，八年始造，后因滥发纸币，导致通货膨胀，民怨沸腾，正德年间，宝钞实际已经废止。此后，明朝不再发行纸币。此后白银不可遏止地成为公私交易的主要通货。碎银通货的便捷，使得明前期由于币制混乱造成的通货膨胀得到抑制，货币经济得以发展。白银从此作为法定的流通货币，一般交易大数用银，小数用钱，白银和铜钱组成了货币主体。明代基本每位皇帝铸一种年号钱（亦有几代未铸钱），共有十个皇帝铸过年号钱。

奠定良好的基础。国家税粮收入随之大幅度增加，洪武二十六年达3278余万石，比元朝一年的税粮收入增加了近两倍。手工业和商业也因此发展起来，内、外贸易水平显著增加。全国人口数字也迅速上升。据洪武二十六年统计，全国共有1065万余户，6055万余口，比《元史》所载元代最高的人口数字即元世祖至元八年（1291）的数字，增加了近200万户，700余万人，而且这其实还远远没有统计出当时全国真实的人口规模。洪武中期，有一首流传于江西的民谣，描述当时经济发达、社会安定的景象说："山市晴，山鸟鸣，商旅行，农夫耕，老瓦盆中浊酒盈，呼嚣隳突不闻声"。[①]在洪武年间经济发展的基础上，社会生产在以后的永乐、洪熙、宣德三朝继续前进，从而形成了明初前期的社会稳定发展的良好态势。

---

① 朱彝尊：《明诗综》卷100，"南丰歌"。

明孝陵"治隆唐宋"碑

洪武三十一年（1398）五月，七十一岁的明太祖朱元璋一病不起，最终离开了他创制的皇朝，归葬于南京城外钟山之下的明孝陵。他在"遗诏"中总结自己的一生时说："朕膺天命三十有一年，忧危积心，日勤不怠，务有益于民。奈起自寒微，无古人之博知，好善恶恶，不及远矣！今得万物自然之理，其奚哀念之有。"①表示了他一生的辛苦与勤劳，谦虚与担忧，坦然与期盼。

朱元璋推翻元朝，统一全国，并采取措施安定社会、发展生产，奠定了明初盛世的基础。他亲手擘画的典章制度不仅为他的后代子孙所遵循，而且也多为清代所继承。他创建的明王朝享有长达276年的绵长国祚，成为中国历史上统治时间仅次于唐朝的王朝。当然，朱元璋强化专制主义皇权统治，滥用刑罚，屠戮功臣的恶劣做法，对当时和后世都曾产生很大的消极影响。但总的说来，他不愧是古代帝王中一个有作为、成就的突出人物。清圣祖玄烨称颂明太祖和明成祖说："朕观《明史》，洪武、永乐所行之事，远迈前王。我朝见行事例，因之而行者甚多。且明代无女后预政、以臣陵君等事"②。他曾为明太祖的陵墓题词曰："治隆唐宋"。铭刻这一题词的石碑，至今犹屹立在南京明孝陵之前。

---

① 《明史·太祖三》。
② 《清圣祖实录》卷179。

第二章　永乐朝的开拓进取

作为开国之君的朱元璋对大明王朝有着长远的考虑,对皇位的传承,他先是立皇长子朱标为太子,朱标故去后,又立皇太孙朱允炆为新的皇位继承人。洪武三十一年(1398),朱元璋死后,朱允炆继位,改元建文。然而,仅仅四年之后,建文帝又被他的叔叔、朱元璋四子燕王朱棣以"靖难"的名义推翻。明帝国经过短暂的动荡之后,进入到一个由成祖朱棣主导的全面发展的崭新时代。

第一节　明初分封制的变革

1. 靖难之役

成祖朱棣生于元至正二十年(1360),朱元璋四子,10岁时被封为燕王,18岁娶开国元勋徐达的长女,21岁赴藩国北平(今北京)。朱棣的燕王之封,是太祖"分封制"的产物。洪武三年(1370),为保证朱氏江山的稳定,朱元璋决定实行分封制,把皇子(孙)分封到全国各地为藩王。朱元璋共有26个儿子,其中长子朱标为太子,一子夭折,其余24子和一个曾孙(靖江王)均受封为王。实行分封制,朱元璋的意图非常明确,即"天下之大,必建藩屏。上卫国家,下安生民。今诸子既长,宜各有爵封,分镇诸国。朕非私其亲,乃遵古先哲王之制,为久安长治之计"[①],那就是遵循古制,安邦定国。从实际的分封地点和藩王的权限看,他在防御最为紧要的北边之地分封有辽、宁、燕、谷、代、晋、庆、肃等王,分别授予"三护卫"的数万之兵,既与武官一起参加北边防御,又有权监视在外都司卫所。因此,分封目的有二:一是"塞王实边",诸王中有9位年长的藩王均分封在

---

① 《明太祖实录》卷51。

北部边塞，"西北边远，非亲子弟不足以镇抚而捍外患"，意在广袤的北边防御蒙古部族的入侵；二是"屏卫皇室"，诸王有举兵"清君侧"的权力，"用资夹辅"，防止朝廷内部出现篡夺皇位的奸臣贼子①。

被分封到北平的燕王朱棣除精心打理藩王府的事务外，还经常外出巡视边镇。当时，开国元勋徐达奉命镇守北平，朱棣跟他学习兵法，练就了一身好武艺。徐达病逝后，开国大将又大多因为受到朱元璋的猜忌而遭杀戮，朱棣便与秦、晋二王并肩担负起北方边防的重任。他长期领兵作战，军事才能在诸王中表现得最为突出，尤其是在洪武后期，当开国功臣元勋亡故渐尽时，燕王的军事实力和作战能力显得异常突出。

成祖朱棣像

藩王握兵自雄，影响皇权集中的争议与分封制相伴相行。早在洪武九年（1376）时，山西训导叶伯巨就上言太祖，"今裂土分封，使诸王各有分地……臣恐数世之后尾大不掉，则必生觖望，甚者缘间而起，防之无及矣"②，指出分封诸王是与加强中央集权背道而驰的，诸王握有重兵，驻居边塞重镇，是一股强劲的皇权离心势力。朱元璋其实也意识到了这一点，并做了一定的防范。除实行政治联姻（朱元璋亲手打造了建文帝亲族与耿炳文、沐氏家族的政治婚姻）之外，还在洪武二十八（1395）年重订《皇明祖训》，以规定后世子孙恪守"家法"。但最终，"尾大不掉"的局面还是被叶伯巨不幸言中了。

洪武三十一年（1398）明太祖去世，年轻的皇太孙朱允炆继位，改元建文。建文帝也意识到藩王手里的重兵对自己是巨大威胁，便听从大臣齐泰、黄子澄、方孝孺等人的削藩建议。次年（1399）六月，在削掉势力相对较弱

① 《明史稿·诸王传》。
② 《明史·叶伯巨传》。

的五个藩王后，建文帝又着手对付实力雄厚的燕王朱棣。燕王遂以反对朝中奸臣（齐泰、黄子澄）破坏祖制为借口，打出"清君侧"旗号，在北平起兵"靖难"。有意思的是，燕王起兵恰是依据太祖《皇明祖训·法律》中的条款："如朝无正臣，内有奸恶，则亲王训兵待命，天子密诏诸王统领镇兵讨平之"，燕王所谓的"朝中奸恶"自然就是齐泰和黄子澄等人了。

其实，即使建文帝不对燕王下手，燕王既有觊觎皇位的政治抱负，身边又有一位卓越的谋略家——姚广孝的辅佐，明初争夺皇权的战争也难以避免了。

姚广孝1335年生于苏州，世代行医，他出生时家道已中落，生活虽然清苦，但祖辈事佛积善，很受乡里敬重。历史上的姚广孝有诸多怪处，他生自医家，却偏爱谋略；他不为生活所迫，却自幼出家；他既入空门，却热心政治；他不忠于在位的洪武、建文，却偏助燕王；他未受十年寒窗苦，却主编《永乐大典》和《太祖实录》。他是一位披着袈裟的政治家。

洪武十五年（1382），已经47岁的姚广孝觅得机缘。这一年，朱元璋的马皇后病逝，朱元璋在天下广寻高僧，分配给各个皇子，让高僧们在众藩王的封国里修寺诵经，为马皇后祈福。姚广孝应人推荐，参与应征。据说，当朱元璋安排这批高僧与众藩王见面时，姚广孝看到燕王相貌堂堂，气宇轩昂，最有帝王相，便自荐跟随朱棣。在朱棣面前，姚广孝纵论古今，分析时局，鞭辟入里。朱棣听得连连称是，当即向朱元璋请求把姚广孝分给自己。此后不久，姚广孝便随燕王来到北平，名义上主持庆寿寺，实际上经常出入燕王府，成为燕王最重要的谋士和心腹。

洪武三十一年，朱元璋病逝，建文帝继皇位。姚广孝感觉机会来了。他想方设法帮朱棣树立信心，尽快起兵夺取皇位。虽然朱棣觊觎帝位已久，但以一隅反天下，心里还是没底，不敢轻易付诸实施。姚广孝则想办法劝他，"飞龙在天，从以风雨"，尽快起兵。朱棣决计起兵之后，姚广孝负责帮助他做军事准备，厉兵秣马，打造兵器，操练将士。[1]

建文元年（1399）七月，燕王以"清君侧"为名，发动"靖难之役"。姚广孝奉命留守北平，但整个战争的战略战术都是由他谋划的。建文二年，朱棣率大军围攻济南，酣战三个月没有攻下。姚广孝马上派人给朱棣送信，

---

[1] 《明史纪事本末》卷16《燕王起兵》。

建议他暂停战争班师北平。姚广孝认为，"四方人心多所观望，惟视金陵成败为向背耳……盖其所急在京师，而不在四方"[1]，意思是：朱棣与建文的帝位之争，与普通百姓，甚至众大臣并没有太大的关系，关键是对京师南京的争夺。因此，他建议朱棣轻车简从，避免纠缠于一城一地的得失，直捣京师，只要拿下南京，天下可定矣。战争的进展果如姚广孝所料，攻克南京之后，朱棣就顺利登上了皇帝宝座，大明江山轻而易举地落到了朱棣的手里。

1402年，燕王朱棣的靖难军顺利进入京师南京，"宫中火起，帝不知所终"[2]，建文帝下落成谜了。

朱棣登上皇帝位，改元永乐，是为明太宗（成祖）。他是明代历史上的第三位皇帝。

2. 建文帝下落成谜

对明朝内部来自宗藩诸王的各种潜在、敌对势力，朱棣花了很大的精力予以处置，而他的最大竞争对手却不知所终，建文帝下落成了谜，这也成为永乐皇帝心头挥之不去的阴影。

当朱棣的靖难军攻入南京城时，建文帝的皇宫燃起大火，宫内混乱不堪，有人在火堆里找到了数具尸体，并称有建文帝及其皇后，朱棣按礼制安葬。这是官方的正式记载。而更多的文献、当时的官员等以及后世的史家更愿意相信，建文帝没有在这场大火中烧死，只能用"不知所终"四字来描述。

成王败寇，明初关于建文朝的许多史籍多被焚毁，官方的结论是建文帝已死，有关建文帝的传说愈发显得扑朔迷离。建文帝是否死了？他到底去了哪里？朱棣是否一直在寻找他的下落？这成为明朝最大的悬案。现罗列诸多建文帝下落的说法，虽然多有猜测之嫌，或可资备览。

建文帝在南京城被攻陷之前出逃的说法被人们普遍接受。据谷应泰在《明史纪事本末》中讲，城破之前，建文本欲拔刀自尽，但翰林院编修程济提议出逃，少监王钺也称："太祖当年留下有宝物，让他在最危难时打开"。打开一看，得度牒三张，一名应文，一名应能，一名应贤。袈裟、帽、鞋、剃刀俱备，白金十锭。原来，这是一套出家人的什物，意思是让建文帝装成出家人逃走。于是，君臣数人乘夜色逃出南京。今南京城发现有地

---

① 高岱：《鸿猷录·长驱金陵》。
② 《明史·惠帝本纪》。

宫和水门遗物，据说即是当年建文帝出逃的通道。

建文帝既已出逃，逃往何处，如何寻找，就成为下一步必须思考并着手解决的问题了。建文帝到了哪里？如果真的流落到民间，寻找的任务肯定是政治家们，尤其是在朝的永乐帝的事情了。

建文帝流落何处？民间传说甚广。明清之际著名史学家查继佐在其《罪惟录》中搜集了他所见的建文帝下落说法，共有23种之多。此后的说法又添数十种，真是"众说纷纭"。据说，建文帝几乎浪迹整个大明版图，尤其是在西南地区，如湖广、两广、云南和四川等地。在江苏、浙江、福建等地也都有关于建文帝下落的故事和相关遗迹。

简言之，建文下落主要有如下数种：

其一，从云南返回京师。据《明史纪事本末·建文逊国》，英宗正统五年（1440）十一月，有一位90岁高龄的僧人一生游历了南北二京、云南、贵州和广西等地，他宣称"我就是建文也"，还说："我是张天师，游历已有40余年了。现在僧期已满，要返回京师"。他还用黄纸写下他的命令，派人到思恩府土官知府岑瑛的府上。此人被押送京师，经过审问得知，此人真实姓名是杨行祥，河南钧州（今禹州）白沙里人。

其二，浙江中部的浦江县。据署名史仲彬的《致身录》说，与建文帝一起逃出南京中的大臣中有一位名叫郑洽的，家居浦江，浦江郑氏所在的郑宅镇乃"江南第一家"，他带领建文帝潜居其家中。郑家在洪武、建文朝曾世受恩宠，故冒死相救。据说建文藏于郑氏枯井（建文井），躲过搜捕。此后，云游各地，以郑家为落脚之所。当地有老佛社和跷脚灯头等遗物传世。

其三，建文归宿福建宁德。近年，有宁德地方学者认为，建文帝出逃之后，先到浦江县郑宅镇郑义门郑洽家。次年，因身份暴露，继续南逃。从温州出海，沿海岸线南下，到达宁德，建文帝的上岸地点是一个名叫"金溪里濂坑村铁沙溪"的地方。此后，他的人生轨迹就是"选定宁德为逃亡地点——逃亡——登基复辟——被镇压——避难雪峰寺——支提寺——去世"。

其四，穹窿山为僧说。穹窿山在江苏吴县（今苏州市）。据说，建文帝化装为僧人逃出南京城后，曾经得到一个叫溥洽的僧人的帮助，并被藏匿在苏州城区太湖洞庭西山缥缈峰下的普济寺内。此人曾是建文时期的主录僧。后来，朱棣即派兵星驰赶至普济寺缉拿，建文帝事先已走脱，溥洽却被拘捕。永乐十六年（1418）三月时，永乐帝最信任的谋臣姚广孝（释道衍）病危，请求赦免溥洽，事见《明史·姚广孝传》中。又有说法，姚广孝本人也归隐禅寺，在姚广孝的监护下，建文帝隐藏于穹窿山皇驾庵，

建文帝遗迹雕像

直到永乐二十一年病殒于此，终年47岁，葬于庵后山坡上。有学者调研说，今天的苏州还有建文活动的遗迹，如穹窿山上有佛塔，就是建文帝的墓。

其五，逃到四川望京寺。传说建文帝出逃后，一直逃到四川平昌佛罗寺内，并在此躲藏起来。佛罗寺偏僻难寻，不容易被官府发现。因他常常面向京城的方向暗自哭泣，后人就把佛罗寺改称望京寺。后来，他病逝在这里，并葬于寺后山坡上。

其六，贵州安顺的"红崖天书"被认为与建文帝下落有关。1999年11月，江南造船集团公司高级工程师林国恩宣布，他破解了贵州安顺地区著名的"红崖天书"。他认为"天书"是建文帝逃到了贵州后，使用变体组合文字所书写的讨伐朱棣篡位的檄文。他的译文是"燕反之心，迫朕逊国。叛逆残忍，金川门破。杀戮尸横，罄竹难书，大明日月无光，成囚杀之地。须降伏燕魔，做阶下囚。丙戌（1406）。甲天下之凤凰（御制）"。明末，《徐霞客游记》记载有建文帝在贵州白云山修行的遗迹。

其七，建文改姓为"让"，避乱民间。二十一世纪初，南京有线电厂退休工程师让庆光出示了家藏的《让氏家谱》、《让氏世系图》，自称是建文帝后裔。据说，建文帝逃出南京之后到湖北武昌一带，他自此扮做僧人，改名"让銮"（让位之意），令后辈改姓"让"。建文帝死后，葬在武昌洪山。

其八，逃亡海外。有一种说法，朱棣担心建文帝会顺海而下，跑到南洋，并派郑和下西洋去寻找。《明史·郑和传》载："成祖疑惠帝亡海外，欲踪迹之，且欲耀兵异域，示中国富强。永乐三年六月，命和及其侪王景弘等通使西洋，将士卒二万七千八百余人，多赍金币。"

其九，落籍湘潭。据今人湘潭政协委员何歌劲的研究，南京城破之际，宁远侯何福策划了建文帝的出逃，由其弟何禄、大将顾成之子顾统和千户齐兴护送。一行人先到了江西抚州府临川县，永乐二年选择了定居在湖广湘潭银塘。建文帝将姓名改名称"何必华"，并在当地娶妻生子，繁育后代，并于天顺八年甲申（1464）四月十二日子时去世，时年87岁。何歌劲称他本人就是建文帝的后裔，他以《湘潭银塘四甲、五甲何氏族谱》和《湘潭锦石何氏七修族谱》以及当地遗址、传说为主要参考依据。

第十，避难永州新田。在湖南永州的新田和宁远县的交界，近年发现有一座神秘古堡——大观堡，当地学者考证认为是建文帝避难之地。一是古堡规模大，有帝王之气，二是相关的寺庙、碑刻和家谱等材料，此外还有丰富的民间传说等。2015年8月，第十六届明史国际学术研讨会暨建文帝国际学术研讨会在湖南宁远召开，当地学者发表有相关论述。

建文帝到底去了哪里？传统文献都没有给出确切的答案。万历二年（1574），年幼的万历皇帝问老师张居正关于建文皇帝的下落，张先生如实问答："国家正史没有记载，前代盛传建文帝化装僧人云游民间，但下落不明"。清修《明史》时记载前后颇不一致，在《明史·姚广孝传》和《明史·胡濙传》含糊其词，既想表达永乐皇帝一生都在寻找建文的下落，似乎又不愿意明说。最具代表性的是关于胡濙的记载。据《明史·胡濙传》载：

"惠帝之崩于火，或言遁去，诸旧臣多从者，帝疑之。五年遣颁御制诸书，并访仙人张邋遢，遍行天下州郡乡邑，隐察建文帝安在，以故在外最久"。据说，直到永乐二十一年（1423），永乐北征回到宣府，一天深晚，朱棣已休息，来人报告胡濙求见，朱棣与他彻夜长谈。有人认为，胡濙向朱棣报告的恰是找到了建文帝的下落了，并说建文帝只是在外为僧，并无谋反之心。此事终不可考。

显然，上述诸说，有的牵强附会颇为明显，有的似乎有几分道理，毕竟历史研究就是在拼接历史的碎片，证实是一件极其艰辛的事情，更何况是这样的难题。建文帝下落仍然是一个谜，有关于他下落的新说法和新解读肯定还会不断出现。

3．高层官员的变动

朱棣夺嫡入位，他面对的臣民，既有追随自己的靖难功臣，也有忠诚于建文帝的对手，为稳定自己的统治，朱棣依据臣民的政治选择，以鲜明态度来决定他们的命运。

（1）封赏靖难功臣

燕王朱棣靖难成功，深知自己的"江山"来之不易，奖励所有帮助他夺得皇位的人是他成功之后要做的第一件大事。朱棣是一个知恩图报的人，哪怕是帮助他的普通农夫、船工，他都要重重赏赐，这一点很像他的父亲厚报最贫困时期给予资助的乡亲一样豪爽。当然，封赏最厚的，还是多年一直追随他出生入死的文武大臣们。

一批军功将领在靖难之役中因立有战功被奖赏提拔，诞生了一批"靖难新贵"。这些人首先包括最早随他起兵的军将，以及在几次重大战役中有功的人员和战死者的后代，他们中不少人在短短的三年战争期间就完成了从卫所的中下级武官到最高级武官的转变。封赏靖难之臣的数量很大，据不著撰者的《靖难功臣录》的不完全记载，论功行赏的从征将领封"公"者三人，分别是成国公朱能、淇国公丘福、荣国公张玉（时已故，追封），三人公爵均可由子孙世袭。封侯、伯者各二十余人。封侯者如成阳侯张武、泰宁侯陈珪、武安侯郑亨、保定侯孟善、同安侯火真、镇远侯顾成、靖安侯王忠、武城侯王聪、永康侯徐忠、隆平侯张信、安平侯李远、成安侯郭亮、思恩侯房宽等，其中的绝大部分封侯后又追封为"公"。其食禄也从千余石到五千余石不等。

关于靖难功臣中武臣的授职和世袭办法，永乐元年，成祖颁行了"定军功袭职例"，特别规定了参与靖难战争或原在北平卫所戍守任职武官的世袭办法，可见靖难新官的待遇远胜于洪武朝的勋贵。在明代卫所武职选簿中，凡跟随朱棣起兵而被升职的武官，被称为"新官"，从目前仅存的武职选簿看①，这批"新官"在许多卫所的武官中所占比例很高。据梁志胜的统计，羽林前卫（由北平三护卫改）、燕山左卫、燕山前卫、义勇后卫、忠义前卫、保定左卫、保定前卫、保定中卫等，几乎清一色的是"新官"，而在北平及华北等较早跟随燕王起兵的卫所，"新官"的比例也很高。当然，西南边远地区卫所里的新官相对较少或几乎没有，是因为他们没有参与靖难之役②。

永乐十年，针对靖难新官的后代承袭祖职的问题，成祖也给出了比较优厚的条件，规定："靖难故官子弟"可以先袭职，再比试。明朝实行严格的武官世袭制度，靖难子弟可不必比试先行世袭，其待遇堪比归顺的北方边地"达官"，高于普通武官，此举意在保护他们特殊的地位。这些"新官"的增加，其实不能简单地理解为世袭武官队伍的扩充（建文旧臣被革除世袭之位者亦复不少），更准确地说是更新或改变了洪武、建文两朝以来的武官结构。

此外，赏罚分明是朱棣的一贯做法，敌我分明，有功者重赏，一些在建文朝落难的文臣武将得到朱棣的恩典，或得以官复原职，或得以优养，有的还提升了官职。

毫无疑问，军师姚广孝是靖难首功之臣。可以说，如果没有姚广孝，以朱棣的兵力，靖难之役很可能是一场旷日持久的战争，到那个时候，鹿死谁手，难以预料！朱棣欲委他以重任，虽然姚广孝愿意继续入朝为官，但坚决不愿还俗。他名义上只是一个管理宗教事务的官员，但实际上仍然是朱棣最重要的谋士与心腹，朝中重大事务，朱棣都要找他商量。他还承担了朱棣交付的一些重大而机密的事，如主持修纂洪武和建文两朝的实录，以表明当年燕王智勇双全，战功赫赫，太祖在世时就有意立他为皇位继承人。这是在为自己的登基寻找依据。75岁高龄的姚广孝负责监修这项工程，耗时七年之

---

① 参见《中国明朝档案总汇》，广西师范大学出版社2001年版。
② 梁志胜：《明代卫所武官世袭制度研究》，中国社会科学出版社2012年版，第89、98—99页。

久，直到姚广孝去世前才告完成。姚广孝还主持修纂了中国历史上最大、最早的一部百科全书——《永乐大典》。在和平建国年代，姚广孝充分展示了他渊博的学识，给后人留下一笔宝贵的精神财富。姚广孝监修的"永乐大钟"，至今仍悬挂于北京大钟寺，以其苍凉浑厚的声音为人们祈福。永乐十六年（1418），积劳成疾的姚广孝病情危重，已经无法下床行走了。朱棣得到消息，连夜赶到他居住的庆寿寺，两人又一次促膝长谈。不久，姚广孝去世，终年84岁。朱棣下令"辍朝"两日，尊重姚广孝的意愿，仍以僧礼下葬。

姚广孝墓塔
位于北京市房山区青龙湖镇豆各庄西北，被列入第七批全国重点文物保护单位

（2）诛杀建文遗臣

在大封靖难功臣的同时，朱棣也大肆杀戮敢于公然对抗自己的建文旧臣，以借此稳定统治局面。

建文帝下落一时成谜，但他的大批臣民却无法逃遁于天地之外。在对待朱棣"新朝"的态度上，建文旧臣大体可分为四类：一是归附，主动接纳新朝，这批人多照旧录用，这也是绝大部分建文朝臣的主要归宿；二是归隐，这是在中国古代新旧王朝更替时，有"遗民心态"的文臣常见的选择；三是殉难，以死报主恩，是部分有气节的臣子的选择；四是对抗，这一类大臣大

南京方孝孺墓

约是被俘以后求殉不成而必须公开表明自己的态度。凡拒绝与新朝合作者将受到最为严厉的制裁。

朱棣起兵是以"除奸恶"为旗号的,当上皇帝的朱棣自然要开列"奸恶"的名单,实际上,由于靖难之役持续了四年,建文朝重要的文臣武将大都参与了旷日持久的战争,进入"奸恶"名单也是自然之事。据朗瑛在其《七修类稿·建文忠臣》一节记载,"奸恶"有124人,排在前三位的分别是兵部尚书齐泰、太常寺卿黄子澄和翰林侍讲方孝孺。礼部尚书陈迪、侍郎黄观,户部尚书王钝、侍郎郭任和卢迥,吏部尚书张纨,刑部尚书侯泰、侍郎暴昭,工部尚书郑赐、侍郎黄福,大理寺少卿胡闰、寺丞邹瑾,副都御史练子宁,御史曾观韶、王度、谢升、君昌隆,宗人府经历卓敬,修撰王叔英等人也都在其中。"奸党"人数从最初的29人,又陆续添补,牵连的相关人数则更多一些。

黄子澄被列入"奸党"之首。朱棣入主南京之后,即发布"密令"提拿他。黄子澄逃出京城,准备联络江南义士,并打算和苏州知府姚善到海外借兵,图谋推翻朱棣政权。但他的行踪很快被告发,在太仓被捕后押送到京师。朱棣亲自对他进行了审问,黄子澄斥责朱棣的夺权行为,严词拒绝与朱棣合作,被肢解而死。受牵连的本族宗亲、妻族外亲以及其他社会关系数百人之众。其他,曾誓死抵抗朱棣的官员"首恶"齐泰家属亦被诛杀;镇守济南的河南邓州人铁铉前因抵抗靖难军南下,后因痛骂朱棣,他本人和家庭同样受到最严厉的惩罚。其他许多建文旧臣家中的女性被发遣到教坊司。

对建文旧臣处罚最为惨烈的是对"读书种子"方孝孺的"诛十族"。中国古代司法实践有"诛九族"之规定,即株连九族。关于"九族"有不同的说法,大体而言,包括父族、母族和妻族,即男性父系族属四族,母亲亲族三族和妻子亲族二族等。方孝孺的"十族"之诛包括朋友门生一族。在方孝孺一案中，郑公智、林嘉猷等因是方孝孺的门生也受到牵连，遭捕杀。方孝孺本人受磔刑（即凌迟）处死，他的妻子、儿子和女儿，或自尽，或投河而死。据说，方孝孺一案牵连的十族之人甚多，仅被磔刑而死的就高达873人[①]，真是骇人听闻。至于被谪戍流徒者，何可胜计也哉！

4. 对宗藩的限制

以宗藩之力对抗中央，得以谋取皇位，在历史上并不少见，燕王朱棣发动的"靖难之役"，却是中国历史上第一次成功的战例。更值得思索的是，打着维护宗藩制度旗号的朱棣，称帝之后执行的同样是"削藩"的政策。显然，在中国传统社会末世，藩王的存在确实是专制主义皇权强化的绊脚石。只是，碍于《皇明祖训》的既定成法，成祖的限制或削弱宗藩显得更有策略，更为艺术。

朱棣进入南京金川门之后，即把被囚禁于京师的周王朱橚、齐王朱榑释放。在上台即位之后，宣布：凡是被建文帝废除藩王称号的诸王，一律恢复原来的封号及相应的待遇，包括周王、齐王，以及代王和岷王等。就连在靖难之役中死难的湘王，也得以重封旧藩，且重赐谥号，由"戾"改为"献"。在即位最初的几年里，朱棣还对众多藩王予以赏赐，并提高了不少藩王的岁米。朱棣此举亦在拉拢、结交诸王，但真正意图是在政治名分和经济待遇上予以提高，在军权方面予以严厉削夺。

周王朱橚是太祖五子，可能与朱棣为同母兄弟。洪武三年（1370），十岁时被封吴王，因年龄尚小，留在宫中接受军事和文化教育，"待其壮而遣就藩服"[②]。洪武九年至十二年间，他与秦、晋、燕、楚和齐等几位年长的皇子到凤阳训练。十一年时，被改封为周王，主要是因为吴地乃天下财赋之地，不宜封藩。洪武十四年十月，到封国开封，开始藩王生涯。朱橚的政治生命受到明初时代政治的左右。明初的藩王拥有三护卫重兵，即便以每卫5600人简单计算，每位藩王也有16800人的规模，实际他们控制的兵力远远超过这一数字，一方面是因为他们有节制地方都司卫所军兵的权力，另一方面是本卫的兵力也经常会在二三万以上。朱橚像燕王一样，也多次被召唤参与军事行动，军事才能不可小视。但天下安定之后，藩王的军事活动大为

---

① 晁中辰：《明成祖传》，人民出版社2004年版，第202页。
② 《明会要》卷4《诸王杂录》。

受限，供养数万军兵显然成为不安定的因素。周王的"不法"举动多有记载。其一，洪武二十二年（1389）十二月，周王擅自离开自己的封国开封，按明制，藩王未经皇帝批准是不能离开藩国的。朱元璋大怒，把他贬谪到云南，后又召至南京，予以训诫。洪武三十一年，太祖去世，建文帝以"有言周王不法者"（据说举报者是他的次子朱有爋），派曹国公李景隆兵困开封城，捉拿、关押周王，"削王爵为庶人，迁之云南。妻子异处，穴墙以通饮食，备极困辱"。[①]此后周王又被软禁在南京城内，直到朱棣进入南京后，封号才得以恢复。永乐年间，周王亦多次因"不法"事被警告，永乐三年（1405），朱棣严厉训诫，不允擅自调动地方官军，禁止虐待地方军民、干扰司法等。永乐十八年（1420），又有人告发周王"不轨"，朱棣派人核实，并找到了相关证据。次年，周王进京，承认自己的"罪行"。最后，周王获得宽大处理，但他的三护卫被削减（一说周王主动献上三护卫以表忠心）。不论是被动削去还是主动献上，周王控制的三护卫军兵从此消失。

明初的藩王在地方多行不法之事，这倒是事实，关于这方面的记载，最为集中的当是朱元璋亲自编写的《御制纪非录》，该文对秦王、周王、齐王、潭王、鲁王等人的违法行为进行了严厉地批评，但这些所谓的违法，也多是一些骄奢淫逸、欺凌百姓的事情，还真谈不上有什么篡权夺位的阴谋。但到了建文及永乐时代之后，事情就大不一样了。朱棣开启了以靖难之名、行篡权夺位之实的大门，在位皇帝的控制力稍微下降，后世藩王稍有野心、实力，就有可能步他的后尘。这一点，朱棣心里应该清楚，后来的历史事实也证明了这一点（例如宣宗时汉王之乱、武宗时宁王和安化王之乱等）。因此，他以各种手段来削除藩王的军事实力就显得非常重要。

齐王朱榑系太祖第七子，封地在山东青州。洪武年间也多次参与军事活动，稍有军事才能。他在山东地方作威作福，建文时被废为庶人。朱棣进南京时，被恢复爵位。但此人在地方仍然是飞扬跋扈，作恶多端。于是朱棣召他到京师训诫，但他的态度并不像周王那样恭顺老实。永乐八年（1410），朱棣遂决定把他囚禁于南京，革去他的三护卫，把他及其子孙都废为庶人，俱称"齐庶人"。

代王朱桂系太祖第十三子，封地在大同。代王初封为豫王，洪武二十五

---

① 《明太宗实录》卷1。

年（1392）改封于代，并之国就藩。建文元年（1399）时，亦被废为庶人。朱棣即位，爵位被恢复并重新回到大同封地。但此后不久，朱棣就以有人告发他在地方罪恶累累，"纵戮取财，国人甚苦，告者数矣"，召他到京师问罪，并借此机会"削其三护卫，止给校尉三十人随从"①。

辽王朱植系太祖第十五子，封地在广宁（今辽宁北镇），洪武二十五年之国。作为塞北藩王之一，辽王习军旅，有勇谋，数立战功。但在靖难战役之初，因担心被燕王所用，辽王被建文召入南京。朱棣即位之后，决定调整辽王的封地于荆州，同时将他原来在辽东的三护卫悉留于当地以做防御之用，由兵部另外再调拨一卫兵军，以为护卫之用。到永乐十年时，再以辽王有罪，削其护卫及仪卫司，止给军校尉三百人，以备使令。②

宁王朱权系太祖第十七子，初封地在大宁。大宁为北边防御重镇，宁王封在洪武二十四年，二十六年就藩国，但他"带甲八万，革车六千"③，兵精将广，多次出塞，谋略过人。靖难之役初时，建文帝曾召他到南京，因不服从而被削去三护卫。燕王朱棣则收编了他的军兵，成为靖难军的重要组成。朱棣深知宁王之勇谋，对他多加防范，永乐元年时把他改封在南昌，并削夺了他的兵权。此后，宁王在南昌终日与诗文为伍，终了一生。

岷王朱楩系太祖第十八子，初封在岷州，后改驻云南。建文在位时被废为庶人，徙居于漳州。朱棣即位后他的爵位得以复原。但刚在永乐元年时，成祖就因其有罪，早早革去了他的三护卫，把他的云南左、中、前三护卫改为云南中、前、后三卫。永乐六年，再次以其"慢侮无礼，屡训不悛"，把他剩余的护卫官军尽行削去，全部调到边地，只保留军士、校尉各百人以供役使④。

谷王朱橞系太祖第十九子，初封在宣府，亦属北边重地。燕王靖难时，谷王逃回南京。不过，靖难军入南京时，谷王因参与打开金川门迎接朱棣，受到重赏。但谷王实在不适合再回到他的封地宣府，而是被改封到长沙。这时，谷王原来的宣府护卫改名为长沙护卫之后，仍然由谷王管辖，只是原来

---

①　《明太宗实录》卷20。
②　《明太宗实录》卷125。
③　《明史·太祖诸子二》。
④　《明太宗实录》卷23、卷75。

由谷王节制的宣府军旗余舍以宣府左右卫的名称，重设于保定。此后的十数年间，谷王多次受到成祖的封赏，直到永乐十五年谷王橞被以"谋逆"之罪削爵为庶人，其护卫及长史司等衙门均被削夺。据说，他的罪名是以建文的旗号谋反。

当年，朱元璋以塞王实边的名义分封的藩王，到永乐初年时他们大都离开了原来的封国，三护卫军也被削除殆尽。其实，朱棣也深知藩王给皇权带来的危害，他在即位之初对藩王的复爵或赏赐只是稳定局势的安抚手段，局势稳定之后，他迅速制定了"削藩"政策，采取限制措施，严加管束。除移其封国于内地，并削夺其军权之外，还严厉禁止诸王节制地方武官以及干预地方行政事务。此时，他推行的一系列军事征伐，包括六次北征蒙古、征服安南、经略东北等，都是由他亲自选派武臣，而不是像洪武后期由藩王节制武臣，他还把军兵大量调到南京或北京，通过征调精锐、校阅等手段，加强对地方军事权力的掌控。

需要在此附带说明的是，成祖限制宗藩的策略并不彻底，他削除了兄弟们的兵权，却又赋予自己的儿子以新的兵权。他援太祖之例，赐予自己的儿子汉王和赵王各三护卫，并委以重任。所以，在他死之后，汉、赵二王也仿效他的做法，期望又成为新的"靖难之君"。再往后，也不乏想做靖难皇帝的藩王。当然，他们都没有成功。时过境迁，此之谓也。

附带说明的另一点是，宗藩的衰落是必然的，宣宗在平定汉王高煦叛变之后，进一步采取了限制宗藩的措施，一方面借机削夺了赵、楚、蜀和肃等王府的护卫，此后，王府很少再有设立护卫者；另一方面加大了"弱藩"的力度，比如藩王一旦赴藩国，终生不再有进京的机会，甚至不得走出封国，连出游的机会都没有了。此外，他们终生不得入仕为官，不得经商，生子结婚甚至命名均要由皇帝批准。到明代中后期，宗藩数量虽在大幅度增加，但其政治、经济和社会地位都已是大幅度下降，"名曰金枝，实为弃物"[1]，绝大部分沦为社会的腐朽、寄生阶层。这也是当年朱元璋分封宗藩时所没有想到的。

---

[1] 顾炎武：《日知录·宗室》。

第二节　成祖的宏伟事业

以"靖难"之名夺位的朱棣君臣们商定了他们执政期间的政治理想——"永乐"，是要让他的臣民们永享幸福和欢乐，从朱棣的政治主张和行政表现看，他的"臣民"不仅仅包括大明帝国传统版图之内的臣民，还包括"普天之内"、"华夷一家"的臣民，因此，他既要守好"内"，又要安好"外"。他扫"虏庭"、巡东北、征安南、使西域、下西洋、通运河，并最终迁都北京，意欲建立一个更为庞大的中华帝国。明成祖朱棣给人们的总体印象是，他是明朝十六帝中最具开拓和进取精神的一位。

1．"六扫虏庭"

朱棣即位之际的北方蒙古政权内部也发生了混乱、分裂，无暇大规模南下。此时北部中国的社会经济因"靖难"战争也遭到严重的破坏，打击政敌、稳定政局、正名扬威、恢复经济等都是朱棣当时面对的迫切事务。他把北方的经济称为"如人重病，初起善调理之，庶几可安。不然病将愈重"①。因此，在边疆政策方面，他采取较为稳妥的守势。永乐元年（1403），他对侍臣说："今日惟当养中国，惟固边防"②。正是在这种背景下，急于正名、安边的朱棣做出了内迁大宁都司、安置蒙古兀良哈三卫的决定，对蒙古族贵族的基本态度仍然是厚待来降、积极防御。永乐元年二月，他致书鞑靼可汗鬼力赤，希望蒙古贵族能遣使往来通好，"同为一家，使边城万里，烽堠无警，彼此熙然，共享太平之福，岂不美哉！"③同时他赐给归降的蒙古官员大批物品。永乐三年十二月，他同意宁夏总兵官西宁侯宋晟的请求，"宣示朝廷，送礼待遣人之意"，派人通好迤北鬼力赤等④。此后，又数次表达类似的诚意。

当然，朱棣对蒙古贵族的戒备之心始终不减，他经常敕谕边关大将，小心提防。永乐元年二三月调整了北京附近地区的军事布防，稍后又派出郡王高煦往开平备御，对北边的防守深谋远虑。他的态度非常清楚，维持现状，

---

① 《明太宗实录》卷53。
② 《明太宗实录》卷24。
③ 《明太宗实录》卷17。
④ 《明太宗实录》卷49。

箭扣长城

高度警惕。这既考虑到登基之初的困境，不愿劳师动众，而来自蒙古的威胁
又实实在在；既希望蒙古贵族归附，又担心其中有诈，在千叮咛万嘱咐的言
语里，能感到他的无奈与务实。朱棣对待蒙古部的态度在永乐六年（1408）
仍是以诚信和礼义服人，但一向认为颇为平静的安南局势发生变故，极有可
能影响到他对蒙古贵族既定的方针和政策。永乐四年三月，一直表示顺从的
安南国内发生内乱。朱棣遂决意兴师问罪，这也是整个永乐朝大举靖边的
开始。

　　永乐七年的北巡是朱棣离开北平、入主南京后第一次回归故地，其仪式
也格外的隆重。恰在此时，蒙古贵族竟然杀掉明朝派出的使臣，这对一直坚
守"诚信礼仪以服四方"的朱棣来说，无异于当头一棒，此举触动了朱棣忍
耐的神经。他下令淇国公丘福出兵讨伐，丘福竟然兵败于胪朐河（今克鲁伦
河），朱棣恼羞成怒，于是决定亲自"平胡杀胡"了。

　　朱棣第一次亲征是在永乐八年，打击对象为鞑靼可汗本雅失里，他的
"亲征胡虏诏天下诏"表达了他八年来对蒙古贵族的一再迁就、忍让的宽容
却招致以怨报德的愤慨，表达了不扫沙漠誓不休的决心。诏曰：

　　　　朕受天命，承太祖高皇帝洪基，统驭万方，抚辑庶类。凡四夷僻

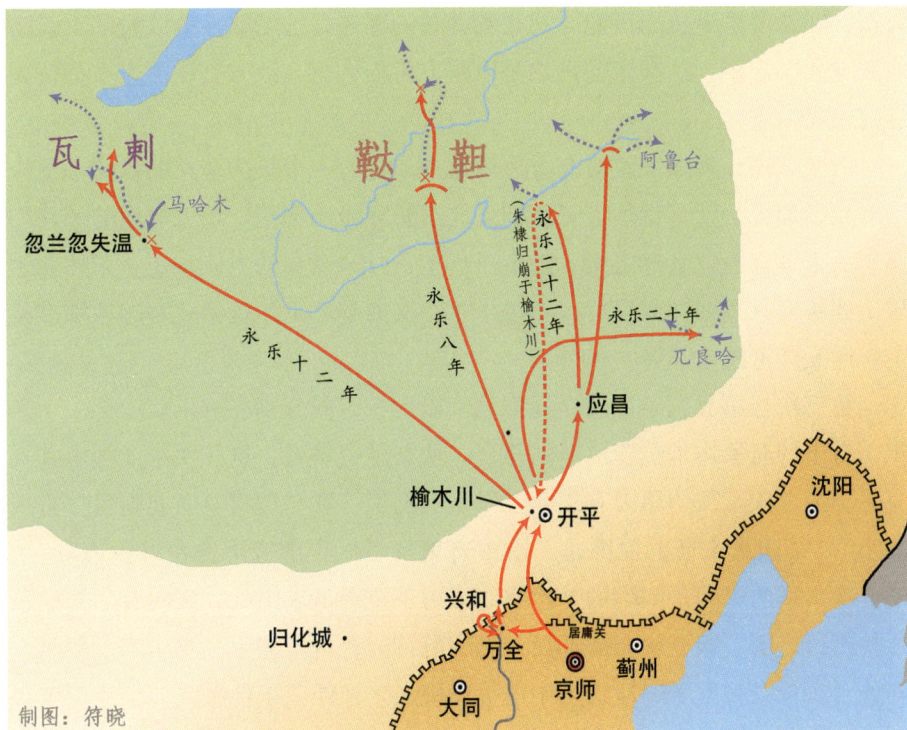

明成祖北伐示意图

远，靡不从化，独北虏残孽于荒裔，肆逞凶暴，屡遣使申谕，辄拘留杀之。乃者其人钞边，边将获之，再遣使护还，使者复被拘杀，恩既数背，德岂可怀？况豺狼野心，贪悍猾贼虐噬其众，引领徯苏，稽于天道则其运已绝，验于人事则彼众皆离。朕今亲率六师往征之，肃振武威，用彰天讨。且朕必胜之道有五：以大击小，以顺取逆，以治攻乱，以逸伐劳，以悦吊怨。鲜不残灭，荡除有罪，扫清沙漠，抚绥颠连，将疆场乂安，人民无转输之苦，将士无战斗之虞，可以解甲而高枕矣。布告中外，咸使闻知。[①]

此次亲征后，本雅失里逃亡，后被瓦剌部马哈木杀死。鞑靼部由阿鲁台控制，他在相当长的一段时间内表示接受明政府的管辖。

永乐十二年的第二次亲征打击对象是瓦剌可汗马哈木。50万浩浩荡荡的

---

① 《明太宗实录》卷101。

大军，在沙漠里颇费周折地寻找瓦剌骑兵的踪迹，这场战斗持续时间不长，但双方死伤惨重。这次亲征仍然是以明方折损大将、敌方首领消失在茫茫黄沙之中而结束。

两次亲征，朱棣大致对北方边境蒙古形势有一个较为清楚的认识，敌人一时难以消灭，就不得不进一步加强北边防守做出调整。最大规模的调动当属于后来被称为"京操之始"的十三年十一月辛亥日的大调动了。朱棣在永乐十四年九月短期回南京后，不过半年，又回到北京。迁都北京的各项准备工作遂紧锣密鼓地开展。

第三次至第五次亲征均在迁都北京以后，时间分别在永乐二十至二十二年，打击的对象均是鞑靼可汗阿鲁台。从文献资料看，这三次亲征理由并不充足。第三次亲征的原因有二，"以北虏携贰"和"边将奏虏寇阿鲁台犯兴和。"①第四次亲征的原因是"虏中有来降者，言虏寇阿鲁台将犯边"。②第五次亲征的原因是归附的"达官"忠勇王金勇请求出兵，实际有为朱棣亲征找借口之嫌。这三次亲征都没有见到敌首阿鲁台。据说，永乐二十年时，阿鲁台在母亲和妻子的斥责声中落荒而逃，朱棣俘获了他抛弃的辎重牛羊。二十一年亲征前，阿鲁台受到瓦剌部的打击，已作鸟兽散，明军仅带回主动归附、与阿鲁台素无相干的也先土干素回来。二十二年的亲征更是离奇，据说，大军到了苍山冈，英国公张辅等分索山谷周围三百余里，无一人一骑之迹，朱棣只好下令班师。但三次亲征的耗费却是惊人的，以二十年亲征为例，前后共用驴34万头，车117573辆，挽车民丁235146人，运粮37万石。以出征的人数论，五次亲征中，最为仓促的二十一年亲征也有30万人之巨。

朱棣五次亲征对明中后期军事防御形势的影响不可低估。永乐前期对蒙古贵族采取了足够宽容的政策，而后期动辄兴师亲征，很大程度上与当时的经济发展水平和成祖的宏伟构想有关。纵观永乐一朝，派郑和远航、设立奴儿干都司经营东北、在西南地区推行改土归流、平交趾反叛，以及加强对西藏的联系与管理、积极开展与中亚各国的交流、迁都北京、五次亲征、编纂《永乐大典》等，无不显示成祖并不是一位墨守成规的皇帝。这是在研究永

---

①　《明太宗实录》卷243、卷247。
②　《明太宗实录》卷261。

明奴儿干都司①

乐朝历史时所必须注意的基本前提，孤立看待明成祖的某一次举动都不足以全面揭示他的治国谋略。

2. 经营东北

明初，中央统治东北的思路比较清晰，据明人任洛等纂修的《辽东志》载，洪武四年（1371），置定辽都卫。八年改为辽东都指挥使司，十年（1377），革所属州县，置卫。永乐七年（1409），设安乐、自在二州，领卫二十五州二，安置归降明朝的北边少数民族。

洪武二十年（1387），随着当时辽东最为强劲的对手纳哈出的降附，东北的局势基本安定下来。从永乐至宣德初年，明廷对东北采取直接的经营管理，设奴儿干都司，置大批卫所，还多次派官员巡视各地，设立驿站，加强与中央的联系，统辖女真诸部、兀良哈三卫、库页岛及沿海岛屿的各族，辖184卫、2千户所。从辽东都司的建立，到奴儿干都司的设置，大体完成了对东北边地的机构设置和防御部署。

---

① 谭其骧：《中国历史地图集》第7册，中国地图出版社1982年版。

永乐元年（1403），就在宁王和辽王撤出原藩属地的前夕，成祖朱棣对东北防守做出调整，置辽东镇守武官统领辽东事务，"塞王实边"之制在东北宣告终结。按太祖和成祖治边思想，都司平时管理军事，遇重大军事行动，则另派武官挂印出征，久而久之，又逐渐形成营兵制（镇戍制）。永乐元年正月，成祖任命保定侯孟善镇守辽东，"节制辽东都司所属军卫"。十二月，他又对孟善说："朕命尔往镇东鄙，所宜招怀远人，靖安边境，以称付托之重"，孟善于永乐十年（1412）去世，成祖称赞他"出镇辽东，远夷款附者，绥辑备至"。他死后，成祖遣官赐祭，追封滕国公，谥忠勇[①]。从其间的《明实录》记载看，孟善在辽东7年，负责戍守、屯耕、营建，并负有接待三万卫、女真和朝鲜贡使等辽东军政事务，不可谓职责不重。孟善之后，镇守辽东的是都督刘江，到永乐十二年（1414），刘江和都督费瓛同时被任命为总兵官，这是两地（镇）正式设立总兵官之始。费瓛管辖的军兵显然比刘江的数量和类型更多。刘江任职到永乐十七年九月，因功勋卓著"封奉天翊卫宣力武臣，特进荣禄大夫、柱国光宁伯，食禄千百二石"。接替他的是广宁伯刘荣，刘荣十一月份就任总兵官，次年四月去世。永乐末至宣德年间的辽东总兵官分别是武进伯朱荣和都督巫凯。辽东总兵官统领兵马是"都司属卫军马"，这里的"都司"应该包括辽东都司和奴儿干都司，而不应是仅局限于辽东都司。他们的职责是"修饬边备、慎固封守"，具体有操练兵马、修筑城池、经营屯田、管理马市、修筑边墙、防海御倭、管理驿站，处理少数民族事务等，以军事、民族事务为主，全面负责辖区内的军政事务。

成祖不仅在辽东建立完备的地方军政管理机构，还定期从中央向东北广大的地方派官员加以巡视。永乐元年（1403），派邢枢等人前往奴儿干诏谕，女真各部的首领相继归附。第二年，他们派遣使者随邢枢进京朝贡，成祖下令在当地设置卫所，任命他们担任卫所官职。到永乐七年（1409），在斡难河、黑龙江流域南北地区以及松花江、乌苏里江、格林河、亨滚河（今俄罗斯境内的阿姆贡河）等流域，已先后建立了130个卫所。由于形势发展的需要，朱棣便下令在黑龙江出海口附近的特林，设立奴儿干都指挥使司。奴儿干都指挥使司设有元帅府和各级衙署，派有官吏，驻有护印的军队，负

---

① 《明太宗实录》卷16、卷26、卷129。

责管理所辖卫所的军民，征收贡赋。为了便于运输贡赋、赏赐物品和传递公文，明政府在奴儿干都司开辟了四条驿道交通线。"海西东水陆城站"是其中一条主要干线，它南连辽东，直通北京，北达奴儿干城，沿线驿站星罗棋布，纵横交错。奴儿干都司建立后，朱棣曾派宦官亦失哈多次前往巡视。永乐十一年（1413），亦失哈第二次巡视时，在奴儿干都司衙署西边的江岸上建造了永宁寺，并立碑于寺前，记叙建立奴儿干都司的经过和他巡视奴儿干的情况。这块石碑和亦失哈在宣德朝重建永宁寺时所立的另一块石碑，是明政府管辖鞑靼海峡两岸地区和我国各族人民共同开发黑龙江、乌苏里江流域的历史见证。

3. 修通运河

元代海运发达，明初仍沿用海运方式，尤其是在北部的辽东等地使用频繁，海运在这一时期对付海盗和倭患时也起到重要作用。然而，这一时期的海运最主要的职责却在军事，其在民运（经济方面）并没有那么突出的作用。明初，"航海之运"因风险极大、负担过重，一直遭到质疑。所以，到洪武后期，随着东北和海防局势的缓解，海洋政策悄然变化。洪武三十年（1397），辽东已平定，太祖决计大力发展屯田以缓解东北海运的压力，并于当年下诏停罢辽东海运。

永乐朝之初，沿海南北物资转运的方式仍然是海陆兼用，大宗以海路为主。但随着北边防御和建设任务的日益繁重，海运的劣势逐步呈现。《明史·宋礼传》说："海运险远多亡失，而河运则由江淮达阳武，发山西、河南丁夫，陆挽百七十里入卫河，历八递运所，民苦其劳"。不论是直接承运海运的地方官府，还是中央都深感不便。尤其是成祖意欲提升北平的政治和军事地位，永乐八年第一次亲征之后，在北边物资供应更趋紧张的背景之下，必须找到确保南北交通的运输通道。

永乐九年（1411）二月，朱棣命工部尚书宋礼督疏会通河，兼治黄河。宋礼针对原来"岸狭水浅，不负重载"的情况，从疏浚淤塞地段开始，拓宽、深挖河道。他听取当地有经验的老河工白英的建议，在汶水下游东平戴村筑一新坝，截汶水流至济宁以北的南旺，巧妙解决了行水不畅的问题。为使会通河水有所控制，便于行船，宋礼等又在元代旧闸的基础上"相地置闸，以时蓄泄"，改建、新建了一些闸门，使会通河节节蓄水，满足了通航的需要。会通河开通后，宋礼等又在山东境内自汶上袁家口至寿张沙湾之间开新河，将会通河道东移五十里；在河南境内疏浚祥符鱼王口至中滦下二十余里黄河故道，自封丘荆隆口引河水，接济运河水量。此役组织民力30万（涉及山东、徐州、南京和镇江等地），免掉百姓田租达110万石，历时半年多，可谓功效卓著。相传宋礼此役得到民间水利家白英的帮助，白英治河的事迹也受到明廷的嘉奖。他死后被封为"功漕神""永济神"，正德年间建白公祠以祭典。万历时工部主事胡缵撰写了《白英老人祠记》，称白英"天下无二老，泉河第一功"。清康熙、乾隆治河时，也数次祭奠白英，至今沿黄地区的百姓还在传颂他的故事。

永乐十年，时任工部尚书宋礼奏请成祖"从会通河攒运北京粮储"，他对比了海运与运河造船的成本，提议将会通河河道纳入国家南北转运系统之中，以减轻海运的压力。永乐十二年闰九月初三日，行在户部上"始罢海运从会通河攒运"疏，奏请把南北转运的南方起点设在淮安，由淮河入黄河，经徐州入会通河。永乐十三年（1415），又命总督漕运的陈瑄开凿清江浦，打通淮河与淮南漕河的阻塞。这样，南起杭州，通过江南运河、淮扬诸湖、黄河、会通河、卫河、白河、大通河，北抵京师以东大通桥，全长三千余里、贯通南北的大运河又复畅通，载重三五百石以至千石以上的漕船可以顺利往来通行，江南的粮食和丝绸布帛等得以漕运至北方，保证了北京的物资供应，为迁都北京打下了坚实的基础，也为此后数百年的南北水运交通奠定了基础。

4．迁都北京

朱棣迁都的原因说法甚多，有言朱棣燕王的"龙兴之地"在北京，有言他不习惯于南京的生活，有言他在南京杀人太多而不安于生活。这类说法仅从帝王一人之好恶判断国家都城之所在，显然过于简单，因为都城是一个国家政治和军事的中心，是国家权力运行的中枢，都城的选择一定有周密的考虑。其实，朱元璋建国时，在都城问题上多次考虑，南京作为京师并不是他唯一的选择。他曾经考察过开封、商丘，并立中都于凤阳，仿南京规制修建中都城。从那个时期的君臣商讨的过程看，国家防御战略和控制力才是选择都城的最重要原因。

元朝的统治被推翻后，元顺帝逃往漠北，仍拥有雄厚兵力，不时南下骚扰。朱元璋的北边防御是广置卫所，在分封藩王时，把几个儿子封到长城沿线一带，塞王实边。靖难之役后，朱棣选择放弃"塞王实边"的战略。他知

北京故宫的角楼

道藩王对皇权的威胁，于是尽释北边藩王的兵权，将拥有八万护卫兵的宁王从喜峰口外的大宁迁往南昌，将谷王从宣府迁至长沙，又将大宁都司迁到保定，致使北边的防御形势发生重大的变化，诚如《大宁考》作者杨守谦所说："自是辽东折左臂，宣府折右臂"。大宁一弃，北平失去了东北屏藩，辽东与宣府之间的防线也被切断，不能互相应援，边防的压力陡增。为了弥补这个缺陷，朱棣决定往北迁都，以"天子实边"取代洪武时代的"塞王实边"，以京师防御为核心，重新构筑新的北方防御力量。

永乐元年（1403），成祖下令改北平为北京。永乐四年派遣大臣分赴各地督民采伐树木，烧造砖瓦，并征发各地工匠、军士、民丁，下令于次年五月建造北京宫殿。与此同时，他开始有计划、大规模地向北京地区移民。永乐五年，徐皇后去世，成祖没有在南京为她选择陵地，而是派礼部官员选择在了北京郊区的昌平，这也就是明十三陵首陵的"长陵"。成祖此举，意在向天下臣民宣布，北京将是未来的新都城。

然而，此后的数年，成祖迁都北京的行动似乎停滞不前了，北京并没有大规模营建都城的举动或动向。究其原因，主要是因为迁都北京的条件并不成熟。这首先是因为靖难战争给社会生产造成了严重的破坏，明政府难以筹集营建北京所需要的巨额资金，也缺乏足够的人力。其次当时北方粮食不能自给，必须仰给江南，南北物资运输的通道并不顺畅。

还有重要的一点是，北边的防御形势也让成祖越来越不放心。永乐初年，成祖一直采取"厚待"与"安抚"的措施缓和与敌对的蒙古部的矛盾，虽然有大批蒙古贵族归附来降，但双方的对立并没有因此缓解。永乐七年时，明朝使臣竟然被杀，北征出师不利，他只好亲自出征。北边之忧不能不刺痛他的敏感神经。他频繁调整将官或军兵到北边各地参与操练、防御，以确保北边的安宁。试从《明太宗实录》中摘取数例：

> 永乐六年九月丁未。以明年巡狩北京，敕山东、陕西、辽东、湖广、河南、山西各都司选精锐骑士及步军，如礼部议奏之数。各委官统率，期正月五日俱至所定地方，以备扈从。（卷83）

> 永乐七年九月己丑。敕永康侯徐忠等选练南京各卫及睢阳、归德、镇江等二十五卫步骑三万人，宁阳伯陈懋选练陕西属卫及庆、秦二王府护卫步骑一万九千人，江阴侯吴高选练山西及晋王府护卫步骑一万五千人。仍命中都留守司、河南、湖广、山东三都司，周、楚二王府护卫选步骑四万五千人，临洮、河州、岷州、西宁、平凉诸卫选善战土官五千人，各赐钞给行粮，以来年二月至北京随征。（卷96）

> 永乐八年春正月乙酉。敕辽东都司指挥储钦、巫凯于原调官军内选步军五千，令能干指挥领还备寇及防护屯田，其余官军令赴北京，随征朝鲜。（卷100）

> 永乐八年十一月乙丑。命武安侯郑亨充总兵官，领北京各卫所军马往宣府操备。（卷110）

> 永乐八年十二月己酉。命都督费瓛、都指挥胡原、陈怀率陕西都司马步军五千人、河南都司三千人、山西都司二千人在甘肃操备。（卷111）

> 永乐九年春正月丁丑。命安远伯柳升佩平羌将军印，充总兵官，领陕西、河南、山西所调备御军马镇守宁夏。（卷112）

嘉峪关

　　永乐十年十二月乙寅。以明年巡狩北京，敕山东等处都司，中都留守司，直隶扬州等卫选精锐骑士及步卒各委官管领，赴徐州等处驻扎。山东都司及潼关卫驻德州；湖广都司及睢阳、扬州、淮安各卫驻徐州；陕西、山西都司驻真定；邳州、沂州各卫驻济宁；中都留守司、宿州、徐州卫各驻本处。（卷135）

　　永乐十一年二月辛酉。敕陕西都指挥同知阎俊、指挥使王纲等于宁夏四卫选骑士一千赴真定操练，须人马精强，器锋利。（卷137）

　　永乐十二年九月甲午。命都督费瓛、刘江俱总兵官，镇守宁夏、甘肃、陕西、河南、山西，调到备御官军，听其节制。（卷155）

　　永乐十二年十一月庚申。命都指挥李龙往河南都司，选步军一千赴甘肃备御。（卷158）

　　永乐十三年十二月辛卯。敕辽东总兵官都督刘江及辽东都司，选女直官军及舍人余丁不限名数，以明年春赴北京操练。（卷171）

　　永乐十四年十二月壬申。敕都督冀中马聚往湖广，调长沙护卫官军三千戍守辽东。二千戍守宣府，二千戍守保安诸卫，余调山东沿海六卫。（卷183）

　　……

如此频繁的军队调动显示了成祖对北边防御的重视，也表明重新建构新的北边防御体系工作正在推行之中。随着大运河疏通完成，营建北京的时机也已成熟，永乐十四年（1416）八月，成祖下令营建北京西宫以"为视朝之所"。八个月后，西宫建成，为营建北京的宫殿腾出地方。第二年六月，大规模的营建工程正式动工。工程主要分为京城、皇城与宫城三个部分。京城也叫内城，大体上取元大都的南部，而将南边的城垣向南拓展二里多。皇城规制基本取自元城的旧址。宫城又叫紫禁城，里面是宏伟的宫殿。由于元宫已经在洪武时被拆除，这些宫殿实际上是重新建造的。永乐十八年（1420），北京的宫殿营建完工。第二年正月，成祖下令正式迁都北京，以南京为留都，并称南北两京。北京从此成为明朝的首都，是全国的政治、军事、经济和文化中心。

　　成祖迁都北京后，南北二京的卫所布防随之改变，原驻南京的卫所仅保留49个，南京的防御力量因此发生了很大的变化。北京既是政治中枢，又居于北部边地，分布于北京京畿地区的卫所增至72个，但仍然无法满足新的征战与防御的需要，于是逐步推行班军（轮流番戍）制度，加强对重点地区的防守，使明朝军事防御制度也发生了重大变化。

　　可以说，明成祖朱棣登极之后，致力于肃清沙漠，他采取了上述诸多措施。在他去世之后，仁宣两朝调整了北边防御的方式，采取了积极的内敛防御策略，收缩了北边防线。这就造成了作为首都的北京既是政治权力中枢，在地理位置上却处于边地前沿，"腹心即边地"的政治、军事和地理格局造成了明廷北边防御的尴尬。面对边疆防御和京师防御的双重压力，明朝在构建北边防御体系时面临重重困难。在漫长的边防线上，如何充分利用有限的武装力量，既能保证沿边有军兵承担日常防御之责，又能保证重点地区的重兵布防，一旦出现战事可以迅速集结足够兵力，对明朝统治者确实是一个很大的考验。

　　成祖迁都北京的背景是复杂的，虽然自唐代中后期江南经济已日益成为全国的经济重心，而且明前期的西方近代社会开始走出中世纪的蒙昧，步入海洋文明时代，但决不意味着中国的明朝就必须定都在江南赋税地，以迎合所谓的"大航海时代"。就中央对国家和地方控制而言，政治和军事控制显然是一个国家政权控制的首要手段和目标。宋元时期，北方民族凭借军事上的优势，建立了辽、金、元等三朝，游牧政权进入传统农耕区，传统中原王朝政权必须有效防御来自北方的政治压力和军事征服，方可营造江南经济发展的良好环境。元明清三朝统治者都选择了游牧与农耕区交接地区的北京作为首都，这种政治中心在北而经济重心在南的格局，是当时中国全局之下的长期、必然的选择。因此，朱棣迁都北京是顺应了这一历史发展的进程，是应当肯定的。

当然，明朝这种政治中心与经济重心的分离，带来诸多不利因素。成祖以后推行的"北京—南京"两京制实际是意欲弥补政治和军事中心偏重于北京所带来的对南方经济富庶区的失控，以及加强对经济和文化核心区的控制，也不失为一种有效的选择。

第三节　郑和下西洋

1. 航海壮举

明朝建立后，明太祖鉴于元朝四处用兵，损害与周边各国的友善关系，采取"与远迩相安于无事，以共享太平之福"[①]的睦邻外交政策，认为："海外蛮夷之国，有为患于中国者，不可不讨；不为中国患者，不可辄自兴兵。"[②]洪武年间先后遣使30次，访问周边的12个国家，有17个国家先后135次遣使访问中国。这一时期的对外交往采取的仍然是传统的朝贡（贸易）形式，明廷按照"薄来厚往"的原则，给予多于贡物实际价值数倍的"贡赐"。朝贡既是政治性的外交活动，又是经济性的贸易活动。由于担心流亡海上的原方国珍、张士诚旧部与倭寇互相勾结，危及明朝的统治，洪武四年（1371）太祖下令实行"海禁"，"禁濒海民不得私出海"[③]。这样，海外贸易主要通过官方"贡赐"渠道，海上私人贸易则被视为非法。

明成祖即位后，对外政策没有实质变化，但他扩大了对外交流的渠道，下令恢复明州、泉州、广州三处市舶司，对海外各国敞开国门，欢迎各国前来朝贡，宣布："诸蕃国遣使来朝，一皆遇之以诚，其以土物来市易

---

① 《明人祖实录》卷37。
② 《明太祖实录》卷68。
③ 《明太祖实录》卷70。

郑和像

者，悉听其便"。[1]为了扩大在海外的影响，他采取的最大举措是派遣郑和下西洋。

郑和原来姓马，洪武四年（1371）出生在云南昆明，回回人，在元代属色目人，他的先祖就是云南行省最高行政长官赛典赤·赡思丁。在郑和10岁时，明军发动统一云南的战争，郑和被俘，他被阉割后，又被分配给了朱棣，来到了北京的燕王府。郑和出生在贵族家庭、书香门第，在燕王府中，他的文化水平较为突出。靖难战争期间，他立下大功，受得成祖朱棣的赏识，并被提拔内官监太监。永乐二年（1404）明成祖在南京御书"郑"字，赐他郑姓，改名为和。他出使的"西洋"，在明代以婆罗洲（今加里曼丹岛）的文莱为界，以东为东洋，以西为西洋。

郑和率领的使团，第一次船队有大小船只208艘，装载27800余人，其中有大中型宝船63艘。大型宝船长44丈4尺（合140.75米）、阔18丈（合57米），有9桅12帆，"体势巍然，巨无与敌，篷帆锚舵"，随行的巩珍在《西洋番国志序》中说它"非二三百人莫能举动"，是当时世界上规模最大、设备最先进的船只。郑和每到一地，首先向当地国王或首领宣读大明皇帝的敕谕，劝说他们"不可欺寡，不可凌弱，庶几共享太平之福"。[2]接着，赠送中国历书和金银、文绮、彩绢等礼品，并邀请他们到中国访问。然后用丝绸、瓷器、铁器、铜钱等，与当地商人交换番香、胡椒、苏木、象牙、宝石、珍珠、珊瑚等土特产。

从永乐三年（1405）郑和首次航行，到宣德八年（1433）的最后一次，

---

① 《明太宗实录》卷12上。
② 《郑和家谱·敕海外诸番》。

他共七次率领庞大的船队下西洋，其中六次在永乐朝（三年、五年、七年、十一年、十五年、十九年），一次在宣德朝，前后历时近30年。郑和的船队一般从苏州刘家港出发，先到福建五虎门候航，出发的季节多在冬季，以便借助东北季风洋流，回国时间多在夏季。郑和前三次出海只到了印度半岛南端，第四次之后开始继续西行更远的地方。郑和船队游历南洋群岛诸国，到达中南半岛、印度半岛、阿拉伯半岛等亚非的30多个国家，最远到达非洲东海岸，越过赤道，这是中国人最大规模的出海活动。

对于郑和的航线，英国退休海军将军加文·孟席斯（Gavin Menzies）在他的著作《1421：中国发现世界》（*1421:The Year China Discovered the World*）中认为，"郑和在哥伦布之前就到达了北美洲，是发现新大陆的第一人"。其主要观点是：1421年3月3日，明成祖朱棣派遣郑和率领107艘船只进行第六次下西洋，抵达古里。当年11月郑和率一支船队返回。另外船队由洪保、周满、周闻等率领继续航行绕过非洲南端的好望角，沿非洲西海岸到达大西洋佛得角的圣托交脱（Santo Antao），沿大西洋赤道洋流西航，然后他们开始各自的航行。其中，洪保和周满的船队到达南美洲，并达到了澳大利亚，周闻的船队到达北美洲等地。他的主要证据是航海图，并运用了考古学和人类学等学科的研究视角和方法，但却没有传统、史证的史料作支撑。虽然他的观点引起海内外学者的广泛关注，却几乎没有得到史学界的支持。

郑和下西洋的影响却不可小视，它对当时及此后的中国社会带来很大的影响，包括国内外商品的供应、生产和加工等，例如瓷器和钱币的生产，生活用品及高档奢侈品的需求等物质层面，也包括文学、艺术、歌舞、戏曲等精神文化层面。郑和下西洋最大的影响还在于它的政治影响。郑和下西洋扩大了明朝与海外各国的交流，在此后很长的时间里，亚非许多国家纷纷遣使来华访问、从事经贸交流。据不完全统计，永乐年间共有60多个国家的国王或使臣245次访问中国，其中浡泥（今北加里曼丹岛文莱）、满剌加（今马来西亚马六甲）、尼八剌（今尼泊尔）、苏禄（今菲律宾苏禄群岛）、锡兰（今斯里兰卡）等5个国家的8位国王9次入明访问，甚至有3个国家的国王死在中国。

2. 航海目的

为什么朱棣在立国之初就耗费巨大的国力开启远涉重洋之旅呢？为何又会派出一个太监担当如此紧要的出使重任？他大力倡导的下西洋的目的到底

《郑和航海图》（局部）

全名《自宝船厂开船从龙江关出水直抵外国诸番图》，原是手卷式的，制作于郑和第六次下西洋之后，约成于洪熙元年至宣德五年间，这幅图被明代茅元仪收入《武备志》中，改成书本式的。该图高20.3厘米，全长560厘米，即有5米多，以南京为起点，最远至非洲东岸的慢八撒(今肯尼亚蒙巴萨)。图中标明了航线所经亚非各国的方位，航道的远近、深度，以及航海的方向，对何处有礁石或浅滩，也都一一注明。图中列举航路共56线，涉及的地区为今天的中国、越南、文莱、柬埔寨、泰国、印度尼西亚、马来西亚、新加坡、缅甸、斯里兰卡、印度、马尔代夫、也门、伊拉克、沙特阿拉伯、索马里、坦桑尼亚、阿联酋、卡塔尔、巴林、科威特、塞舌尔、马达加斯加、科摩罗、莫桑比克等，包括了540多个地名，其中外国地名约310个。

是什么？

　　长期以来，郑和下西洋的目的主要有踪迹建文说、耀兵异域说、发展贸易说、宣谕来朝说、联印抗蒙说、推行价值观说、获取奢侈品说、宗教信仰说，等等。由于任何一种说法都又同时遭到别的说法的质疑，并被认为不足以概括郑和下西洋的全部目的，尽可能展示并分析郑和下西洋的真实目的就显得很重要。在此选择最近十年有代表性的一些观点加以介绍。

　　张显清说，长期以来盛行的郑和远航是为了寻找建文帝的说法，其实是无根据的猜想；将郑和船队说成是征伐海外诸国的远征军，将郑和远航说成是以武力征服海外诸国，这实在是对郑和远航性质的曲解。其远航的真实目的有三。第一，了解世界，开拓海洋。第二，宣谕和赏赐，即构建以宗主国与臣属国关系为名义的友好和睦的国家关系体系。第三，开展国际贸易。[①]也有人认为下西洋是为了获取海外奢侈品，在湖北省钟祥市东南部瑜灵山的梁庄王墓出土文物中发现有大量来自西洋的珠宝，大多是郑和下西洋带回中国的瑰宝，它们成为明代贵族成员生活用品的一部分。

钱志乾强调：应该根据郑和七下西洋的时间将其目的分为前后两个时期，前期以前三次下西洋活动为界，主要是政治目的，即巩固帝位，包含两个方面的内容，一是"踪迹建文帝"，以去成祖心病；二是"耀兵示富"，宣扬国威，促使诸国来朝。第四至第七次下西洋为后期，此时，时过境迁，其下西洋的目的转变为发展对外友好关系和朝贡贸易，也有寻找麒麟的目的，其政治目的和经济目的并重[②]。

郑家馨否定了"联印抗蒙"的军事动机，认为下西洋并不包括从亚洲西南包围帖木儿帝国的战略动机。原因有三：一是帖木儿帝国已分裂为若干小国，实力大减，不存在威胁中国边陲的实力；二是明朝与哈烈、撒马尔罕、失剌思等西域各国的友好关系不断增强，西域诸国成为明朝购买军马的大市场足以佐证；三是朱棣迁都北京等[③]。

谭新认为下西洋是为了寻求通过海路到达圣城麦加的可能性，他通过对明成祖和明宣宗对郑和下西洋的"敕谕"或"敕书"的分析，认为郑和奉使下西洋是承担着某种"特殊的朝廷使命"，即含有从海路探求到麦加的可能性。从明成祖和明宣宗的敕谕和往谕诸番国的诏书看，都反映了他们重视忽鲁谟斯这样遥远的西洋阿拉伯国家"祇顺天命"、"各顺天道"以及和这些国家"共享太平之福"，这就是郑和七次奉使下西洋去忽鲁谟斯等国"公干"的重要内容。下西洋与郑和本人的宗教信仰也大有关系。明成祖选择郑和出使西洋，奉使的船队中有郑和专门挑选的穆斯林学者和清真寺掌教阿

① 张显清：《略论郑和远航的动因及其历史意义》，《中国远洋航务公告》2005年第7期。

② 钱志乾：《试论郑和下西洋的主要目的》，《江西社会科学》2005年第2期。

③ 郑家馨：《郑和下西洋时代西亚形势及与中国的关系》《西亚非洲》2005年第2期。

訇，每次目的地都是去西洋阿拉伯国家。那么，这个特殊的使命就有从海路探寻去麦加的可能性。更为重要的是明宣宗推动的第七次下西洋，有几位经内官挑选的通事随天方国的船队终于到达了麦加，朝觐了"天堂"（恺而白），他们得到了"天堂图真本回京奏之"。下西洋的使命终于完成，船队的停罢也在情理之中。[①]

毛佩琦指出：郑和下西洋是明成祖雄才大略的表现。明成祖的雄才大略反映了他的"天下观"，其天下观推动他去建设个人理想中的天下格局。朱棣希望做一个儒家学说理想中的天下共主，这个天下共主不仅要统治以北京为中心的大帝国，而且要以北京为中心、在全天下推行"天朝礼制体系"，建立一个儒家理想的天下格局。他的天下格局的大致轮廓：第一，得到天命的天子君临天下，有责任向全天下的人"施恩布德"；第二，天子有责任让全天下的人"遂其生业，不至失所"；第三，全天下的人都应该"祗顺天命"，"循礼安分，毋得违越"；第四，在天子的监督之下，天下的人与人、国与国之间，"不可欺寡，不可凌弱"；第五，天子最终要实现的目的是全天下"共享太平之福"。为了鼓励天下各国都纳入天朝体制体系之中，仅凭简单纯粹的宣示是不够的，还要辅之以物质奖励，那就是对凡表示愿意纳入礼制体系之中的番国，天子都要给以赏赐。郑和下西洋就是把儒家"天下为公"的治国理想向全世界推行的尝试。[②]

实际上，规模宏大的郑和下西洋前后七次，历时30年，历永乐、洪熙和宣德三朝，他的目的不可能是单纯或者唯一的。郑和下西洋的目的是多方面的，既有宣传明朝的国威，扩大在海外的政治影响，招谕各国前来朝贡的目的，也有发展以朝贡为形式的海外贸易的意图。明成祖在位期间，积极开拓，不排除其认识海洋，了解世界的目的。至于其寻找建文帝、联印抗蒙和满足皇室奢华之需等目的，则不太可能是其重要或唯一目的。

3. 航海意义

无论其当初航海的目的如何，郑和下西洋客观上都是中外关系史上的重大事件，也是国际关系史的重要内容。在明代历史、中国历史，乃至在世界

---

① 谭新：《郑和下西洋动因新探》，《世界宗教研究》2005年第2期。
② 毛佩琦：《从郑和下西洋看明成祖视野下的天下格局》，《故宫博物院院刊》2005年第3期。

纪念"郑和下西洋600周年"邮票(小型张)

历史上都产生了重大影响。

郑和远航标志着人类文明史的重大转折，在人类文明史上，丝绸之路连接了东西方文明。古代文明间的交往互动，主要依赖于亚欧大陆上自古形成的陆上通道。汉代张骞通西域，其重大意义在于为陆路交通开辟了新时代；明代的郑和为海路交通开辟了新时代。就此意义而言，郑和远航是古代传统的一次历史性总结，同时也是一个新时代的开始，在世界文明史上具有里程碑的意义，是改变人类历史的航行。在郑和下西洋与亚洲国际贸易网的建构关系方面，万明认为西方殖民势力东来以前，15世纪初形成的亚洲国际贸易网，是当时世界上最稳定、也最为繁盛的国际贸易网之一。它的形成，与郑和下西洋密不可分。郑和使团是史无前例的大规模贸易使团，远航持续近30年，开通了海上航道，完成了中国对外交往从陆路向海路的重大转折，将"和番"与"取宝"结合在一起，在给区域带来和平与秩序的同时，在所到之地进行互惠互利贸易，也促使国际市场繁荣，推动商业贸易兴盛和区域经济发展。由此东西方商路大开，民间私人海外贸易以及移民海外热潮兴起。一种以东方的航海模式、贸易模式和国际交往模式建构起来的亚洲国际贸易网形成了。亚洲建立的区域和平与繁荣持续了一个世纪，直至西方殖民势力东来才被打破。由此，万明说，郑和下西洋"揭开了世界一体化的序幕"。

郑和远航正是这样一个改变人类历史的航行，它标志着海洋时代的到来，并最终决定了世界一体化的走向。概括说来，郑和下西洋的意义主要表现在以下两个方面：第一，文明互动中心大转移的现象从此发生了。古老的文明中心转向了大陆外的新的地区，偏离了大陆上人们构筑的交通网络，也偏离了几大帝国的中心，在海上形成了一个新的文明互动中心，东南亚在海上奇迹般地崛起。第二，宣告了人类以人力与马匹为主的交往阶段的衰落和以科技含量占重要地位的交往新阶段的开始，这是人类文明史上一个名副其实的进步。而奠定这一切的，正是郑和的远航。万明进一步指出，郑和还是"中华文明的伟大传播者"，郑和远航宣告了古代历史的终结，近代历史的开始，因而在世界文明史上具有里程碑的意义。600年过去了，郑和的航海技术、船队规模早已被后人所超越，但是他们在航海实践中所体现出来的那种伟大民族精神，却是永世长存的。①

当然，学术界也有学者对郑和下西洋的意义评价并不高，甚至认为它对中国海外事业的拓展起到破坏作用。庄国土认为，近年来，国内学术界和媒体热炒郑和下西洋，不但把它视为中国昔日辉煌的标志，更作为中国对外开放的典型。然而，航海史上足以彪炳史册的郑和下西洋，真是古代中国对外开放的标志吗？宋元时期的中国比明成祖时期更封闭吗？更重要的是，郑和下西洋推动了中国的对外开放和国人的海外拓殖事业吗？恰恰相反，郑和下西洋是对宋元时期国人海外开拓事业的反动，而非对外开放的标志。他认为，郑和下西洋的使命，除了招谕各国前来中国朝贡和开展朝贡贸易外，还负有镇抚海外流民的职责。明成祖招诱海外游民，杀戮无数。下西洋大规模的朝贡贸易也使中国海外私商贸易无利可图。郑和是明朝海外政策的执行者，其下西洋的使命是发动万国来朝和推行海禁政策，其代价是耗尽当时世界最强盛国家数十年积累的国力，并铲除宋元以来国人数百年建立的海外基业。同时，不计成本地、大规模役使和滥用人力财力以求宣威异域，是最愚昧和专制的朝代与君主才会为之的。明成祖的海外政策，断送了宋元以来朝野对外开放的大好趋势。②

① 万明：《明代中外关系史论稿》，中国社会科学出版社2011年版。
② 庄国土：《论郑和下西洋对中国海外开拓事业的破坏——兼论朝贡制度的虚假性》，《厦门大学学报》2005年第3期。

克拉克瓷盘

公元1602年，荷兰东印度公司在海上捕获一艘葡萄牙商船——"克拉克号"，船上装有大量来自中国的青花瓷器，因不明瓷器产地，欧洲人把这种瓷器命名为"克拉克瓷"。克拉克瓷原产地为中国福建漳州的平和，克拉克瓷古窑址有五寨洞口陂沟窑、花仔楼窑、田坑窑、大垅窑、二垅窑等。

陈尚胜也认为不应当对明成祖的设想和郑和下西洋有太高的评价。他说，明成祖在东南亚地区所推行的华夷秩序，完全基于"王者无外"和"怀远以德"的传统理念，在一定程度上产生了东南亚诸国对于明朝的向心力。然而，由于他偏重于政治上的君臣关系，完全排斥了中国商民参与东南亚的国际贸易活动，使明朝与东南亚的关系又失去了民间交流的基础。另外，在永乐时期与东南亚关系的内容结构中又缺乏必要的文化交流，更难以在东南亚诸国培育人们的文化认同意识。因此，明成祖所构建的东南亚华夷秩序，并没有形成[①]。

不可否认，郑和下西洋开阔了中国人的眼界，随船出行的航海家根据

---

① 陈尚胜：《郑和下西洋与东南亚华夷秩序的构建——兼论明朝是否向东南亚扩张问题》，《山东大学学报》2005年第4期。

所见所闻编撰的著作，如马欢的《瀛涯胜览》、费信的《星槎胜览》和巩珍的《西洋番国志》等"西洋三书"，记载了沿途各国自然和人文状况，不仅丰富了国人的海外知识，也为明中后期以降中国人走向世界提供了重要的参考。郑和下西洋带回的海外物品极大地丰富了国内商品消费市场，刺激了国内外私人商品资本的活跃。郑和下西洋是中国历史，乃至世界历史上最早的、最大规模的海上活动，是人类征服海洋的壮举，他比近代欧洲大航海时代著名航海家哥伦布、达·伽马和麦哲伦要早一百年左右的时间，在世界海洋发展史上占有举足轻重的地位。万明认为，郑和以和平的方式下西洋，为世界各国的和平交流树立了典范，在中国与东南亚、整个亚洲，乃至全球范围内的地缘政治经济、亚洲国际贸易网络的建立和在东西方文明交融与世界一体化进程中有重大意义。

4．"文化郑和"

首先对"文化郑和"予以阐释的，是厦门大学的曾玲教授，她主编有《东南亚的郑和记忆与文化诠释》（黄山书社2008年版）一书。她说，"东南亚视野中的郑和，虽然是以中国明代的郑和为基础，但却是由包括华人、马来人、印度人等在内的东南亚各族群，以当地文献、宗教仪式、神话传说和社会民俗等方式，诠释的一个他们所认同的文化的郑和"。实际上，近年来的郑和研究已走出了史家意义上的"文献郑和"，郑和被赋予许多超自然的神力，郑和及其"崇拜"并非形成于中国本土，这里的"郑和"是由包括华人在内的东南亚各族群共同造就出来的神明。郑和已衍化成一种文化象征，它所代表和体现的是中华民族和中华文化所实践和追求的国与国之间睦邻友好、和平外交、不同宗教与文化族群之间相互接纳、和谐相处、互动融合以及积极进取、不畏艰险的普世价值[1]。薛三让认为："文化郑和"凝结了一种气魄，它不仅具备作为文化历史现象的自在价值，更有能为现实所借用，能不断地被开发、不断地被利用、不断地推动文化事业做强做大的内在价值。这对中国、对世界有着无以估量的开发前景及广阔的推动经济发展空间[2]。

---

[1] 张文学：《一个存在于东南亚历史脉络中的"文化郑和"——评〈东南亚的郑和记忆与文化诠释〉》，《东岳论丛》2009年第7期。
[2] 薛三让：《弘扬文化郑和推动历史与现实的思考》，《宁夏社会科学》2006年第9期。

对"文化郑和"关注的持续高潮是海内外对"郑和文化"关注的深入。"郑和文化"与"文化郑和"之间的关系在于，对"郑和文化"的研究仍然是以历史学为基本范畴，它是传统"文献郑和"研究组成部分的拓展，而"文化郑和"概念的提出及相关活动，标志着对郑和的关注已经从纯粹意义的学术研究走向更为广大的区

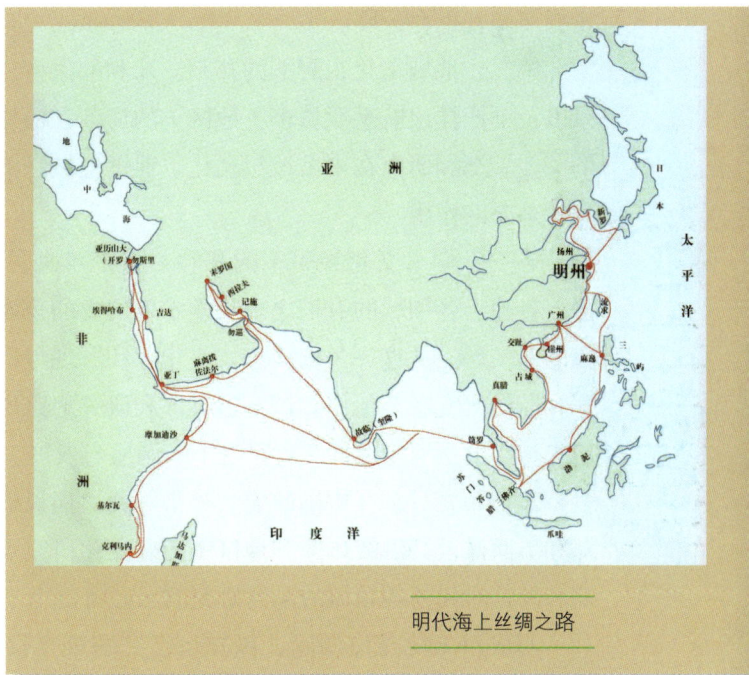

明代海上丝绸之路

域。围绕郑和下西洋及其时代，社会各界对相关的物质、社会关系、精神、艺术、语言符号、风俗习惯等尝试进行多层次的解读，郑和已演变成一种文化符号或文化元素。

谨慎地考虑，"文化郑和"主要有三个方面。

第一，国际文化视野下的郑和。当国内的郑和研究渐趋常态之时，海外学者对郑和的关注方兴未艾，海内外社会各界合作研究的举措越来越多。孟席斯和他的著作既是其中之一，也是积极的推动者。

许多国内学者多次访问印尼、马来西亚、泰国、新加坡、菲律宾等东南亚国家以及澳大利亚、荷兰、英国、法国和意大利等国，寻觅或实地考察了当地的郑和寺庙和遗迹，搜集了大量有关郑和的寺庙、传说、研究郑和的机构、论著和纪念活动等珍贵资料。而海外学者越来越主动对郑和及其时代加以研究。新加坡国际郑和学会与马来西亚马六甲州政府、马六甲博物管理局及郑和文化馆在马六甲古城联合举办了郑和国际研讨会。在非洲，中国与肯尼亚联合探索郑和沉船考古工程2010年正式启动，双方签署了《中国和肯尼亚合作实施拉穆群岛地区考古项目实施合同》并正式实施。除肯尼亚外，索马里也有郑和下西洋的文化遗存。中国与非洲有关郑和物质与非物质遗存的

发掘与调查也在开展。

第二，地域文化视野下的郑和。郑和的家乡云南、生活和任职的南北二京以及下西洋出航重要城市（地区）的江苏、福建等地，对郑和研究有持续的关注。郑和研究在丰富地域文化、促进地域经济和加强地区联系等方面发挥了重要的作用。

第三，学术文化视野下的郑和。近十年来，郑和研究经过了辉煌和寂静，各地、各领域的有识之士从学术发展史的角度加以审视，以探索郑和研究的新发展。从这一角度反思"文化郑和"现象，恰是一些长期从事"文献郑和"的研究者，他们尝试从追寻郑和研究之路出发，探索郑和及其时代在历史与当下扮演角色冲突背景之下的调适与发展。

2013年之后，在中国政府"一带一路"倡议的推动下，海上丝绸之路与郑和下西洋及其沿线国家和地区的历史文化研究受到普遍关注。可以预见，郑和及其时代的各领域的系列研究成果必将更为丰富。

明成祖朱棣在位期间，深知自己"靖难夺权"得天下不正，他励精图治，开拓进取，努力为自己的"篡权夺位"正名。他建立内阁，肃清吏治；他鼓励垦田养殖，发展经济；他治理会通河，迁都北京；他经营边疆，扫虏庭，巡东北，通西域，平安南；他宣谕四方，沟通世界，派郑和下西洋。他加强在精神文化领域的建设，认为金玉之利有限，书籍之利无穷，下令修纂了中国古代规模最大的类书《永乐大典》。他被认为是明朝十六帝中最具开拓意识和有作为的皇帝。

明成祖在政治、经济、军事以及外交方面采取的这些措施，收获了显著的效果，推动了经济的恢复和发展，促进了多民族国家的统一，提高了明朝的国际地位和影响力。虽然他好大喜功，使国力遭到很大消耗，人民的负担很重。不过，总的说来，他的历史贡献还是巨大的。

清朝钦修的《明史》对明成祖也予以高度评价，说他"雄武之略，同符高祖。六师屡出，漠北尘清。至其季年，威德遐被，四方宾服，受朝命而入贡者殆三十国。幅员之广，远迈汉唐。成功骏烈，卓乎盛矣"①，是公允的。

---

① 《明史·成祖本纪三》。

第三章　明前期的兴盛与矛盾

永乐二十二年（1424）秋七月，明成祖朱棣死在榆木川（今内蒙古乌珠穆沁）他第五次亲征的途中。当年的中秋节，太子朱高炽举行了隆重的继位大典，改明年为洪熙元年，他就是明仁宗。十个月后，仁宗去世，太子朱瞻基继位，改元宣德。仁宣二帝共在位12年，他们对明太祖奠定、明成祖拓展的基业采取守成之策，迎来了社会经济的稳定、发展和繁荣。明初70年，国力臻于全盛，在亚洲乃至世界上都具有重大的影响，这是继西汉文景之治和唐代贞观、开元之治后的又一个承平治世，谷应泰在《明史纪事本末·仁宣致治》中称赞："明有仁宣，犹周有成康，汉有文景，庶几三代之风焉"。

　　然而，仅仅在宣宗去世后十余年的正统十四年（1449），令人震惊的"土木之变"就爆发了。在此前后，大明帝国出现了严重的社会问题，宦官弄权、农民起义、敌对的蒙古族大军兵临城下。冰冻三尺，非一日之寒，从兴盛到危机不过转瞬十数载。土木惊变，固然有一些偶然因素，但它的出现也并非毫无迹象。那么，是谁在繁华承平的岁月里埋下了乱世的祸根？

第一节　仁宣之治

1. 仁宣政治

　　从1424年七月接掌政权，到1425年五月突然病故，48岁的仁宗没有能充分展示他的治国才干就匆匆离世。他死后谥曰"仁"，"仁政"被后世史家普遍认为是他施政的基本特点。他在登极之时曾宣称："朕惟上天生民爱立君主，仁育兆庶，咸底于泰和，御统华夷，同跻于熙皞"[1]，"仁育兆庶"是他的政治理想。这是针对太祖、太宗的治国遗留下的问题以及当时面临最

---

① 《明仁宗实录》卷1。

图 例　　　Legend
京师　郡城　Capital city
应天府　首级级所　Seat of sheng-level administration area
苏州府　府级级所　Seat of Fu-level administration area
　　　其他居民点　Other inhabited locality
　　　政权辖地　Boundary of a regime or a tribe
　　　首级政区界　Boundary of sheng-level administration area
今国界　Contemporary international boundary
北京　今国都　Contemporary national capital
上海　今市人民政府驻地 Seat of contemporary province-level
　　　　administration area
丹东　今市　Seat of a contemporary city
　　　今其他居民点　Other contemporary inhabited locality
宣德八年（1433年）

宣德八年明朝全图②

迫切的任务而提出来的——政在养民，与民休息，他常说："从前的君主，有的妄自尊大，有的厌恶听到率直的言论。于是大臣就争相阿谀依附，这样没有好下场。大家都要引以为戒。"

仁宗即位后，明令废除永乐朝诸多"弊政"，如停止宝船下西洋的活动、停止购买战马以及到云南和交趾采买物品等，这有助于缓解窘迫的财政状况；清理狱囚，释放一批在永乐朝的"政治犯"，称"方孝孺辈皆忠臣"，缓和了紧张的君臣关系；他禁止购买民间的金银，革除两京户部的行用库；禁止武官任意驱使军卒劳作，救灾济困等，以期缓解社会矛盾①。仁宗重用儒臣、文臣，建立起一套文官政治系统，对后世200年产生了极大的影响。他把永乐朝出现的内阁政治进一步发展，提高阁臣的品秩，使其在政

---

① 《明仁宗实录》卷1。
② 谭其骧：《中国历史地图集》第7册，中国地图出版社1982年版。

府决策中的影响越来越大。较早的一批阁臣，如夏原吉、杨溥、杨士奇、杨荣、黄淮、金幼孜、蹇义等在相当长的时间内发挥了极为重要的影响和作用。

仁宗死后，他的长子朱瞻基继位，年号宣德，是为宣宗。宣宗即位，他需要处理两大棘手问题：一是祖上留下的"遗产"如何继续。宣德元年（1426），汉王在经历多次试探、发现时局对自己不利的情况下，于八月初一日授官命将，建立五军都督府，以仁宗违反太祖和太宗旧制，列夏原吉等为"奸臣"，祭出"靖难"大旗，向他的侄儿宣战。宣宗身边不乏经历过朱棣"靖难之役"的官员，他们不愿历史的一幕在二十多年之后重演。夏原吉、杨荣等官员力劝宣宗亲征，英国公张辅主动请战，此举稳定了军心、鼓舞了士气。朱高煦和他的叛卒也顿时失去了斗志。朱高煦最终选择了出城投降。朱高煦之叛像闹剧一场，上演了不到一月，就被平定了。宣宗借此进一步削夺了宗藩的权力，此后藩王宗室再也没有对皇室形成真正的威胁。

作为明朝第五位皇帝，宣宗的真正困难是他如何处理祖辈和父辈给他留下的"遗产"——成祖朝留下的经济困难、人心不稳等消极因素还没有消除，仁宗的政策还没有很好的落实。把大明帝国带向何处？宣德最终选择了审慎、内敛的收缩政策，这与他在前两朝的经历有很大的关系。

据《明史》记载，自朱瞻基出生始，朱棣就对自己的这个长孙喜爱有加。他曾花不少时间培养小瞻基，姚广孝、尚书夏原吉、学士胡广等都亲自给他讲经论道。瞻基自幼聪慧，喜好读书，文化素养不断提高。永乐七年（1409），成祖巡幸北京，令瞻基同行。次年，朱棣亲征蒙古，让尚书夏原吉辅佐瞻基留守北京，学习处理日常政务，颇有"监国"之意。成祖后期，在多次对蒙古部用兵时，常常把瞻基带到身边。成祖就是要让瞻基通过在战场上的征战历练和生活中的施政治国的训练，为将来治理国家积累宝贵的经验，借此打造出一位文治武功的接班人，成祖曾说过："此他日太平天子也"。[①]

成祖之后，仁宗继位。一年后，宣宗继位。仁宗虽然只在位一年，但全面整肃朝纲的行动已经全面展开，内敛守成的国策开始付诸实施。宣宗一朝，文有"三杨"（杨士奇、杨荣、杨溥）、蹇义、夏原吉，武有英国

---

① 《明史·宣宗本纪》。

公张辅，地方上又有像于谦、周忱这样的巡抚，可谓人才济济，忠正盈朝。他实行休养生息政策，采取蠲免赋役、恤贫赈灾、垦荒屯田、兴修水利等措施，消除了前朝较为紧张的社会矛盾和民族矛盾，这使得当时政治清明，社会安定，百姓安居乐业，经济得到空前的发展，出现了"仁宣之治"的承平治世局面。

2. 宣宗的守成之策

然而，年少时代随祖父征战于北部边疆的战争阅历，在培养朱瞻基文韬武略的同时，也让他对边疆连年戍守征战带来的消极影响有直观的印象，尤其是成祖时好大喜功，四处出击，连年征战，大兴土木，导致军匠流离失所，怨声载

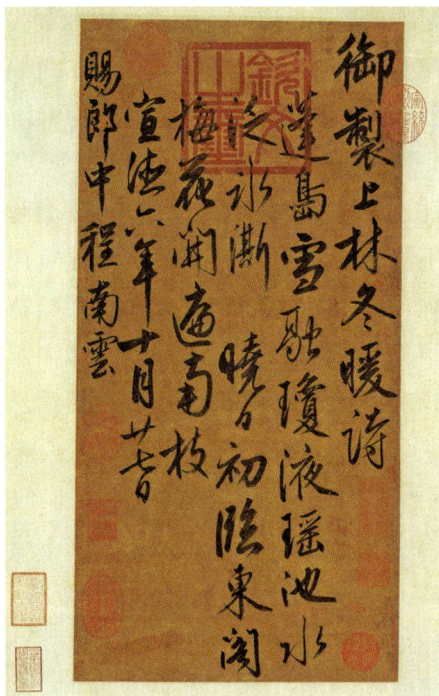

宣宗御制《上林冬暖诗》
（现藏于台北"故宫博物院"）

道，社会矛盾和民族矛盾都比较尖锐。仁宗时期已着手加以整治，这些措施得到了朝中大臣的支持和百姓的拥护。这对他后来君临天下后治国思想的转变产生了深远的影响，促使他把成祖积极开拓的策略转变为积极内敛的守成策略。

仁宗在位时，已经停止了北征和大规模营建，未举行下西洋及相关活动。宣宗继续削减支出规模，并采取了许多举措。

（1）弃交趾

交趾国在东南亚，今越南，明朝时是中国的宗藩国。永乐四年（1406）三月，一直表示顺从的交趾国内因权力之争而发生内乱。虽然他们与明军并没有任何冲突，但朱棣对边夷"出尔反尔、阳奉阴违"的态度颇为震怒，"遂决意兴师"[1]。从七月初一日誓师开始，至次年六月初一日以安南平，

---

① 《明太宗实录》卷53。

诏告天下，并以"安南本中国地"为由，将整个交趾纳入明朝的行政版图。他建立了交趾布政使司，由尚书黄福掌管布政、按察二司，下辖的府、州、县官员主要从广东、广西和云南调任。[①]

由于这些官员以征服者的姿态在当地作威作福，而宦官马骐更是贪暴成性，激化了与当地百姓的矛盾。交趾的民众在黎利等人的带领下发动了持续不断的反明战争。从宣德元年至宣德二年底，宣宗数次派重兵讨伐反叛的黎利，但效果均不理想。为此，明廷花费了大量的财力、兵力和精力，让宣宗很想找到合适的机会从交趾撤出。黎利虽然坚持抵抗，但也从未放弃在争取相对独立前提下的归顺，他一再请求明朝册封他为交趾国王。由于明朝的军队和官员已撤出安南，双方的关系陷于尴尬境地。宣德六年，宣宗才封黎利为"权署安南国事"[②]，也就是代理国王的意思。宣宗在对安南用兵的问题上，既不是很积极，也没有选派并恰当使用统帅，派出的其他官员素质也不高，是导致既没能控制好安南局势，又不能平定安南叛乱，最后又很不体面地放弃安南的主要原因。归根结底，是由于宣宗内敛收缩的总体指导思想所致。

（2）撤开平

"北虏"是明朝北边防御最重要的对象。成祖时，受"靖难之役"的影响，已将北边藩王迁居内地，"弃大宁"以固守京师。宣德年间，宣宗进一步收缩了北边防线，这对此后的明代北边防御产生极为不利的影响。

开平，位置大致在今内蒙古正蓝旗多伦西北，原来是蒙古贵族重要的政治和军事重地，明朝建立后，这里是明朝深入草原腹地重要的军事堡垒，是防御、牵制蒙古族势力的战略要地。洪武三十年（1397）初，太祖决定修建开平卫城以作长期驻扎、屯守的准备。开平卫隶属于北平都司，最初的屯戍旗军是从山海卫五所抽调而来，卫城建好后，又从北平等都司抽调更多的一些兵马，或屯或守，以期永久。"靖难之役"历时四年，北平都司卫所旗军参与其中，位居北边纵深的开平卫不能独守，遂"徙卫治京师"。稍后，考虑到大宁都司和宁王已经南迁，而北边防御不可掉以轻心，成祖于永乐四年

---

① 《明史·外国二·安南》。
② 《明宣宗实录》卷80。

（1406）二月"复设开平卫。命兵部以有罪当戍边者实之"①。此后，成祖多次派官军到此驻守、巡视、操练、储备、修城等，增加旗军，以增强开平卫的防御能力。尽管开平卫在阻止北元大军南下，及作为成祖北征时的集结地方面发挥了重要的作用，但对开平卫的防守付出了沉重的人力、物力和财力的代价。

成祖病死于"北征"途中后，仁宣二帝开始逐步更改成祖开拓式的治国策略，艰于防守的开平卫的处境引起多方关注。但是，由于开平卫地处防御蒙古部的前线阵地，明廷对长期孤悬草原纵深之地的开平卫内迁是非常慎重的。宣宗执政后，就有官员提议回撤开平卫到独石，宣德二年（1427）提议获得通过，到五年最终兑现。

洪熙元年（1425）七月，即位不久的宣宗就接到阳武侯薛禄的奏报，提议把开平卫治移于独石（今河北赤城以北独石口），宣宗以"开平极边，废置非易事"为由，希望对此缓议，看看情况再说②。宣德元年（1426），阳武侯薛禄上奏"备边五事"，再次提议把开平卫的治所迁至独石，并提出迁移之后，开平卫可仍由原来的军兵或再抽选更为精锐的军兵防御，宣宗让众大臣再议③。次年六月，又有开平备御都指挥唐铭等人奏报，开平卫守城防御力量不足，请求增兵援助，他说："孤城荒远，薪刍并难，猝遇寇至，别无应援"④。宣宗遂结合上年阳武侯薛禄的提议，请太师英国公张辅和文武大臣集议，同意将开平卫内迁至独石，并对开平内迁以后的原址、新址防御问题，以及官军家属的安置等做了详细的规划。

根据这一实施方案，开平卫内迁独石，一是治所迁移，二是家属迁移，至于防守，原来开平卫的精壮军兵，仍要轮流到原址戍守。同时，为了增加开平卫的防守，还从其他卫所调来精壮官军，轮流戍守。

开平卫正式撤回的时间是在宣德五年六月。对开平卫的新、旧两处防御地点同时防御。到开平卫轮番戍守的军兵也主要是由原开平卫精壮军兵，以及就近抽选北部边地卫所的精壮军兵，有万全都司、大宁都司、辽东都司、

---

① 《明太宗实录》卷51。
② 《明宣宗实录》卷4。
③ 《明宣宗实录》卷18。
④ 《明宣宗实录》卷28。

直隶卫所，甚至还包括在京三大营的军兵。除卫所旗军之外，还有民兵或驿丞兵卒等。

然而，开平卫这种新的防御变化给比较紧张的北边防御带来更大的麻烦。一是新添城址和旧地的防守需要更多的军兵，二是轮流戍守牵涉到更多的卫所，给兵源的补充和管理都带来很大的麻烦。宣德九年（1434），也就是开平卫与独石同时防守之时，独石的军兵就要求把赴开平的轮番军留下来以充本地防守，但没有得到批准。不久，独石处武官再次以本地防守不足为由，申请增调军兵参与轮番戍守，得到宣宗的批准。这样，独石的防御紧张导致对开平卫原址轮戍政策难以坚持，迫使明朝对孤悬极边的最后这一处堡垒彻底放弃，导致北边防御进一步退缩。这可能是当初君臣决定回撤开平卫时所没有预料到的。而开平卫内迁之后，直接把京畿西北防御门户拱手让给了蒙古部，也给此后的宣大和京畿防御带来了新的困难和更大的压力，这更是宣德君臣始料不及的。

除此二事外，宣德年间，郑和下西洋在历经第七次之后，在大臣们一片反对声里就此作古，至此，明朝中断了与许多海外国家的联系，中国的帆船从而绝迹于印度洋和阿拉伯海，退出了正在酝酿形成中的世界市场。朝贡贸易既已衰败，而私人海上贸易又被严厉打击，明前期的海上对外贸易活动呈萎缩趋势。在边地经略方面，也从太祖、太宗时代的开拓、进取转而为内敛、守成，开启了明中期以后历代帝王治国的新范式。

第二节　宣宗的浮华生活

仁宣时期的执政作风，一改太祖、成祖时的"孜孜不倦"，最终演变为宣宗时的"因循倦怠"，官风和士风也因此庸碌，这对后来的社会风气转变有极为消极的影响，进而影响到此后社会的持续发展和进步。

1. "台阁之风"盛行

宣宗能在他的执政时代弼成十数载的承平治国，既有太祖、太宗打下的坚实基础，也与他本人治理国家的独到之处有关。他具备一代明君的基本素质，广开言路、善于纳谏等。他深知："天下之事至繁"，要广开言路，虽忠言逆耳，却可以保证上令下达，下情上达。他曾开明地说，所有的官员及普通百姓都可以上书言事，他奖赏直言忠臣，言者不当无罪，不如实反映问题的官员反而要治罪。他不止一次提到要向从善如流的唐太宗学习。《明宣宗实录》有记：

> 人君所以夙夜孳孳，惟求直言，何也？天下之事至繁，岂能尽处
> 合中？有不合中，而吾闻之必改以就中。天下之人至众，岂能尽使得
> 所，有不得所而吾闻之，必使之得所。直言有益于人君，如此，然听
> 言之际，不可不慎。盖忠直之言逆耳难受而用之，则有利于国家，谗
> 佞之语顺意易入，而从之则有损于君德。所谓苦药足以愈疾，甘言足
> 以丧身。①

像唐太宗一样，拥有至高无上的皇权，缺少足够的约束和自控，宣宗也不可能始终如一地恪尽职守。虽然宣宗号召人们多提意见，也确实真心实意地听取过一些意见，并解决了一些实际问题。但他的"纳谏"是有限度的，尤当触及他内心深处的痛楚时，他会马上撕下温情面纱，痛下杀手，这让许多官员不寒而栗。一言以蔽之，宣宗和他的父亲仁宗都是"让善即喜，翘君即怒"的谦谦君子②。比如，瞻基比较钟情于书画艺术、古玩鉴赏，甚至有一些非常荒唐的游乐活动，常常因为醉心痴迷而懈怠了朝政。早在瞻基还是皇太孙时，他的两位老师曾向成祖反映他过于贪玩不好好学习，他即位以后，两位老师继续直言反对他游玩打猎，一个被他打死，另一人被投入死牢。宣宗玩跑马射箭的兴趣越来越浓，年轻御史陈祚上疏，请他读一读以"修身齐家治国平天下"为主旨的《大学衍义》一书，宣宗大怒说："这个书呆子竟然说我不读书，太瞧不起我了，一定要杀掉"。在位期间，他对宦官越来越放纵，宦官的权势越来越大。一次，宣宗竟然赏赐给一个叫陈芜的宦官两个宫女做夫人。当有官员向宣宗提议此举不妥时，他竟然当庭宣布割去那位官员的舌头，并下令将这个官员活活饿死，幸亏有官员暗中保护，才得以幸存。宣宗宠信宦官的行为越来越出格，他在宫内给宦官授学，也为此后的宦官掌权打开了方便之门。

宣宗在位时一直致力于改善民生，他自以为在读书、治国、理财、治吏等方面都做得非常出色，志得意满之情常常溢于言谈举止之间。在痛下几次

---

① 《明宣宗实录》卷38。

② 《明史纪事本末》卷28《仁宣致治》。

杀手处理了几位胆敢对自己直言犯谏的官员之后，其他官员大都选择了曲意逢迎。加之，在宣德时，政治、经济和社会生活也确实出现了相对稳定和繁荣的局面，上自皇帝，下到朝中高官都认为朱明王朝统治下的"盛唐之治"时代已经到来，明代官场上歌功颂德之风盛行，这反映在官场风气上，在官员的奏疏和文学作品中也多有体现。

在明代诸帝中，堪称文采风流者，仁宣二帝均可入选。仁宗朱高炽在东宫较久，虚怀好学，学识较为渊博。他酷爱宋欧阳修的文章，"乙夜翻阅，每至达旦"。仁宗有《御制集》上、下二卷，已不存于世。在文学方面，仁宗比较喜欢欧阳修的文章，一是欣赏欧阳修忠心事君的臣节，二是喜欢欧阳修雍容醇厚的文风，因为这种文风很适宜于庙堂文学。时任朱高炽辅导老师的杨士奇经常与他论文谈诗，杨荣、杨溥等辅佐大臣投皇帝之所好，亦倡导和鼓吹唐宋文化艳风，又由于"三杨"俱为台阁重臣，遂在明初文坛形成了代表官方政治采意的文学派流——"台阁体"，这股文学创作之风对明前期文学艺术创作风格产生了巨大的影响。

宣宗亦爱好文学，这进一步助长了歌功颂德的"台阁体"文风的形成及传播。宣宗喜作诗，写过五言诗、六言诗、七言诗，写过律诗和绝句，还填过词。他自己的《御制诗集》"序"中也明确表达了自己对诗词的喜好之情，"朕喜吟咏，耳目所遇，兴趣所适，往往有作。"

据陈宝良的研究[①]，宣宗的诗作大体有如下几个方面的特点：一是受儒家文学思想之影响，诗作有说理的韵味；二是宣宗一朝，运际雍熙，治隆文景，诗作雍容华贵。宣宗时与臣下同游，赓歌继作，造就了一个台阁体诗派。作为倡导者，宣宗的诗作也其有宫廷的韵味，这种韵味就是颂谀太平景象，显示皇家的宏伟气魄，《新春诗》《元宵诗》《七夕诗》等首，都是粉饰太平之作；三是宣宗在明代诸帝中，也算是一个英主，所以他的笔触不仅仅局限于皇家宫苑的生活，而且对民间百姓的生活与疾苦也给予客观的描述。每当亢旱岁歉，宣宗均能循己自责，减租赈恤，并毫不掩饰地写下这些与太平景象不符的农民实况。如《书愧诗示户部尚书夏原吉》一诗，所反映的就是"关中岁屡歉，民食无所资"的现实生活；四是宣宗为人风流儒雅，大有文人气习。故诗作中多有写景之作，而且显得文采斐然。如《四景诗》

---

① 陈宝良：《明代皇帝与明代文化》，《史学集刊》1992年第3期。

四首，对春、夏、秋、冬四季景色变化的刻画堪称细致入微。从宣宗的诗词作品来看，他擅长写诗而不擅长写词，他六言诗写得不如五言诗，五言诗不如七言诗，最差的是词；作为一个皇家宫廷诗人，宣宗写宫廷活动之诗不如写自然景物之诗，写山水动物之诗不如写花卉形态之诗，写大场景之诗不如写小场景之诗，最差的是带有政治色彩的说教诗；宣宗是个较有才气但又才气不足的诗人，他那些刻意拼凑堆砌之诗不如随意抒情之诗，雍容浮华的长诗不如朴实真切的短诗，写给别人的诗不如写给自己的诗，最差的是那些颂扬太平的应景之诗。

"台阁体"文风不仅体现在文学方面，还表现在书法、绘画、音乐、瓷器和艺术等方面。宣宗对音乐的爱好，大致也是太祖、成祖的延续，所喜者多为歌功颂德、弘扬朝廷恩典之作。如宣德三年（1428）九月，大学士杨士奇进《平胡饶歌鼓吹曲词》十二篇，宣宗喜纳之。

总体论之，"台阁体"文风的基本特点就是以粉饰太平、歌功颂德为主旨，风格雍容华贵、典雅工丽。除朝廷诏令奏议外，多属应酬、题赠或应制、颂圣之作。这种文风，平庸呆板，毫无生气。它在中国传统文学发展上一时成为主流，几乎垄断了当时的文坛，几十年内很少有文人不受它的影响，虽然我们可以原谅政治上君唱臣和的温情脉脉，却不能对文学和社会领域内缺乏生机与张力无动于衷，更不能忽视统治阶级积极进取精神的缺失。

2. 宣宗的宫廷

明代的大多数皇帝给人留下的印象是吃喝玩乐、骄奢淫逸、荒怠朝政。统治者的游嬉带动整个社会风气日趋僭制越礼，到晚明时代，奇人奇情，生活奢靡。不夸张地说，这一风气，始自"仁宣盛世"的太平天子宣宗朱瞻基。

好吃乃人之本性。宣宗好吃，一是吃得刁钻，二是吃得气派。所谓"吃得刁钻"，据说他非常喜欢朝鲜人饮食，尤其喜欢朝鲜女厨师做的朝鲜风味豆腐。为了能经常吃到这种豆腐，他还写信给李朝的国王，索要女厨师。他在位十年，共从朝鲜招来"执馔女子"（女厨师）等朝鲜女性达100余人。所谓"吃得气派"，就是要吃得风光体面、风流无限。为了体现君臣和谐、天下太平，宣宗时大兴游宴之风。每逢节日或心情高兴时，宣宗就会约上朝中大臣，歌乐声色中，觥筹交错，饮酒赋诗。宴会安排在皇家花园内，也会

明宣宗《三鼠图》局部（现藏北京故宫博物院）

让宦官随从在游船上张网捕鱼，现捕现做，有时还亲自捕鱼，亲自动手烧制，还边做边讲解煮鱼之道。据说，有一次，宣宗兴之所至，还拈弓搭箭，射下一只飞鸟，待大厨煮熟后，自己又亲手分给大臣们享用。宣宗俨然就是一位出色的美食家。君臣之间相互敬酒，尽得欢颜。这很让人想起后世武宗与臣等泛舟湖中寻欢作乐的场景。

吃中有玩，玩中有乐。宣宗把吃饭变成了一门享受的艺术。不过，吃还只是他玩乐的其中一种方式。宣宗嬉戏玩乐的方式可谓五花八门，多种多样。作为一个颇为自负的"文化人"，宣宗之喜好多效仿前代文人雅趣，如书法、绘画、古玩等。宣宗颖敏过人，有识于经史。每次殿试学子，他常常自撰程文，并说："我不当会元及第耶？"①显得极为自信。闲暇之时，提笔翰墨，长篇短歌，下笔立就，他给后人留下了珍贵的《宣庙御制总集》。

在诸多艺术门类中，宣宗的绘画艺术成就最高。宣宗的绘画起步于宫廷

---

① 王世贞：《艺苑卮言》卷5。

画师的培养，创新于对生活的观察。雍容的心境、悠闲的宫廷生活是宣宗绘画创造的基础。上之所好，下必甚焉，臣下的热捧也无限度地刺激了年轻帝王的创作热情，他的绘画题材涉及山水、花卉、鸟兽、人物等。宣宗是明代帝王中第一位书画艺术家，是绘画史上第一位画老鼠的画家。今藏于北京故宫博物院的《三鼠图》，简单随意，天然巧成，质感鲜明，姿态生成，无愧于国宝称号。

宣宗的生活里充满了高雅、奢侈，他不仅大肆命官窑烧制玩赏之物，还在全国各地广泛搜集奇玩。中国瓷器史上的巅峰之作——青花瓷在宣德年间成为绝唱，清代陶器专家朱琰在《陶说·宣窑》中称赞说："此明窑极盛时也。选料、制样、画器、题款，无一不精。青花用苏泥勃青，至成化其青已尽，只用平等青料。故论青花，宣德为最。"

宣德年间出产的最有名的器物是宣德炉。宣德炉其形制象圆鼎，上有耳眼，炉腹有雕镂精巧的花纹、云龙纹，样式仿取宋代的瓷炉，但更加精致。由工部监制，用料多达30余种，包括郑和下西洋带回的多种稀有金属和矿砂，经精炼、铸造而成。为了追求尽善尽美的效果，宣宗亲自监制过问。不过，也有学者认为宣德炉只是一种器形，宣德年间，并无宣德炉传世，收藏界有"十炉十假"之说。

在戎马征战中成长起来的宣宗对骑射狩猎颇感兴趣，对架鹰猎鸟、驯兽斗鸡充满了好奇。宣宗几乎每年都要派人到朝鲜去猎取老鹰，还专门设置了一个护鹰使。宣宗最喜欢的嬉戏是斗蟋蟀。据说，他对斗蟋蟀极为上瘾，除让宦官四处搜寻外，甚至诏令江南地方官协助采办一千只蟋蟀（时人称促织），结果弄得许多百姓人家因此破产。清代著名文学家蒲松龄还根据这一故事写成了小说《促织》。宣宗皇帝也因此落下一个"促织天子"的外号，活脱脱就是一个以奢相尚的荒唐天子。

说到底，生活中的宣宗是一个骄奢淫逸、寻欢作乐的皇帝。他既是明代第一个充分享受宫廷生活的帝王，也是洞开明朝骄奢淫逸生活风尚的帝王。宣德朝的宫廷生活丰富多彩，渐趋奢华，宣宗则是那个引领者，"斗鸡走马，园情鹞首，往往涉略；尤爱促织，亦豢驯鸽，万姓颇为风俗，稍渐华靡。"①

---

① 查继佐：《罪惟录》卷32《宣德逸记》。

明代商喜《宣宗出猎图》局部（现藏于北京故宫博物院）

宣宗骄奢淫逸之生活已经引起当朝人的注意。宫廷画家商喜绘制了一幅《宣宗出猎图》，生动形象地刻画了宣宗行猎的场景。这幅堂皇巨作表现了宣宗春日郊游行乐的场面。轴为纸本，设色，纵211厘米，横353厘米，是明代前期传世宫廷绘画中仅见的传世之作。画中20多骑列队，经石桥沿山坡迂回前进，他们头戴青纱小帽，穿着红、绿各色带有补子或不同纹饰的袍服，整齐华丽，每个坐骑后面都跟有一抱琴小童随行，应是侍从太监。唯在平坡上骑马前行的一人容貌丰肥，体格魁梧，头戴尖顶圆帽，身着窄袖衣，外罩紧袍服，从衣饰龙纹来看，他便是宣宗朱瞻基无疑。在他坐骑后面还有三个小内侍各自捧抱乐器，背着弓矢，手擎宝剑，随时准备皇帝使用。画面山坡平缓，林木茂盛，松柏环抱，桃杏花盛开在山坡上，绿草丛生，一派绝好的春天景色，山坡、桥边、溪旁，鹿、兔、喜鹊、鸳鸯等动物正活蹦乱跳，生动活泼的形象跃然纸上。这幅图画构图严谨细密，色彩秾丽，突出了宣宗朱瞻基游乐的主题。

宣宗的骄奢淫逸还体现他"私"生活上，他是明朝皇帝大张旗鼓更换皇后第一人，他开启后宫秩乱之源。普通人的私生活本无可厚非，虽然皇帝废后也属私生活，但帝王家国天下的特殊地位，其一言一行，举手投足，无一不对天下臣民乃至国家大政方针及其实施运行产生重大的影响。尤其是宣宗废后与此后二百年明代帝后政治结合起来考虑，并不应该忽视其消极影响。可以说，宣宗改立皇后对后世宪宗、武宗、世宗和熹宗的后宫生活都产生了消极的影响。

明人画《明宣宗射猎图》局部（现藏北京故宫博物院）

宣宗的第一任皇后叫胡善祥，她是在成祖时代应诏进宫为皇太孙妃的。据载，胡氏贞静端淑，知书达理，做事稳重，以母仪天下为己任，深孚众望。但她性格古板，身体病弱，结婚多年未育，这让以才情自嗟、风流成性的宣宗大为不悦。而此时，他的身边却出现了一位面貌姣好、善解男人心，讨皇帝欢心、聪明伶俐的女人，她就是孙贵妃。

孙贵妃是河南永城人，巧的是，仁宗皇帝的皇后张氏也是河南永城人，在巴掌大的小县城，食禄皇粮的高门大户自然非常熟悉，两家此前就有一些来往。在张氏的推荐下，天资聪颖的孙氏后来一直升到了宣宗的贵妃。张氏历明初六朝，是一个聪明且才智过人的女性，无论是仁宗，还是在宣宗时，她都是左右大明后宫的重要人物。宣宗即位之初，非常尊重自己的母亲，朝中大事均与母亲商量，故母子二人关系融洽。正因为孙氏与张氏之间有这么一层关系，孙氏的野心越来越大，取代胡氏成为皇后，是孙氏的一大心愿。于是宣宗的老谋深算与孙氏的野心勃勃结合在一起，在争取张太后的同意之后，征得了内阁大臣"三杨"等人的理解和支持。最后，"请胡皇后以身体不佳为由，主动辞去皇后的名分"，达到了换后的目的。

"宠艳妃而废元后"是中国传统社会判定帝王品行丑恶的重要标志，虽然宣宗极力掩饰，不过掩耳盗铃。就连宣宗自己到后来也颇有悔意或自责之心，自我辩解道："此皆朕年幼时所行之事也"。宣宗换后，展示其高超的驾驭权术的能力，也满足了他自己一时的私欲。

其实，宣宗就是一个风流天子，在妃嫔的挑选上他喜好朝鲜女子。宣德二年（1427）春末，28岁的明宣宗派使臣内官昌盛、尹凤、白彦等出使朝鲜选妃，而且规定是"十岁处女"。据说此次明廷带给朝鲜国王的"赍赐"礼物，白金有一千两、纻丝、纱罗、锦帛240匹。当时的朝鲜国王世宗当即下令朝鲜女子不得擅自结婚以供挑选，最后选中了7名女子，即成女、车女、郑女、卢女、安女、吴女、崔女等人交给明朝使臣。她们和另外的执馔女子10人、使女16人、太监10人等一行，于宣德三年（1428）七月离开汉阳，并于当年十一月底到达北京。宣宗朝在朝鲜"采女以供婚配"仅此一次，但明廷到朝鲜采女的活动并未停止。[1]

宣德十年（1435）正月，朱瞻基染上不明之症。病危之时，他命左右起草遗诏，由太子朱祁镇继位，所有军国大事均须禀告太后张氏方能决定。不久，宣宗死于乾德宫，终年38岁，可谓英年早逝。

第三节 英宗时期的乱局

明英宗朱祁镇继位时年方九岁，年号是正统。正统初年的朝政内有张太后（太皇太后），外有"三杨"，一切因循前朝旧制。制度未作调整，但当时的中国和世界却在发生着巨大的变化，各种社会问题和矛盾潜滋暗长。到正统七年（1442）时，"三杨"已老去，宦官王振权力膨胀，各种社会矛盾日渐激化，不久就相继爆发叶宗留、邓茂七农民起义和瓦剌入侵及"土木之变"，明前期的太平和繁荣景象告终。

1. 明前期的宦官擅权

治中国史者，公认明代的宦官擅权现象非常严重。宦官是皇权政治的伴生物，是满足皇权私欲的工具，他们的存在本只是满足皇室私人之需，是皇帝的家奴，之所以能够成为干预国家政治运行的重要力量，是因为他们盗取了至高无上的皇权。皇帝的个人偏好和怠政给身边近臣，尤其是宦官弄权提供了可乘之机。在明朝，丞相制度废除后，中央辅政体制中出现了权力真空，新的内阁制度形成后，"内官"权力成为皇权平衡"外廷"权力的重要

---

① 参见肖春娟：《明初朝鲜贡女问题研究》，中央民族大学硕士学位论文，2006年。

力量，这为宦官专制提供了机会和空间，宦官是以皇帝家奴的身份窃取了部分皇权而作威作福。可以说，明代的宦官专权就是皇帝怠政和皇权高度集中的产物。

明立国之初，太祖有鉴于历史上的宦官乱政之祸，动情地说："汉唐末世皆为宦官败蠹，不可拯救，未尝不为之慨叹"①，因此他制定种种措施加以管束，如不许内官识字，并在内廷铸铁牌刻字："内臣不得干预政事，违者斩"②，当然并未严格执行。但随着皇室生活越来越奢华，宦官的人数不断增加，最晚到永乐时期，宦官二十四衙门（十二监、四司、八局）就已建立起来，与汉、唐相比，明代宦官数量庞大，机构发达，权力触及面甚是广泛。

洪武时，已有宦官奉旨出宫办事，或作为特使参与军政活动。朱棣靖难起兵时，已较多使用宦官出宫理事，他称帝后，更是派宦官参与出使、采办、宣谕等。永乐十八年（1420），设立"东厂"（东缉事厂）特务机构，由亲信宦官掌管，后来例用司礼监太监提督，开宦官干政之端。宣德时，已有更多的宦官外出采办物料。宣宗身边不乏宠信的宦官，他还设内书堂教宦官识字，此举打破了太祖禁令。不过，这时尚未出现宦官弄权的情况。明宦官专权，始于英宗正统七年的司礼监太监王振。

王振，蔚县（今属河北）人，早年净身应诏进宫，被选入内书堂。他曾在东宫侍奉时为太子的朱祁镇，二人之间建立了深厚的感情，宫里人也尊称他为"王先生"。英宗即位时年方9岁，王振仍在他身边服侍。王振久居皇帝身边，谙熟内廷复杂的政治关系。他对当时握有实权的张太后毕恭毕敬，对"三杨"表面上唯唯诺诺，深得内廷和外廷政要的赏识，逐步树立了很高的威信。与此同时，他想尽办法讨好小皇帝英宗，常带他去骑马、射箭、打猎、出游等，逗他开心，让他对自己的依赖和信任更加强烈。

久居宫中的王振地位上升，他担任司礼太监，权重一时。正统七年，太皇太后张氏去世，"三杨"在朝中的影响渐弱。当时，杨荣已去世，杨士奇因儿子杨稷被判处死刑后，不出来做官，一世英名严重受损，杨溥年老体衰，新晋的阁臣马愉、曹鼐势力轻微，王振开始飞扬跋扈，无人能止。不久，王振便突破了太祖所立"内臣不得预政事"的禁令，正统朝政进入了王

① 《御制大诰续编》卷75。
② 《明史·宦官传》。

振擅权的时期。

王振迷信佛教，滥发度牒，大肆挥霍财物。他在皇城东面兴建大府第，建造智化寺，大兴土木。他执意要对麓川大举用兵，劳民伤财，有大臣反对，他就予以迫害，致使"以一隅骚动天下"[①]。侍讲刘球借自然灾异上疏奏陈朝政得失，其中多有讽刺王振之语。王振就把刘球关入狱中，派指挥使马顺残忍地肢解了刘球。大理少卿薛瑄、祭酒李时勉平时多瞧不起王振。王振欲加之罪，何患无辞，故意找事陷害薛瑄和李时勉。御史李铎遇到王振没有下跪，就被贬到铁岭卫戍守。驸马都尉石璟因责骂自己家中的太监，王振也认为他这是轻视自己的同类，竟然把石璟投到监狱里去。他怀恨于霸州知州张需禁止整饬牧马校卒，把他也给逮捕了，并且牵连了一批人。凡是忤逆他或他痛恨的人，就罗织罪名予以贬谪。内侍张环、顾忠，锦衣卫卒王永心中抱不平，以匿名书曝光王振的罪状。此事被发觉，三人受磔刑于市。

从正统七年到十四年的七年间，王振的权势日隆。王振权势日益积重，公侯勋戚公开称呼他为"翁父"。许多人争相附和王振以求免于一死，更多的人愿意以送礼达到自己的私人目的。工部郎中王祐因善于谄媚王振被提升为本部侍郎，兵部尚书徐晞等人对王振屈膝跪拜。王振的侄子王山、王林受到福荫任都督指挥。王振的私党马顺、郭敬、陈官、唐童等人都行为放肆，毫无忌惮。故《明史》说："振权日益积重，公侯勋戚呼曰'翁父'。畏祸者争附振免死，赇赂辏集"[②]。政风败坏，严重影响到国家权力的正常运作，恶果很快显现，这就是"土木之变"的发生。

2. "土木之变"

"土木之变"是指正统十四年，明英宗在土木堡被蒙古部俘虏的重大事件。事情的缘故还要从蒙古瓦剌部的崛起以及王振专权说起。

永乐年间，一心想扫平"北虏"的明成祖开始连续对长城以北的广袤草原用兵。他三次讨伐在克鲁伦河下游的阿鲁台，所谓"五出朔漠，三犁虏庭"。虽未能永靖草原，却进一步分化瓦解了蒙古贵族，严重削弱了他们的力量，尤其是东蒙古阿鲁台的势力。此后，北边局势渐趋稳定。但由于成祖、仁宗和宣宗三朝相继撤除了北边防御的藩王、都司和卫所，防线收缩，

---

① 《明史·王骥传》。
② 《明史·宦官一·王振传》。

给北方蒙古势力的恢复和发展提供了条件。宣德年间，西部的瓦剌贵族迅速发展，其首领脱欢还乘机占领阿鲁台的辖区，控制了漠北地区。正统四年，脱欢太师死后，他的儿子也先袭位，称太师、淮王和右丞相。也先素有野心，他主动进攻明朝西北的驻军，势力一直扩张到辽东地区。正统十年，他还举兵侵扰早已归附明廷的哈密，围其城池，杀其首领，抢掠其男女人口和财物。边将屡次奏报也先之患，但此时的明英宗则对宦官王振言听计从，对瓦剌部未做必要的抵御。

这一时期，明中央与蒙古部的关系维系是靠朝贡贸易。明初，蒙古分裂为三部之后，兀良哈部首先归附于明，明廷于其地设置朵颜等三个羁縻卫所。永乐年间，瓦剌部和鞑靼部也先后归明，明廷则对其实行最为宽松的贡封制度，敕封其首领马哈木、太平、把秃孛罗、阿鲁台为顺宁王、贤义王、安乐王和和宁王，允其入京朝贡，并开放互市与之贸易。封贡是历代王朝"臣属夷酋"的一种传统做法，民族首领接受朝廷的封敕，定期入贡，表示他们对朝廷的臣属关系和应尽的义务；而朝廷予以敕封和赏赐，则是表示承认少数民族首领作为朝廷命官的地位，并通过他们对其属民进行管理，行使中央对当地少数民族的行政管辖权。不过，由于明朝未派官驻军，蒙古部的内政完全自主，对受封诸王缺少约束力，这种归附也只能是名义上的。

瓦剌与明中央的正面冲突正是因朝贡而起。王振等人为获取私利，私下勾结蒙古贵族，既收受对方的贿赂，又参与走私贸易，作为给对方的好处，就是滥发给蒙古贡使更多的回赐物资。每次瓦剌来贡都虚报人数，王振亦默认给赏。正统十三年，瓦剌遣使2000人来贡，

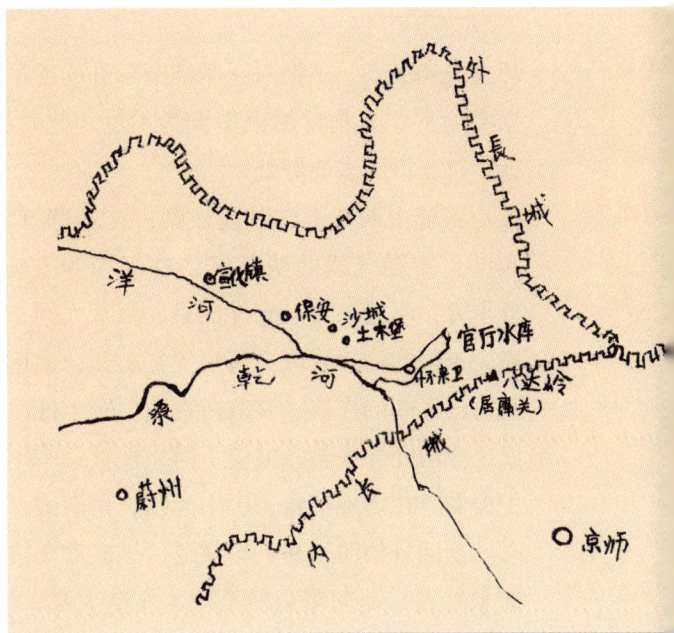

土木堡周围形势图

土木堡显忠祠

却虚报3000人，王振对瓦剌节节攀升的虚报大为不满，要求礼部核实人数，据实为赏。瓦剌首领也先大为不悦，此时羽翼丰满的也先决定南下进犯明朝，以获得更多的好处。

正统十四年七八月间，蒙古瓦剌部首领也先率兵南下攻打山西宣化、大同。年轻气盛的明英宗，在王振等人的唆使下，贸然率十数万（一说五十万，不确）人马仓促出御，行至大同，听到前方接连战败失利，仓皇后撤。王振起初提议取道紫荆关经蔚州，邀请皇帝驾临他的府第，后来担心踩踏自己乡间的庄稼，又改道宣府。军士迂回奔走，苦不堪言。大军退至土木堡（今河北怀来县沙城镇）时，便被蒙军尾随并团团包围。八月十三日夜，王振命令在山地宿营，山中无水，稍南的水源又被蒙古军控制，军士饥渴难忍。十四日黎明，瓦剌军佯退，王振命令拔营，军士纷纷出营到十余里外取河水解渴，瓦剌军突然杀回，军队大乱，明军死伤殆尽。十五日，英宗被俘，包括英国公张辅、驸马都尉井源、兵部尚书邝埜、户部尚书王佐等50余位大臣战死。这场形如儿戏的御驾亲征和突如其来的变故，被后来的历史学家称为"土木之变"（亦称土木堡之变）。这一重大事件也通常被认为是明代前、中期的分界点。

3. 北京保卫战

"土木之变"把明王朝推向生死存亡的边缘。也先大军挟新胜余威，欲乘胜追击，拿下北京城，再现昔日蒙元帝国的辉煌。而明朝一方，英宗亲征时已将京畿大军悉数带出，导致京城防备空虚。此时人心大乱，"京师人心汹汹"，许多富家大户收拾财物、携带家眷，纷纷南逃。

英宗被俘的消息传到皇宫，皇太后和皇后将宫内的金银珠宝搜罗一空，装了整整八辆马车，派人送到也先大营，希望能换回英宗；"群臣聚哭于朝"[1]，他们六神无主，束手无策。侍讲徐珵（后改名"有贞"）跳出来说，据他观察天象，只有放弃北京，迁都南京才能保全性命，一些官员也随声附和。临朝听政的皇太后、监国的英宗弟弟郕王祁钰听后都不知所措。

这时，兵部侍郎于谦厉声喝道："主张南迁的，该杀！京师是天下根本，迁都只能使人心和士气涣散，国家也就彻底完了。大家难道忘记宋室南渡的教训了吗？"于谦纵论当时形势，鼓励大家同仇敌忾，击退来犯之敌。于谦的建议得到皇太后和朝堂上的吏部尚书王直、内阁学士陈循等一批正义之士的支持，他遂被任命为兵部尚书，组织北京保卫战。[2]

国难当头，首要的问题是安定人心。朝臣们平时受够了宦官的窝囊气，把土木堡惨败的原因归结到宦官王振身上，要求将王振诛灭九族。王振的党羽马顺当朝呵斥官员，激起百官强烈不满，他们一哄而上，将马顺活活打死。随后，百官又在宫内寻找王振的党羽，追打撕扯，一片混乱。监国郕王见此阵势，惊惶失措。于谦一面阻止官员群殴，一面拦住郕王，让他宣布马顺等人死罪，赦免参与殴斗的官员，惩治祸国殃民的宦官。郕王一一答应，混乱才得以平息。于谦这时发现，自己的官袍在混乱中已被扯破了。接着，王振的家族不分老幼全部被处死，连同王振的同党一起被诛杀。王振专权七年，抄他的家产时，竟抄得金银六十多库，玉盘百个，珊瑚高六七尺的有二十多株，其他的珍宝赏玩无数[3]，足见其在短时间内贪污数量之惊人。

---

① 《明史·英宗前纪》。
② 《明英宗实录》卷274。
③ 《明史·王振传》。

明英宗朱祁镇像

明代宗朱祁钰未见明存世像

王密林《景泰陵志》一书中曾疑《宣宗行乐图》中宣宗左右侍童为英宗和代宗，不可考。

　　此时的也先正试图以英宗为筹码要挟明廷，另立新君成了明朝的当务之急。但当时的太子年仅三岁，不能挑起救亡重担。众臣商议，让监国郕王出任皇帝。然而，郕王却死活不愿出面。他认为，皇兄英宗在世，又立有太子，自己名不正言不顺，也不愿意收拾这么个烂摊子。于谦找到郕王，严肃而诚恳地说："众大臣推举您做皇帝，都是为国家社稷着想，您也应当以国家安危为重！"在于谦的劝说下，郕王最终同意登基称帝，改年号为景泰，史称代宗，英宗被尊为"太上皇"。①明王朝新的政治核心重新建立起来。

　　在新皇帝的全力支持下，北京保卫战紧锣密鼓地进行。瓦剌俘获英宗后，并未急于进攻北京，而是退到大同，一路胁迫英宗索取财物。直到十月，也先大军拥挟英宗向京师进发。在这短短一个月里，于谦集结了20余万大军。他将大军兵分九路，阵列于九大城门之外，主动迎接也先的挑战。也先原以为明军不堪一击，只能作困兽斗，北京城唾手可得，但眼见明军旌旗猎猎，严阵以待，不免心虚。双方激战五天，也先没有占得上风，当得知明

────────────────

① 《明史·英宗前纪》。

朝各地的勤王兵马正陆续赶往北京时，他担心腹背受敌，退路被切断，加之天气渐冷，就决定连夜撤退。也先撤退不久，全国各地的勤王兵马陆续赶到，北京的兵源迅速得到补充。于谦对京军三大营进行改革，提高了军队的战斗力，北京城的防守得以加强。十一月初，瓦剌军退到塞外，京师解除戒严，北京保卫战取得胜利。

北京保卫战结束之后，于谦并没有因此放松警惕，除暂停各地入卫京师的军兵撤回以继续防御京师之外，鉴于京军三大营在此次北征中暴露出的问题，他决定对五军营编制做出重大改革，设立团营制。团营制仍以原来的营伍编制为基础，但新的编制做出重大改变：首先，每一团营"各分五军、三千、神机三大营"，改变了五军营一味操练，不适应征戍的做法。其次，把京卫和入卫班军按强弱分成头拨与次拨，分别编组使用，改变了班军入戍选择的标准和班军在京营编制的基本方法。再次，立团营而不废原来的三大营，头拨入团营，次拨入原来的三大营"老家"。团营编制大体是提督——内臣——总兵官——都督——号头官——都指挥——把总——指挥——领队官——管队。每一管队统兵50人。从成化初年的抽选重组十二团营看，有大量的外卫京操军参与其中，"抽京兵八万，外卫八万，外卫之兵分为二班，班四万为瓜代，合京兵为十六万，立十二团营操练之。"[①]既革除了原来将不识兵，兵不识将的弊病，也组成了一支固定的、有战斗力的京军。当然，于谦的改革也并不彻底，他没有胆识和勇气去更换明太祖确立的军户世袭制度，他认为天下卫所"多祖宗制度，难于更改"[②]，也没能尽早推行军事募兵制，在边镇、内地推广镇戍营兵制等。

4. 景泰朝政局

景泰初年，于谦在景帝的支持下整饬兵备，加强对瓦剌部的防范。也先见此，便谋求与明廷的和解，并把英宗放回，明朝也同意与之"通贡"、开互市，双方关系趋缓。景帝对于谦非常信任，国家大权悉委以处理。于谦勤于国事，他一身正气，两袖清风，治国有方，一时政治清明。

然而，受"土木之变"的打击以及皇权更迭的影响，景泰政治注定充满了变数。虽然景帝在临危之际死活不愿意当国难之君，但在坐稳了江山之

---

① 孙承泽：《天府广记》卷19《戎政府·十二营》。
② 《明经世文编》卷34。

后，他对皇位的贪恋以及对皇位的传承表现出极强的贪欲。朝中的文武百官经此大难之后，心态也发生了很大的变化，这也使得明中央统治者阶层内部的争权夺利与勾心斗角呈现新的特点。

起初也先认为英宗为"奇货可居"，想利用手里的这张王牌换到政治的、经济的好处，不承想明朝另立新君，英宗变成了废牌一张。中国古代的经济利益与政治利益是密不可分的，没有了政治价值，经济价值也等于零。也先对中原的经济依赖比政治依赖的需求更迫切，他选择与明朝讲和，以换取经济利益。于是，他表示愿意送还英宗，并继续以朝贡的形式维持与明廷的关系。

于谦从稳定边境局势和维护明廷颜面的角度答应也先的请求。朝中大臣，如王直等人商议派遣使者迎回英宗事宜，景帝是一脸的不高兴，他说："朕本不欲登大位，当时见推，实出卿等。"于谦给他宽心说："天位已定，宁复有他，顾理当速奉迎耳。万一彼果怀诈，我有辞矣。"景帝才连连说："从汝，从汝。"①这样，明朝先后遣李实、杨善接回英宗。于是，在距离"土木之变"13个月之后，英宗返回了北京城。此后他要面对的，除了有新朝"旧臣"，还有七年近似囚犯的幽禁生活。

事实证明，景帝太相信于谦对政局的把控能力了，于谦对行政运作也过于理想化了。他是臣下，对皇权必须维护与遵守。随着战局稳定、英宗回归，中央权力必将重新分配。险恶的政治斗争仅有忠诚廉洁远远不够。此时的于谦不仅无法掌握时局，反而成为政治斗争的牺牲品。固然，景帝在许多方面对于谦可谓言听计从，甚至连到郊外采摘野菜和晒鱼干这样的事情，都要问于谦的意思。但在一些重大的关键问题上，景帝是毫不退让的。如在选定皇太子问题上，他就表现得异乎寻常的坚决。

景帝登帝位之后，皇太子仍是英宗的长子朱见深，当年在"土木之变"发生时，为稳定人心，见深被立为太子，这让景帝颇为不安。前有哥哥居于南宫，后有侄儿将要继位，他开始处心积虑地把皇太子更换为自己的儿子朱见济。景帝的做法简单而霸道，凡是不同意更换皇太子的官员都没有好日子过，凡是赞同更换的都有高官厚禄。万事俱备，大臣们只好默认。景泰三年（1452），景帝立其子见济为皇太子，原太子见深降封为沂王。为了稳定儿

---

① 《明史·于谦传》。

子的皇太子地位，景泰四年时，景帝在让礼部择新春吉日给自己的太子见济筹备冠礼时，也适时给当时的沂王和英宗次子见清（荣王）行冠礼之仪，达到目的的景帝把仪式搞得隆重热烈。不幸的是，见济太子于景泰四年十一月辛未去世，太子之位出现了空缺。

在更换皇太子的问题上，于谦没有能表现出他的大公无私，因为家国天下的明帝国本身就是一家一姓之私，他既然无法说服皇帝不更换太子，也无法让景帝在见济死后复立见深为太子，他的影响力和公信力自然也就大打折扣了。此时，景帝的多病和无子，以及南宫内健在的英宗和年长的见深给朝中的政客们提供了投机

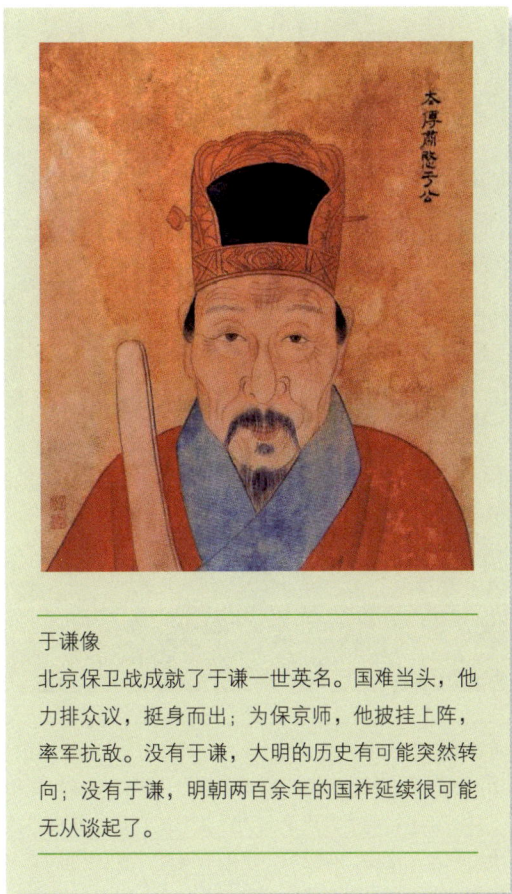

于谦像

北京保卫战成就了于谦一世英名。国难当头，他力排众议，挺身而出；为保京师，他披挂上阵，率军抗敌。没有于谦，大明的历史有可能突然转向；没有于谦，明朝两百余年的国祚延续很可能无从谈起了。

的机会。这也拉开了新一轮权力的角逐，这场权力角逐的总爆发就是"夺门之变"。"夺门之变"表现为英宗与景帝之间的皇位争夺，而背后却是复杂的朝臣权力之争，这些权力斗争又围绕着削夺于谦的权力展开。

"夺门之变"的策划人主要有文臣徐有贞、武官石亨和宦官曹吉祥等。徐有贞就是在"土木之变"发生后主张逃亡的徐珵。因当时受到于谦的呵斥，屡屡受到同僚讥笑，于是改名有贞。于谦当政后，他曾走过于谦的后门，希望到国子监任职，未能如愿。后来，他因治河有功，得以升迁至左副都御史。他认为于谦影响了他的仕途，便蓄意报复。

石亨曾因与蒙古人作战失败而遭弃用，于谦见他有才华，就推荐他组织北京保卫战。因保卫北京有功，石亨加官晋爵。石亨认为于谦对自己有大恩，便想方设法报答，也是为了讨好位高权重的于谦。他奏请皇帝加赏于谦

于谦墓

于谦墓位于浙江省杭州市西湖区三台山麓。明成化二年（1466年），于谦冤案平反昭雪。弘治二年（1489年），明孝宗表彰其为国效忠的功绩，赐谥"肃愍"，并在墓旁建旌功祠，设春秋二祭，形成祠墓合一格局。1982年，重修于谦墓，墓高2米，青砖环砌，重刻墓碑，上书"大明少保兼兵部尚书赠太傅谥忠肃于公墓"，墓前设祭桌、香炉。1998年，为纪念于谦诞生600周年，在墓道两侧配置仿明式石翁仲、石兽及牌坊，又经保护整修，恢复了于谦祠牌坊和甬道。2006年5月25日，于谦墓被国务院公布为全国重点文物保护单位。

的儿子，于谦却对此严词拒绝，还批评他营私舞弊。石亨大骂他不识好歹，从此结下怨恨。

宦官曹吉祥掌管大内禁军和内廷侍卫，惯于溜须拍马，见风使舵。他手下的太监滋事寻衅，屡受于谦压制。曹吉祥认为，于谦的存在对自己是一种威胁，也决计除掉他。于谦主政期间，对宦官的管束较为严厉，有一批在英宗正统年间得益于王振而盛气凌人的宦官们希望有出头之日。在此大背景下，文、武和宦官三股势力结合在一起伺机发难。

景泰八年（1457），景帝突然染病，卧床不起。徐有贞、石亨和曹吉祥三人见时机已到，发动政变，把英宗接到奉天殿，上朝听政。英宗被困守八年之后，终于再次登上皇帝宝座。他改景泰八年为天顺元年，宣布"大赦天下，咸与维新"。①一个月后，景帝死去。

复辟当日，英宗就将于谦逮捕入狱。但是想要杀掉于谦这样一位有功于社稷、为官清廉的大臣并不容易，必须要找一个听起来可以服众的借口。英宗在徐有贞等人的策划下，用历史上惯用的"莫须有"手法，以"谋逆"的罪名将于谦处以极刑。这些都是牵强附会和捕风捉影的事，英宗心中也知道于谦是冤枉的，十分犹豫。徐有贞进言："不杀于谦，夺门就没有正当的名义。"英宗这才下定决心。于谦被抄家时，家里除了景帝赐予的宝剑等物品外，别无余物。②这与明中后期的政治家张居正被抄家里的家赀富足大为不同。于谦是一位完美主义者和理想主义者，他有忠诚无私的人格与济世安民的抱负。他始终如一地严格要求自己，过着苦行僧式的生活。

英宗复辟之后，大封夺门功臣，重用"功臣"曹吉祥、石亨等人，打击景泰朝的官员，一批投机家登上舞台。然而，在英宗控制了局面之后，他越来越感觉到于谦忠心为国、清正廉洁的可贵，尤其是曹、石二人，飞扬跋扈，变本加厉。天顺五年（1461）七月，曹钦等人图谋叛乱，最终，石亨坐狱瘐死，曹吉祥被磔刑于市。③"夺门之变"和"曹石之变"反映出明统治集团内部歪风邪气盛行，吏治败坏的事实。复辟之后的英宗重新祭出王振的亡魂，文武官僚群体道德水准急速下滑，士绅风气迅速败坏，社会风气日渐颓废。明代历史进入一个新的发展时期。

明朝前期，以仁宣二帝为代表，如果算上洪武二十余年之后至正统十年之前，这样半个多世纪里，明朝田地开辟、人口增长、经济发展和社会稳定，是明朝的上升期。

仁宣二帝继续推行休养生息政策，蠲免赋役，恤贫赈灾，垦荒屯田，兴修水利，社会经济呈稳步发展态势。他们提倡节俭，调整成祖开拓边疆与下西洋的政策，以减少朝廷的负担。明前期的商品经济呈现逐步发展态势。伴随着农业和手工业的发展，南北大运河浚疏打通，受恤商政策的保护，农产

---

① 《明英宗实录》卷274。
② 《明史纪事本末》卷35《南宫复辟》。
③ 《明史纪事本末》卷36《曹石之变》。

品和手工业品越来越多地投向市场，商业逐步发展起来。城市成为商品的生产和交换的中心，设有许多手工业作坊的批发商号，集中了手工业工人和商贩，人口急剧集中，呈现繁荣景象。南北两京，既是政治和文化中心，也是商业发达的大都会。苏州、松江、镇江、淮安、常州、扬州、仪真、杭州、湖州、建宁、武昌、荆州、南昌、吉安、临江、清江、广州、开封、济南、济宁、德州、临清、桂林、太平、平阳、蒲州、成都、重庆、泸州等地的工商业水平都有大幅度提高。此外，各地还兴起一批小市镇，如吴江县的平望镇、严墓镇等，它们到明中后期都发展成为商业繁荣的市镇。商业的繁荣，促进了货币的流通。郑和下西洋后，白银大量流入中国。至宣德年间，"民间交易，惟用金银，钞滞不行"。在此推动之下，正统以后，明廷也顺应时势，"弛用银之禁"，并出现了"朝野悉皆用银"[1]的局面。白银逐渐成为与铜钱并行的最主要货币。

自明中期以后的数百年，史家对仁宣时代褒奖尤加，称之为治世、盛世。然而，必须引起注意的是存在于繁华背景下潜滋暗长的阴影，分析明代由治世到乱世的转变，明白明中期的乱之由，防微杜渐，才能更好地理解中期的治乱兴衰。

---

① 《明史·食货志五》。

第四章　明中期的危机与革新

历经明初七十年的恢复、发展后,明王朝逐渐出现了保守和停滞的种种迹象,仁宣盛世的背后隐含着种种危机,具体表现为一系列社会问题的集中出现。仁宣以降,尤其是在英宗天顺之后,明王朝统治者大体遵守内敛和守成的治国理念,长期相对的稳定,使统治者阶层失去锐意进取与革新政治的作风,滋生了政治的腐败与混乱。到武宗正德年间,伴随着商品货币经济的发展,经济运行与行政管理越来越脱节,土地兼并日显突出,社会财富在迅速增长的同时,贫富分化加剧,民族矛盾、阶级矛盾和社会矛盾激化。这些问题逐步引起有识之士的警觉,要求变革的呼声渐起。嘉靖初立,以稳固皇权为动机和契机,君臣一度力图更新气象,采取一些力度较大的政治变革。嘉靖初年,从中央到地方都开始了改革尝试,涉及政治、军事、经济和文化等方方面面,逐渐汇成改革浪潮,到隆庆朝至万历九年间,明代的社会大变革达到高潮。

第一节　武宗的乱政

1. 怠政的帝王

　　英宗复辟,改元天顺。天顺朝的政治并没有因为"土木之变"的警钟而有所振作,英宗仍然因循于正统旧制。天顺朝政治也不乏可圈可点之处,比如成功平定了"曹石之乱",稳定了政治局势,凡地方灾害,英宗能做到必要的蠲免救济,军队校阅操练、祭祀礼仪均能按期举行,地方有乱,也能有效地平定等。此外,他能任用贤臣,如彭时、白圭和王竑等人,并废除了洪武以来的惨无人道的嫔妃殉葬制度,难能可贵的是,还给建文后裔及牵连官员以妥善安置。然而,他大肆打击于谦等一批景泰朝旧官,是非不分;他不分青红皂白地废掉景泰朝的政令,如废掉团营制,仍复其旧;更恶劣的是,他对祸国殃民的宦官继续予以放纵，纵容这批政治恶势力为所欲为，后患无穷。

　　天顺八年（1464），38岁的英宗去世，太子朱见深登基，以次年为成化元年，是为宪宗。这位多难多灾的皇太子在英宗和代宗三朝经历了人生的跌宕起伏，他本人的性格和私人生活都受到极大的影响。我们不难想象一个在年少时代经历了父亲被俘并沦为阶下囚、自己的皇太子名分被剥夺，且受到严密的监控，会带来怎样的灰暗而消极的影响。他对政治并不感兴趣，长期疏于政务，即位不久，明宪宗即深居宫中，专宠于长自己19岁、亦母亦妃的万氏贵妃，在位23年，一直生活在她的影子里。他宠信身边的家奴宦官，设立西厂，任由汪直等人作威作福，听由宦官以"传奉圣旨"的非正常途径滥授"传奉官"。一批朝中大臣趋炎附势，成化一朝"多秕政"[①]，刑部官员李旦一针见血地批评说："神仙、佛老、外戚、女谒、声色、货利、奇技淫巧，皆陛下素所惑溺，而左右近习，交相诱之。"[②]在他的执政生涯里，"妖书"不绝，后宫紊乱，官场流言四起，政治风气加速败坏，社会和民族矛盾明显激化，大规模的流民运动和起义不断，北边蒙古部族的侵扰尤其严重。

　　接替宪宗即位的是被后世称为"中兴之王"的孝宗。成化二十三年（1487）九月初六日，孝宗即位，改次年为弘治。在即位诏中，他即对成化年间的秕政予以修正，佞幸李孜省、太监梁芳和外戚万喜等人被撤职或流放。不久又裁汰了成化年间的传奉官两千余人，罢遣滥发、滥封的禅师、真人和西番法王、国师等千余人。在斥罢权阉奸佞的同时，他还广开言路，革新政治，朝中出现了一批中正廉直的官员，如王恕、马文升、刘大夏、刘健、谢迁和李东阳等，政治气象为之一新。后世史家对孝宗评价颇高，有"弘治中兴"之说，《明史》的评价具有代表性：

　　　　明有天下，传世十六，太祖、成祖而外，可称者仁宗、宣宗、孝宗而已。仁、宣之际，国势初张，纲纪修立，淳朴未漓。至成化以来，号为太平无事，而晏安则易耽怠玩，富盛则渐启骄奢。孝宗独能恭俭有制，勤政爱民，兢兢于保泰持盈之道，用使朝序清宁，民物康阜。

---

① 《明史·万安传》。
② 《明史·汪舜民传》。

《明宪宗元宵行乐图》

此画卷现藏于国家博物馆，出自明代宫廷画师之手，署成化二十一年（1485）仲冬吉日。描绘了明宪宗朱见深正月十五在皇宫里庆赏元宵节游玩的各种情景。画面中，从早至晚的各种节目，场面均有宪宗在场，其中演出、杂技、魔术、烟花爆竹及整山灯市等场面恢宏。画中，还有在宫内设街市，模仿民间习俗放爆竹、闹花灯、看杂耍的情景。图中身着便服的朱见深坐在殿前围帐中，侍臣们立于两旁，殿上悬有彩灯，一派繁华。

《易》曰："无平不陂，无往不复，艰贞无咎。"知此道者，其惟孝宗乎。[1]

比较而言，孝宗有建立"治世"的理想，"法祖用贤"，所以远比他的父亲勤政得多，他能约束自己，亲贤远小。但孝宗并未始终如一，早在弘治八年（1495），在宦官李广的诱惑下，他着迷于斋醮、烧炼，长期深居内宫，闭门不出，以至于等待他处理的奏章有"稽留数月，或竟不行。事多壅滞，有妨政体"[2]，根本谈不上召见大臣、共商国是了。而且他的一支"用贤"队伍严重老化，因循太祖、太宗旧章有余，创通与革新不足。因此，与其说孝宗在"中兴"，不如说是带有浓重的保守色彩的复古活动，与快速发展的商品经济和求新求变的社会风尚相比，孝宗的"中兴"反而有"拉历史倒车"之嫌。

明武宗朱厚照是孝宗的长子，出生的第二年就被立为皇太子，弘治十八年（1505），15岁的他即位，年号正德。武宗是公认的明代16帝中极为荒诞的一位。《明史·武宗本纪》说，年幼的朱厚照"性聪颖，好骑射"。"好骑射"的兴趣伴随他一生，最初的原因可能是因为孝宗一心想把儿子培养成为像太祖朱元璋一样文武兼备的旷世圣君，对他骑射游戏的少年天性颇为纵容，却也养成了武宗日后逞强尚武的习气。知子莫若父，孝宗去世前，特意将本朝的几位良臣忠侍，如刘健、谢迁、李东阳等召至乾清宫暖阁，说：

---

① 《明史·孝宗本纪》。
② 《明史·徐溥传》。

"东宫聪明，但年尚幼，好逸乐，先生辈常劝之读书，辅为贤主。"但孝宗却并没有赋予这些重臣实际的约束之权，他们除了苦口婆心地规劝，也别无良方，在打击宦官受挫之后，老臣们只能退隐或沉默。失去了任何约束的、无所畏惧的少年天子将其本性中的劣根性暴露得无以复加。

少不更事的武宗步入歧途，除了缺乏管教外，以刘瑾为首的宦官和以江彬、于永为首的武人的教唆起了极为恶劣的作用。正德元年（1506）十月，李东阳、刘健、谢迁等上疏，联合起来努力清除刘瑾的势力，反遭驱逐或打击。刘瑾掌管司礼监，马永成、谷大用分别掌管东、西两厂。孝宗朝留下的廉吏名士大都黯然退出政治舞台。自此，朝中大权被以刘瑾为首的"八虎"掌握，刘瑾权倾一时。从正德二年（1507）起，武宗就迫不及待地另辟蹊径，索性盖起了豹房，离开紫禁城，与一批奸佞小人朝夕相处，临朝听政的时间越来越少。

刘瑾乱政历时五年才被清除。此时，武宗已20岁，他的兴趣早已不在玩猴斗鸡这等小孩子的把戏上。他挥金如土、嬉乐怠政的恶习不仅没有收敛，还愈演愈烈。他对豹房进行了大规模地扩建，增加房舍二百余所。在他的身边又多了一些逞强好勇的武士，其中以于永和江彬之流为甚。在这两位"勇士"的感染下，明武宗对军功武力表现出异乎寻常的热情。他逞强好勇，戏猛兽、玩亲征、搞巡游，把整个朝政又弄得乌烟瘴气。为便于控制军队，江彬请求武宗下诏把辽东、宣府、大同和延绥四镇的边兵调到京师，由江彬统一指挥操练，号称"外四家军"，各镇的领兵官统一收为武宗的义子，并赐以国姓"朱"。武宗还把宫里的宦官组织起来，教他们练习骑马射箭，编成一个大营，称为"中军"，并亲自担任指挥。武宗还下旨封自己为"总督军务威武大将军总兵官"，挂总兵官印，还给自己铸了一方大印，改名字曰朱寿，今后驻跸皆称"军门"，凡率军出征均以"威武大将军朱寿"帖行事。他多次以亲征名义率军打仗。比如，正德十二年（1517）的亲征蒙古鞑靼小王子的"应州大捷"，以及多次的"北巡"、南征宁王朱宸濠之叛，把他逞强好勇，借平叛之名寻欢作乐的本质暴露无遗！

京剧《游龙戏凤》剧照
又名《梅龙镇》，讲述明武宗正德皇帝朱厚照微服巡狩宣府，于大同城郊遇见李凤姐的故事。描述了明武宗的荒唐生活，反映了正德朝朝政的混乱与黑暗。

　　正德十五年（1520）九月，借亲征之名南下的武宗在清江浦一带下湖捕鱼，玩笑嬉闹中，不幸落水。武宗连惊带吓，加之天气转凉，遂患上重病，一时不见好转。春节前，武宗返回北京，病情已是相当严重。春节这天，他免去了与朝臣的庆典，连祭祀天地祖宗的重大典礼也无法正常进行。武宗的病情很大程度上是因为他纵欲过度，常常干一些饮鸩止渴的事情，年纪轻轻就伤了身子，最后走向了不归路。尽管身体虚弱，病入膏肓，就在正德十六年（1521）二月初，他听说厂卫特务新近逮捕了一个"妖人"的妻子娇艳美丽，竟然全然不顾性命，抱病前去临幸。次月，武宗病死在豹房里，年仅31岁。

　　武宗在位十六年，他亲小人，远贤臣，前有刘瑾弄权，后又宠信江彬。在位的绝大部分时间里在宫外"巡游"、嬉戏玩耍，荒怠朝政。正德十五年（1520），大学士毛纪说，由于皇帝不在京城，许多事务均要等皇帝御批定夺，"今各衙门题奏文书，已该臣等拟票封进。自去年八月以后，至今年

正月，尚有多半未曾发出"①。君主怠政，身边佞臣乘机弄权，史称明武宗"常以杯杓自随。左右倖臣，欲乘其昏醉，以市权乱政"②。武宗的一生是逞强好勇、酗酒好色、荡游无度的荒唐的一生，他把专制皇权之下统治阶层私欲的无拘无束、无法无天彰显到了极致境地。

其实，中国传统政治制度发展到明代，已经形成一套非常完备的运行机构，尤其在明朝前期形成的行政机制，完全是凭借自身的调节保持在正常的轨道内运行。像正德皇帝长年累月不在北京，从中央到地方的一切军政事务仍然有人在照章处理。武宗也意识到了这一点，当有官员批评他长期不在紫禁城里待着办公时，他信誓旦旦地说："我不在宫里，一样批奏章，一样办事情，干嘛非要坐在金銮殿上？"皇权、国家大权并没有旁落，这是事实，刘瑾可以异化为"立皇帝"，武宗也可以轻易地就将他除掉。在武宗一朝，国家大政方针仍然由皇帝一人掌控。

然而，正德一朝对整个大明王朝的消极影响却是巨大的，这一时期的社会矛盾持续激化，"时瑾虽诛，而政权仍在内，魏彬、马永成等擅执朝政，两河南北、楚、蜀盗遂起。"③自正统以后，由于社会经济的恢复与发展，传统理学观点受到很大的冲击与影响，旧的社会秩序和等级观念发生了动摇，拜金主义和享乐主义出现并在社会上愈演愈烈。只不过，这一时期传统观念影响仍然深厚，并没有形成决堤之势。然而，作为最高统治者的武宗皇帝，他最有权力、最有物质基础、最有机会过着纵欲的生活。由于对皇权运行没有有效的约束机制，在一批权阉佞臣的唆使下，放肆的明武宗成为突破社会伦理道德的急先锋。在他身后一百年的晚明时期，在物欲的洗礼和人性的解放的大前提下，社会各阶层的生活呈现出前所未有的大变革，一切伦理纲常、统治秩序、道德偶像开始倾斜、颠倒，鲜明的个性与另类的行为，在

---

① 毛纪：《密勿稿》卷2。
② 夏燮：《明通鉴》卷48，正德十四年二月甲申。
③ 《明史纪事本末》卷43《刘瑾用事》。

晚明时代早已司空见惯。

2. 跋扈的宦官

宦官是皇权专制的伴生物。历史上宦官专权不乏其例，然"东汉及唐、明三代，宦官之祸最烈"[①]。明代的宦官之祸，肇始于王振，英宗复辟之后，仍然不思悔改，继续重用宦官，对此后宦官势力的发展起到很坏的影响。成化时汪直控制锦衣卫，正德时刘瑾主管司礼监，厂卫机构既被宦官把持，越来越多的官员便拜倒在阉人脚下。

明宪宗时，以汪直为首的宦官势力甚是嚣张，宦官之祸愈演愈烈。汪直是广西桂平大藤峡瑶族人，自幼因被抄家净身入宫为宦官。成化年间因侍奉受宠的万贵妃有功，迁升至御马监掌印太监，宪宗也非常信任他。成化十三年（1477），宪宗设立西厂，由汪直负责。汪直用锦衣卫百户韦瑛为心腹，屡次兴起大狱，为所欲为，他们打击"政敌"，大肆制造冤狱。数年之间，像应天巡抚牟俸、兵部右侍郎马文升等被谪戍，兵部尚书项忠被削职为平民，阁臣商辂被罢免，左都御史李宾被免职，科道官56人受牵连。同时，汪直却让和他交情好的王越任兵部尚书兼左都御史，陈钺做右副都御史管理辽东。汪直还担任监军，插手军务。

汪直的罪行最终通过一些途径反映到宪宗那里。有一个叫阿丑的小宦官擅长演戏，一次，他在皇帝跟前表演喝醉之人谩骂的情状。有人说皇帝驾临，他还是一样在谩骂；说汪太监来了，他就躲避逃走。还说："如今的人只知道汪太监"；又装作汪直的样子，手操两把钺来到皇帝面前。旁人问他，回答："我带兵，就倚仗这两把钺。"问他是什么钺，回答："是王越、陈钺。"皇帝听后笑了，稍稍有所省悟。这时恰逢东厂的总管尚铭抓获盗贼得到宪宗的奖赏，尚铭惧怕汪直找他的事，就把查访到汪直所泄露的宫禁中的私密事奏报皇帝，借机揭发王越的不法，汪直才逐渐被疏远，被调到大同做镇守太监。汪直失势，墙倒众人推，西厂被再次裁撤。宪宗又剥夺了他的监军之权，调他到南京闲住，终了余生。

明孝宗上台后，曾试图刷新政治，任用忠贤，斥逐奸邪，对宦官的势力有所抑制。但他依然经不起宦官李广等人的诱导，于弘治八年（1495）后，热衷于烧炼、斋醮等求长生之事，宦官乱政的情况依然存在。

[①] 赵翼：《廿二史札记》卷5《宦官之害民》。

武宗时期，以刘瑾为代表的宦官乱政达到明代中期的顶峰。刘瑾，出生于陕西兴平县一个谈姓的农民家庭，幼年即被阉割送入宫中，因最初投靠一个刘姓宦官，故改姓刘。弘治中，刘瑾被选中照顾太子朱厚照，他在宫中尤其是在宦官队伍中的影响和地位越来越高，马永成、谷大用、张永、高凤、罗祥、魏彬、邱聚与刘瑾勾结在一起，形成一股"恶势力"，称"八虎"。明武宗是一位"好逸乐"的玩世不恭的帝王，他当太子时，"八虎"诱导其嬉戏。刘瑾等人想尽各种办法讨皇帝喜欢，而巴结讨好的方法无非是投其所好。武宗年少时，他们就每天进献一些奇特的玩具，组织各式各样的演出或体育活动，逗他开心，当时的东宫被戏称为"百戏场"。年纪稍长后，武宗的兴趣开始转移，宦官们就带着他从事剧烈、刺激的活动，尤其是体育、武功等男孩喜欢的事。稍后，就玩得越来越离谱，先是在宫中模仿街市的样子建了许多店铺，让太监扮作老板、百姓，武宗则扮作富商，在其中取乐。后来又觉得不过瘾，又模仿开设妓院，让许多宫女扮作粉头，武宗挨家进去听曲、淫乐，把后宫搞得乌烟瘴气。

　　登基继位后，武宗更是巡游无度，以致"政事多乖，号令不信"[1]，朝政因此大坏，凡有良知的官员无不痛心疾首，但大部分官员选择了趋炎附势。正直的官员们认为，"八虎"不倒，皇帝之心难以归正，于是发动了一场"打虎运动"。正德元年十月，李东阳、刘健、谢迁等上疏，请求清除刘瑾等人，以绝内患。他们说，由于太监刘瑾等人的诱惑，致使皇帝沉迷游乐，荒怠政务，请求擎问正法。武宗拿到奏疏后，想到自己的玩伴竟然要受到惩办，伤心不已，甚是郁闷，饭不吃，茶不饮。事

京剧中的刘瑾形象（坐者）

---

① 《明通鉴》卷40。

前已经得到消息的刘瑾等人先是惊恐万分，相对而泣。惊魂稍定后，他们跑到皇帝面前，痛哭流涕，长跪不起。刘瑾也看到了武宗恋恋不舍地心情，便设法使武宗迁怒于王岳等朝中大臣。武帝顺水推舟，任命刘瑾掌管司礼监，马永成、谷大用分别掌管东、西两厂。皇帝的态度已经很明朗，此情此景，李东阳和刘健只好请求告老还乡；王岳等人在去南京的路上被刘瑾派人追杀而死。正德二年（1507）三月，刘瑾召集满朝大臣跪在金水桥上，宣布"奸党"名单，其中就有大学士刘健、谢迁，名宦李东阳和尚书韩文等数十位正直官员。孝宗朝留下的廉吏名士大都失势。

凡参与上疏弹劾或批评刘瑾的人均受到打击，同情他们的官员也大多受到牵累。当时任兵部主事的王阳明出于义愤，冒死和一些人一起上疏辩护。正德皇帝看了奏疏，极不耐烦地对刘瑾说："这种小事就不要烦我了，你自己看着办吧。"刘瑾对王阳明等人恨之入骨。他下令将王阳明谪迁至贵州龙场，王阳明一度潜逃到福建，想隐姓埋名，了此一生，又担心影响家人的安全，只好想方设法避开追杀，隐忍到贵州龙场赴任。直到刘瑾倒台之后，王阳明才重新被起用。

朝中正直官员这次"打虎"的失败，以及宦官让众廷臣"跪而听诏"的做法，既树立了刘瑾的威严，也给文武百官在心理上以致命打击。自此，朝中大权由刘瑾为首的"八虎"掌握。刘瑾权倾天下，而武宗也落入邪恶势力影响之下。

此后，刘瑾一伙愈加飞扬跋扈，"公侯勋戚以下，莫敢钧礼，每私谒，相率跪拜。章奏先具红揭投瑾，号'红本'，然后上通政司，号'白本'，皆称刘太监而不名"[1]。刘瑾还在锦衣卫、东西厂之外，再设特务机关内行厂，"屡兴冤狱"，宦官乱政达到前所未有的程度。

成化至正德年间的宦官专政，产生了严重的恶果。第一，他们操纵官员的升迁，扰乱正常的官员晋升。如京官京察和外官朝觐时俱要先拜见刘瑾，以求脱罪升迁，"大小官奉命出外及还京者，朝见毕，必赴瑾见辞以为常"[2]。在成化及正德年间，有大量官员包括首辅、尚书、侍郎或总兵官等，皆因反对宦官专权而遭到免职。第二，影响行政运转。宦官利用司礼监

---

① 《明史·刘瑾传》。
② 《明史纪事本末》卷43《刘瑾用事》。

批红之权，为求一己之私干预朝政，《明史·职官志一》总结说："内阁之拟票，不得不决于内监之批红"。第三，扰乱军事指挥与管辖权。宦官以监军、镇守或守备等名义，到京军大营、随军队出征或者到边镇参与军兵管理。他们往往自视甚高，成事不足，败事有余。正德二年（1507），在刘瑾的操纵下，"镇守太监悉如巡抚、都御史之制，干预刑名政事"①，这些监军到军镇后，凌驾于文武官员之上，干预军事，"据首席，而协同者为侯伯则上坐，都督则偶坐耳"②。第四，操纵厂卫等特务机关，制造恐怖政治。他们控制锦衣卫、东厂、西厂和内行厂，以"缉访谋逆妖言大奸恶等"为名，肆意罗织罪名，排除异己，无所不用其极。第五，经济犯罪极其严重。宦官贪污和浪费惊人。他们利用各种机会，收受贿赂，像成化时东厂太监尚铭，"闻京师有富室，辄以事罗织，得重贿乃已。卖官鬻爵，无所不至"③。刘瑾气焰更加嚣张，外官进京朝觐，"各敛银赂之，各省至二万两。往往贷于京师富豪，复任之日，取官库贮倍偿之，名曰'京债'。上下交往，恬不为异"④，许多官员"家业荡然"。

第二节　明中期的社会矛盾

皇权的运行似乎远离普通百姓，但皇权体制中的官员表现却直接影响到广大百姓的生活和生存。在皇帝怠政和守成因循的大背景下，官员队伍也出现了萎靡不振的情况。在谋取一官半职后，为保住来之不易的权与利，官员们大都明哲保身，见风使舵，行政能力越来越低下。即便是作为行政中枢的内阁官员，曲意逢迎、互相倾轧、结党营私者多，主持正义、关心民瘼者少。

伴随着社会生产力的恢复与发展，商品货币经济渐趋活跃，在当时全社会奢靡之风的影响下，官员以权谋私的风气日渐浓重。王廷相比较了明朝

---

① 《明通鉴》卷42，正德二年三月。
② 王世贞：《凤洲杂编》卷1。
③ 《明史·汪直传》。
④ 《明史纪事本末》卷43《刘瑾用事》。

前中期的贪污之风后，说："先朝岂无贿者，馈及百两，人已骇其多矣。今也动称辄数千或乃数万矣……先朝受贿者，暮夜而行，潜灭其迹，犹恐人知矣。今也纳贿受赂，公行无忌，岂非士风大坏矣。"①贪赃必然枉法，如巡按御史和监察御史们作为"天子耳目"，本为纪察百官以整肃吏治而设，但他们也人多身不由己，公然收受贿赂。生活在最底层的广大社会群体成为制度腐败的最终受害者，社会矛盾、阶级矛盾和民族矛盾的激化成为这一时期社会问题的直接反映。

1. 土地兼并

土地兼并是私有制条件下地主经济的必然产物。抑制土地兼并、调整土地分配关系为历代统治者密切关注。明初，朱元璋竭力培育大批中小地主和自耕农，以稳定社会经济制度，最大限度分配土地、安置流民，把人们固定在土地上。因为当时土地的私有属性，土地买卖是一种正常的、合法行为；又因为特权政治的普遍存在，肥沃耕地逐渐被勋戚、内臣、百官据为己有，私田被官绅地主侵夺，土地兼并问题越来越突出。当土地集中程度超出了社会经济稳定发展的需要时，流民、起义等社会现象必然出现。

明代中期，社会各阶层开始分化，原本归官府和普通百姓所有的土地，逐渐被诸王、勋戚、缙绅贵族等特权阶层侵占，国家对土地的控制力大大降低。宗藩互相攀比，请求皇帝封赐土地。"请求及夺占民田者无算"，"为民厉者，莫如皇庄及藩王、勋戚、中官庄田为甚"。②在藩王集中的河南，有"中州地半入藩府"之说。中小地主也倚仗权势，采取欺诈等手段巧取豪夺，大肆兼并百姓土地。军屯、民屯和商屯土地，也成为兼并的重要对象。根据明朝对耕地的管理方法，都司卫所管辖的耕地面积很大，后来，由于卫所旗军职能的转变，屯田大量流失，并出现"军田民佃"的现象。南京的一些卫所，"行数十里，俱是旷地。葭莽极目，不胜凄凉"③。这些土地又转而成为地主猎取的对象。商品货币经济的持续发展，导致土地买卖频繁，土地商品化加速。明后期，有人总结了明朝土地买卖的特点变化："百年田地转三家，言百年之内，兴废无常，必有转售其田至于三家也。今则不然……

---

① 王廷相：《浚川奏议集》卷9《天变自陈疏》。
② 《明史·食货志一》。
③ 《明经世文编》卷210，方日乾《抚恤屯田官军疏》。

十年之间，已易数主。"①

耕地集中在特权阶层手中，他们大多千方百计逃避赋役，转嫁给普通百姓，农民的负担相应加重。广大农民极端苦困，"佣丐衣食以度日，父母妻子啼饥号寒者十室八九"②。饥民扶老携幼，"采野菜煮榆皮为食，百十而群，沿途住宿。皆因饥饿而逃。"③

土地兼并和赋役转嫁与"陪纳"（同一里甲，逃亡者的赋役要由未逃亡的农户来均摊）是流民产生的两大原因，天灾人祸加重了流民运动。明代前中期的流民运动突发性强、规模大，而且分布广泛，其中以荆襄地区的流民规模最大。荆襄地区四省交界，自然资源丰富，土地肥沃，无苛捐杂税。从永、宣开始，就陆续有河南、河北等地流民来到这里，当时还没有引起统治者的重视，致使流民运动愈演愈烈。到成化年间，汇聚的流民竟然超过百万人，这时统治者才惊恐万状，采取严酷的镇压手段，从而激发更为复杂的社会问题。

2. 农民起义

明初，由于土地关系尚未理顺，加之赋役不均，一些地方零星地出现了农民起义，但国内局势总体还比较平稳。从正统末年开始，起义的范围和规模都有所扩大。在浙江、福建和广东等处，相继爆发了农民起义。起义者大多是生活在社会底层的农民、矿工、渔户等，他们迫于生计，杀官军、占官府、抢粮食。明中期的农民起义，以大藤峡一带瑶、壮人民的起义、荆襄地区的流民起义和河北刘六、刘七起义为代表。此外，尚有正德四年（1509）开始的顺天王、刮地王、扫地王的起义等。

大藤峡地区的瑶、壮等少数民族起义，从正统年间开始，历经景泰、成化、正德和嘉靖五朝，此起彼伏，连绵不绝。荆襄地区，是指在湖广、河南、陕西、四川四省交界地带的荆襄郧阳山区。这里北有秦岭，南有大巴山，东有熊耳山，中有武当山、荆山，自然条件较好，人口稀少，明初政府在这里疏于管理。早在宣德年间，就有失地的农民自发流向这里，耕种谋生，又可以躲避赋役。这些人大都是生活无着的流民，脱离原籍后，聚集到

---

① 顾炎武：《天下郡国利病书》原第七册引《武进县志》。
② 《明英宗实录》卷34。
③ 《明英宗实录》卷66。

此垦荒。到正统年间，流动人口已初具规模，达数万人之众。英宗天顺年间，流民人数激剧增长。他们千百为群，开荒采矿，流徙不定。为加强对这一地区的控制，天顺八年（1464）明政府特设湖广布政司参议一员，专门管理荆襄、南阳三府的流民事宜。

荆襄流民不愿忍受官府的控制，成化元年（1465）三月，在刘通、石龙与冯子龙等人的领导下，流民在房县大石厅立黄旗起义，官府采取灭绝人性的大屠杀政策加以镇压，并试图以"封山"的办法强迫流民归乡，禁止进入郧阳地区，防止他们集结。但流民入山就食，分屯驻守，且耕且战，"势不可止"。明廷对荆襄流民进行了一次又一次残酷地镇压，始终没有解决流民问题。成化十二年（1476），明廷选择了默认流民在当地生活的基本事实，开设湖广郧阳府，府治郧县，其下辖竹山、房县、上津、郧县、竹溪、郧西、白河七县。其地另设湖广行都司，置郧阳巡治，成一新的独立政区、独立管理。据都御史原杰奏报，当时的流民人数可以统计的就有113317户、438644口，来源地区涉及甚广，"俱山东、山西、陕西、江西、四川、河南、湖广及南北直隶府卫军民等籍"[1]。成化十三年正月，依照原杰等人建议，分湖广之荆州，荆州左、右，瞿塘，襄阳，安陆，郧阳七卫及德安、房县、均州、长宁、夷陵、枝江、远安和竹山八所直隶于湖广行都司。这一行政区划的更改最主要目的也是抚治流民。朝廷允许流民于当地附籍，使流民问题得到暂时解决。流民附籍后，积极垦田耕种，发展农业经济，并采集、生产和销售药材、竹木、铁、炭等资源，荆襄山区的民户稠密，商旅不绝。百姓以自己的生命和鲜血换取了生存和发展的权利。[2]

在北直隶，土地兼并严重，农民生活困苦。河北文安县的刘六（名宠）、刘七（名宸）兄弟率领广大百姓于正德五年（1510）起义。其实，早在二人起事之前，北直隶已有多股零星的农民武装。在刘氏兄弟的带领之下，数万人加入到起义大军之中。在此后三年的时间里，义军转战于北直隶、山东、河南、湖广和南直隶等广大地区，与当地的起义武装联合起来，杀死贪官酷吏，抢掠豪强地主的田地和财产，周济贫苦的百姓，对明朝的统

---

① 《明宪宗实录》卷160。
② 参见彭勇：《从"边区"到"政区"：明代湖广行都司的制度设计与社会秩序》，《求是学刊》2018年第3期。

治产生巨大冲击。明廷调派了京城、宣府、大同和延绥等地的精锐武装进行围剿镇压，到正德七年七月才将起义平息下去。

虽然荆襄流民和刘氏兄弟的起义都被平定，但面对暴露出来的种种社会问题，一些有远见的政治家，开始陆续着手改革，试图缓和日益紧张的社会矛盾，由此揭开了明中期社会变革的序幕。

3. 宁王叛乱

正德十四年（1519）六月，封国在南昌的宁王朱宸濠发布告天下书，借口明武宗荒淫无道，声称太后密旨，让他起兵入朝，实则举兵叛乱。

王阳明像

宁王平时胡作非为，有谋逆之心。他的祖父曾因罪被削去护卫军，但早在正德二年时，他就通过贿赂宦官和朝中大臣的方式，恢复并保全了护卫。起事后，他纠集的大军顺江而下，略九江、破南康，出江西，率舟师攻取安庆，准备一举拿下南京，自立为皇帝。时任南赣巡抚的王阳明奉命阻击。他采取围魏救赵战术，直接攻打宁王的老巢南昌。宁王首尾无法兼顾，只好回师救援，双方对峙于鄱阳湖上。其间，王阳明下令将写有"宸濠叛逆，罪不容诛；协从人等，有手持此板，弃暗投明者，既往不咎"字样的免死牌，扔入鄱阳湖中。到后来，叛军几乎人手一块，军心动荡。就这样，在短短四十余天的时间内，一场危及江山社稷的叛乱，被王阳明果断平定了。宸濠向王守仁代为求情，他说"王先生！我欲尽削护卫，请降为庶民可乎？"王阳明称"有国法在"。[1]宁王与众藩王宗亲一起为王守仁所俘，押往北京。宁王被废为庶人，伏诛，封国被取消。

倒是武宗得到朱宸濠叛乱的消息，另有所图。因为，此前他每次率军"北征"，总因师出无名而受到大臣们的数落，这次总算找到了"亲征"

---

[1] 《明史纪事本末》卷47《宸濠之叛》。

理由。江彬等人也积极"出谋划策"，筹划出兵方案。七月十三日，武宗传旨："令总督军务威武大将军镇国公朱寿统各镇兵征剿"。由于以游乐为目的，武宗为自己的出征好好地筹备了一番，直到八月二十二日才正式出发。此时王守仁将朱宸濠捉拿归案，为能够继续南下"亲征"，武宗竟封锁了这一胜利的消息。王守仁也只好重新上疏，请求武宗御驾亲征。武宗就这样继续一路歌乐声色，吃喝玩乐，走走停停，到年底才到南京。

武宗和随从宦官想占有平定宁王叛乱的功劳，竟然诬告王守仁与宁王串通一气。武宗还想把宁王先放掉，再由自己率领大军"亲手"把宁王捉住，后在大臣的强烈反对下才作罢。在极其隆重的受降仪式后，武宗和他的随行官员们过足了战争瘾，才装模作样地宣布：御驾亲征大获全胜，平叛以胜利告终。这场闹剧历时一年之久才得以收场。

宁王叛乱也不是藩乱个案，在他之前还有一位封国在甘肃的安化王朱寘鐇，他以为刘瑾乱政，有机可乘，遂起兵造反。朱寘鐇是朱元璋第十六子庆靖王朱㮵的曾孙，封国在今天的宁夏。此人"性狂诞颇自负"，身边又有人唆使，平添异心。[1]正德初年，武宗无道、刘瑾乱政，安化王遂于五年四月起兵反叛，袭杀了总兵姜汉等，并颁布"清君侧"的檄文，称"刘瑾蛊惑朝廷，变乱祖法，摒弃忠良，收集凶狡，阻塞言路，括敛民财"。[2]武宗命泾阳伯神英充总兵官、前右都御史杨一清提督军务，由太监张永监军。当年八月十五日，张永回京献俘，并借机除掉了刘瑾，而杨一清得复职留任三制总督。

宁王和安化王的叛乱的旗号都不过是个借口，他们见武宗荒淫，动了取而代之的想法是真，当然，武宗的南征旗号更是荒唐。朱氏子孙以荒唐的行为对待大明江山，只能说明这时的统治者实在令人无法信服，令人无法心安。帝王无道，宦官擅权，朝纲紊乱，朱氏藩王怀有觊觎天下之心，也并不意外。明初朱元璋确定的分封宗藩之制虽然历经靖难之役的洗礼有了很大的变化，但分封制并没有被废除，宗藩问题仍然是困扰明王朝运行的重要问题。

4. 大礼议之争

真正让朱氏江山面临"天下无主"、纲纪另立的是在正德身后。正德十六年（1521）三月十四日，荒淫无度的明武宗去世，因无嗣可立，而且又

---

① 高岱：《鸿猷录》卷12《安化之变》。
② 郑晓：《今言》卷4。

没有同父兄弟，大明江山新的主人一时成了难题。武宗生前没有意识到问题的严重性，因为31岁的他没有想过自己会绝后。主持朝政的内阁首辅杨廷和等廷臣知道问题的严重性，他们建议按《皇明祖训》之"兄终弟及"的规定，由兴献王的长子、明宪宗之孙朱厚熜继立，得到皇太后批准。

兴献王朱祐杬是明宪宗第四子，成化二十三年（1487）受封兴王。弘治七年（1494）九月就藩于湖广安陆州（今湖北钟祥市）。正德十四年（1519）薨，其世子厚熜袭替。正德十六年，时年15岁的朱

明世宗朱厚熜像

厚熜遂由湖广安陆入京继位，是为明世宗，年号嘉靖。

嘉靖以地方支藩之身登临大位，地位之悬殊一下让他无法适应，只能小心适应。世宗本非法定的皇位继承人，深忌群臣轻视自己出身不正。事实证明，这种巨大的社会地位变化和心理上的落差，让他对身份、地位和名分看得极其重要，他也因此给人落下了"极爱虚荣"的印象。

杨廷和等大臣拟定的嘉靖即位诏中的"皇兄大行皇帝之遗诏……入奉宗祧"[1]语句，表明他是以"皇太子之身份"继承皇位的，这让他颇不高兴。即位后的第五天，就令礼官集议崇祀其父兴献王的典礼，想借尊崇自己生身父母的办法来提高自己的地位和威望。

礼部尚书毛澄根据杨廷和的意见，会同六十余名公卿台谏官员上议，主张世宗登极的名分应该是"以孝宗为考，兴献王及妃为皇叔父母，祭告上笺称侄"[2]。也就是说，明世宗不能称自己的生身父母为父母，而应尊明孝宗为父亲，既"继统"又"继宗"。嘉靖皇帝看了奏疏之后，大为不悦，他

---

① 《明世宗实录》卷1。
② 《明史纪事本末》卷50《大礼议》。

湖北钟祥明显陵

搞不明白："难道自己的生身父母可以这样随随便便地更换吗？"断然拒绝这一提议，下令再议。明世宗当时也就是少年，虽然心里颇不以为然，但缺乏理论上的依据和官员的支持。面对杨廷和、毛纪等前朝旧臣一再援经据典的坚持，他决定把大臣的奏疏留中不发，双方一时陷入了僵局。

投其所好，是历代政客们逢迎上级的一贯手段，而制度本身从来都有着不同的解读。新君与旧臣之间的礼仪之争早有先例，自然有人愿意为新君出谋划策，以期博得政治资本。很快，嘉靖皇帝的帮手就出现了。嘉靖皇帝即位三个月以后，新科进士、浙江永嘉人张璁出面支持嘉靖皇帝，大礼议之争进入新的阶段。

张璁以观政进士之身份呈上奏疏，他首先引用孟子的话"孝子之至，莫大乎尊亲。尊亲之至，莫大乎以天下养"，来肯定嘉靖皇帝即位就议定其父亲名号是最大的孝，"陛下嗣登大宝，即议追尊圣考以正其号，奉迎圣母以致其养，诚大孝也"[1]。然后，依据历史上有代表性的皇位继立事件，对杨廷和等人的"为人后者为之子"理论，予以重点批驳。他们认为明世宗"继宗""继统"是继明宪宗而非明孝宗之"宗"之"统"，杨廷和等人的主张是曲解明太祖祖训和明武宗遗诏，称易亲生父母是有违"孝情"之举。他提出了具体解决的方案是"别立圣考庙于京师"，可以让嘉靖皇帝既能够追封自己的生父，又能奉养亲生母亲，行"大孝"之道。张璁的《大礼议》得到南京吏部主事桂萼等低级官员和地方官员的支持。此议，自然也深得明世宗的赞赏。此后，杨廷和等旧臣与张璁礼仪新贵展开激烈辩论，虽然议大礼之

---

① 《明史·张璁传》。

初，新君、新贵势单力孤，但张璁等人宣称："杨廷和等旧臣的目的就是想钳制皇权、擅权自专"，逐步取得斗争的优势。经过几番争斗，失势的杨廷和于嘉靖三年（1524）致仕。张璁、桂萼等人受到重用，张璁还一度当上内阁首辅。

嘉靖大礼议看似新君及其家室名份问题，实际它是以皇帝为代表的皇权政权与以内阁为中心的相权之争，是明中央辅政体系高层权力争斗的一种反映。在这中间，还夹杂着以谷大用为代表的宦官势力和慈寿皇太后（孝宗之后、武宗之母）的内廷势力。"大礼议"之争对明代的内阁政治、国家祭礼典制和社会风俗都产生了重大影响。

第三节　各项改革措施的推行

1. 嘉靖初年政治改革

王朝更迭，正是除旧布新的最佳时机。正德朝纲乱纪败，从明武宗去世到朱厚熜即皇帝位，前后37天（三月十四日至四月二十二日）。在这37天中，杨廷和等内阁大臣面对复杂的政治背景，力排宦官和佞臣等众难，以明武宗遗诏、太后懿旨和世宗登基诏等名义，针对正德朝出现的一系列弊病，进行了积极的变革。其主要内容有：一，革除皇店；二，各入卫京师边兵，俱遣还归镇；三，豹房番僧及少林僧、教坊乐人、南京快马船等非常例者，一切罢遣；四，释放南京逮系诸囚，放遣四方进献女子；五，停止京师不急工务；六，收宣府行宫金宝归诸内府；七，将诱导明武宗四处嬉游的幸臣边将江彬、神周（陕西都指挥使）、李琮（万全都指挥使）等逮捕、下诏狱；八，裁减锦衣卫、内监局镇校工役和漕粮。这些改革深孚众望，一时中外相庆。杨廷和也声望日隆，达到政治生涯的顶峰。

嘉靖三年（1524），"大礼议"之争暂告一段落，世宗在稳固了自己的地位后，宣布把主要精力转移到革新政令上来，他说："凡旧章未复，弊政未除，人才未用，民生未安，边备未饬，军储未充，一切有裨于政理、利于军民者，其一一条具奏闻，朕将举而行之。"[①]在张璁、桂萼等"礼仪新

---

①　《明世宗实录》卷43。

贵"的辅佐下，年轻的明世宗采取了一系列大胆而务实的变革措施。世宗的革新是在多重背景下展开的，大的社会背景是天顺、成化以来社会关系的日益紧张，许多矛盾必须正视；小的背景则是新朝新君，以藩王入位的嘉靖和以礼仪新贵身份担纲的朝臣们颇有"新官上任三把火"的作风。当然，还有一点，大礼议之后，"一朝天子一朝臣"，朝野政局确有调整之必要。与老臣不同的是，他们大多能廉洁自律，不党附，并有一定的开拓和进取意识。上述诸背景，客观上促进了嘉靖初年的政治风气为之一新。

第一，扩大内阁事权。

明代内阁制历经永乐朝建立、仁宣时地位渐高后，票拟制度化之后，内阁作为最高的辅政机构地位得以确立。其间，由于成化、正德皇帝宠信宦官，内阁的权力一度被压制。正德死后出现的皇位短暂空缺，给杨廷和等文臣机会，阁权一度总揽朝政。杨廷和入阁期间，形成了"新都巍然，三辅鼎承"①的格局，杨廷和作为实际上的第一位首辅，把明代内阁制度推向了新的发展阶段，即"首辅专政"阁权纷争时期。②

杨廷和被迫辞职后，支持世宗的一批礼仪新贵登上政治舞台，他们在作为中央咨询和决策中扮演重要角色的内阁中发挥了重要作用。礼仪新贵的代表人张璁，累官翰林学士、詹事、兵部右侍郎署都察院事、内阁大学士；桂萼累官翰林学士、詹事、礼部右侍郎、礼部尚书、吏部尚书、内阁大学士；方献夫累官翰林学士、少詹事署大理寺事、礼部右侍郎、礼部尚书、内阁大学士。张璁、桂萼入阁预机务后，品级大多还比较低，朝班仍立于兵部尚书李承勋之下。明世宗又加张璁为少保兼太子太保，桂萼为太子太保，二人俱为从一品，班列李承勋之上，以压制众臣。他还应张璁之请求，颁赐给他们银章，"有事密封奏闻"③。与此同时，他为清除翰林院积弊，将在任翰林官员外放，整顿庶吉士，并撤去在内阁专典诰敕的翰林学士，以防泄露机密。阁权借助皇权迅速在中央辅政体制中占有主导地位。

明世宗扩大内阁事权，提高内阁地位，旨在加强专制皇权，排挤、打压不肯服从自己的"奸党"，但这恰好为日后张居正当权主政后进行改革创造

---

① 王世贞：《嘉靖以来首辅传·序》。
② 参见杨国桢、陈支平：《中国历史·明史》，人民出版社2006年版，第155页。
③ 《明世宗实录》卷81。

了条件。嘉靖、隆庆和万历前期的阁臣地位最为突出，与嘉靖初年提拔礼仪新贵和扩大内阁事权有密切的关系。

第二，整顿都察院。促使明代监察制度问题的暴露并加以改进的，是在大礼议时，一批言官依附于杨廷和。实际上，自明中期以来，监察机构常依附宦官等势力，或承风希旨，不能起到对百官真正的监察作用。张璁对言官之弊有自己的认识，他说："祖宗言官之设，为天子耳目。迄今率甘为权臣鹰犬，甚可耻也。"①他在署理都察院后，厉行整饬，疏请处理失职的监察官员，补充廉明果敢的人。他疏请申饬"三法司"（刑部、大理寺和都察院）的堂上官严督部属，"朝散之后，即便齐入衙办事"。并加强对十三道监察御史的工作检查，规定视章奏所涉及事情的繁简，分为三日、五日、十日三种程限，必须按时处理完毕；办事拖沓者，"轻则量行戒谕，重则参送别用"②，要求监察人员和系统内增加自查和互查制度，推行科道官互纠之法，以提高监察实效。

第三，革除镇守中官。宦官出任镇守，明初就已出现，宣德时已普遍设置且已制度化，其干预军政事务之弊到明中期愈发突出，正德时宦官镇守之泛滥，严重扰乱了社会秩序，加深了明王朝的政治危机，已为时人痛恨。世宗由外藩入继大统，先后在杨廷和、张璁等人的主持之下，逐步对镇守中官全面革除。

嘉靖时革除镇守中官是通过以下几种方式进行的：一是在总体上打击和削弱宦官势力。正德十六年（1521）四月明世宗即位，六月，裁汰锦衣卫冗校三万余人。七月，又裁京卫各厂局旗校十四万余人。同时裁革南京内府各监局官。嘉靖八年（1529）五月，裁汰御马监勇士三千四百余人，又禁止内侍子弟授锦衣卫官、追夺内侍家人所得爵位、收夺中官庄田。从政治和经济上削弱了宦官势力。二是裁削镇守中官在正德时所获得的特权，恢复"旧制"。正德十六年五月，除凤阳、密云守备太监符帜，凤阳守备的职权，仅限于管理皇陵皇城和监管犯事的"高墙庶人"；密云分守中官仍须听蓟州总兵、巡抚节制。嘉靖七年八月，重申镇守中官不得受军民词讼的禁令，并将正德时加入镇守中官敕内的职责全部收回。三是严惩镇守中官之罪。从正德

---

① 《明世宗实录》卷40。

② 张璁：《张文忠台集》卷3《催取风宪官员》。

十六年四月至嘉靖十年，因罪罢免的镇守中官有辽东于喜、王纯，河南董文，贵州王闰，开原刘岑，潼关黄玉，山西周缙，陕西张绅，四川萧通等十多人，一般是罢而不补。四是陆续革除各地镇守中官。正德十六年，首先撤山海关内臣及云南金齿腾冲卫分守太监；嘉靖八年，裁守备、监枪等内臣，将其职责并入镇守太监。嘉靖九年和十年，先后将剩余的云南、苏州、浙江、江西、湖南、福建、独石、万全、永宁等镇守中官革除。至此，除南京、凤阳等守备太监保留外，所有边镇、内地的镇守中官均被革除，只留有黄花镇一处，于嘉靖四十年革去。①

镇守中官之设，最初的意图可能是为了加强皇权对地方军权的控制，但中官的胡作非为，对军事职责的发挥和地方社会产生的危害也是显而易见的。客观地说，革除镇守中官是明智之举。

第四，裁革冗滥。冗滥是指官僚群体的过多、过滥的现象。官冗则人浮于事，官滥则费用虚增，裁汰冗滥有利于节约支出，提高效率。

冗滥之职官，实际是统治者阶层中的既得利益者，历代王朝中期以后均会出现不同规模或不同程度的食利阶层，明朝的天顺、成化、正德年间，冒滥、传奉之类的官员大幅度增加，成为社会进步的阻碍力量。嘉靖初年，世宗曾下大力气整饬冗滥现象。在他签署的即位诏的八十余项弊病中，涉及的各类冗滥现象就有26种。嘉靖初年，中央采取了一系列措施，将冒功、冒籍、冒名等冒滥之职，以及传升、乞升之类尽行裁革，越制改升者降回原职，厂卫或中官滥升授派者，撤回闲住等等。

嘉靖年间还对日益膨胀的外戚群体和宗藩势力加以整治，革除了外戚世封，裁减了宗室禄米等。外戚是皇后势力的寄生群体，是皇权政治的伴生物，他们时而干扰政事，时而扰乱经济秩序，对社会产生了一定的危害。像宪宗之母周太后家族、宪宗王皇后家族、孝宗张皇后家族（她的两个弟弟张鹤龄和张延龄尤其恶劣）都做了不少伤天害理的坏事。嘉靖八年（1529）时，经群臣奏议，世宗做出了裁抑外戚势力的决议。

明太祖推行的分封制以厚禄为显著特征，导致宗藩人口增速颇快，成为当时社会最大的食利阶层，成为社会的累赘。嘉靖八年时，玉牒所载的宗室人口已达8203人，比百年前增加六倍。嘉靖三十二年（1553）时已达17661

---

① 参见方志远：《明代的镇守中官制度》，载《文史》第40辑，中华书局1994年版。

人。嘉靖年间，仅河南地区就有亲王5人，郡王80人，将军、中尉、郡主、县主、县君等共1890人，为全国之最。宗室人口无节制的膨胀，带来的社会问题也越来越突出，世宗提出了裁减宗室冗食的新思路，即减少对宗室藩亲分封的人数，同时实行钞粮兼支的方法，减轻负担。为解决宗室的生计问题，允许宗亲自谋生路，包括经商、科举等，这既有迫不得已的因素，也反映了现实的要求。

诚如前言，嘉靖初年的"革新"，主要是新君新臣出于巩固新立政治地位之目的，虽然不乏礼议新贵们除旧布新的政治理想，然而，明世宗的统治地位稳固后，他的革新劲头就越来越小了，支持臣下改革的力度和热情均大为降低，加之政治改革主要是为打破旧的利益分配模式，必然受到既得利益者顽强抵制，当嘉靖君臣自己也成为既得利益者时，政治革新的气象也就逐渐消失了。嘉靖中期的世宗爱方术，宠信方士，追求长生不老，荒怠了政事；他好祥瑞，爱虚荣，让长于"青词"、善于恭维的严嵩等人窃取大权，使稍见好转的政局滑向更为深重的境地。

2. 嘉靖中期的经济改革

嘉靖十年（1531）以后，政治改革趋于平淡，政风也有所好转。相反，嘉靖时期的经济改革最初并不是来自于中央最高层的统一决策，而是来自地方实践。中央和地方的部分官员为了解决严重的财政问题，进行了种种改革的尝试和努力。

嘉靖初年，明代中央和地方的经济形势十分严峻，国家财政中央表现为入不敷出，地方则表现为沉重的负担和赋役的不公平，宗藩俸禄、官俸和军费等经费运转都遇到不同程度的困难。财政支出增长最快的是军费。明初，"卫所自给以当军"，到明中期由于屯田制度的破坏和军事防御策略的调整，军费更多的要靠中央和地方财政来解决。嘉靖前中期，明朝与蒙古部的关系日趋紧张，北边防御体制发生了很大的变化。尤其是在嘉靖二十九年（1550）"庚戌之变"后，中央调取大量边镇军兵入戍蓟镇，并大量募兵，导致军费大幅度增加。嘉靖三十年时，"自诸边年例二百八十万外，新增二百四十五万有奇，修边赈济诸役又八百余万"[1]。普通百姓因赋役猛增而怨声载道，广大军兵因粮饷拖欠而叫苦不迭，改革中央和地方财政与税收体

---

① 《明史·孙应奎传》。

制变得更为迫切，以赋役改革为核心的经济改革势在必行。

早在嘉靖九年（1530），吏部尚书、武英殿大学士、曾经有过三任知县经历的桂萼提出了包括"清图""清籍""攒造""军匠开户""新增田地""寺观田土"和"编审徭役"等七项经济改革方案。① 编审徭役的改革方案包括实行"量地计丁"和"一体出银"。次年三月，御史傅汉臣将它归纳为"一条鞭法"，并主张在全国推行②，但未见诸实施。此后一段时间，在经济发展水平较高的江南地区，一些开明地方官面对赋役苛重、负担不均的严重问题，率先在自己的辖区进行经济改革的试验。

嘉靖十六年（1537），应天巡抚欧阳铎鉴于苏松地区严重的税负不均，试行"征一法"，即"总征银米之凡而计亩均输之"③，并对均平差役提出了许多设想。

嘉靖四十年（1561），广东巡按御史潘季驯试行"均平里甲法"，改革力役制度，"先计州县之冲僻，以为用之繁简，令民各随丁力输银于官，每遇供应过客一切公费，官为发银"。此法深得民心，经朝廷批准，在广东全省实行。④

嘉靖四十年至隆庆初年，浙江巡按御史庞尚鹏多次试行赋役改革，他先是实行"十段锦法"，然后又推行"一条鞭法"，其意均在公平税负、简化税制，杜绝经手胥吏营私舞弊。此外，他在广东、福建也倡导"一条鞭法"，以期解决困扰官民的赋役烦琐与不公平问题。

改革赋役制度渐渐成为各地官民的强烈意愿，赋役改革步伐越行越急。据梁方仲的统计，"一条鞭法"的赋役改革，嘉靖一朝有36条，而隆庆朝短短的六年时间就有55条之多。⑤ 其中最为著名的有应天巡抚海瑞，他倡导节约、打击豪强、抑制兼并，"力行清丈，颁一条鞭法"⑥。海瑞不仅自己生活俭朴，还严禁其他官员公款吃喝，反对民间奢侈浮华之风。做淳安县知县时，海瑞就颁布了著名的《禁馈送告示》和《兴革条例》，严格规定：官

---

① 《明世宗实录》卷118。
② 《明世宗实录》卷123。
③ 《明史·食货志一》。
④ 《明世宗实录》卷492。
⑤ 参见梁方仲：《明代一条鞭法年表（初稿）》，《岭南学报》1952年第1期。
⑥ 《明史·海瑞传》。

吏调转，不许迎送；下级参谒上级，不许送礼；不许各级官员向农民吃拿卡要；不许向上级派来的检查人员馈送财物；等等。在担任应天巡抚期间，海瑞下令，境内公文一律使用廉价纸张；公文后面不许留有空白，以免浪费。他甚至干预官民的私生活，就连佩戴奢华的首饰，食用甜美的零食，也在禁止之列。

这一时期的经济改革，除赋役制度外，还有对严重扰民的驿递制度的改革。嘉靖十四年（1535），先有戴璟在广东首尝改革之法，嘉靖三十四年（1555）海瑞在江西南平和兴国、嘉靖三十五年胡松在陕西等地也进行了一系列改革。这些改革的基本原则都是以钱代役，以雇役代替差役，以适应商品经济不断发展的需要。在这些地方改革的基础上，嘉靖三十七年（1558），明世宗下令由兵部主持驿递制度的改革。至万历初年，张居正改革时，又把驿递制度整顿推向了高潮。

嘉隆年间的总体政治形势是不断恶化的，故经济改革虽然呼声很高，效果却差强人意。首先，自嘉靖十八年（1539）起，明世宗迷恋仙道求长生，竟然让四岁的太子监国，自己深居宫中潜心修炼，消极怠政长达数十年之久，嘉靖初年革新政令的势头因而急转直下。严嵩"无他才略，惟一意媚上，窃取罔利"[1]，很快夺得首辅之位。他与儿子严世蕃把持朝纲，打击异己，贪污受贿，卖官鬻爵，变乱成法，败坏政治，扰乱了经济秩序和边地防务等，对嘉靖后期朝政和社会造成极其恶劣的影响。继位的明穆宗也不是一位勤于政事的帝王，采办、游玩和挥霍是他的兴趣所在，吏治并没有明显的好转。

其次，"庚戌之变"让明代中央财政体制发生巨大的变化，"增兵设戍，饷额过倍"，但税收形势却在每况愈下。土地兼并严重而赋役制度又没有理顺，财政收入下降明显，支出却与日俱增，财政状况必然恶化。嘉靖后期及隆庆一朝，皇室消费大幅增长，土木工程接二连三；文官队伍不断膨胀，武官队伍冗滥不堪。户部官员因而接连发出"府库久虚"的呼声。隆庆元年（1567），户部尚书马森在清查内库太仓银情况时就说："太仓见存银一百三十万四千六百五十二两。岁支官俸银该一百三十五万有奇，边饷二百三十六万有奇，补发年例一百八十二万有奇，通计所出须得银

---

① 《明史·严嵩传》。

明潘季驯《河防一览》（局部）

潘季驯及其治河：潘季驯（1521—1595），浙江乌程人，嘉靖二十九年进士，三十八年任广东巡按，致力行政和赋税改革，政绩突出。潘季驯生活和工作地方大都在江南水乡，又四任总理河道，于是他留心总结治河理论和施工技术，著成《河防一览》等多部作品。

五百五十三万有奇。以今数抵算，仅足三月。"①欲扭转明王朝经济的颓废，必须进行更大力度、更为全面的改革。

3. 张居正的全面改革

在张居正当国时期，他把明代中期以来的社会变革全面推向高潮，并不是说所有的措施都是他发明和首次使用的，而是在这场改革运动中，主要凭借的是他的领导、组织和执行，产生了明显的效果和持续的影响。

张居正，字叔大，号太岳，湖广江陵（今湖北荆州）人，嘉靖四年（1525）生人。16岁中举，26岁考中进士。嘉靖三十九年（1560），张居正以他的干练与才识被请到裕王府做老师，裕王就是后来的隆庆皇帝。隆庆元年（1567），张居正入内阁辅政，受到格外器重，才干也得以发挥。初入内阁，张居正性格沉稳，不偏不倚，其他辅臣对其大加赞赏。隆庆四年，精明能干的高拱跃居首辅，张居正位居其次。两人最初的配合尚算默契，并联手推动各项改革，后来，两人的矛盾越来越大。隆庆六年，明穆宗死，张居正联合太监冯保和万历皇帝的母亲李太后，驱逐高拱，成为内阁首辅。万历初年，明神宗年幼，阁事由他主持。张居正被称为"明朝第一宰相"，原因有二：一是他屹立于大明帝国的权力之巅，左右大明政局达十年之久；二是他

---

① 《明穆宗实录》卷15。

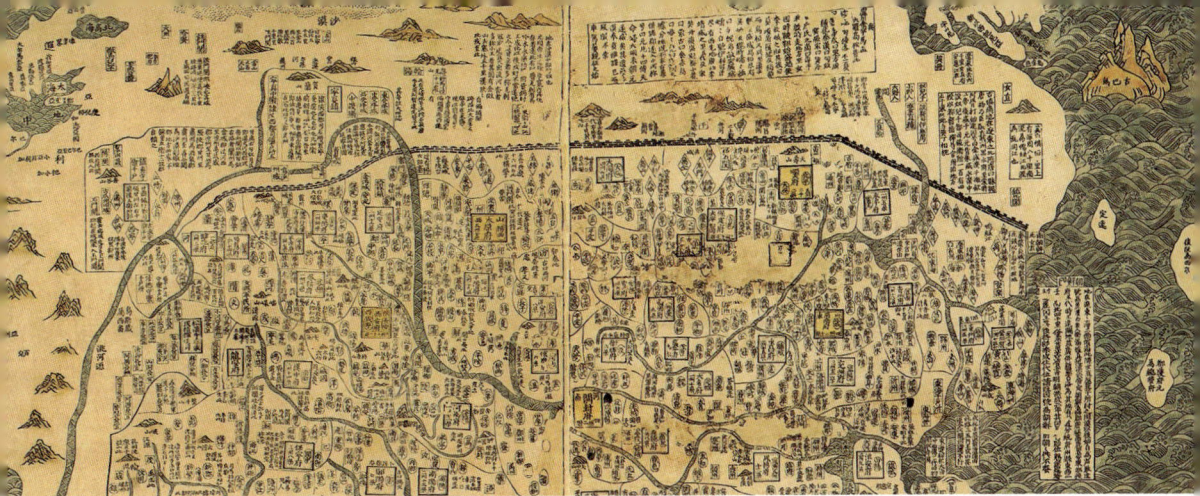

《大明九边万国人迹路程全图》（局部）

明代的九边重镇经过嘉靖后期的集中建设，在张居正主政时期的隆庆、万历初年规制已详备，又因"隆庆议和"的达成，再经戚继光增修和完善长城，强化训练精兵，巩固防御体系，这一时期在明朝九边出现了少有的安定与和平的局面。

主持了全方位而又卓有成效的改革，带来了大明帝国的全面复兴。

张居正的变革运动，是针对明中期以来愈演愈烈的社会矛盾而开展的自救运动，是嘉靖、隆庆以来社会变革的继续。由于社会改革的各项条件已大体具备，改革措施基本得到贯彻落实，因此产生了积极的成效。

（1）军事改革先行，营造良好的改革环境

张居正的改革思想和实践，在隆庆朝时就已经逐步展开。他与他的两位前任首辅徐阶和高拱密切配合，开始试行改革。其中，尤以军事改革最具成效。

隆庆元年（1567），刚过不惑之年的张居正进入内阁，开始参与最高统治阶层的决策。次年，张居正上《陈六事疏》，指出当时需要迫切解决的六大问题：即省议论、振纪纲、重诏令、核名实、固邦本、饬武备等。奏疏比较详细地论述嘉隆之际国内的形势及其解决方案，是他全面改革思想的基本思路。[1]整饬武备、改革军事，是其中的一项重要内容。他提出，军事改革应以核实功罪、严明赏罚为重点，以整肃军伍为突破，以加强训练、提高战斗力为目的。在北部边境，大量招募"客兵"，让他们在京畿地区屯田驻守，加固长城、广建敌台、设防固险，以积极有效的防御代替原来一味收缩的做法。

张居正鉴于当时重文轻武、以文驭武的弊病，破格提拔一批军事将领，

---

① 　《张太岳集》卷36《陈六事疏》。

如谭纶、戚继光、王崇古、方逢时和李成梁等人，给他们更多的实权。这些武官也全力支持张居正在各个领域的改革。如隆庆六年（1572），谭纶出任兵部尚书后，在军队中率先实行考成法，得到众武将的拥护，这为他此后的全面变革开辟了道路。

他还和高拱等大臣联手促成了"隆庆和议"的达成，结束与蒙古部长期对峙的局面，迎来边疆稳定的良好时期。边疆局势的稳定，为万历初年的社会改革创造了条件。

（2）创立考成法，推行全面的政治改革

张居正改革，首重吏治。他认为，各级官员长期因循旧事，纲纪废弛，臃肿腐败，因此需要重典治吏。他的政治改革又以考成法为核心。考成法意在加强对官员的考核，整饬吏伍、裁汰冗员、肃清吏治、严明法纪，从而达到提高行政效率的目的。

万历元年（1573）十一月，张居正提出考成法，规定：六部和都察院把所属官员应办的事情定立期限，并分别登记在三本账簿上，一本由六部和都察院留作底册，另一本送六科，最后一本呈内阁。立限考成的三本账，对从中央到地方的各级官吏是一个严格的约束，意在改革官场上长期形成的因循拖沓之风。同年十二月，兵部尚书谭纶率先垂范，清理该部当年未完事件，订立完成期限，并编写清册二本，呈送兵科和内阁，以备稽查和注销。随后，各部陆续推行此法。

考成之法贵在"考"。考核的程序是以部院考察抚按、以六科监督部院、以内阁督察六科，所以内阁就总揽了行政责任和监察责任，内阁首辅掌控官员的命运。考核的目的，是整顿吏治，裁汰冗员，提高行政效率，以推行各项改革措施。此举损害了不少官员的既得利益，引起了朝中众官员的强烈不满，他们向张居正施加压力，寻机滋事。张居正和冯保指使东厂特务放火烧死了二十余名官员，并借"京察"之际，对四品以上官员实行考核，昏

（现藏陕西历史博物馆）
《万历九年清丈量土地文册》

官与庸官一律裁汰；对违法乱纪的官员，他严惩不贷。冯保的侄子殴打平民百姓，张居正果断将他革职。远在云南的黔国公沐朝弼自以为天高皇帝远，屡次犯法，张居正派人飞马前去捆绑沐朝弼，将他押解幽禁在南京。一时间，官员抖擞精神，不敢懈怠偷懒。

张居正对考成法的推行和效果比较满意，认为各项改革措施的顺利落实，"皆以考成法行"，他说："考成一事，行之数年，自可不加赋而上用足。"①明人对考成法及其在全国改革中的作用评价也非常高，史学家谈迁说："江陵立考成法，以为制治之本。向者因循玩愒，至是始中外淬砺，莫敢有偷心焉。"②清人评价说，考成法之后，"一切不敢饰非，政体为肃"，"虽万里外，朝下而夕奉行"③。

张居正借考成法，裁汰冗员，精简机构。据张海瀛在《张居正改革与山西万历清丈研究》中统计，仅万历八年至九年一年时间内，就裁官595员，仅兵部一次就裁官165员。张居正当国期间"汰冗员什二三"，可见其力度之大。正是由于考成法的推行，内阁有足够的能力控制整个权力机关的运行，才保证了裁汰冗官、清理驿递、核实田亩、整顿赋税等重大措施的推行。

（3）推行"一条鞭法"，为天下理财

"一条鞭法"的理论与实践早在嘉靖初年就已提出，但能够在全国普遍推行并最终成为此后一项重要的国家财政制度，功在张居正。为保障"一条鞭法"的顺利推行，张居正做了一系列的准备工作和配套改革。

首先是节流开源，核定收入和支出规模。"节流"就是减汰冗官、冗费，削减不必要的开支。厉行节约、反对浪费是经济改革的前提。他要求万历皇帝和李太后带头节俭。"开源"意在增加财政收入。张居正本着"不加赋而上用足"的原则，严厉催征田赋和清理逋欠，他将清欠的结果与官员考核结合起来，着力解决赋役征解中的不合理现象，制止逃避赋役，抑制非法兼并。

隆庆六年（1572）底，春节即将来临，这是孩童期待已久的喜庆节日，但神宗还是采纳张居正的建议，为了表示对明穆宗新丧的哀悼，同时也为了

---

① 《张太岳集》卷27《答山东抚按李渐庵言吏治河漕》。
② 《国榷》卷68，万历元年六月。
③ 《明史·张居正传》。

节约开支，下令取消了春节时宫中的宴请和元宵节的灯火庆典。万历二年（1574）时，因慈圣太后是个虔诚的佛教徒，她想搞些捐资助建、减轻刑罚的举措，来表达自己的慈悲胸怀。张居正却认为，捐资不宜过重、量刑当以国家法律规定为标准，不可因个人好恶而随意变更。朱翊钧与张居正站在一边，劝说母亲打消自己的念头。万历五年（1577），万历皇帝决定重修慈庆、慈宁二宫，并已下达圣旨，张居正劝阻说，"治国之道，节用为先；耗财之原，工作为大……臣等恭诣阅视，巍崇彩绚，无异天宫。今未逾三年，壮丽如故。乃欲坏其已成更加藻饰，是岂规制未备乎？抑亦敝坏所当新乎？此事之可已者也。"神宗听从他的建议，太后亦下令停止了修建计划。①

其次是清丈地亩。土地是传统国家赖以存在的经济基础，清丈土地、摸清家底、定粮定税是国家稳定和发展的必要条件。明朝财政困难由来已久，在嘉靖朝时就有官员采取一些变革的措施。张居正为解决财政困难，主张量入为出、节缩开支、不忘增收。万历五年，张居正提出清丈建议。当年十一月，在福建先行清丈，此后，在全国陆续展开。万历八年十一月颁布八条《清丈条例》，对前期清丈存在的问题进行总结，明确规定了清丈的政策性和技术性要求，严格而明确。由于清丈的范围广、规模大、情况复杂，绝非一两年可以完成。直到万历十一年（1583），各布政使和都司卫所的田亩才基本清理完毕。此次清丈，查出大量欺隐田土，新增地亩1828542.73顷，约占万历六年全国地亩总额田7013976顷的26%②。到万历三十年（1602），官民田土面积达到历史上的最高水平，有1161余万顷之巨③。

需要说明的是，在清丈过程中也出现了一些偏差与失误，如有些地方官为追求溢额，将大亩改为小亩，借以取悦张居正，这成为反对改革者大肆渲染的内容。此外，现存的《万历会计录》并不是张居正主持清丈土地的最终成果，它实际是隆庆六年（1572）七月时，由户部尚书王国光与侍郎李幼滋等辑录，至万历四年（1576）二月二十六日初成。至万历六年（1578）七月，再由时任户部尚书张学颜遵神宗谕旨，会同相关官员再历时二年编修成

---

① 《明神宗实录》卷62。

② 张海瀛：《张居正改革与山西万历清丈研究》，山西人民出版社1993年版，第130页。

③ 《明神宗实录》卷379。

帙，由部臣缮写，并最终于万历九年四月二十日进呈刊布。当时，张居正的清丈工作才刚刚开始不久。现存的《山西丈地简明文册》才是万历时期山西地区清丈的总记录，可惜大部分省份的文册已不传世。

张居正清丈土地之功是不可否认的，它是继洪武二十四年（1391）全国范围内清查耕地后又一次认真、仔细而全面的摸清家底的举措，一大批隐匿的土地被清查出来，有助于政府控制税源，增加财政收入。

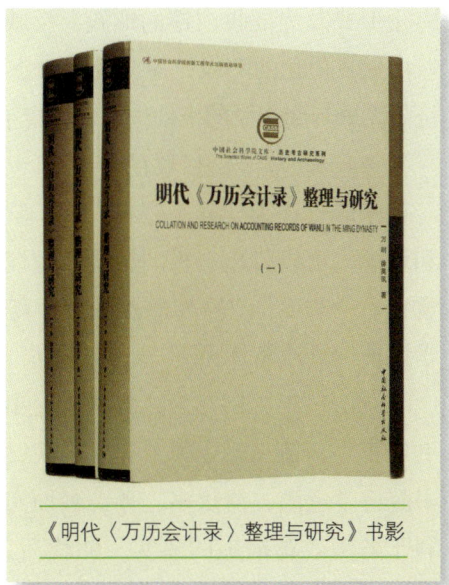

《明代〈万历会计录〉整理与研究》书影

再次，在全国推行一条鞭之法。清丈土地的同时，万历九年（1581），在全国推行了"一条鞭法"，其具体做法是"通计一省丁粮，均派一省徭役，于是均徭里甲与两税为一。"①

简化税制、公平税负是"一条鞭法"的基本原则。自嘉靖初年始，条鞭之法在不同的地区、以不同的形式试行，直到张居正改革时才得以在全国普遍推行，反映了这项政策实施的艰难程度和推行的客观需要。此法意在将一部分赋役计入田亩，合并诸项杂役，条编征收，计亩征银。这次赋税改革，对增加国家财政收入、抑制豪强、发展商品经济和消除社会矛盾都有积极的意义。原本空虚的国库，收入不断增加，以户部所辖的太仓收入的白银为例，从嘉靖、隆庆年间每年的二百万两左右，增加到万历前期的三四百万两。张居正清丈田亩和推行"一条鞭法"卓有成效，帮助明廷暂时度过了财政危机。万历十年（1582），"府库充溢"，"太仓粟可支十年，囧寺积金四百余万"，成为正德以来国家财政最好的时期。②

"一条鞭法"有利于消除征税中的不合理现象；赋役征解由民办改为官办，简化了手续，减少了地方官吏渔猎百姓的行为；赋税由原来征收实物和

---

① 《明史·食货二》。
② 《明史纪事本末·江陵柄政》。

力役形式改为征收白银的形式，反映了商品货币经济发展的客观要求，标志着白银货币化的完成；简化税制、公平税负、摊丁入亩等基本原则，对社会经济的发展起到积极的推动作用，确定了此后中国税制改革的基本方向和目标。

（4）改革学校和教育

张居正认为"养士之本，在于学校"，通过整顿学校的教育、教学风气和理念，可以打造一种"务实黜虚"的良好学风，为"尊主权、课吏职、信赏罚、一号令"①的改革创造一种良性发展的外部环境。所以，端正士风和学风被纳入改革体系。

万历三年（1575），张居正提出整顿学政、振兴人才的具体措施。万历七年正月，他又下令毁禁天下书院，反对空浮学风，倡导实学。长期以来，书院讲学泛滥，清议多，务虚名而实效甚少，无助于社会问题的解决，也不利于各项改革措施的落实。明代后期，务实之风大盛，固然与关注现实等社会环境有很大的关系，也不能排除张居正的倡导之功。当然，必须指出的是，张居正采取禁绝书院讲学的方法推行文化专制，招致许多官员和士人的强烈反对，也是张居正改革失败的原因之一。

4. 革新的中止

张居正的改革是在万历皇帝支持下展开的，他的"威猛""重刑""果敢"的改革手段也是通过皇权才能发挥作用。变革，总是要触及一批官宦的政治利益与经济利益；加之张居正用刑过严、操之过急，故"新政"招致"守旧"大臣的强烈不满。万历皇帝与张居正同心协力推动各项改革措施的落实，目标明确，态度坚决，他们对上疏抨击新政者严厉罚处，如将余懋学（时任南京户科给事中）革职为民、傅应祯（时任御史）充军、刘台（时任辽东巡抚）下锦衣卫狱等，遏制了反对者的气焰，保证了改革措施的顺利进行。

万历五年（1577）九月，正当全面革新进入关键时期，张居正的父亲因病去世，按照古代的制度，官员的父母去世，官员必须去职回家守丧，称为"丁忧"，三年（实际是27个月）守丧期满后再回原职任，称为"起复"。这时万历朝初期的改革刚刚有所起色，朱翊钧感深"国不可一日无张先生"，不愿让张居正丁忧回家，张居正也感到自己的宏伟蓝图尚未实现，希望能留下来。按祖制，此时，皇帝可以下诏书，不批准官员回家守丧，即

---

① 《明史·张居正传》。

张居正墓园（荆州）

剥夺官员的守丧之"孝"情，让他尽"忠君"之职为朝廷服务，称为"夺情"。朱翊钧就按惯例，诏令张居正"夺情"，张居正半推半就，演了一出"在官守制"的故事。朱翊钧和张居正的这一举动引起了许多大臣的强烈不满，这些人大部分是新法中的受打击者，也不乏传统礼制的坚定拥护者，他们批评张居正贪恋权位，不忠不孝，强烈要求他去职守丧。朱翊钧的态度异常坚决，采用果断的手段，甚至令人恐怖的措施，打击那些以伦理纲常的反对者。如翰林院编修吴中行被痛打六十杖，当场昏死过去，后来经过紧急抢救才苏醒过来。邹元标被行杖刑八十下，发配贵州都匀卫充军。在这场"夺情"风波中，朱翊钧以义无反顾的态度，保证了革新政令继续贯彻落实。

然而，明王朝的革新措施却随着张居正的去世迅速转向，这肯定是张居正生前所没有想到的。万历十年（1582）六月，时任太师兼太了太师、吏部尚书、大学士、内阁首辅的张居正病逝。朱翊钧深感震惊，他下令举行国葬，辍朝一日，派司礼监太监张诚治丧，谥"文忠"，赠上柱国衔，归葬其家乡江陵。但此后不久，朱翊钧就着手对张居正的清算。这场清算是从清算冯保开始的。冯保一倒，与之关系甚密的张居正也受到一些人的批评，进而逐步演化成为一场清算风潮。

万历十一年（1583）三月，朱翊钧下令剥夺张居正生前的一切政治荣誉；次年四年，又有大臣揭发张居正侵占辽王府财产，万历皇帝借此查抄了张府家产。抄家由刑部侍郎丘橓主持。丘橓，山东寿光人，张居正执政时，认为他性格怪异，没有任用他，所以他对张居正心有积怨。抄家期间，丘橓锱铢必究，不惜重刑拷打，张居正三子懋修屈打成招，长子张敬修不堪忍受折磨、自缢而死。张家上下有断肢解体者，有拷毙致死者，有饿死者，惨不忍睹。随着这场清算的步步升级，张居正生前所荐举或重用的官员，大多或废或降调，原来被张居正贬谪的官员官复原职，翩然入朝。万历新政之时的锐气也就渐去渐远了。

张居正被抄家惩处后，内阁大臣中再无法形成相对集中的权力，官员们分成多种政治派别，争斗不已，在明代后期形成了残酷的党派之争。加之此后不久，明神宗长期怠政，过上了穷奢极欲的生活，勤于搜刮，破坏了国家的财源，加重了人民的负担，导致了社会矛盾的激化。官员奏疏多被"留中"，严重挫伤了官员参政、议政和行政的积极性。官位久虚，在职官员的考课升迁时停时行，助长了官场上的因循拖沓之风，也为各级官员贪污纳贿、欺压百姓洞开方便之门。

此时，自嘉靖以后的改革气象荡然无存，政治环境日趋恶劣，社会矛盾加剧，农民起义、市民暴动、军兵哗变、民族矛盾尖锐等问题日渐突出。各种社会矛盾急剧恶化，一发而不可收拾。在大明亡国丧钟清晰可闻的时候，人们愈发怀念那个敢作敢为、魄力非凡的张居正。历史就是这样令人悲啼欢笑。当年诽谤新政的人又何尝料到，日暮途穷时他们竟会梦想追回改革的盛景？当初大骂张居正是禽兽而被廷杖致残的邹元标，拖着一条拐腿，为张居正的昭雪奔走呼号，试图召回失去的新政——无可奈何花落去！

第五章　明朝的民族和外交关系

"北虏"与"南倭"是明朝人眼里的两大"边"患,是明朝人最重要的"对外"关系。"北虏"是指与明中央敌对的北方蒙古部,"南倭"是指在明代漫长海岸线制造麻烦的日本海盗。虽然"两患"的性质全然不同,但都极大地影响了明朝的内政外交,同属于明朝的民族和外交关系问题。嘉靖末和隆庆初年,"北虏"与"南倭"之祸才相继解除。明朝的对外关系,不仅有"忧患",还有很多值得骄傲和自豪的事件,比如郑和下西洋、耶稣会士来华等。万明在《明代中外关系史论稿·自序》中认为,从世界文明发展进程角度看,"明代近300年的历史,处于中国历史乃至世界历史的一个关节点上:从中国自身来看,是中国从古代社会走向近代社会的初始阶段;从世界来看,也是世界自古代走向近代的初始阶段"。明时期,传统中国在新的世界一体化格局构建过程中,有冲突,更多的是交流。

第一节　明代的民族关系

　　明朝的疆域到底有多大?著名历史地理学家谭其骧先生主编的《中国历史地图集》第七册和台湾地区学者柏杨先生给出了截然不同的观点。柏杨认为,"中国版图到明王朝的时候,跟纪元前二世纪秦王朝大小一样,比现在的版图,要小一半",而谭其骧主持绘制的明代版图比现在的中国版图还要大许多。对明帝国版图理解存在如此巨大的差异,顾诚先生的判断是,"对明帝国的版图表达得比较准确的是谭其骧先生","谭先生和他的合作者"具有"高超学术水平"。顾先生的解释是,柏杨先生所理解的明代的版图只是十三布政司和南北两直隶的管辖领域,而谭其骧先生还注意到了久被人忽视的另一大部分版图,即由都司卫所管辖的大面积边疆地区和在内卫所土地。① 换言之，明代的"天下"是由行政管理系统和都司卫所系统两大部分组成的，这种管理体制与朱元璋治国理念中的"定天下于一"的思想有很大的关系。

"大一统"思想在中国出现很早。西周初年实行分封制，封建诸侯。至春秋战国时，周室衰微，诸侯林立，但至战国诸子时代，思想家纷纷倡导"大一统"之说。此后，大一统思想便成为历代王朝处理中央与边地关系的基本指导思想。明朝"定天下于一"的民族观，在明前期体现在对统一天下的追求与渴望，希望"华夷一家"，共享天下太平之福。所以，明王朝针对广大的边疆民族聚居地区的政治、经济发展不平衡的特点，分别采取不同的管理制度，"怀之以恩""因俗而治"。

"怀之以恩"。明太祖说："蛮夷之人……若抚之以安静，待之以诚意，谕之以道理，彼岂有不从化哉？此所谓以不治治之，何事以兵也！"② 他多次重申优待归附故元官军人员的政策。明成祖也反对"穷兵黩武以事夷狄"的做法，主张对四夷要"怀之以恩，待之以礼"③。明初在统一全国的过程中，对北元和其他少数民族用兵之前，一般都在反复遣使招谕，谕之以理，晓之以义，争取实现和平统一。只有在招抚失败后，才临之以兵。在明政府政策的感召和实际安置工作的影响下，大批蒙古官员和其他少数民族首领携家带口向明廷归附。一大批北方少数民族或迫于明朝统治者的压力，或迫于生存，或仰慕汉民族先进文化进入中原，他们基本上被安置于各地卫所里，"以少壮者隶各卫为军，俾之屯守；老弱隶北平为民，从之"，构成明代人口迁徙与民族融合的显著特点。明朝时"内附"的少数民族主要有女真、鞑靼、兀良哈、瓦剌、哈密、沙州、西番、扯儿禅、车儿禅、土鲁番、赤斤蒙古、撒里畏吾儿、别失八里、回回钦察、番国等。

"怀之以恩"对于边地少数民族而言，主要包括施行恩赐、互市、发展社会经济和文化教育等政策。凡是边疆少数民族地区的僧侣诸王、羁縻卫所长官和土司头目朝觐入贡，明政府都根据"薄来厚往"的原则，给予高出贡

---

① 顾诚：《明帝国的疆土管理体制》，载《隐匿的疆土：卫所制度与明帝国》，光明日报出版社2012年版，第48页。

② 《明太祖宝训》卷5《怀远人》。

③ 《明太宗实录》卷68。

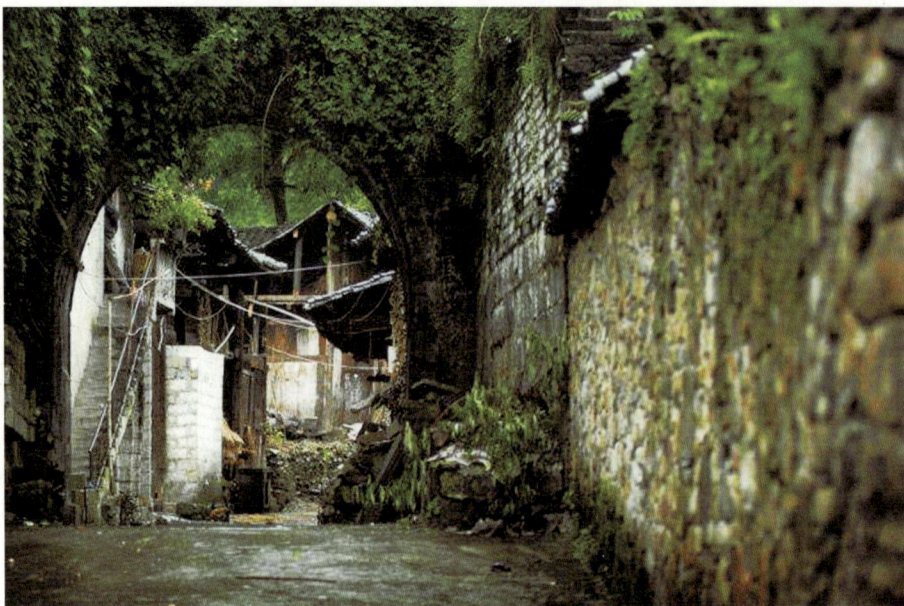

四川甘洛海棠北门（镇西卫属遗址）

物数倍的赏赐。归附明朝的少数民族将领，既有故元皇室后裔，也有贵族勋戚，大量的则是中下级官吏及军士。由于他们身世不同，经历各异、职业有别，明政府采取不同的方式，对他们加以安置，使其各得其所，各尽其能，各务其业。一些元朝故官，归附明廷之后，量授各种职务，而后再根据其表现加官晋爵，有的甚至做到五军都督，不少人也被加封为侯、伯。《明史》有专章记载"达官"吴允诚、孙瑾、薛斌、蒋信、李英等，因在洪武、永乐朝对蒙古的作战屡立战功而加官封爵。①明政府还尽量保证归附的少数民族将士的物质生活。

　　鉴于边地少数民族地区生产方式比较落后，"民未熟化"，明太祖还提出了"严明以驭吏、宽裕以待民"的安抚原则。②所谓"严明以驭吏"，就是慎重选择守边将领或官员，对他们严加约束，令其抚辑百姓，以防滋扰。"宽裕以待民"，就是要体恤民情，减轻边地少数民族的负担。少数民族地区的赋役一般都较轻，且多缴纳当地土产，遇到灾害，逋赋也多下令蠲

①　参见《明史》卷156。
②　《明太祖实录》卷54。

免。明太祖说："蛮俗素与中国异，岂可拘其徭役？能善抚之，久则自然服从。"①明太祖之所以在边地设立卫所而不设行政机构，原因之一是他认为行政官员增加一人，则增加百姓一份负担，而卫所官军自给自足，不会增加百姓的负担。明前期，政治清明，上述政策执行较好。

明初，中央除在紧靠内地、经济发展水平较高的地区，建立府、州、县或都司卫所实行直接统治之外，其他地区则分别实行土司、羁縻卫所或者封贡制度等边地管理方式，通过当地的少数民族首领实行间接的统治，以维护多民族国家的统一。

在西南少数民族地区，明王朝沿袭历代王朝的"以夷治夷"之策，不改变当地原来的统治机构，继承元代的土司制度，在民族地区的卫所参用土人为官，形成卫所土司职官，设置土府、土州、土县，形成文职土官秩列。文武职土司皆划定品级，形成一套完备的土司职衔。在确定土司隶属关系的同时，严格土司的承袭、贡赋、征调、升迁和奖惩制度，土司皆由朝廷颁给诰命、印信和官服，作为朝廷命官之凭信，才允许世袭。其承袭之时，必须履行严格手续，只有一些大土司是由朝廷下诏就地袭职的。此外，在条件具备的地方，实行土流合治。一般在偏远和交通不便的地方，以土官为主，流官为辅；平坝地区和交通要道，则以流官为主，土官为辅。土流合治，以流官监控土官。在西南地区，明朝还在土司周围及其辖区之内设置卫所，驻军屯戍，并从内地迁徙大量汉民，在土司周围垦荒屯田，以加强对土司的监视和牵制。土司一旦发动反抗朝廷的叛乱，明朝立即调兵加以镇压，有时还在事平之后乘机实行改土归流。

在西北和东北少数民族地区，明王朝采取"以不治治夷狄"之策，实行羁縻卫所制度。在招抚当地的少数民族之后，"选其酋及族目授以指挥、千百户、镇抚等职，俾仍旧俗，各统其属，以时朝贡"②，陆续建立一批羁縻卫所。在西北，有嘉峪关外的安定、阿端、赤斤蒙古、哈密等关西七卫；在东北的西辽河一带，有朵颜、福余、泰宁兀良哈三卫，在辽东都司边外有建州、兀者、奴儿干等184卫（万历年间发展到384卫、24所），并建立奴儿干都司。明廷在这些卫所并不派遣官吏，也不驻扎军队，对其内部事务不加

---

① 《明太祖实录》卷195。
② 严从简：《殊域周咨录》卷24《女直》。

干预，让其享受高度的自治权力。但朝廷掌握着卫所官员的任命、升降和承袭的决定权力，或朝贡的次数和规模以及卫所辖地的范围、变动和迁徙的批准权力，就是卫所之间的纠纷，也必须听由朝廷的处理。

在西藏、青海和四川西部藏族聚居的地区，明朝设立乌斯藏、朵甘都司和俺不罗行都司，还有一批宣慰司、宣抚司、元帅府、招讨司、万户府等机构。这些机构，有的属于土司，有的属于羁縻卫所，其官员皆敕封当地的僧俗首领担任，并保留他们之间原有的上下级关系。这些官员皆系世袭，但其品秩和任免升迁，则由朝廷直接掌握，使之服从朝廷的直接管辖。有明一代，藏区一直与明中央保持良好的统属关系。

可以说，虽然明朝在广大边境地区不设置流官管理，也未曾都进行编户齐民，但以都司卫所的形式，仍然可以有效控制这些地区。这些地区的官民百姓，对明王朝也保持着高度的文化认同。这些地区仍然是明帝国版图的一部分。这要归功于朱元璋这位明朝开国之君对国家管理体系的伟大构建和灵活务实的精心设计。[①]

第二节　与蒙古部的民族关系

1. 明中期的敌对状态

"土木之变"后，从正统末年开始，蒙古草原上群雄割据，势力强劲者有机会联络分散的各部首领，部分实现草原各部的号令统一。右翼蒙古是由蒙古大汗直接控制的，原驻牧地在兀良哈三卫迤北的蒙古部落，位于右翼的一些部落，明朝官方称他们为"北虏"。此时，他们先南下，再西进，直到河套地区。

成化十五年（1479），满都鲁汗死，7岁的把秃猛克作为大汗家族唯一继承人被扶立为汗，他被明朝人称为"答言"，清代汉籍译为"达延汗"。答言汗在位长达37年，他击败了西部的瓦剌，并统一了东蒙古一些部落。答言汗一生有11个儿子，他把直属大汗的蒙古各部族落及牧场分封给诸子，部分实现了东蒙古地区的稳定。尽管此后一段时间答言汗统一的东部蒙古各

---

① 参见陈梧桐、彭勇：《明史十讲》，上海古籍出版社2007年版。

部，内部趋于相对稳定，但是蒙古族的游牧经济毕竟较为脆弱，一旦遇到较大的自然灾害，生活便会陷入困境，草原的秩序就会陷入混乱。加上明朝关闭了双方互市，蒙古族人无法用马匹和皮货换取中原的粮食、茶叶、布帛和铁锅等生活必需品，他们越过长城南下侵扰掠夺的次数就逐渐增加。明朝商民私自在边墙以外从事的经济活动逐渐增加，甚至边地守军越过长城从事经济活动的也越来越多。从弘治年间开始，因中断的朝贡贸易严重地制约了蒙古部的生存和发展，双方的关系越来越紧张。

成化六年（1470）后，"北虏"已长期驻牧在河套地区，成为明廷的心腹大患和长城防御的重点对象。右翼蒙古能够侵入河套，原因之一是明廷在河套一带防御力量的削弱，即撤守开平卫和东胜卫，置宣府和大同于防御之最前沿；二是漠南蒙古部对内地经济的依赖增强。宣府、大同成为京师之外的最直接屏障，无论是对京师之防还是腹里之御都面临前所未有的压力。此后，河套就成为右翼蒙古坚如磐石的驻牧地，明廷曾多次商议收复河套，怎奈有心无力。为此付出的代价就是蓟镇、宣府、大同、山西、宁夏、延绥和陕西等边镇长城的连绵修筑，与夜以继日的防御戍守。

正德和嘉靖年间，蒙古部兴起的右翼土默特部首领主动遣使向明朝求贡，以便改善生活和经济条件。嘉靖十一年（1532），蒙古部首领吉囊在延绥正式提出恢复互市的要求，明廷采取断然拒绝的态度。在未被允许的情况下，在西北劫掠的情况频繁发生。嘉靖二十年（1541），首领俺答汗（吉囊之子）又派人到大同请求通贡，同样遭到世宗的严词拒绝，次年，大同巡抚甚至杀掉通贡使。俺答汗遂纵兵扰边、大肆杀戮，以期给明廷施加巨大的压力。明廷则继续一贯的拒绝态度，继续坚守并采取更为严厉的防御措施，从而引起了北边大规模的军事力量的重新部署，其中包括调边地军兵和内地军兵入卫京师或改调到要塞地带防守。

嘉靖二十一年以后，蒙古大军南下的数量和规模都越来越大，北边形势更趋紧张，明廷的军事调动更趋频繁，接二连三从各地抽调边兵及民兵入戍京畿附近。二十一年，山西地方紧急，征调陕西、辽、蓟援兵十支；二十二年，各因宣大三关紧急，征调延、宁、辽、固援兵各六支；二十四年，调取辽东、宁夏、延绥游兵官军共四支，各足三千员名，限五月初一日报到，听候调度。二十五年，俺答汗等在河套一带的活动频繁，宣大总督翁万达"乞如例调发客兵"。最后，兵部命令山东选精壮民兵三千人，并"调延绥游兵

明军出征图

二支，宁夏固原、辽东游兵一支，务足三千人，以五月初旬，各赴宣大军门听候调用"[1]。越来越多的边镇军兵被调到京畿地区参与防御，最终也没有能有效抵御蒙古部南下，僵局在持续。

2. 庚戌之变

明与蒙古部的紧张关系到嘉靖二十九年（1550）的农历庚戌年，终于演变成为震惊明朝的"庚戌之变"。这是继"土木之变"后，蒙古大军再次兵临明朝帝都北京城下。同年六月，鞑靼部首领俺答汗率众南下，宣大总兵仇鸾不作积极抵抗，竟然纵敌深入。明廷紧急征调蓟镇诸路及河南、山东等地的军兵前去截击，但到八月二十一日，俺答汗的大军还是兵临北京城下，"德胜、安定门北，人居皆毁"，严嵩等京城要员紧闭城门，抱定"饱将自去，惟坚壁为上策"的思想。俺答汗也仅以搜刮为要务，加上各地的入卫勤王兵陆续赶往京师，俺答汗遂率部众携掳获的人口和财物慢慢退去。[2]

当时，明世宗迫于蒙古大军兵临城下的压力，鉴于俺答汗的诚意请求，在退兵之后还派人送还明朝的叛徒，就同意了俺答汗的通贡请求。嘉靖三十

---

① 徐学聚：《国朝典汇》卷150《调兵操练》。
② 《明史纪事本末》卷59《庚戌之变》。

年（1551），明廷决定在大同、宣府和延绥三镇，有条件地开放马市。由于条件过于苛刻，无法满足蒙古部的要求，有一些蒙古部众继续在明朝边境骚扰。而当时嘉靖皇帝的开关决定也可能仅仅是出于权宜之计，所以，在北京的局势稍稍稳定之后，他就有些后悔了。当俺答汗的部众继续出兵侵扰大同时，反对开放马市的声音很快在朝廷中又占了上风。第二年，明世宗遂以蒙古部不遵守协约为借口，下令罢各边马市。俺答汗再求开放马市，终未如愿。明与蒙古部的关系再次陷入僵局，俺答汗的大军继续南下，明朝则在九边前线集结了更多的兵力。于是，在长城的两侧，一方是借机南下抢掠财货，一方重兵严防死守，战火重新燃起，形势继续紧张。

"庚戌之变"看似一场闹剧，却深刻反映了明廷政治腐败、将领无能和京城戍卫的废弛。朝野上下为之震惊，世宗下决心对北京城的军事防御、北边防御体系做出重大调整，明朝的军事制度也做出了重大改变，即改革京营制度、大范围地推行募兵制和调外卫军兵入卫京师等，这次改革后逐步形成了以蓟镇为中心的新的京师防御体系。

京营制度改革的重要表现之一，是将京军三大营中的京操班军调往蓟镇防守，表现之二是蓟镇入卫兵制度的建立。"入卫"指地方武装力量为权力中心（含京师和君王）提供的保护，此制古已有之。明代的卫所依据其所在的地域和管辖权，可分为"在内卫所"和"在外卫所"两种。在外卫所的旗军赴京师，以提供必要的武装拱卫，可称之为"入卫"。明代史籍中的"入卫军（兵）"，早期入卫的武装力量以卫所旗军为主，到后期则由旗军、舍余、募兵、土著民壮等组成，因此我们姑且称之为"入卫军兵"。这种军卫调动从嘉靖二十九年"庚戌之变"后固定下来，表现为边镇军兵和腹里军兵轮番入卫京师。这类轮番戍守的地域涉及整个明代的九边防御地区，时间则至明亡而终。

大规模地调边兵入卫京师的主张来自咸宁侯、宣大总兵官仇鸾的建议，当然此前入卫的事例并不少见，只是偶尔为之。入卫兵的军装及生活支出有一部分是靠军家供给的，他们要返回原驻地补给生活物资，加之常年远戍京畿，苦不堪言。这种暂时借调的边兵入卫京师逐步转变成了周期性地轮戍蓟镇，到嘉靖二十四年（1555）形成了固定的制度。

入卫军兵人数众多，由甘肃、固原、宁夏、宣府、辽东、延绥和大同等7边镇选出的操调精兵入卫京师，最初并没有轮班，入卫兵的支数约有18

蓟镇边墙

支（每支3000人），即辽东1支、宣府1支、大同4支、延绥4支、宁夏3支、固原3支、甘肃不详（可能是2支轮流）。嘉靖三十二年（1553）后，入卫蓟镇后开始轮班，辽东、宣府1支每年参与防秋，大同延绥每年2支轮流入卫，宁夏、固原因路途遥远3支轮流，每年1支入卫，甘肃路途遥远，就停止入卫了。此外，还有来自山西、山东、河南以及北直隶的保定、河间和南直隶的徐、邳等地民兵分班入卫，共计约7万多人。

入卫兵的基本职责是"御虏"，防御的手段多种多样，分区防守、分关隘哨堡布兵是最重要的方式。其次是修筑边墙。御敌之策在防守，这是明廷一贯的方针，如何御敌，嘉靖末年至隆庆、万历年间，大修边墙成为明廷君臣一致的意见。入卫兵是边塞城墙修建的重要力量。此外，入卫兵的职责还有修筑民用设施、烧荒防秋等。

总体而言，"庚戌之变"后，明中央提高了蓟镇的战略地位，认为蓟镇防御"过计不为迂，过力不为劳，过劳不为损。何也？所关至重也"①，

---

① 顾炎武：《天下郡国利病书》之《九边四夷备录·蓟州论》。

力图改变"天子自为藩篱"的窘境，也正是由于北边防御体系的完备和强化，使得蒙古部虽时时南下，却最终没有对明廷构成太大的威胁。当然，明中央付出的人力、物力和财力也是巨大的。明蒙关系的改善，势在必行。

3. 俺答封贡

明蒙关系缓和的契机出现在隆庆年间。当时，嘉靖皇帝的去世使原来固守与蒙古对抗的环境有了打破的可能。隆庆皇帝在位的六年间，徐阶、高拱、张居正等一批内阁首辅锐意革新，顺时应变，意在全面挽救明王朝颓废的局面，变革成为时代的主旋律。蒙古部一方，俺答汗一直努力寻找和解的机会。问题的解决却是因为一次偶然事件——把汉那吉来降。

把汉那吉是俺答汗的亲孙子，祖孙二人因为家庭琐事不和，把汉那吉很生气，身边就有人出了个主意，让他去投奔明朝。于是，把汉那吉就带着身边的16个人投奔明朝。明守边的军士赶紧上报给巡抚方逢时。方逢时认为事情重大，一边迎接款待把汉那吉，了解来降的来龙去脉，一边给总督王崇古汇报。王崇古、方逢时都是一代治边能臣，他们直接参与北边防御事务，包括官员的选择与考核、粮草马匹经费的供给、各边镇和蒙古军作战情况，甚至还有从各级官员到普通军人奏报上来的诉苦的奏疏等，他们能体会到明朝与蒙古部的旷日持久的战争给百姓带来的伤害，给国家带来的沉重负担。他们知道：只有通过议和才能够真正从根本上解决200年来的明蒙冲突。

王崇古摸清把汉那吉和俺答汗的情况之后，认为把汉那吉来降是解决明蒙冲突的好机会，就善待他，许诺封他做官。先封了把汉那吉一个六品官员，又让他穿上官服，给蒙古部发出了强烈的友好信号。

把汉那吉投降明朝一事，给俺答汗及其大夫人很大的震动，他们都非常疼爱这个孙子。他们没有选择以武力夺回孙子，而是选择了谈判。俺答汗派代表来谈判，请求明朝放还他的孙子。使者见到把汉那吉身着明朝官服，立即回报俺答汗，称把汉那吉做了明朝的官员，待遇很好。俺答汗得知孙子的情况，不想再打仗了。此时，王崇古提出建议，俺答汗息兵，接受明廷的册封，明朝答应与之通贡互市。此议与张居正、高拱等人意见高度一致，也得到了隆庆皇帝的支持。

然而，俺答封贡的决议还需要通过中央廷议程序来完成，即由相关大臣和官员投票决定是否同意俺答封贡、互市。由于蒙古部长期与明中央为敌，嘉靖朝又一直采取严厉的绝贡政策，朝中反对封贡的呼声很高。所以，明廷第一轮的投票并没有通过封贡提案。在高拱、张居正等人的积极活动与斡旋之下，第二次投票终获通过。投票内容包括：第一是要不要"封"，也就是给不给俺答汗封王，封王还是再降一格来封。第二是要不要"贡"，也就是要不要开放马市，要不要通贡。投票的结果也出现有四种情况，第一是"封"和"贡"完全同意；第二是完全反对的；第三是同意封王，不同意通贡的；第四是不同意封王，同意通贡的。四种观点，最后的表决结果是，28个人投票同意封王，17人反对封王；22人同意开放互市，23人不同意开放马市；这其中有20个人既同意封王，又同意开市；有15个人既不同意封王，也不同意开放市场，有8个人同意封号但不同意开市，有2个人同意开市但不同意封号。最后，按规定，是以简单的多数通过了俺答封贡，既封贡又开市。此事比较详细地记载在《兵部奏疏》和清修《明史》之中，虽然记载的详细票数有一定出入，但基本上是一致的。两者的一致性在于，赞成或同意封贡互市的一派占有一定的优势，反对者处于劣势。①

隆庆五年（1571）三月，明穆宗正式敕封俺答汗为顺义王，其部将60余人也分别由中央授予都督同知、指挥同知、千户、百户等官职，归附于明王朝，并详细规定了朝贡的贡期、贡额与贡道，重新开放互市。俺答汗承诺"复约其弟侄并各部落，誓永不犯边"②。

俺答封贡后，明蒙关系实现了友好和平的往来，当然主要是与蒙古右翼部族。此后数十年间，北方蒙古诸部一直维持对明朝的臣属关系，封贡持续不断。此后，明朝也基本解除了来自蒙古部的威胁。直到明末，明廷本身衰微，对蒙古诸部关系的维系越来越弱，而此时东北女真部崛起，努尔哈赤建立后金政权，蒙古部相继被女真诸部兼并，才逐步断绝了与明朝的关系。

俺答封贡能够顺利达成，是多种因素促进的结果。把汉那吉来降看似偶然，其背后也有许多主客观因素共同促成。隆庆年间，虽然明中央对待边地

---

① 参见马静茹：《明代廷议的运作研究——以俺答封贡为例》，载达力扎布主编：《中国边疆民族研究》（第3辑），中央民族大学出版社2010年版。
② 《明穆宗实录》卷54。

油画《俺答封贡》（殷会利、钟捷、范新国）

民族的态度没有实质性变化，但积极务实的官员在处理民族事务上表现出了足够的灵活性。以高拱为例，他处理边地民族事务是在其民族观的指导下开展的。他的民族观与明初的太祖、太宗确定的处理民族事务的总原则"华夷之防""华夷一家"的传统"华夷之辨"大体相同，只是在处理具体的民族事务时，高拱表现出充分的灵活和十足的务实。高拱的民族政策既反映了他"华夷一家"的追求，也有"华夷之防"的心结，呈现"慑之以威、因俗而治、怀之以恩和务实灵活"的特点。在对待俺答封贡的问题上，他与张居正等一批经世名臣的态度高度一致，使和平解决北边紧张关系成为可能。

在处理俺答封贡事件中，高拱多次与边将守臣王崇古沟通，分析这一事件对明与蒙古部关系的深远影响。他认为，应当对俺答部予以足够的谅解和宽容，展现天朝大国的洪恩，以达到实现"天下归一"的目的。他还给王崇古出主意、想办法，以便做好俺答的思想工作，其中"华夷一家"思想就是他们之间沟通的重要前提。他说："今此后汝是我中国之臣，汝之部落皆我中国赤子，既是一家，汝孙可听其归，不为彼此也。"[①]在与俺答开市的问题上，高拱再授王崇古计策，仍然尝试以"一家人"的思想打消对方的顾虑，并试图消除汉人与蒙古人之间的隔阂。高拱认为，对待少数民族曾经犯过的"错误"，由于历史的或社会的原因，要区别于汉人对待，要给予足够的理解和宽容，采取既往不咎的态度，要面对现实，着眼未来。这种态度，无疑是可取的。高拱的想法与张居正等人高度切合，而明穆宗又全力支持他们，才最终解决了困扰明廷二百年的明蒙对立问题。

嘉靖后期至万历初年，是明代长城修筑规模最大、质量最高的时期，主持修筑的是戚继光。隆庆元年（1567），刚刚平定"南倭"的戚继光奉命北上抵御"北虏"。他先被任命为京军神机营副将，后被任命为蓟镇总兵，负责从山海关到京师的军政事务。这一时期，戚继光做了两件大事：练兵、修长城。练兵方面，戚继光认为，要建立一支骁勇善战的军队，必须从三个方面入手，一是把普通百姓训练成有纪律、听指挥、技艺精、战术强的士兵；二是把军人培养成卫国保民、爱卒恶敌、谙韬略、习武艺的良将；三是改善武器装备，充分发挥其威力和作用。

---

① 　高拱：《政府书答》卷1《款处北边·与宣大王总督书一》。

山海关

山海关老龙头

　　明长城是戚继光留给后人最伟大的物质遗产。明代长城是中国历史上费时最久、工程最大、防御体系最完善，也是保存最好的长城，而戚继光所修的蓟镇长城则是整个长城的精华。在修筑山海关长城时，戚继光发现长城东端与大海接合处防御薄弱，敌人很容易乘虚而入，必须想办法堵塞漏洞。他与参将吴惟忠彻夜商量，决定建造"入海石城"，将长城一直延长到大海深处，这就是今天人们看到的老龙头。蓟镇长城自昌平至山海关，长达1200里，戚继光在此增筑空心台1017座；在险要地方修筑复线长城，增筑烽台。今天人们看到的如同天梯般的倒挂长城——三道关长城，就是戚继光督建的。身处其间，人们唯有惊叹设计者和建造者的聪明智慧，三道关堪称长城建筑史上的奇迹。长城的修筑大大增强了京畿重地的防御能力。

　　隆庆和议后，对明朝北边构成较大威胁的只有蒙古土蛮部。万历二年（1574），朵颜酋长董狐狸和他的侄子长昂企图越过长城、入京骚扰，被戚继光打退。第二年，董狐狸又率部南下，戚继光俘虏了他的弟弟长秃。董狐狸等人见戚继光兵强马壮，长城防线固若金汤，就率部属亲族300人叩关请降，"北虏"问题最终解决。明代北部边境，出现了少有的太平景象。戚继光在北边巡防驻镇16年，修边垣、筑关塞，整训马、步、车三军，有效地保护了京畿和华北地区的安宁。

壁画《三娘子像》

4. 明后期的和平局面

万历十年（1582），俺答汗去世，他的儿子黄台吉袭封了"顺义王"称号。几年之后，黄台吉去世，明朝又封他的儿子扯力克承袭"顺义王"。俺答汗的妻子三娘子，在俺答汗的祖孙三代中，一直掌握着实力大权。明政府也册封她为"忠顺夫人"。"俺答封贡"后，到三娘子掌权的数十年间，明朝与蒙古部一直保持着和平友好关系。即便在三娘子之后，北方的蒙古部一直与明朝中央保持着臣属关系，蒙古人也与长城南北的汉族军人、百姓和商人都能够和谐相处，长城内外一片安宁的景象。这种安宁的生活环境，是明朝建国二百年来北边关系最好的时期。

隆庆议和之前，长城两边也曾出现过暂时的和平，虽然小的冲突仍然存在，但民间的往来与交流从没有完全终止，他们之间的互相影响越来越深。明中期，按察佥事孟适有诗《宁夏》云："百万貔貅善守攻，胡尘靖扫草茸蒙。威加朔漠龙沙外，人在春台玉烛中。山限华夷天地设，渠分唐汉古今同。圣君贤相调元日，塞北江南文教通。"嘉靖时，主持陕西军政的杨一清曾赋诗《兴武营》，讴歌边墙修筑和军兵戍守带给西北的和平局势，"篪

长城互市图

簇青山隐戍楼，暂时登眺使人愁。西风画角孤城晓，落日晴沙万里秋。甲士解鞍休战马，农儿持券买耕牛。翻思未筑边墙日，曾得清平似此不？"①如果说孟逵的"山限华夷天地设"给我们解读了边墙带给双方的规范，杨一清的"农儿持券买耕牛"则生动描写了边民喜于农作和对未来生活的憧憬。此外，杨一清的《将至凉州》也给我们描写了军兵戍守带来的边地紧张之中的和平与希望，"雉堞连云十里城，将臣开府此屯兵。山连虎阵千年固，地接龙沙一掌平。塞上马嘶春草绿，村中人和凯歌声。只因边徼无烽火，忘却关山是远行"，这是当时边地紧张与活泼生活的真实写照。

隆庆议和之后，随着马市贸易的实行，双方能够恪守承诺，和平相处，"自俺答封贡以来四十余年，中外宴然，可谓和戎之利"②，人们也可以过上安稳的日子。万历四十二年（1615）时，兵部尚书王象乾等人说："中卫设在宁镇西南，与固靖芦塘接壤。先年松山未复，地广人稀，虏无可掠。

---

① （弘治）《宁夏新志》卷8《杂咏》。
② 《明经世文编》卷450，涂宗濬：《相宜采择疏》。

自松虏驱逐，新边版筑，香山一带遂成沃壤，流民聚落渐广，牛羊蓄育亦多。"①当两种文化类型发生冲突时，明廷所采取规范双方行为的做法收到了积极的成效，这在一定程度上促进了边地经济的发展和社会的进步。

此外，由于长期与游牧民族交往，边镇居民的生活习性也深受影响，这种风俗的影响与趋同，是互相潜移默化的，也是多元的。在与蒙古族毗邻而居的山西偏关地区，汉族人的婚俗和生活方式有可能受到了蒙古族生活方式的影响："关俗早婚，女子年十四五有抱子者，然皆不省纺织，暇辄于户外藉草趺坐，且夏间多有著半臂露乳者，或竟裸体相向，恬不为怪。岂蒙古旧习使然欤？"②

隆庆议和也促进了边地文化的繁荣和汉族、蒙古族之间的文化交流。边塞多战事，有自身独特的地域文化信息，面对苍苍川莽、茫茫草原，文人来到此处，很难不激发起内心的壮志豪情。于是，塞外的文人雅集也随之浸染豪爽雄浑的风格，形成塞外文化的独特风格。"自隆庆来，款市事成，西北弛备，辇下皆以诸边为外府。山人之外，一切医卜星相，奉荐函出者，各满所望而归。"③文人到边塞游赏的兴致逐渐高涨，他们把都会或江南盛行的文人雅会之风带到了塞外边陲。边塞地区的文人结社活动也较为频繁，走马射箭，打猎鸣镝，是其独特内容。万历二十三年（1595）四月，袁中道应梅国珍邀请赴塞外游玩，在此驻足将近半年。据袁中道本人讲，"予往客，置酒桑干河，大合乐。是日，材官悉装，甲光耀日，行酒者，皆万户。而唐生与席，醉后走马平原，偏裨围绕一簇红云，客生与予，马上飞鸣镝，箭叫如鸥。而唐生亦以一骑随其后，此其二快事也。"④塞外的文人聚会，自然少不了舞乐相伴。这里的舞蹈，少数民族的边关色彩很浓厚，"胡姬窈窕百余人，辫发垂肩若鱼鳞。窄袖长衣稳称身，当筵微笑口含琴"，乐曲是"碧眼胡儿吹胡笛""百余壮士鸣大鼓"⑤。袁中道在这里的文化娱乐内容，与他在江南及京城中吟诗作赋，赏花品茗的风格有着极大的差异。

---

① 《明神宗实录》卷516。

② （道光）《偏关志》卷上《风土》。

③ 沈德符：《万历野获编·武臣好文》。

④ 《珂雪斋集》卷21《书唐医册》。

⑤ 《珂雪斋集》卷2《李大将军宴上听胡乐有述》。

边塞文人结社等文化娱乐活动，参与者除了文人、地方官员、百工、妓女等之外，驻守边关之将多参与其中，如戚继光、李如松、袁崇焕等均有较为丰富的文化活动，"持千金为寿""听画角胡笳时同作越吟"，都独具塞外特色与豪情。

明末，由于长城防御的负担沉重，有许多汉族军兵出于生存的本能，也会义无反顾地离开故土，脱离军伍，许多人逃向草原，自寻出路。这在一定程度上促进了边地民族的交流与融合。边地各民族生活呈现美美与共的特点，社会生活有明显的交融与趋同，体现的是社会的进步与发展。

第三节　与日本的关系

1. 明初的海禁

明朝建立后，明太祖致力于国内的统一与稳定，并吸取元朝海外频于用兵的教训，采取"与远迩相安于无事，以共享太平之福"①的政策。洪武元年（1368），太祖即位，就派使臣到周边各国宣谕，建立宗藩关系。洪武四年，他在奉天门与大臣的一次交谈时，阐释了明朝的外交方针："海外蛮夷之国，有为患于中国者，不可不讨；不为中国患者，不可辄自兴兵。"②为此，他特地列出15个"不征诸夷"，包括朝鲜、日本、大小琉球、安南、真腊、暹罗、占城、苏门答腊、西洋、爪哇、彭亨、百花、三佛齐、渤泥等，他还特别告诫子孙，不要倚中国富强，贪一时战功；不要无故兴兵，劳民伤财。在处理与周边国家的关系时，明廷主要采取传统的朝贡体系。为便于管理海外贸易，太祖先在太仓黄渡（今上海嘉定县南）设市舶司，洪武三年废除，改设明州（今浙江宁波）、泉州、广州三个市舶司，洪武七年复皆停罢。

这一时期，因担心流亡海上的原方国珍、张士诚旧部与倭寇互相勾结，危及明朝的统治，洪武四年（1371），太祖下令实行"海禁"，"禁濒海民不得私出海"③。海外贸易主要通过官方朝贡。明成祖即位后，恢复了明

---

① 《明太祖实录》卷37。
② 《明太祖实录》卷68。
③ 《明太祖实录》卷70。

日本战国时代"关原之战"屏风

州、泉州、广州三市舶司，欢迎各国入明朝贡，但禁止私人下海通商贸易。郑和下西洋就是最典型的官方海外贸易形式。

日本在"不征之国"之列，但因自元末以来倭寇对中国沿海的长期侵扰，明廷在洪武年间长期拒绝日本的朝贡。据初步的统计，自洪武七年至十四年，朱元璋六次拒绝日本的朝贡，不论入贡者属于日本国内势力的哪一方。太祖对沿海屡受倭扰和日本所上表文不诚，予以严厉的谴责。明初中日关系的基本特点是：一是倭寇侵扰，连年不绝，浙江为倭患重灾区；二是日本无论官方（朝贡）还是民间（倭寇），受经济利益驱使，都急于到中国来；三是作为新朝开国之君，太祖为建立良好的中日关系颇费心思。然而，日本国内又正值内乱，"虽朝实诈"①，中日邦交不畅，关系恶化，使得倭患问题一再拖延，无从解决。

洪武二十五年（1392）日本南北统一，建文三年（1410）遣使与明朝建交。明成祖即位后，进一步和日本建立朝贡贸易关系，发给足利幕府一百道贸易勘合，约定每10年入贡一次，不得携带兵器。但倭寇的活动仍未停止。

---

① 朱元璋：《皇明祖训·祖训首章》。

永乐十四年（1416），明军在辽东望海埚战役一举全歼入侵的2000余名倭寇，倭寇的侵扰活动才沉寂下来。

从成化三年（1467）起，日本进入长达百余年的战国时代，岛内长期分裂、混战。出于发展商业的需要，日本各地的大名都希望与中国通商，从中获利以支持他们的战争。传统的朝贡贸易无法满足要求，他们便纷纷纠集武士、浪人和商人组成武装团伙，到中国沿海大肆烧杀劫掠，到正德时，"倭患"已相当严重。

2. 嘉靖大倭难

嘉靖二年（1523），控制关东的细川氏、控制关西的大内氏先后到达宁波入贡。宁波市舶司太监赖恩收受贿赂，在办理朝贡手续时不够公平，先是引发日本两派使团之间的大打出手。大内氏使团索性动用武力，攻入细川使团的驻地，斩杀关东朝贡使。接着，他们大肆杀戮中国军民，在宁波一带烧杀掳掠，如入无人之境，最后才夺船入海而去。其间，备倭指挥刘锦、千户张镗战死。明廷大为震惊，下令裁撤了浙江、福建两地的市舶司，断绝与日本的朝贡。这就是所谓"争贡之役"或"宁波之乱"。

碰巧的是，就在东南沿海出现事故的前一年，在明朝南部沿海也发生了葡萄牙殖民者挑起的"西草湾之役"，企图强行进入中国。事情虽然很快平复，但对嘉靖初年的对外政策却产生了很大的影响。

此时的世宗正忙于"大礼议"，无暇处理外交争端，对各国朝贡也不感兴趣。嘉靖三年，他重申明初的禁海令，下令加强福建、浙江和广东沿海的监管和巡逻。嘉靖十二年，再次重申禁海令，要求浙江、福建和两广官军厉行海禁，派兵防剿，"一切违禁大船，尽数毁之。自后沿海军民，私与贼市，其邻居不举者，连坐"①。

嘉靖初年实行严厉的海禁，使明中期以来蓬勃发展的私人海上贸易受到沉重的打击，无论是海外商人还是中国沿海居民都感到极为不便。在宁波港合法的朝贡贸易被关闭后，宁波外甬江口外的双屿港（浙江省舟山市普陀区六横岛）成为走私贸易的基地。从嘉靖三年以后，这里陆续汇聚了日本海寇、葡萄牙殖民者、部分外国贡使和中国沿海地区的海盗、海商、官绅和普通百姓，他们之间互相勾结、互相利用、互相争斗。在明廷厉行海禁的背

---

① 《明世宗实录》卷154。

景下，这里成为亚洲最大国际贸易港，既有纯粹的商业贸易行为，抢劫、诱骗和杀人越货也时有发生。日本的海寇和葡萄牙人携手合作，共同勾结中国的沿海私人贸易群体，在浙江、福建等沿海地区，贸易走私，大肆劫掠。从嘉靖十九年至三十年（1540—1551），倭寇的劫掠还只是零散的，且多在海上，尚未形成规模。嘉靖三十一年至三十六年，倭患日趋严重，不仅寇劫的次数多，时间长，规模大，地域广，而且还往往在陆地或沿海地区建立据点，长期盘踞不走。此时的葡萄牙人，因于嘉靖二十七年、二十八年在浙江和福建接连遭到提督浙闽军务的浙江巡抚朱纨的沉重打击，撤往广东。嘉靖三十二年，他们买通广东地方官，获准与中国通商，不再参与倭寇的活动。与此同时，却有一些中国海商和大量沿海"小民"参与掠夺活动，图谋私利，而且数量不断增长，使倭寇的气焰更加嚣张，形成了"真倭十之三，从倭者十之七"[1]局面。

倭寇聚敛财物，烧杀奸淫，无恶不作，给沿海百姓的生命和财产带来巨大的威胁。不管男女老幼，倭寇皆赶尽杀绝。仅在福建福州，据日本学者井上清的统计，嘉靖三十八年（1559），在福宁界，三月二十六日，数千倭寇攻福宁城，不克，遂向西北方向劫掠。四月初，攻陷福安，劫掠五日，杀死三千余人，掠走七百余口，被逼溺水坠崖者无以计数，教谕程箕、训导谢君锡战死。倭寇采取各种逼迫的手段，威胁百姓，抢夺财物，掳掠人口。如在福建宁德，嘉靖四十年十二月，"倭贼复来宁德县，焚烧余屋。署印照磨屠大贞被执，院道以五百金赎之，并其印信。邑人多以金赎子女"。嘉靖四十二年五月，宁德知县林时芳莅任时，县城满目疮痍，"值倭贼陷城后，百里荒墟，死者不得收，伤者不得疗，散者不得复聚"[2]。倭寇的烧杀抢掠活动给当地百姓带来了无穷的灾难，被劫掠的城镇一片荒凉。

倭寇的肆虐，激起了中国人民的极大愤慨。时值内阁严嵩专权，朝政腐败，海防废弛。沿海防倭卫所的官军人数无一足额，有的仅余其半。防倭战船年久失修，存者仅十之一二。倭寇如入无人之境，官兵一触即溃。嘉靖二十六年（1547），明廷命朱纨为浙江巡抚，提督浙闽海防事务。他到任后，擒杀与倭寇相勾结的海盗头目李光头和96名奸商，却遭到通倭牟利的闽

---

① 《明史·日本传》。

② （嘉靖）《宁德县志·拾遗志·祥异》。

浙官僚的攻讦和诬陷，服毒自杀。嘉靖三十二年（1553），倭寇在王直、徐海等海盗头目勾引下，连舰数百，分路进袭浙东西及江南东北。朝廷命南京兵部尚书张经调兵讨倭，寻又命严嵩党羽赵文华到松江祭海，督察沿海军

山东蓬莱备倭都司府

务。张经虽在王江泾（今浙江嘉兴北）取得御倭战争的第一次大捷，却因不肯折腰迎奉赵文华而遭诬劾，惨遭杀害。倭患于是愈演愈烈，并深入内地的徽州、芜湖、南京等处。

嘉靖三十四年（1555），在山东防御的戚继光奉命调往浙江，任浙江都司佥事，次年升任宁绍台参将，直接参与指挥对倭寇的作战。他见卫所旗军缺乏战斗力，就招募义乌矿工和农民，严加训练，组成一支"戚家军"。戚继光的"戚家军"是他亲自招募而来的，他认为明朝长期实行的世袭旗军战斗力太差，这些官军平时不训练，行军不带粮，打仗时没有统一号令，驻扎时不会安营扎寨，这样的军队，绝不可能抵挡身经百战、有必死之心的倭寇。在戚继光的一再坚持下，他终于被获准招募新兵。经过几个月的严格筛选和艰苦训练，他建立起一支以义乌矿工和农民为主的新军。戚继光还创造了"鸳鸯阵"战术，统一编组，统一口号，严肃军纪，大大提高了作战能力。戚继光对属下士兵要求极其严格。一次，有官员到前线视察军队，突然大雨如注，许多官兵一阵骚乱，有的甚至离队避雨，只有戚继光的军队纹丝不动，军容整齐。戚继光对军队严格要求，自己同样以身作则。有一次，戚继光率军到浙江乐清，恰逢天降大雨。当地的士绅百姓邀他入室避雨，戚继光说："士兵们都在外面淋雨，统帅怎么可以独自进屋避雨呢？"由于治军有方，治军严明，戚继光领导的这支军队英勇善战，屡立战功，受到老百姓的支持和爱戴，被誉为"戚家军"，名闻天下。[1]

---

[1] 参见《明史·日本传》。

嘉靖四十年（1561），他指挥的这支戚家军在浙江台州九战九捷，歼敌2200余人，平定了浙东的倭寇。随后，他又率戚家军入闽，相继荡平了横屿（今福建宁德东北三都澳）、牛田（今福建福清东南）和林墩（今福建莆田东南）倭寇三大巢穴。但当戚继光班师返浙后，倭寇又集结兴化城（今福建莆田），占据平海卫（今兴化东南），据为巢穴。明廷命谭纶为福建巡抚，俞大猷为福建总兵官，提升戚继光为副总兵，驰赴福建。此前，广东总兵官刘显已先奉命率兵入闽。在谭纶的指挥下，戚继光从正面主攻，俞、刘从两翼包抄，一举荡平平海卫，接着收复兴化城。事后，戚继光升为福建总兵官，又于嘉靖四十三年歼灭残余的倭寇，基本平息了福建的倭患。此后，倭寇集中袭扰广东。俞大猷在收复兴化后，调任广东总兵官，他统率俞家军，先后大战于海丰等地，也于嘉靖四十三年肃清了广东的倭寇。东南沿海的倭患至此完全解除。

对嘉靖年间倭寇活动的性质，目前学术界看法不一。有人认为倭寇队伍中以中国人居多，"倭寇"是以东南沿海的普通百姓为主力，所以，它的性质是包括手工业者、市民和商人在内的诸阶层人民反抗地主阶级及其海禁政策的斗争，是中国历史上资本主义萌芽的时代标志之一。这种说法没有分清事物的本质。嘉靖年间，在倭寇队伍中起主导的决定作用的是"真倭"，即与日本国王、大名有密切联系的商人、浪人和武士，他们依靠武力，先是在海上，后又登上中国大陆，"掳掠男女，劫夺货财，靡费刑伤，不可胜

明代抗倭图

计"①，危害中国人民的性命财产，破坏了中国社会的安宁和生产的发展，其性质是外族对中国的一场掠夺性战争。中国海盗和"小民"的卷入，并没有改变倭患的性质。因为中国海盗在投靠倭寇之后，命运掌控在倭寇手里，只是充当帮凶和工具而已，起到为虎作伥的作用。这些中国海盗的头目，有的原先是从事海外走私活动的商人，他们的活动尚带有反对海禁政策、发展民间海上贸易的意愿。但当他们堕落为专事抢劫的海盗之后，其举动的进步意义便已丧失。待到他们勾结倭寇，则更是变成民族的罪人。卷入倭寇队伍的中国"小民"，一部分是遭倭寇掳掠而被迫参与寇掠活动的，一部分是"迫于贪酷，苦于徭赋，困于饥寒，相率入海从之"②，即为自己的生存而被逼从倭的。不管是哪一部分，他们都是《明史·日本传》所说的"从倭者"，也就是倭寇队伍中的胁从人员。

抗倭斗争的胜利，解除了倭寇对我国东南沿海的长期侵扰，使这里的社会得以安定下来，社会生产得以正常进行，也为明朝开放海禁创造了条件。

3. 隆庆开关

因嘉靖初年"争贡之役"和"西草湾之役"导致的世宗朝严厉实行的闭关政策，终于在清除倭寇之后获得转机。

东南沿海的倭患平息后，隆庆元年（1567），明廷应福建巡抚涂泽民的奏请，下令部分开放海禁，允许在福建漳州月港出海，"准贩东西二洋"。当时的东、西洋是以文莱为界划分的，东洋指今天菲律宾群岛诸国以东的国家和地区，西洋指东南亚和南亚的占城、交趾、暹罗、柬埔寨等国家和地区。这些国家和地区原是明朝朝贡贸易的主要对象。按规定，日本仍被排除在合法的贸易之外，当然，民间私人贸易仍保持一定的规模。

月港的开放，意味着原来由官方垄断的朝贡贸易，转变为民间的海外贸易；意味着长期处于非法的私人海上贸易取得了合法的地位，私人海上贸易在明代中后期终于获得了长足的发展。因为明初海禁政策施行后，对外贸易以官方朝贡贸易为主，民间的私人海外贸易受到很大抑制，但并没有绝迹。成弘年间，随着白银货币化浪潮的兴起，民间商人的海外活动日益频繁。弘治年间，两广都御史奏称："广东沿海地方多私通番舶，络绎不绝"，"又

---

① 郑舜功：《日本一览》，《穷河话海》。
② 郑晓：《吾学编·四夷考》卷上《日本》。

油画《隆庆开海》（麻显钢）

有贪利之徒，治巨舰，出海与夷人交易，以私货为官物，沿途影射"[①]。地方官也有参与走私活动。嘉靖中期，广东、福建、浙江等地陆续出现了规模较大的私人海上贸易集居地，如浙江的舟山群岛、福建的漳州、广东的汕头等。在海外，爪哇、马来西亚、菲律宾和日本等地，已是中国客商活动集中的地区。此时，私人海上贸易已逐渐取代官方朝贡贸易，许多沿海地方官员、商贾要求开放海禁，发展对外海上贸易的呼声越来越高。

月港开放后，民间海外贸易迅速发展。明人张燮在其《东西洋考·序》中说："五方之贾，熙熙水国，刳艅艎，分市东西路，其捆载珍奇，故异物不足述，而所贸金钱，岁无虑数十万"。许多海商不仅前往东西两洋，还犯禁到日本贸易，月港——马尼拉——阿卡普鲁科（今属墨西哥）成为一条繁忙的商业航线。

月港其实只是一个规模不大的内陆港，大船无法进入，只有小船尚可通行。明廷开放这个小港原意本非大规模开放对外贸易，更多的是为便于管理。最初，月港也只供中国商船停靠出海贸易，但它在万历年间足以成为明

---

① 《明孝宗实录》卷73、卷82。

代、远东乃至世界最繁忙的贸易港口。据张燮《东西洋考》记载，仅东西两洋与福建月港贸易的国家和地区就有40多个，来澳门、广州贸易的国家，除15个传统的朝贡国家外，还有来自欧洲的葡萄牙、西班牙、荷兰和美洲的墨西哥、秘鲁等国家。隆万年间，月港每年出海贸易的商船达到200多艘，万历二十年（1592），商税银达到29000多两。实际上，在月港开放之后，明代海外贸易的诸多禁令逐步被突破，贸易地点也不再仅限于月港一处。月港是一个内河港，由此启航，需要顺潮水而至厦门港候风出洋。厦门港海域有浯洲屿（金门岛）、大担、小担等岛屿，浯洲屿上的太武山（北大武）为海舶望山；与浯洲屿相对，与月港毗连的镇海卫也有太武山（南太武），也是海舶望山。它们是月港的门户，是明代月港航海的出洋发舶地。

为了解决外商来华贸易问题，万历六年，广东地方官曾采取变通方法，允许非朝贡国家的商人每年夏、冬两季定期到广州进行交易，每次数月或数日不等，但不许上岸居住。早在嘉靖三十二年（1553），葡萄牙人买通广东地方官员，被允许入居澳门，澳门于是迅速兴起为中外贸易的中心，中国的大量商民和工匠"趋者如市"。月港开放后，隆庆三年（1569），正式批准工科给事中陈吾德的奏请，对澳门实行"禁私通，严保甲"的政策，葡萄牙人则将每年交给广东地方官的白银500两转交给香山县。从此，澳门作为广州的外港，成为明朝对外交流的窗口，陆续形成了广州——澳门——果阿（今属印度）——里斯本、广州——澳门——长崎两条重要的国际贸易航线。

隆庆开关后，中国国内市场通过几条航线与海外市场连接起来。中国商人的足迹遍及东亚、南亚各国，以日本、吕宋、暹罗、满刺加（今马六甲）等地为转口贸易的重要地点，以闽粤商人为主的商人集团还开始远航到美洲，在墨西哥等地从事贸易活动。当时，除葡萄牙商人外，西班牙、荷兰和英国等一些未能与中国直接通商国家的商人，则通过东南亚、南亚的商人或通过往来、移居当地的中国商人转贩中国商品，和中国进行间接贸易。当时的中国是世界最大的经济实体，中国的生丝、丝织品和瓷器等商品深受欧美客商的欢迎，而中国国内的银矿产量有限，急需白银，白银就成为世界各国购买中国商品的主要支付手段。于是，世界的主要白银产地亚洲的日本和美洲的墨西哥、秘鲁等，加紧了白银的开采。一个以白银为国际贸易结算方式的世界市场体系开始建立起来，这个体系的中心是中国，这一切，要归功于那个时代。这一时代的到来，与隆庆元年的对外开放有密切的关系。

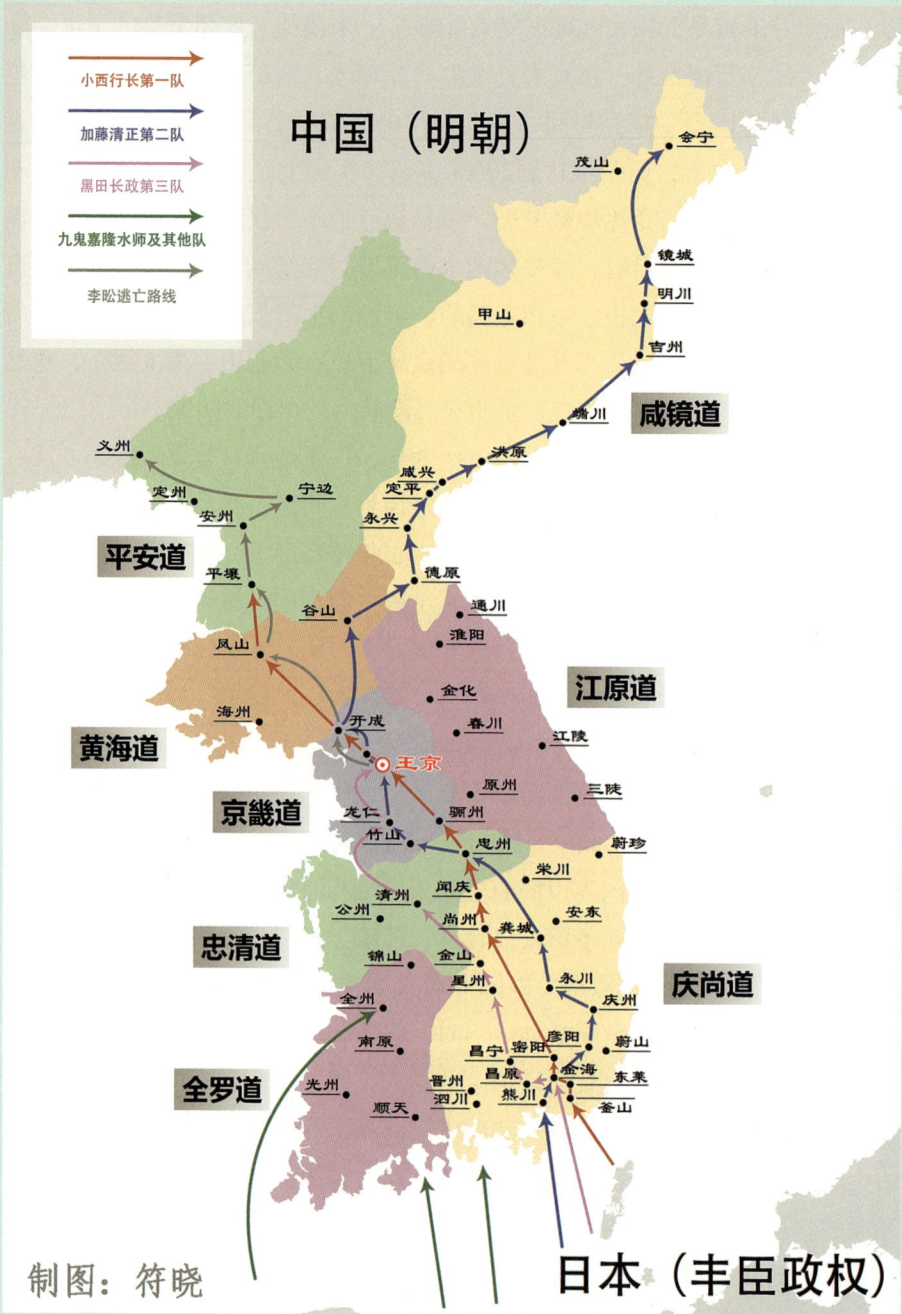

日本侵朝示意图

图例：
- 小西行长第一队
- 加藤清正第二队
- 黑田长政第三队
- 九鬼嘉隆水师及其他队
- 李昖逃亡路线

中国（明朝）

咸镜道
会宁
茂山
镜城
明川
吉州
端川
洪原
咸兴
定平
永兴
德原
通川
甲山

平安道
义州
定州
宁边
安州
平壤
谷山
凤山
海州

黄海道

江原道
淮阳
金化
春川
江陵
三陟
原州
蔚珍

京畿道
开城
王京
龙仁
竹山
忠州
骊州

忠清道
公州
清州
闻庆
尚州
金山
星州
锦山
全州
南原
光州
顺天

庆尚道
荣川
安东
永川
庆州
蔚山
彦阳
金海
东莱
釜山
昌宁
密阳
昌原
晋州
泗川
熊川
龚城

全罗道

日本（丰臣政权）

制图：符晓

4. 抗倭援朝

隆庆开关后，中日关系并未正常。此时的明朝，在张居正被抄家后，国势骤衰。此时的日本也充满变数，尤其是万历十三年（1585），野心勃勃的军事家、政治家平秀吉被任命为关白（日本职官名，意"摄政官"），次年再拜太政大臣，赐姓丰臣，并很快总揽了日本军政大权。执政后的丰臣秀吉在初步统一日本后，把贪婪的眼光投向中国和朝鲜。

万历二十年（1592）四月，丰臣秀吉动员全国20万左右的军队入侵朝鲜。日军攻入朝鲜王宫，逮捕王室，又分兵占领各地。朝鲜遂向明朝求救。这场战争，发生在壬辰年，涉及三个国家，故有不同的称号，在明朝，有"援朝御倭"战争之说，朝鲜称为壬辰倭乱，日本则称为文禄·庆长之役或征伐朝鲜等。

朝鲜向明朝求援，一是中朝两国之间密切的藩属关系，二是丰臣秀吉多次扬言借道朝鲜入侵中国，两国休戚相关。明神宗先派出一支3000人的军队支援朝鲜，当年六月宣布直接出兵援救。明朝集结了十万大军，联合琉球、暹罗等国共同发兵，并任命宋应昌为海防备倭经略，李如松为海防御倭总兵官，提督东征。当年底，李如松率明军约4万人，渡过鸭绿江。次年初，与朝鲜军队密切配合，围攻平壤，打败日军，收复平壤。此后，明军与朝鲜军队相继收复开城、王京以及汉江以南千余里的失地。日军遂提出撤军、议和，并退回到釜山。

日本此时提出和解，明廷和朝鲜都表示同意。当时，日本国内局势不稳定，在遭受重创的情况下，和解撤兵的想法是现实的。明廷出于与朝鲜的关系出手援救，对朝鲜并无占据之心，加之在军队数量、后勤保障和气候等诸方面都面临很大的困难。于是，明朝撤军，战争转向和谈，此后数年，抗倭战争陷入了"和"与"战"的泥潭。

谈判的分歧在双方开具的条件相距甚远。明廷对日本提出的条件是：日军全部撤军，保证不再侵犯朝鲜，只"封"不"贡"（只册封丰臣秀吉为日本国王，不许日本来华朝贡）。而日本提出的条件反映了他们入侵朝鲜的真正目的，对中国，索取与中国平等，甚至高出一等的政治地位，如发展勘合贸易、两国永誓盟好、明朝公主嫁给日本等；对朝鲜，则是完全赤裸裸的侵略目的，如朝鲜永世称藩于日本，割朝鲜京城附近土地给日本，送朝鲜王子及大臣到日本当人质，朝鲜战争赔银500万两等。如此条件，自然谈不到一

龟船

公元1591年，朝鲜全罗左道水军节度使李舜臣将军带领士兵和工匠制造的。龟船长35米，宽11.8米，高5.2米。船左右各有10个橹，桅杆可以竖起或倒下。龟船上有70多个空洞，可以放枪、炮或射箭，船舱有房舱、仓库等26个船舱，铁甲上有很密的刀子和锥子形铁签子。船头是乌龟状，从龟头嘴上可以喷吐出像雾气一样的烧硫黄和焰硝等毒气攻击敌人。龟船结构轻巧、简易而坚固，船速快，近战火力大，是当时亚洲较为先进的军舰。龟船在壬辰之战中起了很大作用，但因船身低不适合远海航行、远程火力小、成本高等原因，在战后被淘汰，最终销声匿迹。

起。然而，双方谈判代表有辱使命，没有顺利地把两方谈判的真实意图加以沟通。当明廷断然不答应丰臣秀吉的条件，仅封他为日本国王时，丰臣秀吉二次发兵14万入侵朝鲜。

万历二十五年（1597）一月，加藤清正率军进驻釜山的日军营地。朝鲜再次遣使赴明求援，明任命兵部尚书邢玠为经略，杨镐为钦差，麻贵为提督，再次入援朝鲜。明、朝两国军队先后在稷山之战和露梁海战中取得胜利。次年八月，丰臣秀吉去世，日本军心大乱，中朝联军趁机围剿入海逃跑的日军，在釜山以南海域，明朝老将邓子龙和朝鲜名将李舜臣英勇作战，壮烈牺牲。十二月，日本军队全面撤出朝鲜，战争结束。

历时七年的援朝抗倭战争是反对日本侵略的正义战争，最终，中朝军民英勇抗击，打败了日本侵略者，保持了朝鲜的领土完整，也捍卫了中国的"朝贡体系"。而作为战败国的日本，由于从朝鲜掠走大批的朝鲜学者和书籍，致使朝鲜的朱子学、医学和陶瓷技艺等在日本广泛传播。这也是当时中、朝、日三国关系的真实反映，它在三国关系史上具有重要的地位，对此后这一地区的国际关系和东亚政治格局也产生了深远的影响。

第四节　早期中西关系

伴随着新航路的开辟和西方殖民化进程的推进，受《马可·波罗游记》一书的影响，一批西方人尝试以全新的方式叩开古老中国的大门。葡萄牙、西班牙、荷兰和英国等在明代中后期相继来到东方，并以社会团体或国家的名义，尝试与中国交往，汇聚成一股中西交流的浪潮。

1. 早期交往

葡萄牙是近代欧洲最早兴起的海外扩张国家，正德五年（1510）占据印度果阿，翌年又攻占满剌加。正德八年，葡萄牙人若热·阿尔瓦雷斯在中国商人的指引下，到达广东珠江口的屯门，成为第一个到达中国的葡萄牙人。由于未被允许登陆中国，他只在中国海岸短期停留后，便离开了。

正德十二年，葡萄牙国王派使团来华。明廷按"外夷觐见"的规定处理。由于明武宗南巡，加之双方语言习俗等存在障碍，葡萄牙人在广州和北京等地待几年，直到武宗去世后，也没有见到中国皇帝。正德十六年

澳门葡萄牙帆船模型

（1521），武宗去世，葡萄牙使团遭到驱逐。九月，葡萄牙使臣被扣押在广州，关进监狱。不久，葡萄牙国王再派梅洛率船队前来中国，嘉靖元年（1522），他们从满剌加到达屯门，试图强行驶入内河，进入广州。舰队在新会西草湾与明军水军相遇，双方展开激战。明军斩敌首35级，生俘42人，缴获敌舰两艘，葡萄牙舰队被迫离去，暂时放弃与明朝的官方接触。此后的二三十年，葡萄牙人在中国东南沿海与倭寇、中国商人勾结，参与走私或劫掠。

葡萄牙人早期入境中国的失败，以及西草湾事件在中西交流史上产生的很大的消极影响，其中之一就是加重了明廷对西方人的防范心理，促使嘉靖下决心实行严厉的海禁政策。

嘉靖三十二年（1553）至三十三年，葡萄牙人深感参与"走私"或"劫掠"终究不是对华交流的长久之策，遂积极寻求与广东地方贸易商谈，并通过贿赂地方官员、答应缴纳关税，到广州等地贸易。嘉靖三十六年，葡萄牙人借口需要停泊、晾晒货物等，并许诺缴纳租金，"求于近处泊船"，经澳门守澳官王绰代为申请，海道副使汪柏同意，葡萄牙正式入居澳门。此后，葡萄牙人修造炮台，设官置署，筑室建房，非法移民，澳门逐步沦为西方殖民者第一块在华殖民地。①

西班牙人继葡萄牙人之后来到东方，他们在嘉靖四十四年（1565）占领吕宋（今属菲律宾），并以此为据点走私、劫掠，迫害在吕宋的华人。万历三年（1575），西班牙以吕宋的名义来华通商，未能得逞。万历二十六年（1598），在菲律宾的西班牙总督又派船队侵犯广东，企图仿葡萄牙人"结屋群居"，被驱逐出境。②天启六年（1626），西班牙殖民者乘虚攻入我国

---

① （乾隆）《香山县志》卷6《王绰传》。
② （万历）《广东通志》卷69。

澳门大炮台

台湾北部的鸡笼，占夺淡水，占领台湾。

"海上马车夫"荷兰在西班牙之后迅速崛起，他们在万历二十三年到达爪哇，万历三十年，建立荷兰东印度公司，与葡萄牙和西班牙人争霸海上。万历三十二年，荷兰人韦麻郎率舰船欲强行登陆澳门，受阻后转向澎湖列岛，他们还试图通过行贿等手段进入中国，均未得逞。天启二年（1622），荷兰人再次向澳门和澎湖发动进攻，仍以失败告终。随后，他们转向明廷防御较弱的台湾，直到南明时郑成功收复台湾，才把他们驱逐出去。

明末，在世界殖民活动中后起的英国也把目光投向中国，受明朝官军的抵抗和葡萄牙的阻击，英国人的入侵野心一时没有得逞。由此，我们不难看出，明朝末年，中国已经成为西方殖民者的觊觎对象。

2. 传教士来华

明中后期，"西学东渐"和"中学西传"是中外关系史上的两件大事。大批耶稣会士、商人和使者来到中国，把西方早期近代科技文化介绍到中国，又将古老的中华文化介绍到欧洲，促进了正在进行中的欧洲近代化进程。中西文化交流向人们展示了中华优秀文化的生命力、融和力。

产生于一世纪的基督教于唐贞观年间传入中国，唐后期趋于泯灭（景教）；元朝时重新在中国活跃一时，元朝灭亡时趋于平寂。嘉靖年间，伴随着欧洲资本主义萌芽和天主教会的改革，其中的一个传教组织——耶稣会与葡萄牙、西班牙早期殖民者一起，再次把目光投向中国。

最早一位踏上中国领土、在明清之际传教史上留下光辉篇章的是西班牙人圣方济各·沙勿略，但他并没有如愿以偿，嘉靖三十一年（1552），他最终抱憾病逝于珠江口外的上川岛。自第二年始，葡萄牙人获准在澳门通商贸易，这为传教士入华传教创造了极为有利的条件。葡萄牙耶稣会士伯来笃是被允许在中国登陆的第一个西方传教士，他和公匦勒最早在澳门招收华人入教。他们于万历二十二年（1594）开办圣保禄学院，对传教士进行培训，让他们学习汉语和中国的风俗习惯，了解中国文化。罗明坚是最早进入中国内地的传教士，他在万历初年先以商人身份到广州了解情况，后应两广总督的邀请到广州传教。与他同去的意大利耶稣会士利玛窦，在肇庆创办了中国内地第一所天主教堂——仙花寺。他们在接受中国传统风俗习惯与生活方式的前提下，传播西方近代的地理、天文、历算和医药等科技知识，逐渐为一些中国人所接受。而此时，由于明廷面临着复杂的社会矛盾和民族矛盾，急切需要一剂"救世良药"，"一些正直和大度的人，关心对一种没落和腐朽的政权进行改革"。于是西方传教士和中国的一批开明的士人密切地走到了一起。万历二十六年（1598），利玛窦在南京吏部尚书王忠铭的陪同下抵达北京。他沿途结交了当时政坛和学界的达官贤人。两年后，他第二次赴京，将自己携带的西洋器物、书籍献给明神宗，获准在北京居住，由官府供应一切生活之需。至此，耶稣会士在中国的传教打开了新局面。

与利玛窦同时活跃于中国内地的耶稣会士为数不少，比较著名的有庞迪我、熊三拔、艾儒略、邓玉函、金尼阁等。他们来自于意大利、西班牙、葡萄牙、瑞士、德国、法国和比利时等国。这些传教士无论是在京城还是在地方，都受到官员和学者们的追捧，"声振京华，名扬全国"。"自是四方人士，无不知有利先生者，诸博雅名流，亦无不延颈愿望见焉"。[1]一身儒装的利玛窦忙于接待诸色人等的拜见，包括一二品的高官、大批皇室成员和宦

---

① 《徐光启集》卷2。

利玛窦和外国传教士墓地

官内侍等。

这些传教士在科学文化和精神世界里开始影响甚至改变着中国的知识界。以徐光启为例，在韶州教书时，徐光启见到了耶稣会士郭居静，这是他与西方传教士的第一次接触，数年后，他出面邀请郭居静到上海传教，这也是西方传教士在上海传教之始。1600年，赴京参加会试的途中，他在南京拜见恩师、著名学者焦竑，与著名的耶稣会士利玛窦第一次晤面。三年后，他在南京由耶稣会士罗明坚主持，正式受洗加入天主教，获教名保禄。徐光启皈依天主教，轰动一时（同时入教的还有他的朋友李之藻、杨廷筠，三人被誉为明代基督教"三大柱石"）。

明后期的耶稣会士在许多地方都有频繁的活动。例如，在河南，最晚在万历四十一年（1613）就有意大利籍的神父艾儒略、郭居静，法国籍神父金尼阁等天主教徒在开封做短期的传教活动。当时河南的传教，没有固定的场所，没有多少信徒和交往的对象，主要是读书人。崇祯元年（1628），意大利籍神父毕方济到开封周王府进见王室，并献自鸣钟等礼物。遂后，即在开封借民房设教堂，并向一般百姓开放传教，教徒有百余人之众。崇祯十五年，黄河决口，费乐德主持的教堂亦淹没于洪水之中，教徒死者甚众。到清顺治末年，河南按察使许瓒热心传播天主教，并得到当时河南巡抚佟国印的支持，邀请法国传教士恩理格（1624—1684）到开封主持传教，购置民房改建教堂，逐步扩大传教范围。

明清之际，到河南传教的耶稣会士还有费奇观（1571—1649），葡萄牙人，字揆一，万历三十一年（1603）先到澳门，从1604年开始，他先后在北京、保定、南昌、韶州、南雄、浙江、江西建昌、河南、广州等地传教，

利玛窦铜像（澳门）

1649年在广州去世。费奇观著有《振心总牍》《周年主保圣人单》和《玫瑰经十五端》等书。另一位费乐德，字心铭，葡萄牙人，生于1592年，1622年到达中国澳门，曾在杭州、宁波和湖广等地传教。他奉命在河南传教凡十二年，建立了开封城的第一座公教圣堂。崇祯十五年（1642）被李自成农民军围在开封城内，开封的官军企图以挖开黄河的方式来驱散农民军，结果城中百姓死者近三十余万。当年的十月九日，圣堂被毁，费乐德失踪，估计葬身于洪流之中。费乐德著有《圣教源流》（四卷）、《总牍念经》（二卷）、《念经劝》（一卷）等作品。

当时其他省份耶稣会士的传教情况，与河南多有相似，中西文化交流对社会生活尤其是官绅士大夫的生活产生了很大的影响。

3. 西学东渐

明末，传教士遵循"知识传教"的方针，以"学术思想"为媒介，力求扩大对中国社会各阶层，尤其是上流社会的影响。他们介绍到中国的科技成果，几乎包括了当时西方科技领域的方方面面，如数学、天文学、地理学、测绘学、机械制造学，以及音乐、绘画和文字拼音等。

天文历法。汤若望于天启三年（1623）初到北京后，即以介绍天文知识为突破，引起明朝大臣的关注，他将西方重要的数理、天算书籍列目呈报朝廷，并邀请官员们参观他的科学仪器。后来他与龙华民、邓玉函、汤若望和罗雅谷等传教士都曾在钦天监任职，协助徐光启、李天经等编译西方历书。徐光启既利用西方传教士的知识，又组织中国官方，推广天文历法知识，制造精密仪器，共同编制《崇祯历书》。

明末，中国传统的天文历算经常出现预测天象不准的问题。徐光启在与西方传教士的交往过程中认识到，西方天文学使用严格的逻辑方法和长期

徐光启（右）与利玛窦

徐光启对西学的钟情，源于他对西方传教士人格魅力的敬佩。他认为，西方传教士是一群圣贤之徒，而天主教宣扬的也是忠孝慈爱、迁善改过的真理。在徐光启看来，"天主实义"的道德律与中国先儒是相通的，不仅达乎外表，而且合情合理，可谓"补益王化，左右儒术，救正佛法"。徐光启认为，自己结交的传教士，都是学有专长的正人君子，他给家人写信说，如果有的传教士在上海落难，务必把他安顿好，把他们保护起来。

随着与西方传教士交往的深入，徐光启越来越深切地体会到西方科技对富国强兵的积极意义。他放弃了自己非常喜欢也颇为擅长的诗词、歌赋、书法等，拜利玛窦为师，向他学习西方的天文、数学、测量、武器制造等近代科学知识和技术。

的科学观察去解释天体运动，推测的结果比中国历法要准确得多。崇祯二年（1629），钦天监官员推算日食时再次发生错误，崇祯皇帝遂命徐光启主持历法改革。徐光启广泛吸收西方耶稣会士参加，其中就包括大名鼎鼎的汤若望和邓玉函。徐光启还招集了一批年轻的中国学者，给传教士做助手。70岁的徐光启以高度的热情参与到各种测量与编制过程中，他时常拿着望远镜和大家一起守候在观象台上。一次，由于过于专心，还不慎失足从观象台上掉下来，腰部和膝部都受了伤。

《崇祯历书》编纂之时，正是欧洲近代天文学确立的时期，采纳了当时西方天文学较为前沿的天文科学知识，如运用第谷·布拉赫的宇宙体系理论，介绍托勒密的系统理论，引用了哥白尼、伽利略、开普勒等人的一些天文数据和资料等，据此推算出的日月食等天文现象的精确程度已较先前所用的中国传统的《大统历》要高很多。在《崇祯历书》等书籍里，他们描述了十几种欧式天文仪器，包括托勒密时代的仪器、第谷的仪器和伽利略的望远镜，并试制和使用了部分欧式仪器。历书编好后，鉴于天文历法在中国传统政治中非同寻常的重要地位，崇祯皇帝让大臣们充分商议，直到1644年明朝灭亡之前才颁行天下。清前期，这部历书经过删削修改后，更名为《西洋新法算书》（又改为《新法算书》）在全国推行，它对后世产生了巨大影响，

《几何原本》书影

"（后世）言历者，莫不奉为俎豆"①。

数学。数学是近代自然科学技术创新和发明的基础。利玛窦与徐光启共同合作，在万历三十四年（1606）秋合译了古希腊著名学者欧几里德的数学著作《几何原本》的前六卷，填补了中国数学界的诸多空白。《几何原本》是我国第一部由拉丁文翻译来的数学著作。由于这是一次前所未有的尝试，译名绝无对照的词表可循，全部是从无到有，只能靠徐光启去体悟创造。不可思议的是，徐光启的许多译名十分恰当，如点、线、直线、曲线、平行线、角、直角、锐角、钝角、三角形、四边形……都是由徐光启最先定下来的。这些名词不但在我国一直沿用至今，并且还影响到日本、朝鲜等国。他们二人还合作翻译了《圜容较义》《测量法义》《测量异同》和《勾股义》等数学书籍。利玛窦还与李之藻合译了《同文算指》一书，该书根据克拉维斯的《实用算术概论》和程大位的《算法统宗》编译而成，较为详明地介绍了西方数学基本理念，为建立近代自然学科的理论基础创造了条件。②

地理学。万历十一年（1583），利玛窦等人利用欧洲通行的《万国舆图》仿绘了《山海舆地全图》（后加中文标识后，称为《坤舆万国全图》），通常被认为是中国诞生的第一张近代意义的世界地图，该图多次再版（近年也有学者认为该地图实诞生在郑和航海时代，是郑和环球航行的见证，然证据不充分）。意大利传教士艾儒略还用中文写成了著名的地理著作《职方外纪》，对当时世界各国的地理沿革、风土民情予以介绍。这些地图和地理知识，引起中国各阶层，尤其是最高统治者和知识群体的极大关注，影响甚大。西方地理学的引入和地理观的传入，在中国引起了巨大的思想变

---

① 《清史稿》卷506。

② 张承友等：《明末清初中外科技交流研究》，学苑出版社1999年版。

革。有学者认为，"在西学东渐的过程中，地理学科对于中国起着某种意义上的先行学科作用。先进的中国人，就是从认识世界地理开始，才打破了传统的'中国'与'四夷'的天下秩序的旧观念，接受万国并存的世界意识，进而充分理解到自身缺陷，产生向西方学习的念头"。利玛窦的《坤舆万国全图》和艾儒略的《职方外纪》成为中国人掌握世界地理概念的启蒙读物，"当天朝大国的臣民发现这个大国只不过占据地球一小部分的时候，可以想象他们所受到的震撼有多大"[①]。

物理学。近代物理学的传入，始自汤若望的中文论著《远镜说》。该书介绍了望远镜的性能原理、制作方法等。崇祯七年（1627），邓玉函口授、王徵译绘的《远西奇器图说》，是传入中国的第一部西方近代工程物理学专著，它系统阐述了物理学中力学的重心、比重、杠杆、滑轮、斜面等理论，以及运用这些原理制造的起重、取水、转磨等器械工具。熊三拔编著的《泰西水法》，图文并茂地介绍了包括龙尾车、玉衡车、水库等在内的西方水利设施和机械的性能及制作，对徐光启的《农政全书》有很大影响。明清之际，西方物理学在中国大行其道，火器制造技术是代表之一。天启至崇祯年间，徐光启、李之藻与在澳门的西方传教士龙华民、毕方济等购买、研究和制造的西洋大炮（明人称"佛朗机""红夷大炮"等），一度有效地阻止了后金的来犯。当时，涌现出孙元化、孙承宗、王徵、张焘等熟悉西洋火器的一批工程技术人员。西洋火器技术的传入，一度影响到明清易代的进程。

此外，传教士还将西洋音乐和医学成果等，较为全面地介绍到中国。万历年间，在利玛窦进贡明廷的物品中，有八音琴、西琴、风琴、天琴、铁琴、翼琴、竖琴等西洋乐器。庞迪我曾出入皇宫，给太监们讲授西洋音乐。西方医药学中的人体解剖、生理机能、西药研制等知识，也传入中国。

可以说，在这一时期，近代西方主要的自然科学知识大都传到了中国。就其知识水平而言，基本上能代表当时欧洲知识界的平均或较高水平。西学东渐，有力地推动了中国科学技术的发展。英国著名的中国科学技术史专家李约瑟指出："到明朝末年的1644年，中国和欧洲的数学、天文学和物理学已经没有显著差别，他们已完全融合，浑然一体了。"[②]

---

①　邹振环：《晚清西方地理学在中国》，上海古籍出版社2000年版。
②　潘吉星主编：《李约瑟文集》，辽宁科学技术出版社1986年版，第196页。

《坤舆万国全图》

4. 中学西传

　　明中期以后，来华的西方传教士在传入西方近代知识和理念的同时，也把博大精深的中华传统文化介绍到西方。中国的哲学、文学、历史等社会科学知识，以及造纸、印刷、农艺、饲养、医学、药物、数学、天文、造船、建筑，乃至百工技艺都引起了西方传教士的浓厚兴趣，他们不遗余力地翻译、评介这些中华几千年的文明精华，以滋补处于起步阶段的西方近代社会。

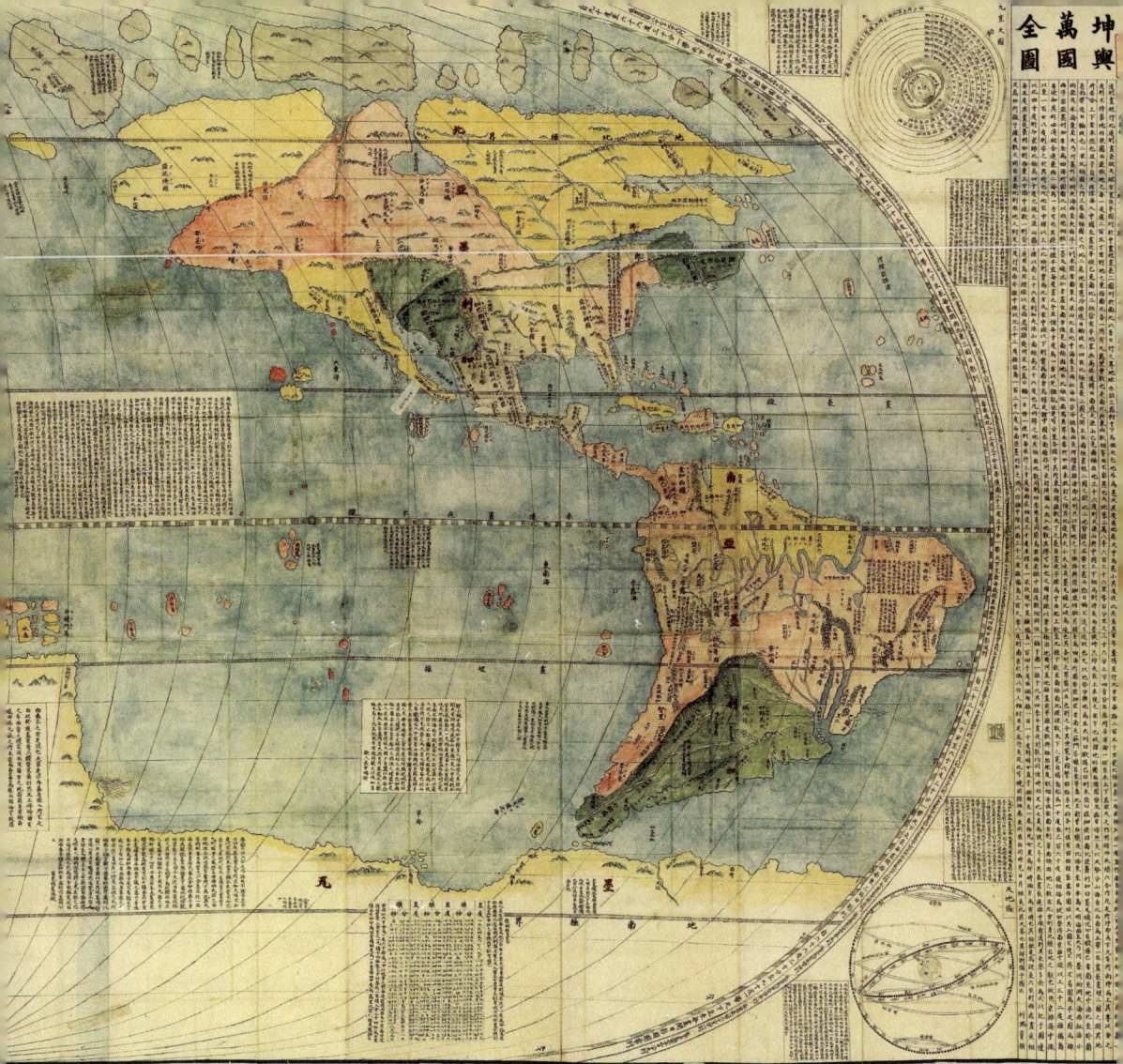

万历二十六年（1598），利玛窦把中国儒家经典"四书"译成拉丁文，寄回意大利。天启六年（1626），比利时耶稣会士金尼阁又将儒家经典"五经"译成拉丁文，在杭州刊行。翻译儒家经典的热潮，一直持续到清朝初年。这些儒家典籍和随后传至欧洲的中国历史文化知识，在欧洲的上层社会和知识界产生了深远的影响。德国哲学家莱布尼茨就十分崇拜儒家思想中的自然神论，说："这种哲学学说或自然神论是从约三千年以来建立的，并且极有权威，远在希腊人的哲学很久以前。"他认为中国将神和物合而为一，是尊崇最高的理性，这种天道观和基督教对上帝的信仰是相一致的。他确认中国文化可以弥补欧洲文化的不足，在《中国近况》一书的序言中说："我们从前谁也不信在这世界上还有比我们的伦理更完善、立身处世之道进步的民族存在，现在从东方的中国，竟使我们觉醒了。"在他倡导成立的柏林、彼得堡的科学院，都将中国哲学列入研究课题。①以法国狄德罗为代表的百科全书派学者，热心研究中国的历史和文化，将中国儒家的自然观、道德观和政治理想作为无神论或自然神论的有力武器，用以批判欧洲基督教的神权统治和君主专制，并通过对中国思想和政治的赞美，表达他们追求一个具有崇高理性、合乎道德、宽容而有节度的政治制度的理想目标。狄德罗认为，"孔子使世人获得对神的最纯真的认识"，这就是唯以德教人，要求人们修身、治国，都必须遵循自然的规律——理性，"而无需求助于神的启示"。霍尔巴哈认为，"中国是世界上唯一的将政治和伦理道德相结合的国家。这个帝国的悠久历史使一切统治者都明了，要使国家繁荣，必须仰赖道德"。他主张以德治国，写出《德治或以道德为基础的政府》一书，宣称"欧洲政府必须以中国为模范"②。

中国的瓷器、丝绸、刺绣、壁纸、折扇和绘画、园林艺术传入欧洲以后，产生巨大影响。在17—18世纪的法国，"中国风格""中国趣味"曾盛行一时。瓷器一直是中国对外贸易的主角，万历三十年（1602），荷兰东印度公司在海上捕获一艘名为"克拉克号"的葡萄牙商船，船上装有的青花瓷器，备受欧洲上流社会的热捧，他们把这种瓷器命名为"克拉克瓷"。近现代以来，在中国到欧洲的海上航道上，又发现多批这类青花瓷器。青花瓷对近代以来欧洲人的审美观和艺术品位产生了极大的影响。

在对明清之际中西文化交流史进行研究时，大多数学者只强调西学东渐，强调耶稣会士对中国文化的积极影响，却忽视了中国文化的西传及其对西方文化的积极影响。其实，中西两大文化体系之间蕴含的某些共性及其相互交流与互补，是这一时期显著的特点。就实际效果来看，欧洲从中受益的程度远在中国之上，因为晚明时代中国近代化因素曙光乍现，转瞬即逝。而

①　沈福伟：《中西文化交流史》，上海人民出版社1985年版，第449页。
②　王殿卿：《中国儒学与欧洲启蒙思想》，《河洛春秋》2000年第4期。

在欧洲近代化过程中，启蒙思想家以耶稣会士为媒介，"在东方发现了一个新的精神和物质的世界"。18世纪中叶以后，深受中国思想文化影响的重农学派魁奈等人，仍然活跃于法国的政治舞台。1789年，法国资产阶级大革命中著名的《人权和公民权宣言》，还可以看到中国孔子思想的影响。中国的"四大发明"在14世纪传入欧洲后，为欧洲从中世纪向近代社会过渡的历史变革提供了建立新文明的物质条件，对现代世界的形成起到重大的促进作用。

5．交流的中断

当然，也有学者认为不应当过高评价传入的西方近代科技在中国的实际影响及其预期。[①]有学者分析了17—18世纪传入中国的欧洲天文仪器技术及其历史地位之后认为，传教士先后介绍了30多种仪器或仪器零部件，以及20余项机械设计和制造技术，它们之中的绝大多数对于中国人来说是新知识，但这些技术中的大多数仅停留在书本描绘阶段，有些仪器只是御用品。传教士来华后，致力于开拓宗教事业，缺乏跟踪欧洲仪器技术前沿的需要和意识，对欧洲的新进展了解不多。他们所造仪器在中国历史上是先进的，但与同时期的欧洲相比则是落伍的。他们的敲门砖式的科技活动不足以将中国科技引向近代欧洲那种探索性的研究。中国传统天文学的内容、方法和目标不会引发仪器的近代化。天文学的特殊地位使它的兴衰深受皇帝态度的影响。与文艺复兴以后的欧洲不同，科学和技术尚未纳入明清社会的主要知识体系，而是游离于科举制之外，传统科技只是适应于小农经济的延续。人们满足于自己的文化传统，只有很少的工匠有机会了解传教士的技术，外来的仪器技术很难走出钦天监和皇宫。[②]

笔者认为，晚明时代，中西方交流的渠道不仅仅有传教士来华一途，还有西方商队持续东来，明朝也通过隆庆开关主动开放了国门，中西方的交流渠道是比较畅通的。这一时期的中西交流是中国传统社会向近代化转型的重要前提。首先西方科技叩开了中西交流的大门，对西方科技的研制

---

① 参见何兆武：《中西方文化交流史论》，湖北人民出版社2007年版，第37页。
② 参见张柏春：《明清测天仪器之欧化》，辽宁教育出版社2000年版。

与推广，不仅有徐兴启、王徵等一批士大夫，还有工匠阶层，近代西方科技传入具有阶段性，不能把传教士作为近代西方科技唯一的传入者。

可惜，我们看到的是，以徐光启为代表的一批科学家开创的科技创新之路随着明朝的灭亡也走到了它的尽头。当年，徐光启在编译《几何原本》时，对该书给予极高评价，曾深情地说："此书为用至广，在此时尤所急须。余译竟，随偕同好者梓传之。利先生（利玛窦）作叙，亦最喜其传也。意皆欲公诸人人，令当世呕习焉。而习者盖寡，窃意百年之后必人人习之，即又以为习之晚也。"①然而，随着清王朝的建立，这部被寄予厚望的数学著作的后半部分迟迟没有译出，就是译出的前半部分也被打入冷宫，淡出了人们的视野。晚明时代，中西文化交流的平台已初步构建。但是，清军入关不过五十余年后，大批西方科技著作就被列为禁书，禁止的理由是"异域邪说，蛊惑人心"。西方传教士带来的科技著作，成为康熙、雍正、乾隆皇帝独享的业余爱好。直到晚清废科举、兴新式学堂时，几何学才成为学生的必修科目，这与徐光启发出的"百年"之叹，又晚了近二百年！天朝大国"康乾盛世"的美梦还没有做完，就被西方的坚船利炮打得晕头转向……中国近代化进程就是在这不经意间的三百年间长期处于停滞甚至是倒退的水平。

---

① 《徐光启集》卷2《几何原本杂议》。

第六章　明代社会经济的新发展

明代中期的百余年，尽管存在诸如政治腐败、社会矛盾尖锐等问题，由于没有特大的天灾、战乱，社会秩序总体稳定，经济和社会保持快速发展的良好势头。农村传统经济商品化转型明显，外来农作物促进了农村经济结构的转换，提高了农产品商品化程度；手工业分工更为精细，专业市镇的数量大幅增加；商品经济发达，城镇繁荣，海内外贸易规模不断扩大，白银货币化促进了国内和海外商品交换。明王朝商潮涌动，是当时世界贸易的中心。

第一节　传统农业的结构调整

传统农耕经济在明前期得到较快的恢复和发展，农产品在满足人们的基本生活需要之后，也为农村经济结构的转变创造了条件。虽然明朝的传统农业经济没有发生根本变化，但农村经济中除粮食种植之外，林业、牧业、渔业和副业等快速发展，既改善了人民的生活，提高了生活质量，也为农村经济的发展提供了坚实的基础和必要的条件。

1. 经济作物的广泛种植

明初太祖在致力于恢复发展农业时，曾把种植经济作物作为救灾应急的措施之一来抓，尤其是经济作物树种均在强制之列，多种植者还有奖励，并有税收政策方面的减免优惠。在此政策激励之下，桑、枣、麻、棉等植物和瓜果树木的种植数量很大。洪武二十五年（1392），开封、怀庆、彰德、卫辉及广平、大名、东昌等7府棉花丰收，共收获1180.3余万斤。棉花产量增加后，棉布成为供给明朝北边军队御寒的衣料来源之一。另外，明政府还用棉花、棉布同边疆少数民族进行商业贸易，换回马匹等畜牧产品。至于桑、枣、柿的种植，据成化《河南总志》记载，当时在起科的官民田上种植的桑树为5952343株，征科丝棉195470两；枣树为574236株，科枣48310石。

在不起科的官民田上种植的桑、枣、柿树更多，计有桑树49868610株、枣树37093117株、柿树12383366株。在明前期的赋役征收过程中，还推行了"折色"制度，即在粮食、货币和经济作物之间的互相折算缴纳，这也为单纯、专门的经济作物的种植提供了便利，在一定程度上促进了农村经济作物的种植专门化和农村经济结构的调整和转化。

在明代，进入流通领域最大宗经济作物是棉花。作为明代普通百姓最重要的衣服原料，棉花的种植已遍及全国各地，形成了几个主要棉花产区。长江三角洲一带，尤其是松江、苏州和嘉兴等地，是全国最重要的棉花生产和加工地。在广大的北方，棉花是大部分农村最主要的经济来源。北方气候适宜棉花生长，河南、河北、山东、山西发展成为棉花的主产区，江南则成为棉布及深加工地区。据弘治《河南郡志》，当时棉花已成为河南农村最主要的经济作物，种植面积大，洛阳地区的13个州县有11个种植棉花。到万历二十二年（1594）时，河南道御史钟化民奉命赴豫赈恤灾民，在复命回朝时所作《救荒图说》中谈到了河南全省植棉的情形："臣见中州沃壤，半植木棉。"河南棉花种植业除满足自身需要及供给本地棉纺织业外，还将大批原棉输往江南，供应松江、苏州等地的棉纺织业，成为全国主要的原料产地。徐光启在《农政全书》中曾指出："今北土之吉贝（棉花）贱而布贵，南方反是。吉贝则泛舟而鬻诸南，布则泛舟而鬻诸北。"钟化民在《赈豫纪略》中说，中州地区所产棉花虽然数量很大，却"尽归商贩，民间衣服率从贸易"。

不少地区的农民因地制宜，种植经济作物，发展多样经营。唐宋时期，江浙地区一直是重要的粮食产地，到了明中后期，因粮食的利润不如棉花，所以松江府官民军灶垦田凡200万亩，大半植棉。杭嘉湖地区则尽逐蚕桑之利，福建南部的百姓也因为种稻利薄，改种甘蔗或者改种荔枝、龙眼等水果和染料作物蓝靛，烟草传入后，又广泛种烟。广东因"开糖房者多以致富"，农民也纷纷改田种甘蔗，在番禺、东莞、增城、阳春等地，蔗田的种植田亩数和粮食大致各占一半。此外，广东还广植荔枝、龙眼等果树。江西、陕西则改田种烟，成为重要的产烟区。在河南，染料作物的种植以蓝靛和红花的种植范围最广，许多州县都产蓝靛，品种有大蓝、小蓝、蓼蓝、茶蓝、马蓝、吴蓝、苋蓝等等。红花作为染料，可染出多种红色，用途广泛，河南的红花种植广泛，其中"鄢陵尤盛"。杞县农民除种植五谷外，多植棉花、芝麻与蓝靛，称为"杞县三宝"，当地的茴香还被列为贡品。据明代

《怀庆府志》记载，该府所产药材有49种之多。所种药材的目的就是贩卖营利，带有典型的商品生产特征。

2．外来作物的迅速推广

哥伦布发现美洲后，到明代中后期即16世纪后期，一些美洲农作物通过西班牙人开始传入菲律宾等东南亚国家，再传到中国。传入中国的美洲作物计有玉米、番薯、豆薯、马铃薯、木薯、南瓜、花生、向日葵、辣椒、番茄、菜豆、利马豆、西洋苹果、菠萝、番荔枝、番石榴、油梨、腰果、可可、西洋参、番木瓜、陆地棉、烟草等近30种。由于美洲作物普遍具有耐旱、耐瘠薄、高产等特性，最初进入我国福建、广东、浙江的沿海地带，稍后，就被有识之士在中国北方旱作区黄河流域大面积的快速推广。

这些外来物种中，玉米和甘薯（又称番薯、白薯、红薯、地瓜）这两种粮食作物产量高，而且比较容易种植，耐旱抗寒，在比较贫瘠的山地、旱地和滨海沙地都能生长，"瘠土砂砾之地，皆可以种"[①]，不与小麦、水稻和桑麻争地。玉米在正德以前就已传入，但种植地区不太广泛，主要在西南和东南一些山区种植，到明末，已成为长江中下游地区特别是汉水流域山区的重要粮食作物。一般认为甘薯传入我国有陆路、海路三条线：一是东南陆路，由印度、缅甸引入云南、四川；二是西北的丝绸之路；三是由海路，经福建、广东传向江西、湖南、浙江、上海、安徽等地，再向北方内地传播开来。嘉靖四十一年（1563）《大理府志》已有"紫蓣、白蓣和红蓣"的记载。万历《云南通志》中共有6个府州种植"红薯"。甘薯传入福建的时

番薯和玉米

---

① 周亮工：《闽杂记》卷3。

间，《闽小记》记载为万历年间。据说，万历十一年（1583）至十二年，有人将甘薯从海外带到晋江。万历二十二年至二十三年，泉州一带发生饥荒，其他粮食作物价格大涨，"惟薯独稔，乡民活于薯者十之七八"。

玉米和甘薯的传入，对缓解粮食供应困难起到了积极作用，对明代中后期人口的增长、社会劳动生产率的提高，都有积极的意义。例如晚明时代的徐光启因父亲去世"丁忧"在家，碰到家乡闹水灾，农田尽淹。徐光启见此十分忧心，若不及时补种别的庄稼，来年肯定会出现饥荒。恰在此时，一位朋友提到，福建一带从外国引进了一种高产农作物甘薯，极易成活。徐光启心思一动，立即让朋友带来一些秧苗，开荒试种，果然丰收。于是他把种植心得编成手册，分送乡邻。本来只在福建沿海种植的甘薯得以在江浙淞沪地区落户、推广。因甘薯是通过块茎和秧苗栽种，最初由南向北传播时，气温温差过大，导致"留种"和"藏种"成为引种的关键。徐光启在其《农政全书》中总结了生产实践的经验，解决了这两大关键问题，为甘薯的向北推广解决了技术难题。

其他的外来作物，有的经济价值比较高，如花生、烟草等，有的像南瓜、番茄、辣椒等蔬菜品种，对改善人们的生活水平和消费结构，具有积极的意义。

花生、烟草等具有极高的商业价值，对我国传统的自然经济作物产生了强大的冲击；甘薯、玉米和马铃薯等高产作物使得粮食单位面积产量和总产量大幅度提高，引起了传统饮食结构的巨大变化。因为在粮食作物方面，我国原有稻、菽、麦、稷、黍五大作物，明代以前大体已经形成"南稻北麦"的种植格局。随着长江流域的开发，麦类作物在南方的种植面积有所扩大，稻麦轮作制得到普遍应用；水稻在北方的种植区也渐有扩张，北直隶地区开垦了更多的稻田。在当时农业生产工具改进不大的背景下，新的美洲作物的引种推广是具划时代意义的农业革命，也是明清时期农业发展、人口迅速增加的重要原因之

烟草

一。

美洲作物的引种与推广，是明清时期生产力水平提高的标志，有利于商品
经济持续发展，有助于农民追求更大的经济利益，增加了粮食作物的种类和产
量，在满足日益增长的人口粮食需求等方面发挥了积极的作用。

3. 农业经济的转型

在许多农村，从以传统的粮食作物种植为主，到经济作物种植为主，传
统农村经济结构发生了很大的变化。农村，不再仅仅是粮食、农产品的提供
者，许多地方还从传统自给自足的家庭传统手工业中走出来，对农产品进行
加工，家庭手工业水平有了很大的提高。

家庭规模经营在许多农村地区普遍出现。如在棉产区，许多农户除出
售棉花外，还开展家庭手工业，对棉花进行加工，去籽、纺纱、织布，以提
高产品的附加值。在松江府，"家纺户织，远近流通"；在浙江嘉善县，有
"买不尽松江布，收不尽魏塘纱"之谣。植桑业发达的地方，情况也大体相
似。农户除出售桑叶之外，还往往自己养蚕，再出售蚕茧、蚕种，有的还缫
丝、织绸。各地的农户，还往往根据当地的自然资源和农业资源，从事副业
生产。农村家庭经济结构不再是单纯的男耕女织，而是男女合作，共同开展
多种生产经营。

大中地主有实力开展较大规模的经营活动。明中后期的地主经济出现了
某些新的变化。虽然大中地主仍然强调以耕织为本业，以地租收入作为其经
济收入的主要来源，但在工商业获利丰厚的大背景下，许多地主逐步扩大经
营的范围，从事工商业经营活动。嘉靖时江阴县出现的"乡落大姓，居货而
贾者，数不可纪"[①]的情况，在当时全国各地都是颇为普遍的。明中后期货
币经济快速发展之后，地主经济中所包含的商品货币经济的因素，呈现大幅
度增长的趋势。地主经济日趋多元化。

随着农产品商品化程度的提高，农村经济受市场支配程度的加深，农
民的生活变得更加丰富多彩，生活水平有所提高；另外，市场的剧烈竞争，
又加剧了农民的贫富分化。部分农民由于努力耕作、经营有方，不断扩大生
产，许多农民过上了富足的生活，也有部分农民贫困破产，由自耕农下降为
佃农、奴仆或雇工。这种雇佣关系会随着商品经济发展的水平而不断变化。

---

① （嘉靖）《江阴县志》卷2《市镇》。

明中后期，一般的租佃关系，已普遍采取契约的形式，分成租制虽仍存在，但在经济发达的江浙、福建则已经盛行定额租制，从而使佃农对地主从人身依附关系为主向以土地依附为主的方向过渡。在定额租制下，地主直接干预佃农生产的情况有所减弱，佃农在经营上有了更大的主动性，从而提高了劳动积极性。在定额租制普及的地方，还出现了货币地租。货币地租的出现，意味着地主与生产环节失去直接的联系，使佃农获得更多的经营自由，这也有利于劳动生产率的提高。

农村经济商品化，加上人口的大幅度增长，还诱发了农村人口的大规模流动，改变了农村和城镇行业人口比例。嘉靖年间，上海松江人何良俊说："余谓正德以前，百姓十一在官，十九在田……自四五十年来，赋役日重，民命不堪，遂皆迁来……昔日逐末之人尚少，今去农而改业为工商者，三倍于前矣。昔日原无游手之人，今去农而游手趁食者，又十二三矣。大抵以十分百姓言之，已六七分去农。"[①]这里所说的"自四五十年来"，从时间推算为成弘以后，所谓"迁业"就是指农民的职业变动。这种职业变动即人口流动的方向，大抵有两种情况，一是突破传统的安土重迁观念，从农村流入市镇，由务农变为务工或务商，成为城市的工商业者；二是就地迁业，虽然没有离开农村，但却突破传统的以农为本、工商为末的观念，由务农改为从事手工业或商业，或者是"改田他种"，专门从事经济作物的种植，发展商品生产。

第二节　商业和城市的繁荣

1. 手工产品的商品化

明前期经济发展水平不高，手工业主要满足官僚贵族阶层，以及普通百姓的基本生活之需。明中后期，人们对提高生活质量的要求变得迫切，对手工业产品的需求数量和质量都有很大的提高。明中后期的手工业得到了快速发展，主要表现在私人手工业的快速发展，而官营手工业全面衰落，官僚贵族的手工业需求主要通过商品货币形式来提供。

---

① 何良俊：《四友斋丛说》卷13。

《南都繁会图》（现藏国家博物馆）

第一，民营手工业快速增长。

这一方面得益于明初太祖废除了元朝以来落后的匠户制度，采用住坐匠和轮班匠制度，放松了对工匠的严格控制，使他们有自由支配的时间从事生产经营。到明代中后期，由于商品经济的不断发展，工匠制度不断改革，他们可以"折班"交银免于服役，工匠有了很大的灵活性。民营手工业快速发展，手工业品在产量、品种、质量上都达到新的水平。

明中期以后，各地官营织染局的生产日益凋敝，只能采取机户领织，即由机户进行加工订货的形式，来完成官府交给的任务，这就是"官搭民造"的方式。民营丝织业则蓬勃发展，产量、规模都大大超过官营手工业。明代丝织业以江南、四川阆中、山西潞安以及闽粤等地的新产品最为著名。据统计，江南苏州、杭州和南京三个城市的民营织机在5—5.5万张之间，盛泽等市镇和乡村的织机约有1.5万张，加上镇江、嘉兴、湖州等地市镇，江南民营织机的总数约在8万张以上，寻常百姓之家，机杼之声比户相闻。这里的丝绸质量在全国也属最佳，花样多，新品多，品质好，宫廷采办多出于此。此外，福建、广东、四川、山东、山西等地区还有大量民营织机，仅山西潞安一地最盛时就有织机9000多张。

陶瓷业方面，制瓷中心景德镇的民窑发展繁盛，窑区绵延十余里，有窑二三百区，工匠人夫达数十万之众，生产大量民间消费的瓷器，"形器天下走"。2009年9月26日，在中国广东汕头市南澳县发现的"南澳一号"明代沉船上，整理出大量的青花瓷器，为万历年间粤东或者闽南及江西一带的民间瓷窑所生产。沉船的南澳岛位于福建漳州到东南亚的航线上，很可能是从

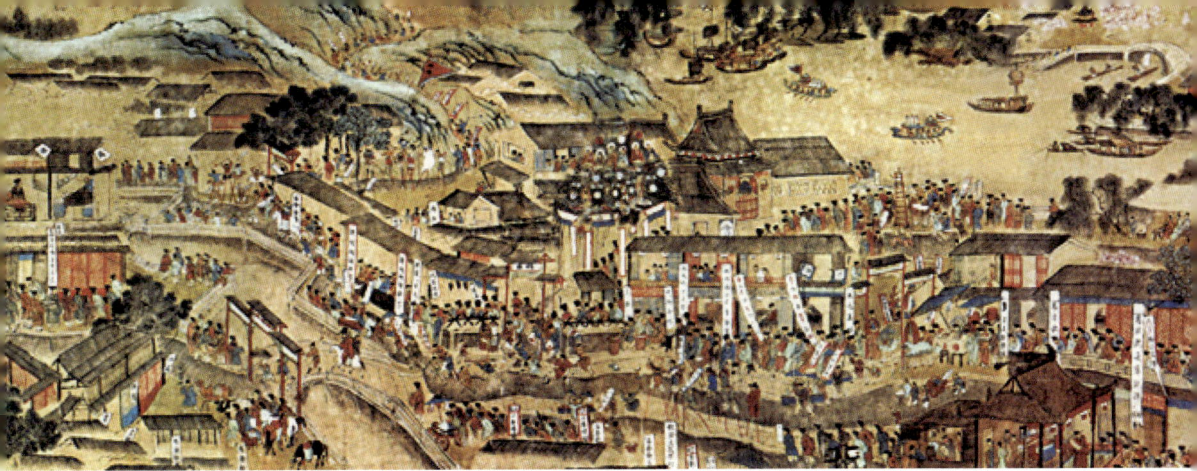

漳州附近出发，驶向东南亚或更远的地方去销售。瓷器在中外贸易中一直扮演着极为重要的角色。万明认为："一部明代青花瓷崛起的历史，是一部中外文明交融的历史，一部海外贸易改变了中国传统工艺品发展走向的历史，也是一部市场引领社会时尚的历史。"①通过自16世纪开始的中国与葡萄牙的青花瓷贸易，不仅中国传统瓷器销售范围得到了前所未有的扩大，欧洲人也通过青花瓷认识了中国的物质与精神世界。

制盐业在明初为官府所独占，由"役皆永充"的灶户进行生产，向官府缴纳盐课，由官府实行专卖。到明中期实行盐课折银，灶户拥有了一定的生产和销售自由，万历年间，两淮的产盐区就出现了盐商执持盐引"与灶丁相市"②的现象。此外，在矿冶、伐木等官府控制较严的手工业领域，也出现了民营化的倾向。

第二，棉纺织业飞速发展。

随着棉花种植技术的成熟，以及全国各地官员的大力推广，棉花种植面积扩大，从长江流域到黄河流域分布甚广。棉纺织业迅速发展起来，在嘉隆万时期的全国各地，棉纺织品也成为百姓服装的主要原料。江南的苏、松、常、嘉、杭诸府，逐渐成为棉纺织业的中心。范金民在《明清江南商业的发展》一书中统计，松江一府年产棉布2000万匹，松江之外的江南地区，年产棉布500万匹。此外，福建、湖广、两广、四川等地也都有各具特色的棉纺织业。北方地区空气干燥，不易纺织，明前期只能将大批棉花贩往江南，织

---

① 万明：《明代青花瓷西传的历程——以澳门贸易为中心》，载《明代中外关系史论稿》，中国社会科学出版社2011年版，第721页。
② 王圻：《续文献通考》卷20《征榷考三》。

成棉布后再贩回北方。明末北直隶的肃宁人经过反复实践，"多穿地窖，深数尺，作屋其上，檐高于平地仅二尺许，作窗棂以通日光。人居其中，就湿气纺织"[1]，织出了紧实细密的棉布。此后，北方北直隶、山东、河南、山西、陕西等地的棉纺织业也迅速发展起来。明中期时，河南各地已经广泛地种植棉花，不过，各地的棉花也仅仅以收花纺线为主，除孟县等地的棉有一定的影响，许多地方只是棉花的生产地和棉布的初加工地。万历年间，河南巡抚钟化民在《赈豫纪略》中提出应在全省各地推行纺棉织布，具体办法是："令各府州县，每遇下令劝农，即查纺织之事。"时任确山县知县的陈幼学积极在当地推广棉纺织技术，购置了800多部纺车分发到各地。一些地方的棉花（布）因质量好，在国内市场渐渐出了名。棉纺织业的发展，还带动了染坊、踹坊等相关行业的发展。

第三，手工业技术有所提高。

棉纺织业方面，在明初，轧棉继续使用元代的搅车技术，万历以后使用四足脚踏搅车；纺织工人大多一手摇纺车，一手纺一根线，万历以后改用足踏纺车，效率提高三倍，有的地方的工人甚至一手可纺四至五根线，效率更高。丝织业中出现的提花机，中间的花楼高达丈余，由织匠和挽花工两人共同操作，能织出精美的绸缎。冶铁技术也有很大的改进。明末广东的冶铁炉，比明初河北遵化冶铁炉更高，容积更大，炉体也由方形改为瓶形，使燃烧更加充分；火口镶以耐火的水石，可延长炉体的使用寿命；使用"飞掷"装料，可减轻劳动强度，还可提高工效。[2]在鼓风装置中，还发明了活塞式

---

① 徐光启：《农政全书》卷35《蚕桑广类》。
② 屈大均：《广东新语》卷15《货语·铁》。

木风箱①，能自动启闭活门，产生压缩空气，极大地提高风压与风量。冶铁燃料中，开始使用焦炭，叫做"礁"，"可五日不绝火，煎矿煮石，殊为省力"②，它的意义在于提高了炼铁炉的温度，提高了冶炼的速度，是煤铁技术革命的重大技术，这项技术比欧洲要早200多年。此外，在采矿技术方面，明朝采取了"烧爆"的采矿方法，即采取烧爆技术，比原来用尖铁、铁锤击打，省力省时，提高了采矿效率。

2. 城市繁荣

北京、南京、苏州、杭州和开封等宋元以来的大城市，凭借着独特的政治优势，带动了经济快速恢复和发展，在明中后期都发展成为人口众多、服务齐全、商业繁荣的大城市。像运河沿线有扬州、淮安、靖江、济宁、临清、德州、天津、通州等，长江沿岸有镇江、芜湖、九江、汉口等，黄河沿岸有济南、开封、郑州等，沿海有上海、宁波、温州、泉州、漳州、广州等，北方边境一些交通要道上有张家口、宣府（今河北宣化）、大同、辽东（今辽宁北镇）、宁夏（今宁夏银川）、兰州、甘州（今甘肃张掖）等，形成了规模较大的市场。虽然特大型城市的规模未必超过前代，但在城市的数量及其分布上要远胜一筹。

南北二京甚是繁华，"因帝都所在，万国梯航，鳞次毕集"③，国际性大都市俨然矣。生活在晚明的刘侗对明末北京城的元宵节有如下描述："今北都灯市，起初八，至十三而盛，迄十七乃罢也……市之日，省直之商旅，夷蛮闽貊之珍异，三代八朝之骨董，五等四民之服用物，皆集。衢三行，市四列，所称九市开场，货随队分，人不得顾，车不能旋，阗城溢郭，旁流百廛也……向夕而灯张，乐作，烟火施放。于斯时也，丝竹肉声，不辨拍煞，光影五色，照人无妍媸，烟冒尘笼，月不得明，露不得下。"④北京城的繁华可见一斑。

"上有天堂，下有苏杭"，明代的苏、杭二州不仅有秀美的人造园林，湖光山色，还有因富商大贾、文人雅士汇集而繁华异常的城市，这里成为

---

① 《天工开物》卷中《冶铁第九》。
② 方以智：《物理小识》卷7《煤炭》。
③ 谢肇淛：《五杂俎》卷3。
④ 刘侗：《帝京景物略》卷2。

明朝城市文化与消费风尚的引导者。晚明有一俗谚，说"苏州样，广州匠"，说明了苏州和广州在国内引导奢侈生活用品的样式和水平。凡服装式样，新鲜、别致，一概称之为"苏样"；见到别的稀奇鲜见的事物，也径称为"苏意"。当时的广东人颇为崇尚"奇器"，而番舶贸易的存在及其发展，同样也为这种社会风尚提供了社会基础，使广州人可以充分享用来自东、西洋的金银之器；"广州匠"则表明了广州手工工人技术之高超。江南地区的其他城市虽不如苏杭繁华，但繁荣景象远胜先代。如位于长江和运河交汇处的扬州，嘉万年间"四方舟车商贾之所萃，生齿聚繁，数倍于昔"，在广陵的盐商有数百家之多，总资本超过三千万两，有"扬州富甲天下"之说。①

开封城的繁华，似乎只停留在北宋，实际上，明代中后期开封城的繁华虽不能与江南大中城市相比，此时人口最多时也超过了百万，繁华有类当年。成书于17世纪中期的《如梦录》，详尽地描述了开封城经济的繁荣。城内的商业店铺林立，主要有四大类：一是日用百货类，如衣裳、布匹、绸缎、手帕、汗巾、酒类、茶叶、药材、折扇、皮货、杂货、雨伞、香料、胭脂、宫粉、瓷器、竹货、漆店、江米店、西绒货、糖果、羊油、蜡烛、各类食品、木梳、灯具、蒲席等，应有尽有。二是文化用品类，如刻字、刷字、画馆、写真方家画（即画像）馆、揭裱书画、文房四宝、书束、裱绫、画绢、手卷、京文纸、红纸、古连纸、代书呈词、状格纸张、翻刻经书等店铺散居各处。三是各类手工业作坊，如丝织业、棉织业、鞋帽业、农器业、制盐业、铁器业、铜镜业、家具业、制伞业、染房、踹布房、磨房、面房、酒坊、打银店、篦子铺、兵器铺等等。四是专供文武官员所需的生产经营型部门，如专门制造朝靴、官帽、幞头等的店铺在开封城内设有多处，如今大纸坊街一带，"西头有皂靴镶铺，定做选材通衬文武官样、四缝掐金、男女朝靴"。手工业形成了各类专业工匠队伍，计有铁匠、木匠、绳匠、竹匠、格子匠、织帘匠、铁箍匠、泥牛匠、画匠、纸扎匠、打造银器铜器匠等。在开封城，外地商贾云集，商品来自四面八方。鼓楼一带街市非常繁华，"此市有天下客商，堆积杂货等物，每日拥塞不断"。外地商品品种繁多，"内有京、杭、青、扬等处运来粗细暑扇、僧帽、头篦、葛巾、白蜡等货"和"各

---

① 参见陈宝良：《明代社会生活史》，中国社会科学出版社2004年版。

色海菜、六安芽茶"。有些街市"俱卖四川黄杨、福建荔枝"、京货、吉阳夏布、建宁红黄夏布等。

当时开封城内租赁业务也发展起来，如"出赁瓷器、家火、酒烙、缎盒、鸡鹅笼、娶亲披红、银花等物"。还有专门出赁丧葬器物的店铺，如城内熊家胡同一带有纸马铺，"出赁丧举、绫幡、旗伞、魂亭、铭旌架、吹手、小吊、大马"等。这种情况反映当时人们的商业经营意识越来越强，可根据社会需要不断开拓出新的经营项目，这也是开封城市商品经济发展的重要表现。

开封城西厢一带是蔬菜交易集中之地，每日五更时分，菜农已纷至沓来，"鲜菜成堆，拥挤不动，俱有贩者来买，灯下交易"。这类交易多属大宗的批发生意，文中所言"贩者"当为批发商或转手贸易者。他们购得各类蔬菜后，再行销往城内或各地，赚取差价，这表明当时已存在批发销售及零售商等多层次交易方式。俟城门开时，菜农们则"塞门而进，分街货卖"，进行零售交易。蔬菜交易中批发与零售相结合的方式，进一步显示出明中期以后河南商品经济的发展程度，也是开封城市经营灵活、多样化的又一表现。

由此不难想见，全国其他地方的中等城市经济发展水平和经济生活的一般状况。

3. 中小城镇的崛起

大中城市的繁荣，带动了府、州、县治所所在的中小城市的兴起和发展，同时，在大中城市联结、交通便利、农业和手工业商品化程度较高的地区，出现一批工商业市镇。这是明代中后期全国商品经济全面发展的表现。

府州、县治所所在的行政性的城市，商品交换渗透到社会生活的各个方面，即便在经济发展水平相对较低的北方中小城市，也呈现出前所未有的繁荣。在手工业和商业发达的南方，苏、松、杭、嘉、湖五府的工商业市镇密集，苏州的盛泽和震泽，松江的枫泾、朱泾和朱家角，杭州的唐栖，嘉兴的濮院和王江泾，湖州双林和菱湖等镇都以其代表性的手工业品为龙头，发展成为区域性的商品交流、集散中心，各地客商汇集于此，把当地的商品远销到全国各地。江南以外，也产生一批著名的工商业市镇，如河南的朱仙镇和周家口、江西的樟树、山东青州的颜神、湖北汉阳的刘家隔等，都是商品的重要集散地。工商业市镇的全面崛起是明代商品经济全面发展的结果，绝大

多数市镇在经过明清之际社会变乱的衰败后，在清中后期和近代得以恢复并持续发展，形成近现代工商业城市的雏形。

明代中后期，江南商品经济发展水平高，工商业市镇数量众多，商品化程度更高。在商品经济发展水平相对较低的北方省份、沿边地区，商业经济水平也同样远远超过明前期，全国统一的商品交换市场已经形成，商品化成为全国普遍现象。这一时期，国内水陆商路有了很大的扩展。为适应商业流通和商品交换的需要，士人或商人编撰出版了一系列商业交通和商业指南用书，里面列举了全国各地重要的商业交通路线和里程，并指出不同地区的风土人情、语言、物产、市价，等等，为商业经营提供许多有用的便利信息。

水陆交通条件的便利，对各地商业资本的活跃起到了推动作用。以当时全国商品经济发展水平不甚发达的河南为例，这一时期的大小城镇和商业贸易区，均呈现出前所未有的繁荣。

地处豫南的汝宁府（治所汝阳县），是该地区的政治、经济中心，这里南通湖广，北接开封，东连安徽，西达南阳，明人王士性《广志绎》称这里"通淮河，稍集商旅，聚南货，觉文物"。这里水陆交通便利，成为豫南及周边地区农副产品的集散地，南北各类货物充盈，商业贸易非常活跃。省会开封城南45里的朱仙镇，地处贾鲁河畔，是南北水陆交通的重要枢纽，明中期以后兴盛起来，南来北往的商贾逐渐云集于此，从事商贸活动。当地百姓看到了商机，纷纷兴办起各种饮食、旅店、仓储等服务行业，这里开始具有商贸重镇的雏形，并为日后朱仙镇的全盛奠定了良好基础。相距不远的尉氏县城，手工业和商业也有很大发展，百工俱备，如织布、熬糖、破竹、攻皮、破石、攻金等业，所在多有。

安徽宏村

商业运输方面，出现一批擅长长途贩运的商人，甚至有远至京师者。豫东南的周家口，处在颍河、沙河、贾鲁河的汇流处，明朝初年，这里是沙河南北岸的一个渡口。成化年间沙、颍二河汇流，形成三岸对峙局面，沿河逐渐兴起三个商业贸易区。至万历时，各种农副产品、药材、南北杂货店铺纷纷开办，交易

贵州镇远西南商路

繁盛，成为豫东南的"水陆交汇之乡，财货堆积之薮"。嘉靖时豫西南的裕州（今河南方城），"市杂百货邸具，五民笙歌沸天，寰门朴地"，城内还专设有马市、驴牛市、板市、米市、盐市、布花市等，贸易活动十分活跃。据嘉靖《商城县志》载，豫南的商城县金家寨市，交通方便，嘉靖年间"军民杂居，今改巡司于其镇，河通舟楫，货物交集，一巨市也"。正德《新乡县志》载，豫北的新乡县乐水关，"以水陆通便故，商贾蚁附，物货山集，目今最为繁庶"。当地居民亦多从事商业活动，"乐居就业者日众"。开州（今濮阳市）的古定镇，则因"商贾鳞集"而有"小濮州"之称。

乡村集市也蓬勃发展，出现大量的定期集市，庙会广泛分布于城市乡村，成为商品交换的重要场所。翻开明后期全国各地府州县志书可知，乡村集市贸易水平比明前期和宋元时期有大幅度提高，这些集市的发展为大中城市和工商业市镇的繁荣奠定了良好的社会基础。

嘉靖至万历年间，河南的农村集市贸易也迅速发展起来。集市贸易是商品交换的一种重要形式，它的兴起与社会经济发展水平及商品经济的繁荣程度有密切关系。当自给自足的自然经济不再能满足人们的生产、生活需要时，作为商品经济发展的产物——集市贸易便在城乡应运而生。集市在南方称作墟、街、场、亥等，北方则称作集，是一种定期或不定期举行贸易的相

对固定的场所。明代中后期是我国历史上商品经济最为繁荣的时期之一，与此相适应，中原地区集市市场也日渐增多，遍布各地，共分为城集和乡集两大类。从开市日期看，总的发展趋势是开市日期日渐频繁，从每月一集、二集到四集、六集、八集，甚至出现间日一集和一日一集的现象。开市日期的多少，与当地的经济发展水平、商品交易量的大小以及民众生产、生活的需求程度和当地民风民俗等都有关系。但就这一时期中原集市贸易的整体情况看，开市日期的频繁是因为当时、当地的商品经济繁荣。就集市贸易的商品种类而言，以农副产品和当地土特产品为主，如粮食、丝棉织品、牲畜、家禽、农具、蔬菜瓜果、竹木柴炭、盐茶药材及各类土特产等。另外，越来越多的"南货""北货"甚至"洋货"进入中原各地的集市交易之中，如江南的丝绸、松江的棉布、景德镇等地的瓷器，北方的毛皮、铁器、食盐等，种类繁多，不一而足。这也从一个侧面说明流通渠道的畅通和南北交易的活跃。

像地处中原的河南这样经济不甚发达的地区，城市和市镇商品经济发展水平都达到如此高的地步，在江南、东南等经济发展水平处于全国前列的地区就更不用说了。

4. "工商皆本"

"工商皆本"是明末清初思想家黄宗羲提出来的，意思是"手工业和商业也都是本业"。"本业"之说来自于中国传统农业为"本业"之说，黄宗羲的意思是工商业同农业一样重要，都应当受到重视。黄宗羲在《明夷待访录·财计三》中讲："世儒不察，以工商为末，妄议抑之。夫工固圣王之所欲来，商又使其愿出于途者，盖皆本也。"对中国数千年来"重农抑商"，以农业为本、以工商为末的思想和做法提出了批评。黄宗羲在明末能鲜明地提出"工商皆本"的思想，是明中后期商品经济发展的结果，没有商品经济的充分发展，是不可能有这种思想产生的。

"重本抑末"思想在中国有着悠久的历史和丰厚的基础，自战国后期法家成为主流思想，到西汉武帝时期"罢黜百家，独尊儒术"，限制商业发展，抑制商人的地位，成为许多王朝的一贯做法。如《商君书》中说，"游食者众，农之用力最苦，而赢利少，不如商贾、技巧之人。苟能令商贾技巧之人无繁，则欲国之无富，不可得也。"汉代的晁错说："商贾大者积贮倍息，小者坐列贩卖，操其奇赢，日游都市，乘上之急，所卖必倍。故其男不耕耘，女不蚕织，衣必文采，食必粱肉；亡农夫之苦，有仟佰之得。因其富厚，交通王侯，力过吏势，以利相倾；千里游敖，冠盖相望，乘坚策肥，履丝曳缟。此商人所以兼并农人，农人所以流亡者也。"①他们都把商人和商业视为社会稳定与发展的"洪水猛兽"。

贵州镇远西南商路

恰恰相反，手工业和商业是社会经济发展到一定阶段的必须产物，是社会稳定与发展的必要条件。早在南宋商品经济发展较快时，叶适（1150—1223）就已提出应当重视工商业的发展。在明代，商品化程度不断提高，越来越多的政治家和思想家注意到了工商业在经济发展中的重要地位。王守仁就曾提出过"士以修治，农以具养，工以利器，商以通货，各就其资之所近，力之所能及者而业焉……四民异业而同道，其尽心一焉"的说法。②张居正出生在商业繁荣的江陵地区，他的叔父亦从事经商活动，张居正从关心国计民生、发展经济的角度提出过"省征发，以厚农而资商""轻关市，以厚商而资农"③的主张，他推行的"一条鞭法"既肯定了商品经济的发展成果，又推动了此后商品经济的进一步发展。

"工商皆本"是明代中后期社会经济思想的直接反映。在《醒世恒言·陈孝基陈留认舅》中讲述有一个故事，说明朝有一个尚书，家财万贯，生得五个儿子。他只教长子读书，以下四子农工商贾，各执一艺。其他四个儿子不高兴，老尚书哈哈大笑，讲了一番大道理，道出了士农工商各业的价

---

① 《汉书·食货志上》。
② 王守仁：《王文成全书》卷25《节庵方公墓表》。
③ 《张太岳集》卷8《赠水部周汉浦榷竣还朝序》。

值与意义："世人尽道读书好，只恐读书读不了。读书个个望公卿，几人能向金阶跑？郎不郎时秀不秀，长衣一领遮前后……农工商贾虽然贱，各务营生不辞倦……一脉书香付长房，诸儿恰好四民良。暖衣饱食非容易，常把勤劳答上苍。"文学作品反映的恰是这一时期社会价值的变化，尤其是商品经济社会里人们对工商业的态度发生了根本变化，已不再是"万般皆下品，惟有读书高"的传统思想了。

"工商皆本"的思想虽然并不意味着传统农商关系和轻商观点的根本转变，但它毕竟是新时代的产物，无论是从中国传统经济发展的历程看，还是从新的商品经济形态的发展看，都具有积极和进步的意义。

第三节 国内外贸易体系的形成

1. 白银货币化

商品的交换需要合适的价值尺度、流通手段和便利的支付手段。明中期以后，随着商品经济的发展，白银成为最重要的货币，白银货币化改变了支付手段，提高了结算效率，推动了商品的大规模流通，有利于商帮群体的产生，促进了商品经济的进一步发展。

明初的合法货币是大明宝钞和洪武通宝，白银被禁止在民间私自流通，它主要用于赏赐、银器制作，也可能用于局部的国际贸易。但到洪武后期，由于纸币贬值严重，在一些经济稍发达的地方，民间私自使用白银结算，白银在民间的流通日渐扩大，而宝钞逐渐向"弃之市井无人顾"的景况发展。尽管永乐、宣德年间曾尝试恢复使用宝钞，但效果终不明显，人们甚至更愿意以实物交易以避免贬值的出现。

《明史·食货志》载，英宗正统元年，"收赋有米麦折银之令，遂减诸纳钞，而以米银钱当钞，弛用银之禁。朝野率皆用银，其小者乃用钱，惟折官俸用钞"。通常被认为是明代白银使用合法化的开始。实际上，明代白银货币化是一个渐变的过程，正统初年的这一记载，把折粮银、俸米折银和金花银三者相互关联，以不完全相同的概念高度概括后，没有显示出白银地位变化的层次。正统初年，官府仍想办法挽救宝钞的地位，但已"弛用钱之

银锭

禁"，而非"弛用银之禁"，朝野也没有出现"率皆用银"的情况。①但可以肯定的是，民间使用白银这种自下而上的冲击，导致白银货币化的趋势，转折标志不在正统初年，而是成化、弘治之后，随着赋税折银和工匠服役折银的普遍推行，民间商品交易活跃，白银货币化逐步形成，这也是商品经济发展的结果。据万历《明会典》，到隆庆元年（1567），"令买卖货物，值银一钱以上者，银钱兼使；一钱以下者，止许用钱"②，这是国家首次以法权形式承认白银货币的合法地位，白银作为主要货币形态从此固定下来。白银货币化的过程，既是中国社会经济货币化的过程，也是市场化形态萌芽的过程，由此引发了晚明社会的变迁，成为中国古代社会开始向近代社会转型的重要标志。

张居正改革实行"一条鞭法"，意在将一部分赋役计入田亩，合并诸项杂役，条编征收。赋税由原来征收实物和力役形式改为征收白银，标志着白银货币化的完成，反映了商品货币经济发展的客观要求，对社会经济的发展起到积极的推动作用。

差役方面，明初以籍定役，匠户亲赴指定的部门或地区完成分派的差

---

① 参见万明：《明代白银货币化的初步考察》，《中国经济史研究》2003年第2期。
② （万历）《明会典》卷31《库藏二》。

役，或里甲人员佥派后，要亲身完成杂泛之役。但亲身赴役既影响生产，也不一定符合官府的需要，于是就出现了差役折银的情况。据万历《明会典》，在各地零星推行以银代役的基础上，成化十五年（1479）开始，朝廷规定各地的差徭，户分九等，门分三甲，以银征交。工匠服役方面，成化二十一年（1485）规定，轮班匠可以银代役，具体标准为：南匠每名每月出银9钱，北匠出银6钱，免于赴京应役。弘治十八年（1505）更定为无论南北班匠，每班征银1两8钱；嘉靖四十一年（1562）厘定为四年一班，每班征银1两8钱，分为4年，每名每年征银4钱5分。[①]

此外，一向执行极其严格的军役在明代中后期也出现了折班（以银代役）的情况。如军役中的"班军"原是军人亲自到指定的地区操练戍守，但在明代后期也可以"折班"了。简单地说，就是班军通过缴纳一定数量的银两给政府，可以免于上操。折班出现的时间在募兵制兴起以后，折班最先出现在地方班军中，至嘉靖中期开始在京军中推广。折班的出现，大体是因为作为防御力量而存在的班军作用的减弱，同时，班军例有行、月二粮也是一笔不少的负担。折班之后，不仅可以减少国家军事支出、增加相应的财政收入，轮班军人也因此可以免除长途跋涉和置办赴班物资之苦，折班可谓是官乐军愿的举措。明后期，折班银普遍用于募兵、修城、治河、军兵津贴等方面，成为财政收入的重要组成部分。

赋役征收的货币化，加速了白银货币化进程。明后期，白银的使用已遍及各个领域，就连货币化最为滞后的军费也不例外，军粮、军费、马价等均用银价来做预算。以军马为例，马政一直作为明朝军政制度的重要组成而存在，太仆寺（行太仆寺）管辖全国官牧和民牧马政，直隶兵部。官牧主要是各都司卫所马匹，民牧则是司府州县分养马，太仆寺设老库贮马价银，以调剂用马。至迟在嘉靖年间，马匹及草场等相关收入还一直是专供军需的。此后，由于官牧渐废，隆庆年间遂采纳太仆少卿武金的建议，将民牧种马出售一半，折银入库。到万历九年（1581）五月，进一步采纳了兵部的建议："先年变卖未尽种马，委宜通行变卖，量征草料银两，以佐买马之费"[②]，

---

② 《明神宗实录》卷112。

即以种马折价、由太仆寺库收贮，意在专供购置用马之需。收贮太仆库的库银除马价银外，还有草场的经营所得收入，收贮最多时达千万两之巨。此例意在说明，明代中后期的白银货币化浪潮已经席卷社会经济的方方面面，即便像作为国家防御战略的重要组织部分的武装力量也可以用银代役，且其折价银收入转为财政预算的组成部分。

实际上，到明代中后期，白银货币化已经将社会各个阶层卷入到商品市场经济体系之中。白银与上至皇室达官勋贵，下至普通平民百姓的日常生活紧密结合在了一起，只要是在官府的"编户齐民"的管理制度之下，都无法回避白银给他们的生活所带来的影响。

2．商帮的出现

著名经济学家吴承明曾说："我以为，在16世纪中国已有了现代化的因子或萌芽，标志是大商帮的兴起。"[①]十大商帮有一半以上兴起于明代，在明中后期增长迅速，经过明清之际的短暂受挫，在清中期达到兴盛，直到近代才衰落下去。

在中国古代，商人的经商活动大都是个体、分散的，没有出现具有特色的商人群体，有商无帮。明代成弘以后，随着商人阶层的迅速崛起，在全国各地先后涌现出不少商人群体。这些商人群体，以乡缘为纽带，以会馆作为联络的场所，结成一种既密切而又松散的地域性"商帮"。

明清以来，我国最著名的商帮是晋商和徽商。此外，闽商、浙商、苏商、鲁商、潮商、赣商、洞庭商帮、龙游商帮、豫商等商帮之名也频现于当朝后世。学界历来有"十大商帮"之说，而"十"字无非是笼统称号。实际上，明中后期的中国各地都形成了有一定地域色彩的商业帮派或组织形式。他们是明中后期商品经济全面发展在各地的具体表现，他们是促进中国传统商品经济持续向前发展的动力和组织。

这些商帮大多资本雄厚，经营大宗商品，或长途贩运，足迹北至塞外，南至两粤、云贵，东、东南至齐鲁闽越，西至巴蜀、汉中、关中，有的甚至远至海外。商帮中又以徽商、晋商人数最多，实力最强。万历年间有云：

---

① 吴承明：《从传统经济到现代化经济的转变》，《中国经济史研究》2003年第1期。

晋商宅院

晋商在北方的经营最具影响，他们参与粮食、食盐、皮革、资源矿产等北方重要物资以及对北方游牧民族之间的贸易。

"富室之称雄者，江南则推新安，江北则推山右。新安大贾，鱼盐为业，藏镪有至百万者，其他二三十万则中贾耳。山右或盐或丝，或转贩，或窖粟，其富甚于新安。"[1]徽商素以经营善长，足迹遍及海内外，经营品种无所不包，盐、茶、木材、典当是其经营的四大类商品。徽商、闽商、粤商则以海商而闻名。福建平安商人"贾行遍郡国，北贾燕，南贾吴，东贾粤，西贾巴蜀，或冲风突浪，争利于海岛绝夷之墟，近者岁一归，远者数年始归"[2]。据《明史·外国传四》，广东潮州商人沈道乾，嘉靖四十一年（1562）在澄海和诏安一带海域参与走私，后到台湾、占城、渤泥（今加里曼丹岛）等地贸易，并于万历六年（1578）到达北太年（今泰国南部）建立道乾港，扩大海外贸易。

---

① 谢肇淛：《五杂俎》卷4。

② 李光缙：《景璧集》卷4。

明清商帮中，晋商、徽商和浙商等研究者众多，这里介绍南方的龙游商人和北方的豫商这两支并不算特别出众的商帮，从中亦不难发现明中后期商业组织和发展的水平。

龙游位于浙江中部偏西南，明时属衢州府辖地。龙游商帮以县名而称之，其实指的是浙西地区的商人集团，主要包括衢州府西安、常山、江山、开化、龙游五县和金华府兰溪县等以及绍兴府会稽县、山阴县等商人，因其中以龙游商人最多，经营手段高明，活动范围广，累积资金多，故冠以龙游商帮之名。龙游商帮是在明代中后期商品经济发展的大背景下飞速发展起来的，"遍地龙游"一说也正是出现在这个时期。天启年间的《衢州府志》中记载："龙游之民，多向天涯海角，远行商贾，几空县之半。"万历《龙游县志·风俗》中记载："贾挟资以出守为恒业，即秦晋滇蜀，万里视若比邻，俗有'遍地龙游'之谚"均是对这一时期龙游商人在全国范围内活跃经商的佐证。不少龙游商人不惜远渡重洋，进行新一轮的投资。嘉靖时期沿海倭患频发，而在这些被称为"倭寇"的队伍中也发现有龙游商人的身影，"今寇渠魁不过某某数人……其他胁从大约多闽广宁绍温台龙游之人"[1]。由此可见，远渡重洋，进行国际贸易也是龙游商人的投资去向之一。

明中后期中原内地的河南商人也形成了一定的规模，境内的怀帮商人和武安商人在国内也扮演了重要的角色。武安，位于今晋、冀、鲁、豫四省交界地带，今属河北，明清时期属河南彰德府。在明代，"武安最多商贾，厢坊村墟，罔不居货"[2]。武安、怀庆和晋商集中地的晋中、东南地区的自然地理条件颇为相似，地狭人稠而经济资源比较丰富，在农业和手工业发展的基础之上，商品经营逐步繁盛。只不过，豫商的经营地域和范围不如晋商、徽商、浙商等大的商帮，经营也以行商为主，以城乡物资交流为主，以本身产品为主业，在国内有一定的知名度。

明中后期的商帮活动呈现互相渗透、互相影响、彼此交流、共同发展的特点。像在河南，本地有自己的行商坐贾，但来自国内其他省区的商贾更

---

① 王文禄：《策枢》卷4。
② 顾炎武：《天下郡国利病书》第15册。

多，他们开店设铺，投资经营。在省城开封则有北京、南京、临清、泰安、济宁、兖州等地的客商从事商业经营。在各地来豫的商贾中，徽商的经营活动规模较大，他们在中原地区遍设当铺。万历三十五年（1607）河南巡抚沈季文奏言："今徽商开当遍于江北，赀数千金课无十两。见在河南者，计汪充等二百十三家。"[1]其他地区，据嘉靖《光山县志》载，当时的光山县有江西、湖南、南京等地商人从事交易，获利甚丰："江右、湖湘、金陵一带客商皆反牟利，以至置产起家，婚娶生子，如土著焉。"豫西南的淅川、内乡一带则是"陕西等处来往买卖贩枲，商旅数多"[2]。外省商人来豫，进一步扩大了南北物资交换，并加快了商品流通速度，有利于中原与其他地区的经济交流。成化年间龙游商人在云南等地从事的活动，主要包括雇佣奴仆进行垦荒耕种，种植作物进行出售等，在垦荒之余，还"生放钱债，利上生利"，也就是说通过借出低成本来获得高收益，也就是现在所说的投放高利贷。

一些实力雄厚的商帮还经营典当、金融行业，并介入生产领域，支配手工业者的活动。在外冈、朱泾、枫泾、南翔诸镇，许多客商"操重资而来"，在镇上开设棉布字号，一边收购棉布，一边设染坊、踹坊，雇佣工匠加工，亦工亦商，控制棉花的收购、加工、贩运等。松江郡西的百余家暑袜店，大量购进做暑袜的原料尤墩布，发给当地居民，让他们在家中缝制暑袜，"从店中给筹取值"[3]，然后再将暑袜拿到店中出售取利。这些商人实际就是包买商，他们手中的商业资本也逐渐转化为产业资本。这种商业性的资本经营方式，是明代中后期商业领域中出现的新生事物。商帮的经营活动，不仅推进了中国传统商品经济，也开创了近代工业商业资本运行。

3. 国际化的贸易

早在隆庆开关之前，成化至嘉靖年间，中国的海商漂洋过海，足迹遍及东亚、东南亚和南亚一些地区。不少商帮，像徽商、龙游商帮、宁波商人、潮汕商人、浙商、闽商等东南沿海的商帮，都组织自己的商队从事海外

---

[1] 《明神宗实录》卷434。

[2] （成化）《内乡县志》卷2《食货略》。

[3] 范濂：《云间据目抄》卷2。

贸易。嘉靖年间难以真正遏制的海上走私贸易就是最好的例证。

隆庆开放海禁后，中国商人的足迹遍及东亚、南亚各国，并开始远航美洲，在墨西哥等地从事贸易活动。当时，除葡萄牙商人外，西班牙、荷兰和英国等一些未能与中国直接通商国家的商人，则通过东南亚、南亚的商人或与往来、移居当地的中国商人转贩中国

封舟图

明代商船

商品，和中国进行间接贸易。为了适应和管理新的对外贸易体制，明朝在福建月港设置了征税机构——督饷馆。设专门的海外贸易管理机构，既可以遏制走私活动，增加中国货物在海外的竞争能力，也减少了国内民力的耗费，降低了海外进口商品的价格，促进了明后期海外贸易的国际化。

当时的中国是世界上最大的经济实体，中国的生丝、丝织品和瓷器等商品深受欧美客商的欢迎，而中国国内的银矿产量有限，急需白银，白银就成为世界各国购买中国商品的主要支付手段。于是，世界上的主要白银产地，如日本和美洲的墨西哥、秘鲁等地，加紧了白银的开采。16世纪后半叶，日本白银的产量显著增加，尤以1596—1623年为最盛。西方航海家在到达美洲大陆之初，大肆抢劫和开采的是黄金，16世纪40年代以后，也转向白银的开采。于是，中国的生丝、纺织品和瓷器等大宗商品通过月港和澳门源源不断地输往海外，换回大量的白银。据统计，从1540—1644年的百余年间，日本所产白银绝大部分输到中国，共7500吨左右。从1570—1644年，美洲所产白银有一半也通过各种渠道流入中国，一个以白银为国际贸易结算方式的世界市场体系开始建立起来，这个体系的中心在中国。[1]

当然，应当指出的是，明末正常的海外贸易受到两大冲击，一是来自对

---

[1] 万明：《晚明社会变迁：问题与研究》，商务印书馆2005年版，第240—241页。

日本的走私贸易，隆庆开关，日本在被禁止贸易之列，但中日贸易是无法禁绝的，对日走私贸易影响抑制了明朝贸易国际化的水平；二是来自西方殖民者的限制，明末，西班牙、葡萄牙和英国等西方殖民者对中国传统的国外贸易伙伴东南亚诸国予以控制，打击、迫害中国在那里的正常贸易，影响到明末以后中国海外贸易的快速发展。这一时期的国际贸易的链条还相当脆弱。

第七章　明代思想文化的新变化

明代二百七十余年，思想文化总的发展特点是传统程朱理学思想从成熟走向没落，思想家在因循中思考，这种思辨既是因为传统思想自身出现了对现实社会的不适应，也有因为商品经济发展影响下的人心不古，从而导致理学体系与新的社会形势的背离。伴随着政治上的变革，经济上的发展，传统思想受到严重的质疑和挑战后，必然要有新的思想体系应运而生。受其影响，这一时期的文学艺术和社会生活随之变化，呈现出焕然一新的景象。

第一节　儒学思想的演化

1. 述而不作的理学

《论语》云："述而不作，信而好古。"朱熹对此的解释是："述，传旧而已；作，则创始也。"意为仅仅是传述故人旧作却没有创新，以"述而不作"描述自元代迄明前期思想界的基本状况是比较恰当的。

理学大力倡导的是秩序与遵从，明初中央大力宣扬程朱理学思想，试图培养起全国上下意识形态的一致性。朱元璋建立明朝以后，在恢复发展经济的同时，在思想领域不遗余力地推行程朱理学思想。明成祖继续推行太祖的治国思想，他在《御制重修孔庙碑文》中说："孔子参天地，赞化育，明王道，正彝伦，使君君、臣臣、父父、子子、夫夫、妇妇，各得以尽其分。"[1]这就是他大力尊崇儒学的目的。明初重视儒学教育，重用儒家学者，整理儒家典籍，使程朱理学思想渗透到礼法制度、选官取士、科举教育以及社会生活的各个方面。

在教育取士方面，明朝取士率重科举，而科举尤重文章，作文又以八

---

① 叶盛：《水东日记》卷19《太宗重修孔庙碑文》。

股文为格式。洪武十七年（1384）明太祖命礼部颁行了乡试和会试的科举考试之法，详细规定了考试的内容和程式，"乡试八月初九日第一场，试'四书'义三道，每道二百字以上；经义四道，每道三百字以上。未能者，许各减一道。'四书'义主朱子《集注》。经义，《诗》主朱子《集传》，《易》主程朱《传》《义》，《书》主蔡氏《传》及古注疏，《春秋》主左氏、公羊、谷梁、胡氏、张洽《传》，《礼记》主古注疏。十二日第二场，试论一道，三百字以上，判语五条，诏诰章表内科一道。十五日第三场，试经史策五道，未能者许减其二，俱三百字以上。次年礼部会试，以二月初九日、十二日、十五日为三场，所考文字与乡试同。"取消科举中的骑、射、书、算、律的面试，所以学校教育把主要精力放在"四书""五经"的记诵和试文程式的训练上。生员们为博取功名，"非五经、四书不学"，视技术创新为"奇技淫巧"，大都缺乏对自然科学的了解。这样的学生"文辞增而实事废"，即便考取功名，"十人之中其八九皆为白徒"[①]。

"学得文武艺，货与帝王家"，由于学校教育和科举考试对读书人的思想有极为强烈的引导作用，也使明初士人的文学、艺术创作，深受程朱理学思想的影响，思想性较为单一。在文学方面，虽然元末明初曾有一批学者创作了描写现实、关切民生的作品，但随着明王朝统治的稳定、君主专制的强化，以及理学统治地位的确立，文坛主流变成了以尊朱重道、以理制欲、歌功颂德、粉饰太平为主要特点的台阁体诗文。这种作品讲究平易流利，怨而不伤，冲和雅澹，雍容华贵，实际是在装腔作势，呆板平庸。在社会生活方面，儒家之礼始终贯穿甚至渗透于社会生活的方方面面。它规范着人们的行为，并具有一种伦理性的特征。《大明集礼》的制定是从礼制的角度出发，规范、整齐人们的生活，以达到"贵贱有别，望而知之"的社会秩序。这种礼俗追求的是一种"朴素浑坚"的坚固实用，而非类似明后期的"靡丽好文"。

从大的社会背景上讲，由于明初的社会经济处于恢复时期，休养生息、发展农业生产等措施正在施行，而来自经济和社会内部的创新能力动力不足，这也是理学笼罩下的明初社会因循有余、创新乏陈的外在原因。因此，明初的思想界呈现万马齐喑、死气沉沉的"述朱""遵朱"状态。故《明

---

① 顾炎武：《日知录》卷16《经义论策》。

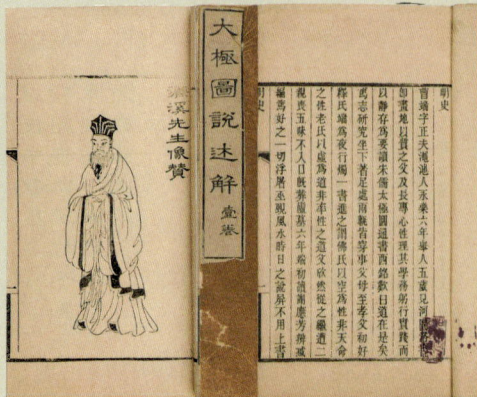

曹端像

曹端（1376—1434），字正夫，号月川，河南府（今洛阳）渑池人。他从小敏而好学，对理学有浓厚的兴趣，八岁入理学，广泛研读诸儒之书，深受其影响，自己的儒学思想日臻成熟。

史·儒林传》说："原夫明初诸儒，皆朱子门人之支流余裔，师承有自，矩矱秩然。曹端、胡居仁笃践履，谨绳墨，守儒先之正传，无敢改错。"

明初著名的儒林学者除曹端、胡居仁之外，尚有罗钦顺、吴与弼、吕柟等，他们都是恪守程朱理学要义之典范。据《曹月川先生年谱》载，曹端认为："四书之外，诸子百家之言，不读其书，无以考览得失，而定其贤否，岂增饰文墨而已。虽周公孔之圣，犹且朝读百篇，韦编三绝，况常人乎。"他苦苦追求理学的真谛，笃志研究宋儒巨著《太极图》《通书》《西铭》，感叹"道在是矣"。①永乐七年（1409），他参加了会试，登乙榜第一，被授职山西霍州儒学学正，开始了长达20余年的教育生涯。

曹端除研究学习儒学经典外，毕生从事教育事业。他任山西霍州儒学学正期间，讲学以国家所倡导的理学为宗，讲明正学，传道授业，化导诸生于圣人之学。曹端的学术思想在当地产生了巨大的影响，"四方闻风来学者云拥川至，文风大振晋阳间"，四方从游者达数千人，其中许多人在后来的科举考试中中试入官，在政治舞台上发挥了重要的作用。曹端还能以先儒之务实仁爱和体恤民隐作为自己的行为准则，用自己的行动去感化周围的人们，产生了"贤者服其德，不肖者服其化"的效果。曹端的理学思想已经得到人们的认可，并潜移默化地渗透到日常的生活中去了。

曹端是明初杰出的理学家，"洎明兴在三十余载，而端起崤、渑间，倡

---

① 《明史·曹端传》。

明绝学，论者推为明初理学之冠"①。他忠实地宣扬传统的儒学和宋元理学思想，是有明一代理学的奠基者和开山祖，堪称一代宗师。曹端的理学思想有如下基本特点：

第一，学尊程朱，倡导理学。他认为程朱之学是治国理政修民政务的根本，反对佛道二家的消极思想。他从维护儒学尤其是程朱理学思想出发，为现实服务，关心国计民生。

第二，理气一论是曹端最有代表性的哲学思想，也是对后世影响最大的学说。他的思想虽宗程朱，但对朱熹太极、理气论多有评骘。于朱学外，也深谙周敦颐《太极图说》《通书》和张载《西铭》，并就此抒发其天道心性思想，具有一定的心学倾向。他认为，太极是天道的本原，由太极的动静而有二气、五行以至万物，故太极无不各具于一物之中，因而物物皆有一太极。故人心即太极。他说，合而言之，万物统体一太极；分而言之，一物具一太极。

第三，曹端的道德修养方法主要是"事心之学"。他说，人之所以可与天地参为三才者，唯在此心，而心"非是躯壳中一块血气"，心乃神，神无方所，视听言动，一切感应皆是。事事皆于心上做功夫，是入孔门之大路。"他说，天理存亡，只在一息之间，是"克念为圣"，还是"罔念为狂"，只是在一闪念的"毫忽之间"。因此，曹端特别重视心之未发时的"预养"功夫。"预养"，就是涵养其心，亦即"事心"。"预养"功夫主要是诚、敬，而诚、敬又须注重自思反省，而不重视身外的"体察"和"集义"。诚是指虚静、无欲，即"诚之于思"的主静方法，以此使己心摆脱物情之累，做到"气清欲息"，如此则本心"善处自然发露"，从而明觉自悟，体悟天理，入于圣域。

第四，躬行实践，重视教化。他本人为学刻苦专一，躬行实践，重视言传身教。因此，在传授知识的同时，他注重以德服人，知行合一，向学生们传授做人的道理。他的教育思想及特色主要包括："学为希贤""反佛辞辟""家庭教育和伦理道德""公廉"从政、"躬行实践"等内容。

曹端的学术思想在明初起到开拓性作用，他的出现，对明代二百年理学地位的奠定有重大的意义。著名的"河东之学"代表人薛瑄在理学家极为重

---

① 《明史·曹端传》。

视的理气问题上，其基本态度是着力发挥曹端的理气一体说，从而完成对朱熹的理先气后说的修正，他说："理气不可分先后"①。他的学说，使理气关系更加圆融贯通，体现了薛瑄由朱子形上本体论向实然宇宙论之理论重心的转向。在他的影响下，一大批中原人士走向理学的学习与运用的道路，如洛阳人阎禹锡、安阳人崔铣、武陟人何瑭、洛阳人尤时熙等，皆一时名士。其中直接出其门下者如胡居仁、陈献章、娄谅、胡九韶、谢复、郑伉等，都对明代以后理学思想产生巨大的影响。

曹端一生著有《〈孝经〉述解》《四书详说》《周易乾坤二卦解义》《〈太极图说〉述解》《西铭释文》《性理文集》《儒学宗统谱》《存疑录》等书籍。

社会在不断发展，思想总是要在不断发展中变化，理学固守旧秩序有余，适应新形势着实差强人意。它不能随着社会的发展而发展更新，被新的思想学说取代，亦是迟早之事。

2. 阳明心学的兴起

正统之后，帝王日渐怠政，官僚队伍渐失进取之心。与政治腐朽相应的是，随着社会生产蓬勃发展，商品经济在创造巨大社会财富的同时，也带来诸多新的社会问题。农业生产的商品化，导致传统农耕经济加速分化，许多农民流入城镇，从事商品生产，一批工商业市镇迅速崛起。与此同时，不堪重负的部分农民离开了原居住地，流入未开发的边区、山地谋生，流民问题成为困扰社会的大问题。加之，明中期以后官方朝贡贸易衰落，私人海外贸易日渐兴盛，在成化至正德年间，江南地区出现了新的生产组织方式，一批工商业城镇涌现，导致传统城乡经济结构内部都发生了明显的变化。城镇居乡违礼越制的现象突出，社会各阶层"锱铢共竞"，形成了一股拜金逐利、奢侈享乐的社会风气。程朱理学构建的道德伦理支持下的社会关系发生了巨大变化，传统的伦理纲常、礼法秩序受到猛烈的冲击，"下陵上，少侮长"的现象层出不穷，"厌常喜新，去朴从艳"成为一种时髦的风尚。缙绅士大夫，纷纷突破传统程朱礼制对于衣食住行的等级规范，追求高大宽敞的豪宅、富丽的摆设、鲜艳明丽的服饰。流风所及，一般市民也以奢靡为荣，

---

① 《读书录》卷3，载《薛瑄全集》，三晋出版社2015年版。

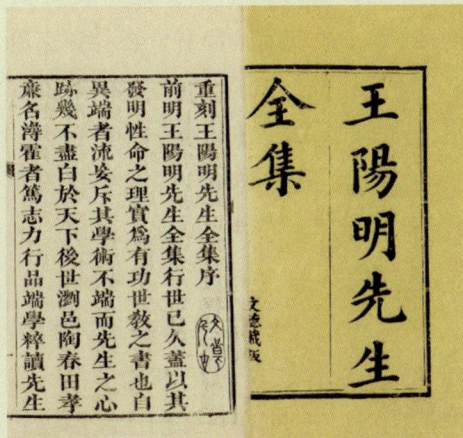

重刻王陽明先生全集序

前明王陽明先生全集行世已久蓋以其

發明性命之理實爲有功世教之書也自

異端者流姿斥其學術不端而先生之心

歸幾不盡白於天下後世涵邑陶春田孝

廉名蕭霍者篤志力行品端學粹讀先生

王守仁，字伯安，浙江余姚人，因晚年居于阳明洞，世称"阳明先生"。王阳明1472年出生于一个世代为官的书香门第，父亲王华，字德辉，成化十七年（1481）考进士中第一名（即"状元"），职授修撰，累官至学士、少詹事和吏部尚书等。

"人皆志于尊崇富侈，不复知有明禁，群相蹈之"①。逐利与奢侈之风的盛行，使社会秩序陷入紊乱的状态。急剧变迁的社会现实，使一些学者、文人开始意识到程朱理学无力解决商品货币经济带来的社会新问题，转而去寻找新的理论，构建新的意识形态。阳明心学以及随后兴起的各种思潮，就是在这样的历史背景下产生的。

"心学"作为儒学之一端，源于宋代陆九渊（1139—1193）。明前期的代表人物是陈献章，他生活在宣德至弘治年间。广东新会白沙人，世称白沙先生。他师从明前期著名理学家吴与弼，虽也尊崇程朱之学，但认为陆九渊的思想更切合实际，逐步由读书穷理转向求诸本心，强调自我的存在和价值，把"理"与"心"合为一体。可以说，他的思想已经带有主观唯心主义的色彩，首开明代"心学"的先河，程朱学一统天下的局面开始出现松动。心学在士人中占有一定的地位。《明史·儒林传》说："学术之分，则自陈献章、王守仁始。"明中期，34岁的王守仁开始讲学。他先开创"龙冈书院"，主讲贵阳书院，兴办社学，修建濂溪书院、阳明书院，设立稽山书院等，其学说迅速传播。虽然心学当时尚未入祀孔庙取得官学正位，但它在较短的时间内便风靡天下，在思想文化界和现实生活中压倒朱学，占居了主导地位。

---

① 张瀚：《松窗梦语》卷4《百工记》。

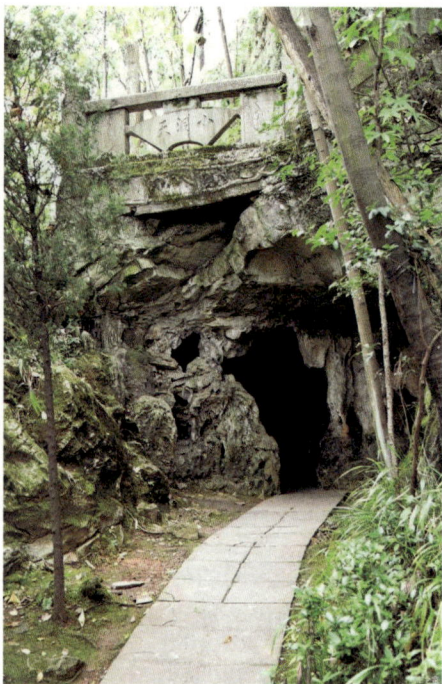
龙场悟道

王守仁从小就受到了良好的教育，并以读圣贤书、修身齐家治国平天下为己任。他兴趣广泛，不仅诗文出众，还热衷于骑射兵法。15岁时，他开始随父亲游历黄河南北、大江上下，了解风土民情，熟悉边塞形势。

弘治十二年（1499），27岁的王阳明考中进士，开始了他的官宦生涯。他先在京师担任级别较低的刑部主事和兵部主事。正德元年（1506）冬，正直官员戴铣、薄彦徽等二十余人上疏武宗，要求严惩宦官刘瑾一伙人，反被打入死囚。王守仁出于义愤，冒死和一些官员联名予以辩护。但都遭到刘瑾的打击迫害，他先是被打四十廷杖，然后被谪迁至贵州龙场（今修文县）做一个没有品级的驿丞。尽管这样，刘瑾仍然不想放过王守仁，他暗中派人准备将他害死在途中。行至钱塘江时，遇到刘瑾派出的杀手，他急中生智，乘夜色跳入江水，并把自己的衣物留在现场，制造了投水自杀的假象。历经九死一生，他才想方设法避过追杀，到贵州赴任。

王守仁生活的成化、弘治和正德时期，皇帝不再勤于政务，朝臣之间结党营私，宦官专权日甚一日。同时，边防形势吃紧，民族关系紧张，社会矛盾不断激化，农民起义此起彼伏。作为一位有良知和责任感的读书人，无论是在刑部和兵部任职，还是被谪居边陲小镇，王守仁在其位，谋其政，忧国忧民忧天下。

王守仁从小接受程朱理学教育。他对南宋大理学家朱熹的"格物致知"思想深信不疑，希望通过对自然界一草一木的耐心品味和静心思考，以得到所谓的"天理"。一次，他与朋友一起到家里种植的竹子旁边，做"格物"体验。他们两人天天面对竹子思考，期盼茅塞顿开那一刻的到来。朋友坚持了三天就病倒了，王守仁坚持七天之后，也病倒在床。这件事对王守仁打击很大，他想：一株竹子就让自己思索了七天，依然没有什么结果。自然界事物千千万，自己哪有那么多时间和精力去逐一思索？他开始对朱熹的理论产生怀疑——"天理"岂是"格"尽天下事物就可以得到的？王守仁心中充满了困惑与彷徨，他开始寻找新的途径来探知人生的真谛。

王守仁思想上的转折点是"龙场悟道"。王守仁被贬谪到贵州龙场后，身边有一些内地的官吏，不少人在贵州病倒了。王守仁只好自己打柴担水，做稀饭给他们吃。又担心他们心情抑郁，便和他们一起朗诵诗歌，唱唱家乡的曲子，希望他们能稍稍忘记当时的处境。王守仁在想："如果是圣人，面对这种情况，会有什么办法呢？"昼夜苦思的王守仁，终于在一个深夜里豁然开朗，悟得"圣人之道，吾性自足"的道理。他跳起来，欢呼雀跃地大叫："道在是矣！""中夜大悟格物致知之旨"（《王阳明年谱》）。荒凉的龙场，给了哲学家心性的自由，成了王守仁"运思"的天堂。[1]

王守仁学说的精髓在于"心即理""知行合一"和"致良知"。第一，心即理。这一命题由南宋陆九渊（1139—1193）提出来，王守仁对此推崇并发挥。他反对朱熹"即物穷理"的思想，认为心与理是合二为一的。"心外无物，心外无事，心外无理，心外无义，心外无善"，"夫物理不外于吾心，外吾心而求物理，无物理矣……理虽散在万事，而实不外乎一人之心。"（《答顾东桥书》）第二，致良知。王守仁认为教育的根本问题是进行内心修养，即"存心""尽心""明心""收其放心"等。他把这套修养功夫，概括为"致良知""知行合一"。所谓"君子之学，以明其心，其心本无昧也，而欲为之蔽，习为之害，故去蔽与害而明复，非自外得也"。（《别黄宗贤归天台序》）第三，知行合一。王守仁反对朱熹"知先行后""行重知轻"的说法，主张知行合一。所谓"知是行的主意，行是知的功夫；知是行之始，行是知之成。若会得时，只说一个知，已自有行在；只说一个行，已自有知在"[2]。王守仁的思想是对理学思想的继承，他与程朱理学一样，都鼓吹天理和人欲，但他认为朱熹所谓天理是一种超现实的客观存在，要求人们绝对服从抽象的"天理"是没有道理的，不符合现实社会的

---

[1]　《明史·王守仁传》。

[2]　《传习录》上。

客观实际。王守仁之学认为"人心"才是主体，心是万物的主宰，充分肯定人的主体性。他强调知行合一，人心本良知，格物而致知，强调人的存在及其意义。

王守仁主张的"致良知"，认为只有疗救人心，才能拯救社会，只有每一个人去掉内心世界的"恶欲"和"私欲"，才能解决现实社会问题。王守仁的"心学"肯定了每一个人的感性认识，更贴近现实生活，远比朱熹的冰冷冷的教条更有人情味。他在从政时，非常善于洞察人的内心世界，走进每一个人的真实生活，所以能成功地解决许多复杂的社会矛盾，创造了令人仰慕的功绩。

在王守仁这里，"人欲"战胜"天理"，这是明代中期以后商品和社会经济发展的必然要求。因此，王守仁"心学"一出，或谤议蜂起，或学子蚁聚，风气大开，迅速成为当时社会上的又一种主流思想，其势恰如《明史·儒林传》所言："门徒遍天下，流传逾百年，其教大行……嘉隆而后，笃信程朱，不迁异说者，无复几人矣。"在中国思想发展史上，王守仁的"心学"无疑是一颗璀璨的明珠。他开创的一代学术新风，不仅浸润了明代近百年的儒学，在明清之际掀起了一股近代的启蒙思潮。

3. 明末的新思想

阳明心学在于自我的体验，潜藏的语意就是个人的想法与欲望亦可以成为天理。这不仅以反传统的精神在客观上起到冲破思想禁锢的作用，而且还以其极大的随意性，为后来的学者偷换天理、良知的内涵，宣传自己离经叛道的"异端"思想创造了条件。

王守仁之后，心学分途两端：一是完全走向对人的本性的超现实探索；另一是走向经世务实之学。故明清之际的思想家黄宗羲说："阳明先生之学，有泰州、龙溪而风行天下，亦因泰州、龙溪而失其传。"[①]这里所说的"泰州"是指泰州学派，他的创始人是王守仁的弟子泰州人王艮（1483—1540），"龙溪"是指王守仁的同乡王畿（1498—1583），所谓"失其传"，概因其背离王守仁之学本意而渐行渐远。无论泰州学派的王艮还是龙溪学派的王畿，他们都是王学的分支派别，共同点均是偏向于说天论道，谈心论性，极力渲染和张扬个性，不关心政治、不解决实际问题。明末学

---

① 黄宗羲：《明儒学案》卷32《泰州学案》。

者颜元就批评他们是"无事袖手谈心性，临危一死报君王"。

王艮的思想仍遵从"心学"范畴，但他的特色在于对"百姓日用之学"和"格物论"两个方面的见解。他把理学家们的"圣人之学"和百姓生活的基本需要结合起来，认为解决百姓的基本生活就是圣人之道。王艮的"格物论"强调人的安身立命，强调个体"人"的生活安稳。王艮的思想突出"人"尤其是个体的人的主体地位，这与理学家倡导的节欲奉献大相径庭。

自王艮发端，中经徐波石、赵大洲、颜钧、何心隐、罗近溪、周海门、陶石篑……发皇张大，一代胜似一代。颜（钧）何（心隐）一派，流入"狂禅"，再至李贽，遂成万众瞩目的异端。

李贽幼年丧母，随父读书。自幼倔强，善于独立思考。12岁时，

王艮像

王艮，江苏泰州人，出身低微，38岁时师从王阳明，八年后回家乡讲学，自创门户。阳明门下以泰州一派为最盛。他的门人弟子包括官僚、士人、农夫、商贾、手工业者和小市民等。泰州学派中，社会中下层群体占有相当大的比重。

他作了一篇《老农老圃论》，反对孔子把种田人看成"小人"，据说在周围十里八乡引起不小的震动。文章初显他作为异端思想家的端倪，以及执拗不屈和特立独行的叛逆性格。26岁那年，李贽考中福建省乡试举人，但他从骨子里反对以八股取士的科举制度。他嘲笑考官无能，说自己参加考试，是迫于生活的压力，只想在官场混碗饭吃，也不愿意再参加进士考试。30岁时，他到河南共城（今辉县）任教谕，从此步入官场。

李贽先后任辉县教谕、两京国子监博士、北京礼部司务、南京刑部员外郎和郎中等职，不过是一些冷差。万历五年（1577）任云南姚安知府，政绩颇受赞赏，但任期一满，他坚决辞官，以讲学著述为业。李贽著述宏富，代表作有《焚书》《续焚书》《藏书》和《续藏书》，以及《李温陵集》和对

李贽故居

李贽（1527—1602），字宏甫，号卓吾，又号温陵居士，原籍河南辉县，名载贽。嘉靖六年（1527）十月，他出生在今福建晋江南安市红桥街万寿路的一个落破的商人家庭。他的祖上曾泛海经商，富甲一方，但到李贽时，已家道中落。

小说戏曲的评点等。

李贽受心学影响，承泰州学派，在思想上多有创新。他以"异端"自居，对传统理学及其控制下的伦理道德、等级秩序的抨击尖锐而毫不留情。他认为，孔孟之道的精髓就是让人们达到"无我"的境界，它要求广大百姓战战兢兢，克己复礼，遵从"三纲五常"，做孝子忠臣，尽奴才的本分，从来不需要"个人"的声音。他说，统治者把孔孟之道演变为欺世盗名的借口，他们以维护"正道"为己任，扛着圣教招牌，文其伪，售其奸，谋其私。在李贽看来，儒家以孔子的是非为是非，是不妥的。他认为，天生一人，自有一人的作用，孔子的作用很大，但不能夸大孔子的作用。他以辛辣的语言，抨击了伪道学家们"阳为道学，阴为富贵，被服儒雅，行同狗彘"①。他讽刺道学家"天不生仲尼，万古长如夜"式（朱熹语）的崇拜，挖苦说：怪不得孔子以前的人整天点着蜡烛走路！李贽撕扯下了孔孟之道的神秘面纱，并颠覆了相关理论。他反对理学家们以孔子言行作为判断是非的标准，主张以发展的眼光和新的标准判断事物，这无疑具有积极的意义。

李贽继承了泰州学派"百姓日用之学"的观念，真正之"道"，是穿衣吃饭，是人伦物理，强调物质生活对人的重要性，不可脱离人的衣食住行谈

---

① 《续焚书》卷2。

伦理道德。他倡导"童心"，追求"真人""真心""真诚"，认为圣人、凡人皆是人，人人都可以成为圣人。

李贽的学说在当时产生了极大的影响。李贽迁龙潭湖芝佛上院期间，当时的文坛巨子、反对复古主义的代表学派——"公安学派"的三兄弟袁宗道、袁宏道、袁中道兄弟三人到龙湖，一住就是三个月。先后与李贽会谈的有周柳塘、邱长孺、杨定见、周友山、僧无念、道一等人，听他讲学的有士子、樵夫、农夫和女子等。在麻城讲学时，"儒释从之者几千万人"。明清之际著名的思想家顾炎武在《日知录》中讲，当时整个湖北对李贽的学术趋之若鹜，"一境如狂"。

他的思想不可能被当时的统治者所包容，许多官绅也对他展开了疯狂地迫害。为了不给朋友们添麻烦，他离开了麻城。此后四年，他先后到了山西、北京、江苏和山东等地，一边撰写和出版著作，一边传经论道。他会见过著名史学家焦竑（1540—1620），与著名的意大利人、天主教耶稣会传教士利玛窦三次长谈，探讨学术，驳论教义。在流浪的过程中，李贽充分听取儒、佛、道，甚至是基督教等学者的世界观和人生观，不断充实自己的思想。本来，像李贽这样生活在社会中下层的人，既有二十余年的执政经验，又与社会知识精英进行了广泛而深入的交流，这些经验使他的学说体系日趋完备。李贽的学说在传统道德礼教束缚压抑的时代背景下，犹如黑夜里一簇跳动的火焰，成为社会各阶层关注的焦点。万历三十年（1602），明神宗最终下令"李贽敢倡乱道，惑世诬民。便令厂卫五城严拿治罪。其书籍，已刊未刊者，令所在官司尽搜烧毁，不许存留。如有徒党曲庇私藏，该科及各有司访参，奏来并治罪"①。三月十六日，被捕入狱的李贽选择了自杀，结束自己76岁的生命。

李贽的斗争是犀利的，他的死，对战斗在前线的思想家们是沉重的打击。他的批判精神却鼓励后来者以各种方式对传统思想反思和批判，明清之际著名的思想家黄宗羲、顾炎武和王夫之等人就深受其影响。李贽的思想在社会各平民阶层中间的影响甚广，因为这些思想反映了当时正在崛起的工商业者及市民的个性解放和普遍觉醒的需要，对社会生活和意识形态等方方面面都产生了深远影响。

---

① 《明神宗实录》卷369。

4. 务实经世的学风

"经世"一词，本意为"治理国事""阅历世事"，后世"经世"一般为"经世致用"经国济民的简称，主张做学问要能够治国安邦，有利于国计民生，取得实际功效，即要实用，对社会有实在的好处，"实文、实行、实体、实用，卒为天下造实绩"。

儒家学说原本是讲究实学的，他们强调务实、关心国计民生。儒家在其产生之初即有强烈的"经济"情怀，孔孟二人皆曾为了"经世济民"的崇高理想而奔走于各诸侯国之间，希望自己的抱负得以实现。儒家思想中尤其以修身、齐家、治国、平天下为中心的救世救民思想深入人心，除了儒家学者对个人道德素养的内在要求外，外在要求即是"经济"之事。宋代的理学同样也倡导经世致用，朱熹在《中庸章句》中评论《中庸》一书时，即写道："（此书）其味无穷，皆实学也"。张载"四为"——"为天地立心，为生民立命，为往圣继绝学，为万世开太平"影响深远，"为生民立命，为万世开太平"即为"经济"的题中之义和最高境界。但由于宋代的理学研究重点还在于对宇宙本体的思考和个人修养的完善，当它取得官学的独尊地位后，其陈腐僵化和虚浮空疏的一面便明显地暴露出来，其积极的务实精神大为削减。这种保守性在明前中期已较为充分地体现出来。

明中期，"心学"兴起之后，学者大力提倡实学、实事，对理学的陈腐空疏之风予以抨击。王守仁在其《传习录》中要求人们在"日用事为间，体究践履，实地用功"，做到"讲之以身心，行著习察实有诸己"。面对复杂的社会问题，自明中期社会上掀起一股实学潮流，海瑞、戚继光、张居正等关心民瘼，围绕时弊，都曾在政治、军事、经济领域实行过诸多改革。到明中后期，经世之学又被称为"实学"，成为与空疏无用的性理之谈相对应的学术思想。"经世"偏重于学术思想，"经济"偏重于指人的实践活动，当然，世人大多尽可能将二者结合起来，将经世思想化为务实之举。

万历中期以后，经张居正改革而暂时缓和的社会矛盾又复尖锐并迅速激化，拯时救危的时代需要，呼唤着经世致用之学的回归。受心学影响的有识之士强烈要求以"实"救虚，他们关心时政，以解决现实问题为己任，掀起一股经世之风、务实之潮。务实之学由颜钧、何心隐、李贽开其端，顾宪成、高攀龙继其后，而由明末清初的刘宗周、孙奇逢、黄宗羲、唐甄等推波助澜。在此期间，以徐光启、宋应星为代表的自然科学家，以张溥、陈子龙、顾炎武、方以智为代表的复社成员，以王夫之为代表的思想家，以陈弟为代表的考据学派，以及朱舜水、傅山、吕留良等一批明清之际的思想家和学者，也纷纷抨击王学末流的空疏之风，他们倡导救世济民，务求实效。

他们关心时政。以顾宪成、高攀龙为代表的东林党人，面对"天崩地陷"的严峻现实，提倡士大夫"居庙堂之高则忧其民，处江湖之远则忧其君"的为学宗旨，以"风声、雨声、读书声，声声入耳；家事、国事、天下事，事事关心"作为他们救世济民的崇高理想。万历年间，明神宗派出的矿监税使横征暴敛，败坏了政治、扰乱了社会经济，也动摇了明帝国的根基。东林党人为民请命，百折不挠，大胆率直地批评帝王怠政作风。在东林党人看来，判定政事的是非曲直，并非惟君主和朝廷的意旨，而是由天下公论决断。

他们编纂军政图籍。明中期以后，"北虏南倭"一直困扰着明王朝，关注边关国防成为当时实学思潮的重要内容。许多具有实学思想的学者，纷纷编纂边防史地著作，广泛刊刻。当时出现的有关南北边关的图籍著作达388种之多，其中尚不包括专著性的史地论著，这些边关史地著作撰写的时间大多集中在嘉靖、万历年间边关形势极为紧急之时。①明代的边防危机实质上是自身政治、军事上的腐败，边防策略以及民族政策不当等综合因素造成的，因此很多边防史地著作带有鲜明的批判色彩，对现实弊政的批判，目的是希望革除弊政。这些著作，不仅注重文献考实，还注重实地考察，实用性很强。

他们编纂有大量的经世著作。自明中期黄训编辑《皇明名臣经济录》开创编纂本朝经世文之先河。一些学者着力搜寻明臣经世济民奏疏结集刊刻，作为治国平天下的龟鉴，如张卤的《皇朝嘉隆疏抄》、顾尔行和贾三近的《皇明两朝疏抄》、孙旬的《皇明疏抄》、张瀚的《皇明疏议辑略》等。明末以陈子龙为代表的复社君子，更"网罗本朝名卿巨公之文、有涉世务国政者"，编辑而成《明经世文编》，以"通今者之龟鉴"，"资后世之师法"②。顾炎武因"感四国之多虞，耻经生之寡术"③，也遍查二十一史和各

---

① 王庸：《中国历史地理图籍丛考》，商务印书馆1947年版。
② 陈子龙：《明经世文编·序》。
③ 顾炎武：《天下郡国利病书·序》。

《明经世文编》书影
明末陈子龙、徐孚远等选辑，计508卷，成书于崇祯十一年。该书以经世致用为指导思想，选编了明代从洪武到崇祯年间大量的文集，从四百二十余人的文集和奏议中采择出有关军国大事的奏疏、文章，"关于军国济于实用者"，以人物为纲，以年代先后为次，安排全书，史料价值很高。

地方史志、名人文集、奏章文册，从中辑录出大量侧重于政治、军事、地理、风俗、财政、赋税等有关明代社会经济的资料，并作实地考查稽核，编成《天下郡国利病书》。这些书籍不是注重于心性义理之考辨，而是密切关注国计民生，力求探求解决现实问题的方法，反映了知识群体对救亡图存思考的一个侧面。

他们探索科技救国之路。明中后期，一批具有实学思想的科学家，力求通过发展科技达到富民强国、解救危局的目的。他们高扬实学精神，亲身参与科学实践，并重视实验手段的运用。李时珍为研究药物，不仅遍阅前人的《本草》，还走出家门，"采访四方"，进行实地考察，采集标本，摹绘图像，进行药物性能的试验。徐弘祖为研究地理学，"年三十出游，携一仆被遍历东南佳山水，自吴越之闽之楚，北历齐、鲁、豫、嵩、雒，登华山而归"①。每到一处，都细心寻访观察，探索当地的山川、河流、地貌、地质、气候、动植物生态及其分布情况，详加记录。宋应星也强调"穷究试验"。②宗藩朱载堉极其重视实验手段的运用，强调"凡历法之疏密，当以天为验，是乃历之本也"③。为解决旋宫转调难题，他亲自制造多种乐器和三十六根律管，进行一系列的测试，从而创建"新法密律"（即十二平均律），成为人类科学史上最重要的发现之一。徐光启为研究农业生产技术，在天津亲自试验水稻种植，在上海试种甘薯。

这些科学家还开始重视数学语言的运用，将精密的数学方法与系统的

---

① 《四库全书总目提要》卷71《徐霞客游记》。
② 《天工开物》卷上《膏液第五》。
③ 《万年历备考》卷1《诸历冬至考》。

科学实验相结合。朱载堉在独立进行乐律和天文历法研究时，就强调"凡天地造化，莫能逃其数"，"数者，自然之用也，其用无穷而无所不通"①。徐光启认为数学是一切自然科学研究的基础，"此事不能不彻，诸事未可易论"②。

此外，明末的徐光启等人还注意吸收西方的近代科学技术知识。这些科学家，经过潜心研究，写出了一批著名科学著作，如李时珍的《本草纲目》、朱载堉的《乐律全书》、徐光启的《农政全书》、宋应星的《天工开物》、徐弘祖的《徐霞客游记》和方以智的《物理小识》。这些著作，在总结历代科技成果的基础上，多有发明和创新，把中国科学技术推进到新的水平，在国内外产生了积极的影响。英国著名的中国科学技术史专家李约瑟高度评价了《徐霞客游记》的科学成就，他说："他的游记读来并不像十七世纪的学者所写的东西，倒像是一位二十世纪野外勘测家所写的考察记录。他不但在分析各种地貌上具有惊人的能力，而且能够很有系统地使用各种专门术语，如梯、坪等，这些专门术语扩大了普通术语的含义。"③李时珍的《本草纲目》传入日本、朝鲜和欧洲各国后，对各国药物学、植物学、化学、矿物学的发展，都产生了一定的影响。达尔文在《人类的起源》一书中，曾引用《本草纲目》中关于金鱼的颜色形成的记载，来论证自己的观点。

当然，阳明心学也不可能把所有的读书人都引导到经世救国之路，当王守仁完成心学体系的建构之后，他的"心外无物""心外无理"的命题，使自己陷入禅宗的泥潭，从"事功"走向空虚。嘉隆以后，也有不少士大夫便只顾谈心性，诵语录，而不探讨实际问题，不关注现实问题了。结果是误国误民，并导致心学自身的衰落。

第二节　文学风气的变化

一个时代有一个时代的文学艺术形式，文艺作品源于生活，反映的是时

---

①　《律历融通》卷4《黄钟历议·交会》。
②　《徐光启集》卷2《刻同文算指序》。
③　李约瑟：《中国科学技术史》第5卷，上海古籍出版社1990年版，第62页。

代风貌。明前期的文学艺术创造主要体现的是程朱理学的思想主旨，台阁体文风是那个时代的主旋律。

"台阁"指的是当时的内阁和翰林院，又称"馆阁"，以馆阁大臣"三杨"（即杨士奇、杨荣、杨溥）等为代表。明初，随着传统统治秩序的巩固，社会安定，承平日久，皇帝需要文人来歌功颂德，但文人慑于从前的整肃不敢乱说乱写，又不能不写，于是就写些粉饰太平，不掺杂真实情感的诗文歌颂圣德，"台阁体"便应运而生。到仁宣时期，政治环境相对宽松，国力渐趋强盛，"三杨"备受倚重，内阁的地位提升，台阁们有感于圣主之德，加之他们也是"盛世"缔造者，赞美圣主、歌颂盛世成为文坛风尚，"台阁体"进入了成熟及鼎盛时期。

"台阁体"的诗文皆平和安闲，雍容雅正，作品多是歌功颂德、粉饰太平的应制、颂圣或题赠之作，诗文反映的都是上层生活，迎合帝王的喜好，对社会生活很少关注，更谈不上艺术创造了。"台阁体"还是明代永宣时期流行于朝廷的一种御用书体。其特点是方正圆润、大小一律、端庄典雅。"台阁体"书法的代表人物是沈度，他被明成祖誉为"我朝王羲之"。大学士杨士奇称沈度的书法"婉丽飘逸，雍容巨度"，代表着"台阁体"书法的最高成就。

至英宗正统之后，明朝国运渐衰，"台阁体"存在的社会环境发生变化，便走向衰落，至景泰、天顺、成化时只留有余响，已不再是文坛之主流。

弘治年间，一种新的文学流派渐成文坛主流，它就是"前七子"的复古文风。前七子是指李梦阳、何景明、徐祯卿、边贡、康海、王九思和王廷相七人，以李梦阳、何景明为代表。当时，内阁首辅李东阳"主文柄，天下翕然宗之"，他们是鉴于文坛台阁之气、八股文风严重脱离现实社会，欲通过文风的改变挑战唐宋以来的"道统"文学风气，以达到揭示社会问题、谋求新的发展途径的目的。像历史上许多文学革新运动一样，他们同样走了一条"以复古之名，行革新之实"的道路。前七子大力提倡"文必秦汉，诗必盛唐"，意在抛弃当时的"台阁文风"。①他们的复古主张因切中时弊，很快风行天下，成为文学思想之主流，掀起了一场文学复古运动。这在明代文学史上有一定的进步意义。这一方面说明了他们对现实的不满，二是他们对改变现实所做的努力，三是他们的哲学思想对理学思想的反思与挑战。

---

① 《明史·李梦阳传》。

需要指出的是，"前七子"思想大行其道之际，也正是阳明心学广泛传播之际，主旨思想并不统一的两派在当时的社会都能大行其道，恰恰反映了当时文人士大夫对现实的关注和解决社会问题共同的努力和追求。

以王廷相为例，王廷相（1474—1544），字子衡，号浚川，仪封人（今河南兰考）。嘉靖元年（1502）进士，历任庶吉士、兵科给事中、判官、知县、御史、佥事、副使、右布政使，累官至南京兵部尚书。他博览群书，才华出众，"幼有文名，博学好议论，以经术称。于星历、舆图、乐律、河图、洛书，邵、程、张之书，皆有所论驳"①。

王廷相的哲学观点与当时盛行的理学和心学格格不入，他本人与二者进行了不懈的斗争。王廷相针对理学家提出的"天理至上"的观点提出批评，认为应当是"气"在"理"之先，"理"在"气"之中。他认为，朱熹的"未有天地之先，毕竟也只是理"的论断是支离颠倒的。王廷相把唯物史观又向前推进了一步，他用"气变理亦变"的思想，来解释人类社会不断发展演化的道理。他认为，政治制度也需要随着社会历史的进步演化而随之变化，"三代之事，有尧舜未能行者"②。由于历史是不断发展变化的，思想文化和政治体制都是不拘于形式，所以，他名为"复古"，实则旗帜鲜明地反对循规蹈矩。在不断变革中，他主张循序渐进。王廷相的方法论是务实求真，因时而作。他认为学者应当不断学习，不能墨守成规，裹足不前。他说"道无穷尽，故圣人有所不能"。他反对"惟前言是信"，认为知识是发展的，知识要源于实践，"学者于道，贵精心以察之，验诸于天，参诸事会，务得其实而行之"。③

更可贵的是，王廷相在任职中央和地方期间，真正做到"务得其实而行之"。他与当时的宦官刘瑾和权臣严嵩进行了坚决的斗争，故屡遭贬谪。他批评当时腐朽政权，"今之时政繁矣，风移矣，民劳矣，财困矣，生促矣，天下之大灾也"④。他针对明中叶以后社会风俗由俭入奢的事实，认为统治者的生活奢侈和挥霍无度，无端加重了百姓的负担，造成国家财政困难，也

---

① 《明史·王廷相传》。
② 《慎言·作圣篇》。
③ 《慎言·见闻篇》。
④ 《困知记》卷上。

王世贞书法

王世贞（1526—1590），太仓人，字元美，号凤洲，又号弇州山人。王世贞是"后七子"中影响最大、最具代表性的学者。

造成百姓民不聊生。他提倡各级官员应当体恤民力，务实为民。王廷相的这种思想在明中期物欲横流、政治腐败的大环境下，是极其难能可贵的。他的务实思想和对理学无情的鞭挞，对明清之际先进思想的出现有一定的影响。

"前七子"流派之后，又有"后七子"之称，他们的并称是因为都有"复古"的旗号。后七子以李攀龙、王世贞为代表，成员还有谢榛、宗臣、梁有誉、徐中行和吴国伦。后七子时代，时值嘉隆万社会大变革时期，这些文坛领袖继承"前七子"之遗风，继续提倡复古，他们相互呼应，彼此标榜，声势更为浩大，成为新时代文学的主流。《明史·王世贞传》评价他们："声华意气，笼盖海内。一时士大夫及山人、词客、衲子、羽流，莫不奔走门下，片言褒赏，声价骤起"。

王世贞出身于书香世宦之家，父亲王忬，曾官至右副都御史、大同巡抚、兵部右侍郎、蓟辽总督等。因在蓟辽防御不力，被弹劾后，又结怨严嵩，遂下狱而斩于西市。王世贞在18岁时即中举（嘉靖二十二年，1543），四年后中进士，累官刑部尚书，移疾归。王世贞入仕后，恃才放旷，严嵩父子柄政，王世贞不与之攀附，王氏父子仕途并不顺畅。王世贞与李攀龙结识，共倡文学复古运动，影响文坛数十载之久，明清之际的钱谦益说他"操文章之柄，登坛设墠，近古未有"。①

---

① 《列朝诗集小传·王尚书世贞》。

王世贞一生创作极为丰富，以至清代四库馆臣说"考自古文集之富，未有过于世贞者"。在文学方面，他提出了一系列重要的文学复古主张，建构起自己较为完整的文学理论体系，对明代文学批评史、文学史都有突出的贡献。他与前七子共同的特点是，名为复古，实则多有创新，他在《艺苑卮言》中阐释了他的文论思想。王世贞尝试从所论及的三百余人的五百余篇作品中演绎出的共同法则，从典型诗文的字法、句法、音律、结构和风格等"法度"，表达他的文学创造的主张。完善的

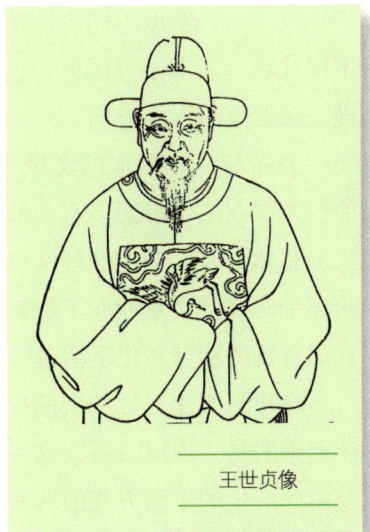

王世贞像

"法度"并不是一味的复古，不是恪守古法，一味模拟、抄袭甚至剽窃，而是追求"妙亦自然""一师心匠"。努力寻求"复古"与"求真"二者之间的平衡与统一，尽管可以作为目标，可能只有像王世贞这样的文史通才能够做到，受他们影响的复古学者更多地也许就停留在"剽窃模拟"层面了。所以，像前七子中一些人过分强调了在格调方面刻意模拟汉魏、盛唐诗歌，甚至将一些结构、修辞、音调上的问题视为不可变动的法式一样，"后七子"学派也存在同样的问题。他们都受到公安派和竟陵派的抨击。

公安派和竟陵派是出现在明后期的重要文学流派，他们都深受阳明心学及其余裔的影响，呈现鲜明的晚明时代特色。公安派以袁宗道、袁宏道、袁中道三兄弟为代表，因三人是公安（今属湖北）人而得名，其他文人学士尚有江盈科、陶望龄、黄辉、丘坦、潘之恒、梅守箕、曾退如、雷思霈、陶孝若等。公安派以"性灵说"对抗前后七子的复古观点，执"世道既变，文亦因之"[①]的文学发展观，主张文学作品"独抒性灵，不拘格套"，才能做到直抒胸臆，不事雕琢。

竟陵派的代表人物钟惺和谭元春因同为竟陵（今湖北天门）人而得名，著名学者尚有蔡复一、张泽、华淑和刘侗等人。竟陵派和公安派一样，主张"性灵说"，倡导"幽深孤峭"风格，反对拟古之风。不过，他们所宣扬的

---

① 袁宏道：《袁中郎全集》卷22《与江进之尺牍》。

"性灵"与公安派不同之处在于"幽深孤峭"风格的不同，文风求新求奇，不同凡响，追求字意深奥。这实际上使竟陵派文风因过于求新求奇，反而出现"艰涩隐晦"的弊病。

公安与竟陵两派的文风与晚明时代求新求异的社会相一致，实际上，他们两派在文学思想多有相似之处，文人的活动群体之间多有交流，时有交叉。总体而言，他们的散文以清新活泼之笔，开拓了我国小品文的新领域，给那个时代的文坛吹起了清新隽永之风格。在他们的影响之下，广大市民和普通百姓的精神文化生活也得到很大的提升。

在思想文化解放的大前提之下，与商业的繁荣、城市的发展相适应，相伴而来的是"市民阶层"这一新兴阶层的兴起和真正意义上城市的产生，以及由此产生的生活方式的转变和市民文化的勃然兴起。后者典型的标志即该时期通俗小说的大量涌现，话本是基层市民生活的真实反映，加之民间私人印刷业繁盛，促使白话小说达到高峰，这反映了当时人们文化消费水平的提高和文化的商业化。

这一时期，产生了一大批以神仙故事、历史公案、言情咏物和日常生活为题材的话本和小说，代表作品有《三宝太监下西洋》《西游补》《封神演义》《列国志传》《英烈传》《石点头》《醉醒石》等，其中以《西游记》《水浒传》《三国演义》和《金瓶梅》等最具代表。短篇小说的创造极为丰富，出现了一批短篇小说集，代表作品有明末著名书商、文人冯梦龙的"三言"（《喻世明言》《警世通言》和《醒世恒言》）和凌濛初的"二拍"（《初刻拍案惊奇》和《二刻拍案惊奇》）等。

明朝的艺术创作也反映了当时学风与文风的变迁。艺术创作的形式包括戏曲、绘画和书法等。虽然明初中央对戏剧、曲艺有所限制，但明代的戏曲在元杂剧的基础之上仍有所发展，像明初封藩在开封的周宪王就长于戏曲创造，著有杂剧数十种之多。

明代的绘画继承了宋元画风，内容以山水和人物居多。明初的宫廷绘画占据画坛主流，代表者有赵原的山水和边文的花鸟画。明宣宗热衷书法和绘画，时有浙江画家戴进，仿南宋院派画法，形成"浙派"风格，作品雄浑大气。明中叶以后的江南，吴派风格领先画坛，沈周、文徵明、唐寅和仇英等人吸取了五代、元朝文人画传统，把画、诗和书法融为一体，山水画意境幽远，颇赋文采。明末画坛的巨匠有董其昌、陈洪绶和仇英等人，他们的人物画作是中华艺术的珍品。

第三节　明后期的社会新风尚

1. 士风的转变

"士为风俗先"。随着心学的传播，士人群体的价值观和生活方面发生了深刻的变化，从而带动整个社会风尚的变化。这种变化是基于商品货币经济的充分发展，以及人们建立在对商品、商业和商人的观念变化的基础之上的。

随着商业及商人在社会中的地位逐渐提高，商人与士人的关系已经不像传统社会那样等级分明，互相对立。一些出身于商家的官员代商立言，一些士人为了生活水平的提高也投身商海，社会上对商品、商业和商人的态度也逐步转变。社会生活中，商人的社会风尚演化为主角，官员和士绅阶层则紧紧跟随，士风也随之发生很大的变化，士风的变化又进一步推动了整个社会风气的变化。

"安贫乐道"和"重义轻利"是儒家传统的基本生活理念，生活节俭、学不谋食一直是明初理学家的生活准则。但到明中期以后，士人"治生"观念逐渐发生变化。生员的大批出现以及入仕之途的狭窄，让许多士子放弃"以学入仕"的途径，走上凭借学识来谋生的道路，推动了社会等级观念从"万般皆下品，唯有读书高"的身份标准，向"四民之业，惟士为尊，然无成则不若农贾"的功利标准转化。[①]士人经商，或称为儒商，亦为商人，自然不可避免地沾染商人市侩"重财尚利"的风习。以明代的润笔为例，明前期，大部分士大夫为他人作应酬性文章，收取酬金，既要看买主的身份及操行，同时又不写违心的内容。邱濬在正统年间曾官至礼部尚书。据说，他文章雄浑壮丽，四方求文者纷至。但邱濬如果瞧不起求文者的品行或职业，"虽以厚币请之不与"[②]。正统以后，士大夫不再耻于言利，但尚能顾忌人格和尊严。至天顺年间，收取润笔的现象更为普遍，价钱也贵，没有五

---

① 李维桢:《大泌山房集》卷306。
② 焦竑:《玉堂丛语》卷1。

明杜堇《玩古图》（现藏台北故宫博物院）中反映的明代士大夫生活

钱到一两银子，是难以张口求人的。这个时期，一些士大夫的润笔收入十分可观，已有"尝积求文银百余两"者①。到了成弘时期，购买文章的风气愈盛，"仕者有父母之丧，辄遍求挽诗为册，士大夫亦勉强以副其意，举世同然也"。润笔成为士大夫增加经济收入的重要途径，为应付众多的求文者，"受其贽者则不问其人贤否，漫尔应之。铜臭者得此，不但哀册而已，或刻石墓亭，为刻板家塾。有利其贽而厌其求者，为活套诗若干首以备应付。及其印行，则彼此一律，此其最可笑者也"②。为了钱，无论相识与否、品德如何，一律歌颂功德，即使是平生非常讨厌的人，也是有求必应，这种做法，更具商业气。正德以后，润笔之价更显高涨，为人作文明码标价已是通行的做法。文化作品的商品化趋势更加明显。

明中期以后士风的变化，还反映在文学创作上。小说这种体裁虽然出现较早，但一直受到儒学正统学者的排斥，无法跻身于正统文学之列。但这

---

① 陆容：《菽园杂记》卷15。
② 陆容：《菽园杂记》卷15。

类文体在民间有广阔的市场，士人对小说、戏曲和民间歌谣之类的通俗文学进行重新评价，充分肯定其文学价值，给予很高的评价。公安派的领袖人物袁宏道就极其重视小说、戏曲和民歌等市民文艺。一大批读书人专门撰写通俗流行的读物，有的甚至集创作、刻版印刷和发行于一身，全方位地从事通俗文化的经营，并大获其利。明末苏州人冯梦龙和凌濛初就是其中的突出事例。凌濛初在《拍案惊奇·序》中说："近世承平日久，民佚志淫，一二轻薄恶少初学拈笔，便思污蔑世界……而且纸为之贵，无翼飞，不胫走……独龙子犹氏（冯梦龙，别号龙子犹）所辑《喻世》等诸言，颇存雅道，时着良规，一破今时陋习，而宋元旧种，亦被搜括殆尽。肆中人见其行世颇捷，意余当别有秘本，图出而衡之。"

2. 风俗的新变化

明中后期，市民生活方式转变的同时也带来了社会风气的变化，商品经济的活跃刺激了物质和文化消费的增长，社会财富的增加导致人们对物质享受的要求越来越高，民风由俭入奢，雅俗互现。这一时期，在物欲的洗礼和人性解放的大前提下，社会各阶层的生活呈现前所未有的大变革。

首先，人们的物质消费由淳朴转为奢华、厌常喜新。因为经济条件的改善，人们的衣着服饰发生了很大的变化，从明初的"无纵绮之士，布衣衫裤，赤足芒鞋"，到明中叶，已是"帏裳大袖，不丝帛不衣，不金钱不巾，不云头不履"[1]。

伴随着生活水平的提高，是消费习惯的改变和社会风俗的巨大变化，在河南南阳府，"迨及隆万，四方人附籍者众，渐有好游惰习奢侈矣……风俗失旧，人心不古"[2]。郑州在正德、嘉靖年间已是"竞为奢靡，专事纷华"[3]。在从众与攀比心理影响之下，奢靡之风盛行，甚至波及农村。万历年间，河南许多地方"姻家馈赠宴会之际，竞为靡丽，使中产之家四顾，徘徊而不能克举"[4]。在这种浮华世风的影响下，读书的士人无不喜欢鲜衣美食，崇尚浮谈怪说，将工农视为村鄙。妇女敷粉簪花，袖手游乐，视勤俭为

---

① 何乔远：《名山藏·货殖记》。
② （康熙）《南阳府志》卷1《风俗》。
③ （嘉靖）《郑州志》卷1《风俗》。
④ （康熙）《河南通志》卷27《艺文》，邱风起：《风俗议》。

《金瓶梅》中描绘的明代市民生活

耻辱。官员更是繁文缛节，将教养视为迂腐。人们的生活也渐趋世俗化，庸俗的歌谣词曲成为大众娱乐的主要方式，俗不可耐成为时髦的风尚。

其次，消费观突破了禁忌与条规，僭礼逾制的情况比比皆是。追求高消费使人们的价值和道德判断也开始发生变化，伦理生活严重违反了传统道德和等级秩序，"尽改旧意"的同时，越礼逾制比比皆是，僭越之事连连发生，置朝廷禁令于不顾，传统的等级秩序、观点和伦理发生了很大的变化。

明中期以后，金钱使一切伦理纲常、统治秩序、美德偶像都被颠倒过来。财大气粗的商贾、骄恣淫逸的官绅、游手好闲的市侩，挑战着传统的礼制。如《金瓶梅》里的西门庆，就公然声称："咱闻那佛祖西天，也只不过要黄金铺地，阴司十殿，也要些楮镪营求。咱只消尽这家私，广为善事，就是强奸了嫦娥，和奸了织女，拐了许飞琼，盗了西王母的女儿，也不减我泼天富贵"①。

第三，社会风尚的巨大转变。在这股世风突变的浪潮中，还涌现出许多张扬个性的"奇人""奇事""奇情"。嘉靖初年，奇人王艮身着"五常冠"，乘坐招摇车，带两童子，招摇于都市井邑间，人称"怪魁"。嘉靖末年，怪人徐渭应聘入总督胡宗宪幕府，整日纵酒豪饮，黑巾素袍，最后以利器击自己头颅或钉铁刺入双耳。江南风流四才子唐寅等人放荡不羁的行为，成为人们茶余饭后的谈资和追逐称赏的对象。有些官绅士大夫为了追求奇

---

① 《金瓶梅词话》第57回。

情、奇性，甚至到了不顾金钱和性命的地步。西门庆因纵欲过度而丧命；潘金莲也是只顾尽情享乐，她说："随他明日街死街埋，路死路埋，倒在洋沟里就是棺材。"①

文人的个性解放与标新立异、商人的营求逐利与奢华糜烂、市井的世俗雅趣以及普通百姓的纵情放异等，构成了一幅幅明代社会转型时期的"波颓风靡"图。

3．晚明新思潮

晚明的社会风尚，学界多有关注，论著足可用"汗牛充栋"来形容。像陈宝良一部《明代社会生活史》（中国社会科学出版社2004年版）八十余万言，详细描述了明代社会生活的各方面及其变迁。巫仁恕《品味奢华：晚明的消费社会与士大夫》（中华书局2008年版）对晚明时代的乘轿、服饰、旅游、家具和饮食等五个方面分析晚明消费社会的形成及其特质。万明主编的《晚明社会变迁：问题与研究》（商务印书馆2005年版）从人口流动、商业社会、白银货币、地方社会、政府权力、法律、军户、东林党、泰州学派等专题，研究了晚明时代令人瞩目、色彩斑斓的"天崩地坼"的变化。学者们从不同的学科门类，不同的社会群体等对晚明社会予以多角度剖析，虽然结论不尽相同，但对晚明社会的新思想、新变化和新生活却有着相似的认识。

晚明时代，社会组织开始由单一农业社会结构向多元社会结构，即由传统社会向近代社会转型。此时的文化呈现新旧杂陈、多元并存的特点。也就是说，在传统文化衰落的同时，新的文化因素正在潜滋暗长。所谓新的文化因素，是一种近代性启蒙思潮。启蒙思潮建立在商品货币经济的普遍发展和市民阶层崛起的基础之上，是当时社会变迁在思想文化领域的反映。它是对中国传统的程朱理学进行批判性总结之中孕育出来的某些近代思想的因子。这种启蒙思潮表现在许多方面。

在哲学上，它把"存天理，灭人欲"的"天理人性论"传统变成具有近代意义的"自然人性论"。明中后期，许多士子竭力阐发人的主体意识和人的社会价值，提倡个体解放和人文主义，倡导理欲统一，蔑视偶像崇拜，公开否定以孔子之是非为是非，这些都具有振聋发聩的意义。

在政治上，许多思想家以民本主义为武器，猛烈抨击专制帝制，要求

---

① 《金瓶梅词话》第46回。

多方限制君主特权，甚至提出君臣共治天下的主张。刘宗周说："天下事可以一人理乎？"①主张"以天下之聪明为大聪明"，"以天下才任天下事"。②黄宗羲认为："天下为主，君为客"，"为天下之大害者，君而已"。③唐甄也有类似的想法，说"天子之尊，非天地人神也，人也"，他甚至认为："自秦以后，凡为帝王者，皆贼也"④。他们试图通过"置相"（接近于近代责任内阁总理）、"学校"（接近于近代议会）来实现他们"有法治而后有治人"的政治理想。有的学者还对未来社会提出美妙的设想，何心隐就设计了一个"相友而师"的类似于乌托邦的基层社会组织。他要求破除一般的身家，建立一种超乎之上的师友关系，从"齐家"开始，在广泛的社会范围之内实现"治国"和"平天下"的理想。

在经济上，出现了普遍的反对传统"崇本抑末"的思想，政治家、思想家们对工商业者的价值和地位提出了新的认识。张居正即主张农商并重，互补互利。汪道昆反对"重本抑末"的传统观念，说："日中为市，肇自神农，盖与末耜并兴，交相重矣……商何负于农？"⑤赵南星更提出："士、农、工、商，生人之本业……岂必仕进而后称贤乎？"⑥黄宗羲继承这种思想，进一步提出"工商皆本"的主张。因此，他们要求提高工商业者的政治和社会地位，并保持工商业者的发展。

在文学艺术上，表现为传统正宗诗文等雅文学的衰落，以及小说、戏曲等俗文学的勃兴，表现在人的主体个性的张扬和对人欲的大胆肯定上。在科学技术上，表现为实验手段与数字语言的运用，以及对西方自然科学技术的汲取，中西方科技和文化交流进入新时期。

这股近代性启蒙思潮的兴起，对君主专制及传统理学的统治发起了强有力的冲击，起到了唤起人文觉醒、推动社会转型步伐的作用。但是，随着明清易代，新的专制统治体制的建立，它便遭到残暴的扼杀而趋于泯灭了。

---

① 《刘蕺山集》卷2《除京北谢恩疏》。
② 《敬陈圣学疏》卷4。
③ 《明夷待访录·原君》。
④ 《潜夫·抑尊》。
⑤ 《太函集》卷65《虞部陈使君榷政碑》。
⑥ 汪道昆：《味檗斋文集》卷7《寿仰西雷君七十序》。

第八章　晚明的皇位更迭与乱局

晚明是个耐人寻味的时代。这一时期，一方面是经济商品化水平越来越高，国内外贸易的规模日趋扩大，思想文化繁荣活泼，社会生活异彩纷呈；另一方面是政治环境却在不断恶化，国防压力持续增加，阶级矛盾和社会问题日渐突出。政治、军事形势与经济、思想文化呈现两个截然不同的方向发展，令人深思。

到明代，中国传统帝制高度发达。皇权地位神圣不可动摇，那些来自民间靠自我发酵孕育起来的对专制皇权的质疑、批评的态度和声音，在强大而根深蒂固的皇权帝制面前，显得是如此的渺小而不堪一击。无论是数十年不临朝听政的万历，还是几近文盲的"玩主"天启，他们一旦登临皇位，便有十足的能力控驭官僚群体，他们强大到貌似坚不可摧。然而，当复杂的社会矛盾交织在一起的时候，许多看似没有关联的偶然因素的个案爆发，又注定了朱明王朝统治江山的必然覆亡。

第一节　"明之亡，实亡于神宗"

明代的历史分期，以前、中、后三期为最常见，中后期的分界点在万历十年（1582）张居正死后、万历主政开始。万历皇帝，明神宗朱翊钧（1563—1620），明朝第13位皇帝，在位达48年之久，是明朝历史上在位时间最长的皇帝。他长达半个世纪的任期，对大明帝国的命运产生了巨大的影响。把万历亲政作为明后期的开始，意味着万历之后的明代革新政令的努力宣告结束，明代政治走向全面衰落。

万历朝的前十年，是明朝"第一首辅"张居正主政的时代，万历皇帝在母亲李太后、老师张居正和玩伴冯保的陪伴下，从10岁的孩子长成为20岁的年轻人。这十年，君臣相得益彰，国富军强，改革卓有成效。经过十余年系统的学习，小皇帝对中国传统儒家治国思想有了相当深入的了解，身上透露出一股浓厚的经卷气。作为一个长在深宫、养尊处优的最高统治者，他勤于政事，爱惜民力，节制有度，是一位"好皇帝"。这种知识濡染与社会地位，造就了一位深谙治国理念的帝王、一个既重情守义又感情用事的儒者。朱翊钧的双重性格和复杂心理特征，一旦"弃善从恶"，对他个人的家庭生活和明帝国的命运都产生了极其重要的影响。

神宗皇帝

1. 万历怠政

张居正被抄家之后，不仅万历朝再也没有出现像他那样权重的首辅，明王朝此后再也没有第二位，这既有万历本人是一位权欲极重、作风专断的皇帝因素，也有其他阁臣汲取了张居正的教训，不愿过分抛头露面的缘故。在亲政的前几年，神宗凭借独立执政的热情，坚持一贯的勤政作风。然而，万历十四年（1586）后，他又成为一位出了名的怠政皇帝，数年不临朝治事，前后迥异、看似矛盾的风格，却道出其复杂的内心世界和真实的精神生活。

亲政的最初几年里，神宗还是勤勤恳恳地临朝治事，扎扎实实地做了一些实事，不辞劳苦。如万历十二年至十三年间（1584—1585）发生了全国范围的大旱，他亲自到京城南郊祭天求雨，为示真诚，他步行往返几十里，百官与百姓争相观看，深为帝王的精神所感动。此外，他还在内廷召见官员，商讨政事。对首辅大臣处理不当的票拟意见，他坚决推翻重来。万历十五年，首辅申时行在处理顾宪成等案件时，只拟罚俸处置，但他坚持重责，不听申辩，要求重新拟定处置意见。为了及时、准确把握地方信息，他派遣锦衣卫的校尉为耳目，侦察法司的审判工作。神宗也重视农业生产，关心国计

《出警入跸图》（现藏"台北故宫博物院"）

此画描绘出明朝万历皇帝出京谒陵盛况的宫廷画卷。画中皇帝在宫廷侍卫的护送下，骑马出京，声势浩大，到京郊的十三陵拜先祖，然后再坐船返回北京。皇帝一出一入，相互呼应，气势壮观，栩栩如生。全卷分为《出警图》绘皇帝骑马，由陆路出京，《入跸图》画皇帝坐船，走水路还宫。这两幅图是台北"故宫博物院"所收藏手卷画作中最长的两幅（《出警图》的宽26米，《入跸图》超过30米），人物众多，场面宏伟，是历代绘画作品中少见的超级巨作。

民生，选派经验丰富的徐贞明（1530—1590）在北方兴修水利，发展农业生产。他注意选用贤能，重用人才，万历十三年时，他曾说官员"果有异才，许予例荐外，特举推用"①。在处理与众大臣的关系问题上，他也能虚心接受臣下的建议与批评。有些做法不妥，只要大臣指出，大都能虚心接受。万历十四年（1586），有礼部官员上疏，说皇帝亲政后开支过大，一些地方只好加派赋役，以致百姓的生活有贫困化趋向，"愿我皇上以节俭先之"。神宗看了奏疏之后，不仅没有生气，反而提出具体的改进意见，并对礼部官员提出了褒奖。②

神宗的上述做法有利于国家的治理、政局的稳定，就连当时以直言犯谏、以关心百姓疾苦著称的"清官"海瑞对他的勤政也是称赞连连，说："自张居正刑犯而后，乾纲独断，无一时一事不惟小民之念，有其心不收其效者，失之有刑而刑轻也"。③可惜神宗的"良好"表现持续的时间很短，这与后期多年不临朝治事、怠于政事、各级官员空虚不补，以及大肆搜罗民财形成了极其鲜明的对比。

神宗怠政，或者说出现连续多日的"免朝"或"辍朝"现象，应当从万历十四年九月算起，他最初的理由是"一时头晕眼花，力乏不兴"，在内廷"静摄服药"。此后，他常以此为由辍朝，后来发展到长年不上朝，甚至多年不上朝。不上朝，召见大臣的时间自然就越来越少，到后来，即便是国家庆典，如春节，也不再接见朝臣。每年在春夏秋冬四季按时到祖庙进行祭

① 《明神宗实录》卷156。
② 《明神宗实录》卷172。
③ 《明神宗实录》卷171。

祀的朝享太庙的"隆礼"也不再亲自参加,而是"遣官代行"。坚持了十余年的经筵日讲,他总是以身体欠安、无法正常坚持为由下令停止,万历十六年以后再也没有举行过。他不再及时处理大臣的奏疏,对各级大臣奏报上来的有关国计民生大事的奏疏,他往往不置可否,不加批答,即便是指责或痛骂他怠政、荒政的奏疏,他也置若罔闻,留中不发,"御前之奏牍,其积如山;列署之封章,其沉如海"。官员出现缺员也不再及时补足,官员的任免基本上处于半瘫痪状况,"人滞于官"、"官曹空虚"的现象长期存在。大致从万历二十四年(1596)开始,从中央到地方,在各级官吏的奏疏中,相继出现了"员缺数多"的字眼,该考选升迁者不动、该替补者没有着落、各级政府办公机构残缺不全,只好由一个官员兼职暂理几个职务。一些官员自动弃职回家,他也听之任之,政务不修,风气日坏。

是什么原因导致一位权欲极强的皇帝长年不上朝理政,把大批奏折留中不做处理呢?分析起来,大致有如下一些原因。首先,神宗的身体状况确实不佳,他纵色过度、酗酒成性、贪图安逸,导致身体日渐虚弱。其次,一直想册立郑贵妃生的朱常洵为皇太子,但众大臣坚持祖制,要求册立嫡长子朱常洛为皇太子,这也使他遭受沉重打击,可能出现心理扭曲。于是,他便通过不上朝、不见臣下、不理政务、不补官员等消极怠政,来发泄自己的"私愤"。另外,明中期以后的党争激烈,奏疏空疏,朝政无序,也让他萌生了对政治的厌恶、对朝臣的反感。同时,他对自己掌握国家政局的能力也过于自信,这显然是受中华帝国后期高度的皇权集中与专制的总体态势的影响。

在神宗执政的48年里,除值得称道的前十年引人关注外,万历皇帝还亲自参与了被称为"万历三大征"的用兵决策。三大征是指平定宁夏哱拜叛乱、平定播州杨应龙叛乱和东征御倭援朝,对明代后期的历史走向产生过重大影响。

平定宁夏哱拜叛乱。哱拜是蒙古部族人的首领,曾在明朝边镇当兵,他作战勇猛,屡立战功,官升至参将。随着实力的增强,他开始私自招兵买马,组成一支苍头军,在地方飞扬跋扈,作威作福。他经常向朝廷提出一些无理的要求,遭到拒绝后,公开煽动部下作乱。万历二十年(1592)二月,哱拜唆使同党刘东旸杀掉宁夏巡抚党馨等一批明朝高官,纵狱囚、抢官府、

掠民财，发动叛乱。深居宫中的神宗态度非常坚决——武力平叛！他派都御史叶梦熊为总督陕西三边军务，赐尚方宝剑，从各地征调大批军队和火器进援宁夏。叶梦熊是一位有胆识、有谋略的官员，为尽快结束战事，他观察了宁夏城周围的形势，发觉宁夏城低于黄河水面，城西北地势尤其低下，果断采取决黄河水淹城的方法。他让军兵在宁夏城四周筑堤，蓄积黄河水，于七月十七日掘开黄河大坝，水灌宁夏城。到八月初，宁夏城内外水深达八九尺，城中粮食断绝，军兵与百姓死亡甚巨。但反叛势力仍坚守不降。九月初，叶梦熊在强攻未果后，采用离间计，指使一个叫李登的卖油郎携带三封信，混入城中，分别交给哱拜及其属下的总兵刘东旸、副总兵许朝等人，离间他们之间的关系。在九月十六日，刘东旸杀掉了左参将土文秀，哱氏则下令处死刘东旸等汉族官员。明军趁势入城，一举平定宁夏之乱。在叶梦熊班师回京之日，神宗一反常态，亲临朝门接受群臣的祝贺，表明了他对此事的积极态度。[1]

播州之役旧址

平定播州杨应龙叛乱。播州地处四川南部，与贵州相邻，明政府在这一地区的管理大体采用土司制度。杨应龙于隆庆五年（1571）袭替任播州宣慰使，万历十五年（1587）时升任都指挥使。杨应龙是一位在地方自恃豪强、嗜杀成性的土霸王，不仅鱼肉乡里，对

---

① 《明史纪事本末》卷63《平哱拜》。

驻扎此地的明朝官军也不放在眼里，做了种种违法乱纪的坏事，屡有大臣上疏请求加以处置。神宗决定让四川、贵州抚按官会审后，再做最后的裁决。

杨应龙得知明廷准备处置自己的消息，遂施展缓兵之计，表面上有所收敛，表示愿意听从朝廷的差遣，暗中却纠集大批武装，不断袭击四川、贵州、湖广等地军民。由于此时御倭援朝战争如火如荼，神宗对杨应龙的不法之举只能听之任之。万历二十七年（1599）年底，在援朝战争基本平息后，神宗即任命李化龙为湖广川贵总督，征讨播州杨应龙。李化龙率领二十余万大军、兵分八路攻打播州，第二年年底终于平定了杨应龙的叛乱。神宗随即下令在当地实行"改土归流"，取消世袭的土司制度，改由中央统一选派流官进行管理，这对促进这一地区政治的统一和经济、文化的发展，起到积极的作用，时人有评价说："此唐宋以来一大伟绩也"[1]。

此外，就是他下定决心派兵御倭援朝，并取得了最后的胜利。御倭援朝战争的胜利，对安定辽东、山东和东南沿海等地局势都有积极的意义，在维护中国与朝鲜传统关系和打击日本侵略气焰方面都有重大的意义。

神宗在"万历三大征"中的果敢作风，与他十四年以后呈现的怠政与疲态似乎不太一致，但这恰恰反映了这位帝王的执政思想，与他本人过分的迷信权力、相信明王朝的国力，以及他认为某些日常"琐事"无须劳力伤神的想法有关。基于这种心态，他在权力的巅峰舞蹈，有专断，也有玩弄和懈怠。民生无小事，正是他的这种心态，导致了社会矛盾的不断激化，产生了无可挽回的严重恶果。

2. 生活奢靡

明代中期以后，人们的社会生活水平逐步提高，统治阶级生活奢靡更成为普遍的现象，朱翊钧更是有过之而无不及。其奢华挥霍的生活主要包括对金银珠宝等装饰品的大量消费、日常生活开支庞大、膳食支出极尽奢华、礼仪典制过度支出，以及频繁的工程营造等。这既挥霍了社会财富，又败坏了社会风气。

皇帝的膳食支出由光禄寺负责。朱翊钧即位之初，在张居正和慈圣皇

---

[1] 《万历武功录·播酋杨应龙列传》。

河南潞简王墓

太后的建议下，光禄寺的开支削减不少，每年仅用十三四万两银子。朱翊钧
亲政后，支出逐步增加，到万历三十九年（1611）时，已增至近三十万两银
子。他将大批银两用于采购，从饮食，服饰衣物，到金银珠玉等，每次采办
用银，动辄数万，甚至有记载一次仅采购珠宝所需的白银竟高达百万两之
巨，数量之大，令人难以置信。朱翊钧用在内廷婚丧嫁娶、册封祭祀等方面
的支出也非常庞大。万历十年，他为操办自己的同母兄弟潞王的婚礼，开支
近九万两银子，这比他本人的婚礼还多花费七万多两。万历二十三年，长公
主婚礼花费增至十二万两银子。万历三十四年（1606），最受朱翊钧宠爱的
福王婚礼花费白银更高达三十万两。这一时期的"土木繁兴之极"①。他亲
政的第二年，即万历十一年，就决定修建自己的陵墓定陵。万历十三年正式
动工，到万历十六年基本完成，历时近五年，规模宏大、极为华丽，耗资高
达八百余万两银子。他所操办的各类建筑工程，非常讲究物料的质量与名
贵度，如木料多从四川、贵州、湖广采办上好的楠杉大木，砖瓦瓷器则多

---

① 《明神宗实录》卷385。

来自江南，丝绸是江浙专门的贡品等，"蠹耗惊人"。

朱翊钧的生活极其荒淫。他以酗酒而闻名。万历十七年，大理寺官雒于仁在《酒色财气四箴疏》的奏疏中，说他过于沉溺于酒色，"皇上之恙，病在酒色财气也"。万历二十年时，御史冯从吾更是直接批评他"每夕必饮，每饮必醉，每醉必怒。左右一言稍违，辄毙杖下，外庭无不知者。天下后世，其可欺乎！"[1]据说有一次他喝得酩酊大醉，竟然割下了宫女的头发，还差点将身边两名宦官打死。然而他本人并不以此为耻，还振振有词地说，"谁人不饮酒？"活脱脱无赖酒鬼一个！朱翊钧是个好色之徒。他宠爱郑贵妃，与之朝夕相处，贪图春宵一刻的快乐。他在后宫多行淫乱，竟弄来十个小太监，玩起"十俊"的勾当。为满足永无止境的欲海，他又迷恋饮鸩止渴的房中术，二十多岁就搞得身心俱疲，常常头晕目眩、动火热症，这也是多年无法临朝的原因之一。

3. 横征暴敛

为满足奢华的生活，朱翊钧想方设法去聚敛财富。他搜刮金钱的办法主要有两个：一是向各衙门管理的国库索要，变国库的白银为内帑的赏财，即所谓的"传索帑金"，二是直接派出矿监税使，到各地直接巧取豪夺。

"传索帑金"是朱翊钧一贯做法，索要的对象一是户部的太仓库、光禄寺储银，二是兵部所属的太仆寺储银，三是工部所隶的专项工程款等。万历初年，太仆寺马价银最多积累至1000余万两，但到万历中期所存银两已不足原来的十分之一，可见流失之严重。

直接向全国各地派出矿监税使，是神宗利用其无上的权力赤裸裸地对百姓的剥削行为。他向各地派出矿监税使开始的大致时间在万历二十五年（1597），当时紫禁城三大殿受火灾俱焚，"迨两宫三殿灾，营建费不赀，始开矿增税……中官遍天下，非领税即领矿，驱胁官吏，务朘削焉"。[2]这些矿监，打着开矿、征税的旗号，横征暴敛，无恶不作。他们将搜刮来的钱财源源不断地送到宫廷内库之中，当然，他们据为己有的财富数量更大。有统计说，从万历二十五年至三十四年，各地的矿监税使共计上交银两约570万两，超过了每年用于满足内廷所需的金花银的总量。

---

① 《明史·冯从吾传》。
② 《明史·食货五》。

万历怠政加剧了明代官场的腐败。他大肆挥霍浪费，导致社会经济秩序的混乱。矿监税使横行天下，他们打着皇帝的旗号肆意搜刮民脂民膏，中饱私囊。他们在社会上倒行逆施，大发淫威，扰乱社会治安，导致了大规模民变的爆发。许多矿监税使动用武力进行疯狂的报复，工商业者只好关门停业、出逃避难，一些非常繁荣的商业市镇因此萧条败落，严重摧残了社会经济，进一步加剧了国库的空虚和财政困难。

万历二十年至二十六年间，明廷为平定宁夏叛乱，耗费财政二百余万两白银，东征援朝，耗费七百余万两银，平定播州叛乱耗银约二三百万两，"三大征"导致"国用空匮"，国家正常的财政开支大受影响。吃国家财政饭的军兵或官员生活普遍困难，在边镇及内地都出现了因为拖欠军兵粮饷而发生兵变的情况。如在万历二十年以后，在河南陈州卫、蓟镇军营、山海关军兵、贵州铜川、宣镇，以及大同等地，都有因为军饷被长期拖欠而哗变或逃亡的军兵。

万历中后期的各种社会矛盾都已经相当严重，当时，深受赋役之苦、天灾人祸等多重折磨的民众开始举起反抗的大旗，零星的农民起义已经在各地出现。万历中期，虽然朱翊钧有足够的信心与能力平定西北和西南地区的少数民族叛乱，但到后期，面对日益强悍的女真族的崛起，他就力不从心了。万历四十七年（1619），明廷抽调了大批精兵强将，派出军队十万人以上，在辽东经略使杨镐的率领下企图一举荡平女真族，结果在萨尔浒大败而归。辽东战事日益凸显，成为朝野重点关注的问题之一。万历帝的最后两年就是在对辽东战事深深的忧虑，以及日益加重的疾病煎熬中度过的。

万历四十七年的春节，朱翊钧照例宣布免朝，百官们则照例到午门外举行庆贺典礼，向仁德门致礼，然后分散回家。此时的内阁首辅大臣也称病不理朝政，政府办公机构几乎处于半瘫痪状况。到万历四十八年春节时，朱翊钧的病情不见好转，各种疾病综合在一起，就连他自己也颇为烦恼。进入七月份，朱翊钧竟有半个月无法进食，至二十一日撒手西去，时年五十八岁。在遗诏中，他说自己在执政之初，"兢兢化理，期无负先帝付托"，但后来由于自己身体原因，视朝稀少，许多奏疏无法及时处理，"加以矿税烦兴，征调四出，民生日蹙，边衅渐开"①。遗诏中提出了一些相应的修补措施，如

①　《明神宗实录》卷596。

停止矿监税使的活动，停止滥无边际的采办，以及发内帑以助边饷等，似有幡然悔悟之意！其实，这不过是表一表态，做个样子，把烂摊子一扔就撒手归天了。何况，这一切终究还是太晚了。

第二节　熹宗："虽欲不亡，何可得哉"

　　神宗病逝，他的儿子常洛登极，是为光宗。万历时糟糕的境遇导致常洛的身心都受到极大摧残，登极后，他放纵自己，身体状况更差。时光宗患有痢疾，病情一直不见好转，有鸿胪寺丞李可灼进献红丸药，光宗服过两丸后不久便驾崩，引起朝臣的种种猜想，进而演变成激烈的论争，史称"红丸案"。由于围绕进"红丸"和"移宫"等斗争各有一批官员参与，加之天启朝东林党与阉党之争时，常常围绕"国本"、"红丸"和"移宫"事件相互攻讦，故被冠以"案"字，"三案"之争斗一直持续到南明时期，严重影响到了官场正气之风。

　　光宗在位时间虽短，但他却是上承万历四十八年之积弊，又因"国本"问题引起朝中外廷、内臣和后宫之间的长期争斗。至熹宗天启年间，党争之恶劣达于顶峰，政局更加混乱。故《明史·熹宗本纪》有如下感慨："明自世宗而后，纲纪日以陵夷，神宗末年，废坏极矣。虽有刚明英武之君，已难复振。而重以帝之庸懦，妇寺窃柄，滥赏淫刑，忠良惨祸，亿兆离心，虽欲不亡，何可得哉？"明朝的灭亡似乎已经注定。

1. 扭曲的童年

　　明熹宗朱由校，他的父亲光宗朱常洛（年号泰昌），在位时间恰好只有一个月，后人

慈宁宫花园秋色

称之为"一月天子"。由于祖孙三代之间复杂的恩恩怨怨，最终铸造了光宗、熹宗两代"错位"皇帝，铸成了朱氏王朝家、国、天下最后的悲惨结局。

神宗的"家事"在大明帝国后期政坛是一件极其重要的事件，事情主要围绕常洛的身份和地位之争而展开，由此引发了常洛的生身母亲的身份和地位之争，并最终影响到熹宗的地位。

常洛的生母本是神宗母亲李太后身边的一个地位低下的服侍宫女。万历九年（1581）初冬的一个中午，二十岁的万历皇帝到母亲慈宁宫去，兴之所至，临幸了这位楚楚动人的"都人"王氏。王氏后来便生下了常洛，他也是神宗的长子。起初，神宗不愿承认，在李太后的一再追问下，神宗才认下了地位低下的"都人"王氏和"都人子"常洛，但他打心眼里厌恶这出身低微的母子。这一对母子及其子孙也注定了一生的卑贱、屈辱和无奈。神宗瞧不起"都人"出身的常洛母子，却深深地眷恋着另一对母子——郑氏及皇三子常洵。神宗一心想立爱妃郑贵妃之子常洵为太子，但却遭到饱受儒家经典影响的众大臣的强烈反抗。于是，万历拒绝让常洛出阁学习，拒绝给他加封太子之名，拒绝给王氏加封贵妃的名号。这种拖延与拒绝不仅给常洛母子带来了极大的心理伤害，也给大明帝国国统的继立埋下了隐患。同样，作为常洛长子的朱由校也深受其害。

缺少关爱的常洛整日生活在心惊胆战之中，到13岁时才第一次接触到老师和书本，但不久学习又中断了。20岁时被册立为皇太子，又时断时续的学了几天，一生读书不多，文化水平不高。作为长子常洛的教学尚不受神宗的重视，作为孙子辈的由校的学习自然更提不到议事日程上来。熹宗出生于万历三十三年（1605），他9岁那年，大学士方从哲曾上疏神宗，请求让由校与父亲常洛一并接受教育，但遭到拒绝。直到神宗于万历四十八年（1620）去世时，已经16岁的由校竟然没有读过几天像样的书，这对于古代中国出生于帝王之家的皇子皇孙来讲，本身就是不可思议的，正是这种不可思议，孕育了治国无术的皇帝。

年长的父亲常洛生活失意，精神苦闷，面对来自父亲的冷淡和郑贵妃的咄咄逼人，他深感无力自保，常寄情酒色以自晦，给人留下暗弱昏庸和懦弱无能的印象。郑贵妃投其所爱，常常进献一些美女给常洛，一半是讨好，一半是陷害。正是由于精神上的压抑和肉体上的虚脱，光宗常洛成为明代在位时间最短的帝王。年少的由校差不多天天在小宦官和乳母客氏的陪同下混日子。在宫廷里游荡玩耍，爬高上低，掏鸟窝、斗蛐蛐、养猫斗鸡、荡秋千、捉迷藏，来打发光阴。随着年龄的增长，由校的玩性也越来越大，像爬山、赏花、采草、划船、溜冰、演戏、骑马、打猎之类的娱乐活动他越来越多地投入了更大的热情；类似于今天小孩子手工制作之类的木工、泥工、瓦工、雕刻、油漆和制造各种机械玩具更成了他的最爱。

没有了文化的浸润，没有了责任的传承，一个贪玩成性的顽童长大以后，自然谈不上什么胸有大志。这恰恰是作为未来皇位继承人最怕的品格。没有任何的迹象，没有任何的准备，由校似乎准备一直生活在这么一个无拘无束的嬉戏世界里的时候，大明帝国却在悄然发生着巨大的变革。

2. 畸形的后宫

父亲朱常洛既是一个懦弱无能、自命不保的人，母亲就显得非常重要，但由校的几位"母亲"在他的生命里徒增几份悲情，少年时代的由校迷失在"错位"或"缺位"的母爱里。

明神宗万历皇帝不喜欢常洛，在政治上压制他，但在生活上却投其所好，给他选了一大批美女"选侍"（专门侍候帝王而没有封号的宫女），让他整日沉溺于酒色之中。由校的生母是才人王氏，虽然生下了当时皇上的长孙，因为神宗不喜欢，并不按规定封她为"夫人"。常洛宠爱妃子西李选侍，冷落王氏，西李也对王氏百般凌辱甚至殴打，王氏年纪轻轻就死了。王氏死后，神宗将由校托付给西李来照顾。西李很有野心，他认为由校身为长子，"奇货可居"，加强了对由校的控制。

光宗死后，皇长子朱由校当立，但西李选侍干涉朝政，她与万历的郑贵妃关系密切，希望"挟皇长子自重"，所以，坚持住在乾清宫不走。吏部尚书周嘉谟、御史左光斗等上疏，逼迫西李选侍从乾清宫搬出，并把太子抢出，确保其脱离后宫的控制，帮助由校顺利登上皇位，史称"移宫案"。唯一让西李感到安慰的是，曾经在她手下做事的宦官魏忠贤后来得势，他在清除了东林党人后，顺利地从熹宗由校那里讨回了一个"康妃"的封号。

光宗去世五天后，历经激烈争斗之后的朱由校终于以皇长子身份御临文华宫，称皇帝，年号天启，庙号熹宗。此后，一直伴随在这位"新"君身边的，还有一位"母亲"，那就是熹宗的乳母客氏。

熹宗由校的婴儿、童年和少年时代都是跟着这位"母亲"——乳母客氏长大的。客氏，名巴巴，出生于北直隶定兴（今河北定兴）一个普通农民家庭。十八岁时，客氏因人长得漂亮，奶水比较稠，又粗通文笔，应选入宫做由校的奶妈。客氏入宫两年，老实巴交的丈夫就死了，因颇具姿色，客氏开始在皇宫内打起了主意。因为"乳母"身份之故，客氏得以天天与由校一起，她把自己的命运赌在由校身上，天天带着由校在宫里游荡，想着各种方法逗由校玩，由校对她也很信任。由校年龄稍长一些，奶也该断了，按规定应该辞退客氏，但由校一离开她就又哭又闹，不吃不喝，客氏于是便在宫里一留再留。客氏深知，要想在宫里获得生存和发展的机会，就要与宫里的宦官勾结在一起，他先与大宦官魏朝勾结，后又投入日渐走红的宦官魏忠贤的怀里，成为明末宫廷历史上最臭名昭著的一对男女。

由校对客氏怀着一种别样的情感，由于缺少生母的关心与呵护，客氏就成为他生活中最重要的女性。在光宗常洛即位后，客氏的地位实际上甚至高过了西李和东李两位选侍。客氏以一个成熟女性的独特魅力吸引着包括熹宗和宫中的弄权者。客氏公开的身份是熹宗的乳母，实际上全面负责他的生活起居。她的姿色和特殊的地位引起宫中宦官的注意。客氏入宫不久就与负责熹宗日常生活起居的宦官魏朝勾搭在一起。此后，客氏又与魏朝的结拜兄弟魏忠贤结识。魏忠贤是一位虽拙于文墨，却工于心计的宦官，当时负责给熹宗的生母王氏提供膳食。

熹宗即位仅半个月后，客氏就被封为"奉圣夫人"，她的儿子侯国光、弟弟客光先等封为锦衣卫正千户。次年正月，又赐给客氏护坟香火田20顷。此时的客氏依然与熹宗皇帝形影不离。只是到了天启元年（1621）二月，由于熹宗大婚，娶了张皇后，客氏与皇帝才不可能像从前一样如影随形了。但是，熹宗对她的优容与宠爱并没有削减。熹宗一朝，仅仅是一个乳母的客氏所受到的隆遇，是前所未有、后无所及的。每逢她的生日，熹宗一定亲自去祝贺。她以"天子八母之一"自居，每次出行，其排场都不亚于皇后。出入宫闱，一定要清尘除道，香烟缭绕，"老祖太太千岁"的呼声震天动地。更重要的是，她凭借皇权、勾结魏忠贤所形成的巨大的权势，更是达到了明代各朝所未及的高度。

客氏为了协助自己的"对食"魏忠贤登上宦官队伍的最高峰，并达到影响外朝的目的，不惜利用与熹宗的情感关系，排除异己，打击政敌，扰乱朝纲。客氏危害朝政，一是为自己，二是为魏忠贤，当然归根结底是为自己。客氏的乳母之名在宫中地位很低，她要想获取高高在上的荣华富贵，一是控制和利用熹宗的关系，二是自己主动出击。熹宗大婚不久，御史刘兰等朝中大臣鉴于客氏与熹宗暧昧的关系，请求将客氏遣出皇宫。但不久，熹宗又下诏将她请入皇宫，并允准其自由出入宫廷。其中，是否有客氏主动向熹宗请求的因素已不得而知，但据熹宗自己讲，他自幼年跟随客氏生活，没有她在身边的服侍与照应，自己精神恍惚，寝食难安。皇帝出言如此，大臣们也不敢再加反对。

客氏深感提升和巩固自己在内廷地位的意义，唯如此，她的权力和她的地位才能持续。她还与魏忠贤合谋，玩弄熹宗于股掌之间，并试图操纵储君的继立。客氏

明熹宗孝哀悊皇后张氏像

以已婚之身入宫，自然不可能成为妃嫔皇后。熹宗的张皇后是一个品行端正的女子，她对客、魏奸邪野心颇为不满，甚至公开呵斥他们收敛。客氏决心清除张皇后。她宣扬说，张皇后出身不正，可能是私生或"野种"，请求熹宗改立魏忠贤侄子魏良卿的女儿为皇后。由于熹宗对张皇后还算有感情，经查实客氏所言全无根据，不同意废掉张皇后。于是客氏就想尽各种办法加害张皇后。天启三年，张皇后怀孕，客氏等人以"捻背"（推拿按摩术）为幌子，派亲信暗伤胎位而致张皇后流产，此后张皇后失去生育能力。客氏只要听说其他妃嫔有身孕者，就痛下杀手，或将嫔妃处死，或逼其流产。熹宗一生最终无子可嗣，只好由自己的弟弟由检（后来的崇祯皇帝）继位。据《明史》记载，熹宗一生共生下三个孩子，长子朱慈然，谥怀冲太子，次子和三子都不足一岁相继夭折。客氏和魏忠贤还试图通过向熹宗进献一些已经怀孕的宫女，以达到控制熹宗及继立者的目的。可惜，客氏和魏忠贤的如意算盘并不如意，他们以为年轻的熹宗会留给他们足够的时间去处理"立储"的问题，可惜，仅仅七年时间，熹宗病逝，两人的权势突然崩盘。

客氏为害乱政的另一原因是为了魏忠贤。客氏毕竟是一介女流之辈，是来自社会的最底层，限于阅历，纵然有所图谋，不过是锦衣玉食、人前显贵之类的想法，绝不会在政治上有所企图以至于危害社稷，客氏之害在于其身

边的宦官魏忠贤的唆使。不过，客氏利用魏忠贤之目的，意在巩固自己名不正、身不正的地位。两人生活上日亲月近，如胶似漆，如影随形；政治上狼狈为奸，沆瀣一气。因此，明末客魏乱政，魏忠贤罪大恶极，但客氏罪不容恕。故史家有云，魏忠贤乱政，"忠贤故憨无他长，其党日夜教之，客氏为内主，群凶煽虐，以是毒痛海内"。①

3. 魏忠贤专权

天启时代，宦官魏忠贤制造了明代历史上最为典型的宦官专权，也创造了中国古代宦官专制的最高峰。《明史·宦官传》称："明世宦官出使、专征、监军、分镇、刺臣民隐事诸大权，皆自永乐间始。……数传之后，势成积重，始于王振，成于魏忠贤。"宦官魏忠贤，一个将皇帝玩弄于股掌之间、将天下文臣武将的生杀予夺集于一身的一个皇权伴生物，他的弄权，其实是对专制皇权赤裸裸的揭露。

魏忠贤，河北肃宁县人。一个在本地颇有名气的地痞无赖，他平时就偷鸡摸狗，吃喝嫖赌，无恶不作。据说，由于魏忠贤在赌场上输了一大笔钱，无力偿还，在东躲西藏之后，只能狠心挥刀自宫，然后倾其家资，投亲靠友与宫里的小宦官接了头，混到宫里，开始了从苟且偷生、委曲求全，再到豪赌天下、肆意妄为的人生历程。②

万历十七年（1589），21岁的魏忠贤别妻离子进宫服役，最初在司礼监秉笔太监孙暹手下做一些洒扫庭院之类的杂务。几年后，魏忠贤曾试图投靠在四川任矿监税使的宦官丘乘云，但差点儿客死他乡，在一位朋友的帮助下逃回北京。第二次入宫的魏忠贤通过贿赂，投靠到颇有权势的太监魏朝门下，负责熹宗的母亲王氏的日常饮食。魏忠贤对待王氏和熹宗都是尽心尽力的。朱由校出生后，魏忠贤有较多的机会接触到他。由于魏忠贤自幼长于骑射，有胆识，有气魄，甚至"歌曲弦索，弹棋蹴鞠，事事胜人"。③作为一个男人，作为一个父亲，作为一个喜好玩耍的宦官，魏忠贤既能洞察小男孩好玩的天性，又精于引导教练，他一有时间就陪熹宗玩耍，逗他开心，深得熹宗的好感。

---

① 《明史·魏忠贤传》。
② 《明史纪事本末》卷71《魏忠贤乱政》。
③ 朱长祚：《玉镜新谭》卷1《原始》。

在内廷，魏忠贤先竭力讨好自己的引荐人魏朝，并通过魏朝结识掌管内府要职的司礼监秉笔太监王安。魏忠贤还利用与魏朝交往的机会结识了时任熹宗乳母的客氏，两个很快打得火热。魏忠贤还试图与西李选侍拉近关系，以便在朝中培养自己的关系。魏忠贤不仅成功地躲过了神宗、光宗和熹宗时权力交接带来的巨大冲击，还审时度势，步步高升，在熹宗登基后，成为皇帝最信任的近臣。他从伯而侯、而后公，很快登上权力的巅峰。他的亲戚中，一人封伯后又封公，一人荫为正一品，一人从一品，四人正二品，二品以下更多。赤贫的佃户魏家如今笏满床，转眼成为天下最显赫的家族。魏忠贤先被称为千岁，后被称为九千岁，再后来居然被称为"九千九百岁"①。

作为一个宦官，一个臣子，魏忠贤的权力无以复加，他给大明帝国也带来了万劫不复的灾难。

天启二年（1622），魏忠贤说服熹宗，用顾秉谦代替孙慎行为礼部尚书，开始了他操纵外官的第一步。从此，熹宗专宠魏忠贤，心甘情愿地为他的全面擅权提供便利。次年，外官中的绝大多数投向魏忠贤的怀抱，听从他的指使，全面操纵处廷、军队和特务机关。在魏忠贤的周边形成了所谓的"五虎"、"五彪"、"十狗"、"十孩儿"、"四十孙"等一大批高官为党羽，故《明史》称："自内阁、六部至四方总督、巡抚，遍置死党"②，形成所谓的祸国乱政的"阉党"。

魏忠贤的淫威可谓登峰造极，对他的个人崇拜达到了无以复加的地步，这种个人崇拜突出表现在生祠的建造上。"祠"本为祭奠死者而建，给生者建祠已非"常态"，而遍建生祠唯一可以解释的理由是为专制制度下扭曲的独裁者公开叫魂。

生祠之建始于浙江巡抚潘汝桢，天启六年（1626）时，他上疏熹宗说，东厂总管魏忠贤心勤体国，念切恤民，时值两浙遭遇水灾之际，魏先生厉行节约，蠲租免税，百姓得救，无不欢欣鼓舞，途歌巷舞，感恩戴德，他代表广大百姓请求给魏先生建造生祠，以垂永久。对于如此逻辑混乱，颠倒黑白、强奸民意的一派胡言，魏忠贤很快代表熹宗作出回应："魏忠贤确实心勤为国，切念恤民，应该顺从民意，允建生祠，以垂其不巧之功"，熹宗还

---

① 《崇祯长编》卷17。
② 《明史·宦官传二》。

以自己的名义给生祠题字曰："普德"。不久,一座富丽堂皇的生祠在美丽如画的西子湖畔落成。①此路一开,天下仿效,生祠的规格越来越高,举办的仪式越来越隆重。短短的一年时间里,全国就出现了40余座生祠。

毫无疑问,魏忠贤的权力来自皇权。那么明熹宗为何会信任同样是文化水平不高的宦官呢?或者说魏忠贤是何以取得熹宗的绝对信任呢?通过上面的分析我们可以知道:熹宗本人没有任何的执政能力,在权力方面似乎也没有特别的欲望,而国家机构总是要运转,运转具体实施又需要人手,所以皇帝认为可以信赖的人是可以代替自己操掌权柄的。魏忠贤能取得皇帝的信任,一是他在服侍皇帝生母时的忠心耿耿博取的好印象;二是在皇帝的幼年和童年时代,魏忠贤也是熹宗身边的玩伴;三是熹宗对乳母客氏的绝对信任和依赖而产生的对魏忠贤的放纵与保护;四是熹宗时代,魏忠贤所施展的戏君之术,牢牢地把握住了皇帝的行为;五是天启时代的文臣武将依附于魏忠贤,很大程度上纵容了阉党的放肆和熹宗的嬉戏。

4. 熹宗朝的乱局

万历朝最后的30多年,国库已入不敷出,军伍虚弱,官吏疲弱,市井萧条,民人贫苦。以东林党人为代表的官员,虽抱定"风声雨声读书声,声声入耳;家事国事天下事,事事关心"的理念,针砭时弊,严惩奸邪,救国救民,但他们的措施乏力,又热衷于党争,无力扶正将倾之帝国大厦。更何况此时的帝王不作为甚至胡作非为,阉党乱政,局势大乱。

天启初年,客魏乱政已成朝野公开的秘密,东林党人杨涟数列魏忠贤二十四条罪状,要求对魏忠贤"逐款严讯,立刻正法"②,将"奉圣夫人"客氏驱逐出宫。客、魏二人利用他们与熹宗亲近的机会和长期的感情,使出浑身解数,在保全自己的同时,步步为营,成功实现大反扑,血洗东林党人,驱逐了一大批不与自己合作的官员,一举把持朝纲。魏忠贤能达到自己不可告人的目的,重要原因之一是利用了熹宗无知、好玩的特点。无知致使其常受蒙蔽,不辨真假;好玩导致忘乎所以,荒怠国是。

熹宗好玩是出了名的。孩童时的他就是宫中出名的顽童、活宝;当了皇帝之后,既无人管束,又有魏忠贤等人的诱使,更是玩得不亦乐乎。熹宗之

---

① 《明史·熹宗本纪》。
② 文秉:《先拨志始》卷上。

玩，最喜欢的还是做木匠活。他曾经亲自用大木桶、铜缸之类的容器，凿孔，装上机关，做成喷泉等各种水戏，忙得乐不可支。更多的时候，他是锯锯刨刨，制成各种精巧的楼台亭阁，还亲自动手上漆彩绘。他做的雕刻木器砚床、梳匣、护灯小屏等木质艺术品，十分精致。他还让小太监拿到集市上

东林书院

去出售，据说价钱不菲。《天启宫词》有云："裕妃笑指灯屏问，雕到寒梅第几枝"，可见熹宗对雕刻梅花的执着与专注。

熹宗一朝，最大的工程修造当属紫禁城"三大殿"（皇极殿、中极殿和建极殿）的重修。万历二十五年，三大殿因火灾俱烬。熹宗即位不久即下诏："谕内阁，传起建皇极门、殿择日兴工，以文华殿窄小，百官朝贺列班不便也。时辽饷愈急，大工起建，有司莫措。乃以工部请发内帑二百万，刻日起工。"[1] 在天启五年至七年，三殿进行了集中重建。在熹宗去世前不久，终于宣布完工。这次大修总的费用亦不得而知，像耗资惊人的木料、石料等费用均不清楚，但三年的劳动用工补贴就高达白银"五百九十五万七千五百两有奇"[2]。从另一方面讲，天启时代，有天灾、人灾、民灾、辽东战事，似乎晚明财政已濒临破产，但六百万两白银的大工支出，竟然得以顺利筹措，既表明晚明国家财政能力同样也不可过于低估，也揭示了神宗为筹措重建经费，滥派矿监税使，致中使四处；熹宗强令捐资，加派赋税，加剧了晚明社会的动荡。

像其他多动好玩的少年儿童一样，熹宗也喜欢舞枪弄棒，演练武艺。魏忠贤曾给小皇帝从京军神机营中选调一批火器，再从宦官中选择一批年轻精

---

[1] 《明实录·明光宗实录》卷3。
[2] 《明实录·明熹宗实录》卷78。

壮者，组织一支上百人的火器队，经常在宫苑里给皇帝一人表演阵法。熹宗玩得兴起，也会自己亲自上阵，有一次火铳走火，还差一点伤到自己。又一次，他自己指挥三百人的太监军队，让皇后张氏指挥三百名宫女军队，玩两军对垒的游戏。张皇后感觉有失身份，托词身体不适回宫休息。熹宗玩兴大起，竟然从宫女中挑选了一位代替皇后指挥。这种玩法，与他的前辈正德武宗皇帝相比，是何其的相似！

只要是玩乐，熹宗就喜欢。比如，他还喜欢游猎。一次，按规制皇帝要巡视太学，但熹宗想去打猎，就与魏忠贤合谋缩短程序、简化仪式，没等仪式结束，就和魏忠贤一起兴致勃勃赶到围猎场。熹宗还喜欢在后宫里与宫女们做游戏，这种做法与他的爷爷神宗皇帝小时候在宫里玩掷金豆子的小游戏没有什么两样。又如他常常在晚上吃饭时，会在宴会厅的门框上挂一个小银铃，然后鸣鼓吹笛，叫侍宴的宫女们用手帕蒙住眼睛，前去摸这个银铃，摸不到的就被罚出局，摸到的就把银铃作为奖品送给她。然后再系一个银铃，再摸，终夜不倦。《天启宫词》道："美人灯下裹头行，鼍鼓低敲玉笛停。清响一声罗帕卷，君王重系小银铃。"

熹宗玩耍时非常投入，简直到了物我皆忘的境地。每当小皇帝专心在制作时，魏忠贤或者在一旁喝彩、夸赞，或者竭其所能提供和创造机会或条件。就在这时，魏忠贤便把朝中之事向他启奏，熹宗往往极不耐烦地说："尔等用心行去，我知道了"，头也不抬地制作不辍。有了皇帝的授意，魏忠贤的胡作非为就披上了一层合法的外衣了。比如杨涟急于把请求罚治魏忠贤的奏章递给熹宗时，魏忠贤就诱导小皇帝到南海子游玩，先是巡湖垂钓，然后是水师表演。魏忠贤亲任大元帅，组织水师操练。在舟师炮火轰鸣与厮杀间，熹宗早把国事抛到九霄云外，魏忠贤的帮凶们加紧布置反攻，杨涟等东林党人步步陷入被动，剿杀魏忠贤的努力以失败告终。如此这般，明朝岂有不亡国之理？

天启时代，风雨际会，天下大乱，熹宗执政的时代也并非一无是处。如他曾重用兵部尚书孙承宗、越级提拔袁崇焕，并相继取得宁远、锦州保卫战的胜利，把辽东防线一度向前推进了数百里。他为张居正平反，优恤元勋，一度安抚了受伤的士人阶层。在澳门问题上，他表现出大明王朝一贯的强硬态度，两战澎湖都取得了胜利。此外，他还有罢除矿监税使的惠民之举。

惜乎，阉党当道，不以国家利益为上，而以私人集团利益为务，以私损

天启朝关宁锦防线示意图

公，忠正不立。袁崇焕破格提拔之功在于斯，罢黜赋闲在家之过亦在于斯。"宁锦大捷"充分显示了袁崇焕运筹帷幄、指挥有方的军事能力，宁锦防御体系的构建为明王朝找到了一条遏制后金八旗军兵有效的方法。然而，由于袁崇焕拒绝与魏忠贤为伍，不仅没有得到封赏，反而被诬陷为"老气横秋，胆小怯懦"，被罢职在家。国岂有不亡之理？

天启五年（1625）初夏，魏忠贤、客氏与熹宗在西苑湖上游玩，客魏二人饮酒作乐，熹宗带两个小宦官，亲划一叶小舟嬉水，不幸落入水中。熹宗身体本就虚弱，历此惊吓水激，身体大不如前。终于天启七年七月病逝。年仅23岁。熹宗无子可嗣，皇位遂传给弟弟朱由检，是为崇祯皇帝。

熹宗天启皇帝历来被史家公认为荒诞昏庸型皇帝。细数其人生历程，我们不难发现，熹宗的一生，似乎一直就生活在孩童时代，一个童心未泯的孩子，自然也谈不上对皇权有什么浓厚的兴趣。由于帝位传承制度的因素，他被推上了大明帝国皇位的宝座，在没有任何准备的情况下担此"重任"，他的所作所为，从一个"富家"子弟的角度看，似乎天经地义，而从一个帝王的角度看，却又显得那样匪夷所思。值得深思的是客魏集团的形成及其危害。在专制主义中央集权下，皇权缺少有效的约束，无上的皇权一旦被奸邪小人所窃取，将会产生可怕的严重后果。亲贤人，远小人，千占至理，不可不察。一批朝廷命官为了自己的私利，不以国家安危为念，而是拜倒在阉党的淫威之下。东林党人虽有替天行道之举、之心，但一介书生，徒有良心正义感还是不够，宦海凶险，还要有足够的智慧与谋略，否则，成事不足反而败事，落下亲痛仇快的悲剧。

第三节　思宗："溃烂而莫可救"

1. 清除魏忠贤势力

明朝末代皇帝崇祯，名由检，又称思宗或庄烈帝。出生于万历三十八年（1610），是明熹宗朱由校的异母兄弟，他的祖父是万历帝。天启七年（1627）八月他即位的时候，天灾不断，农民起义的烽火已经燃遍黄河上下、大江南北，兵变接二连三，大明江山岌岌可危。当时的形势，诚如《明史·庄烈帝本纪》所言"大势已倾，积习难挽。在廷则门户纠纷，疆场则将骄卒惰。兵荒四告，流寇蔓延。遂至溃烂而莫可救，可谓不幸也已"。

即位之初的崇祯皇帝以中兴为己任，力挽将倾之大厦。要实现这一目标，他必须首先剪除长期把持朝政、气焰嚣张的魏忠贤势力。最初，朱由检表面上对魏忠贤及客氏优遇有加、一如前朝。魏忠贤也在试探新君，九月初，他请求辞去东厂职务，回家养病，朱由检把他褒扬一番，"温旨慰留"。但部分地方官员请求为魏忠贤建生祠的奏疏，朱由检却不置可否，既不责怪，也不批准。魏忠贤只好主动上疏辞建生祠，朱由检又把他表扬了一通，保留了原来的生祠，但不再增建新的生祠。

朱由检行动的第一步，是把先帝的奶娘、与魏忠贤沆瀣一气的客氏非常客气地"请"出皇宫，以剪除魏忠贤的权力后盾和政治帮手。接着，朱由检更换了宫中天启朝的宦官，把自己做藩王时的亲信调入宫中，把内廷控制在自己手里。这一举措，向人们发出了魏忠贤即将失势的信号。原来依附于魏忠贤的一些官员开始倒戈。曾为魏忠贤卖命的御史杨维垣首先上疏弹劾了魏忠贤的第一帮凶崔呈秀，措辞虽不激烈，也不涉及魏忠贤，但却是破天荒的第一遭，不免引起朝野的瞩目，人们都在关注年轻的新君的态度。朱由检沉着应对，既不批评杨维垣，也不对崔呈秀过分指责，只是说"不得苛求"。这种态度显然是在鼓励官员们继续对其进行弹劾。三天以后，杨维垣再次上疏弹劾，说崔呈秀"贪淫横肆"。崔呈秀一面上疏辩解，一面循例请求罢免，朱由检先是让他听候处置，过几天下令他回籍守制，以示惩罚。几天之后，朱由检再以"罪状明悉"为由，罢免了他的一切职务。

崔呈秀失势后，见风使舵的官员们把矛头直接指向魏忠贤。抨击最为猛烈的是南直隶海盐贡生钱嘉徵，他数列了魏忠贤的十大罪状：并帝、蔑后、弄兵、无君、无圣、克剥藩封、滥爵、朘民、掩边功、通关节等。①魏忠贤得知消息后找到朱由检，他痛哭流涕，连呼冤枉。朱由校让内侍官给他诵读钱嘉徵的奏章，魏忠贤听得魂飞魄散，请求辞职养病，以图保全自己的地位与财富。朱由检批准了他的请求，命他回家"调养身体"。此后，朱由检迅速调整宦官的职权，命令王体乾掌管东厂印、高时明掌管司礼监司，改调宁国公魏良卿为锦衣卫指挥使、安东侯魏良栋为指挥同知，控制了内廷局势。在一切准备妥当之后，朱由检发布告说，谕魏忠贤"不思尽忠报国，以酬隆遇，专一逞私植党，怙恶作奸，盗弄国柄，擅作威福，难以枚举"，②将他贬谪到中都凤阳祖陵管事香火，客氏贬至浣衣局。天启七年十一月初六日，权倾朝野、不可一世的魏忠贤自缢在阜城的一家客店里。这一天，离熹宗去世不足三个月的时间。崇祯元年，朱由检下令磔魏忠贤尸于河间，斩崔呈秀于蓟州，又斩客氏尸。"天下快之"。③

接着，朱由检即对依附魏忠贤集团的文武官员进行了大清洗，有的逮捕处死，有的罢官，有的削籍，有的降职等。魏忠贤集团势力被彻底铲除了。

2. 挽救危亡的努力

在铲除魏忠贤阉党势力之后，崇祯帝采取了一系列措施，力图重振朝纲，整饬边防，实现明朝的中兴。然而，由于明帝国积重难返，很多问题并非他本人所能左右；再加上他本人面对惊涛骇浪、内外交攻的窘境，急火攻心，连出错招，导致最终败亡。

他试图严禁宦官干预朝政，却重蹈覆辙。天启七年（1627）十一月，崇祯帝下令罢除了各边镇太监。次年正月，再次下令"内臣俱入直，非受命不许出禁门"，以防内臣与廷臣结党营私。④然而，瞬息万变的时局，很快让朱由检改变了对宦官的态度。崇祯二年（1629）十一月，朱由检派乾清宫太监王应朝监军，次月派司礼监太监沈良佐等提督九门和皇城门、李凤翔提督京营。崇祯六年四月，派司礼监太监张其鉴、郝纯仁、高养性、韩汝贵、魏

①　《崇祯长编》卷2（下）。
②　朱长祚：《玉镜新谭》卷9。
③　《明史纪事本末》卷71《魏忠贤乱政》。
④　《明史纪事本末》卷74《宦侍误国》。

崇祯皇帝

伯绶等到地监管粮仓。崇祯九年六月，命司礼监太监曹化淳参与司法监察，十二年，命司礼监太监崔琳参与两浙地区的盐课及各项赋役事务。到崇祯十四年八月，他甚至亲临太学，令司礼监太监王德化"率群臣习仪于太学"。宦官势力除在明初短暂的受挫，永乐至崇祯朝一直受到重用，全面参与明王朝的军政事务。宦官行使监察之权干涉政事，产生了极大的消极影响，激化了宦官与文官武将的矛盾，影响到各级官员行政的积极性。《明史》对此评价说：监军的宦官们侵占军饷，打仗时拥有精兵，不是用来打仗，而是用来护卫自己率先逃亡，诸位大臣耻于为伍。

明末军政大坏，在崇祯朝并无改善。

崇祯帝想在官员队伍中树立正气、打击朋党，却事与愿违。崇祯二年（1629），朱由检为一大批受到迫害的仁人志士平反昭雪，尤其是恢复东林党的政治和社会地位，把他们比喻为屈原、岳飞，鼓励臣子像东林党一样以大无畏的气概与献身精神为朱明王朝效力。但是，随着宦官势力再度崛起，再加上明后期党争已经成为一种病垢陋习，复杂的派系党争以新的面目呈现出来，结党营私，党同伐异，在崇祯一朝非常盛行。朱由检不由慨然长叹："朕以年来，士马愈弱，官吏愈贪，民力日亏，边境日亏，中外诸臣，不顾功令，但知党同逐异，便己肥家。以至推委延捱，无所不至。"[1]

他一边破格用人，一边滥杀将帅。明代取士率重科举，逐渐形成了"非进士不入翰林，非翰林不入内阁"[2]的传统。但朱由检认为，那些自幼饱读

[1] 《崇祯长编》卷53。
[2] 《明史·选举志二》。

科举学业的进士纵有满腹经纶，往往与现实需要脱离太远。他不拘于考课升迁的定例，注重实际才能，亲自从地方官中考取录用，破格选拔官吏，由治行卓著的知县、推官等官入翰林。如崇祯二年，后金兵临城下，翰林庶吉士刘之纶上疏直言御敌之策，被任命为兵部侍郎。再如，崇祯三年，仅仅职任教谕的宋一鹤，以率军有方，先是被提升为兵部员外郎，再升天津兵备金事，又以平贼有功，升右佥都御史，至巡抚湖广。崇祯九年后，他更是打破用人制度，但凡有高谈阔论或御敌之才者，皆有可能被提升重用。如陈新甲，万历时举人，崇祯中因战功升右佥都御史，巡抚宣府，出入边关，后被提升至兵部右侍郎、宣大总督，直至兵部尚书。为了网罗更多的人才，朱由检还准许宗室子弟应试授官，重申"保举"之制，在军事征战戍守中普遍使用"札委"之制，即允许高级官员因战事或组织管理军兵的需要，发放一些临时的任命状，代行管理之责，然后根据札委官的表现，以决定是否提拔重用。但是，在不拘一格降人才的同时，朱由检对文臣武将的要求又极为苛刻。他实行"错一事则罢一官，丢一城则杀一将"的做法，不论文臣武将地位如何显赫，不论是否曾经立过多大的赫赫战功，只要出现差错就将直接面对处死的惩治。崇祯一朝，他共诛杀总督7位、巡抚11人，包括三边总督郑崇俭、蓟辽总督袁崇焕、南畿总督熊文灿，还有畏罪自杀的杨嗣昌等，让文武百官心惊胆寒。

针对贪风炽盛的腐败现象，崇祯帝决心整肃朝纲。崇祯元年七月要求六科给事中、十三道监察御史等监察官们切实负起责任，认真纠察官员的贪污腐败行为。但他又拿不出惩治贪污的有效办法，百官仍然肆无忌惮地贪污纳贿。李自成进北京时，农民军实行追赃助饷，在比饷镇抚司的严刑拷打之下，巨额

皇太极像

袁崇焕像

银两从京城的皇亲国戚和贪官肥将的嘴里吐了出来，亦可见明末官员贪污数量之庞大。

崇祯帝反对空谈，倡导经世致用。他对科学技术——特别是对西方传教士带来的西方自然科学知识产生过浓厚的兴趣，认为可用以拯救时弊，强兵救国。因此，他不仅自己了解、学习，还鼓励大臣们学习传播。徐光启、王徵、方以智等人都是在这股学习西方的潮流中涌现出来的学者。崇祯帝对西方天主教也产生了浓厚的兴趣，曾接收一些传教士为朝廷服务。这些举措，虽然未能挽救明朝的危亡，但却促进了明末科学技术与思想文化繁荣，算是办了一件好事。只是，当制度腐烂变质后，自然科学是无力回天的。

3. 腹背受敌

到崇祯时，明帝国已经走过二百多年的历程，政治腐败、经济衰败、军事羸弱，积重已难返。天灾又随人祸而来，民不聊生，无法生活下去的灾民起而反抗官府。同时，东北的女真部族崛起，举起对抗明中央的大旗。崇祯帝急于求治，而能力不足，最终导致无力回天。在农民义军和清军的双重打击下，明朝只能一步步走向灭亡。

万历四十四年（1616），努尔哈赤建立后金政权，公开与明朝为敌，开始了统一东北、称雄天下的努力。次年，神宗抽调精兵强将，派出精兵十余万前去镇压，却在萨尔浒地区大败而归，努尔哈赤势力不断增长。天启年间，努尔哈赤及其儿子皇太极基本上完成了对东北女真各部的控制，征服了朝鲜，迫使蒙古族各部归顺。

明朝对后金的来犯采取防御的策略。天启六年（1626），镇守宁远的辽东巡抚袁崇焕以少胜多，努尔哈赤战败而死，皇太极进攻受阻，使一向颓废的辽东形势为之一振。崇祯即位，把复兴辽东的希望寄托在袁崇焕的身上，提升他为兵部尚书、右副都御史督师蓟辽兼督登莱天津军务，执掌辽东

沈阳故宫

的军政大权。但皇太极使用反间计，崇祯中计，逮捕袁崇焕并处以磔刑。毛文龙和袁崇焕相继被诛杀后，一大批将领投降后金，没有投降的将领也多心存疑虑，结命自保，无心死力御敌。后金兵继崇祯二年（1629）入关后，在七年、八年、九年又相继突破长城边塞，进入京畿甚至更远的地区，大肆烧杀抢掠。崇祯九年，皇太极改后金国号为清，改女真为满洲，加紧了消灭明王朝的步伐。崇祯十二年九月，清兵在关内滞留五个月，纵横两千余里，历经五十七战，攻陷城池七十余座，华北经济和社会遭受重创。到1642年年初，弹尽粮绝的明军人心大散，松山副将决定投降，引清军入城，洪承畴被俘降清。至此，明朝在关外的八处镇守据点被清兵夺走大半，宁锦防线已经失去它的作用。此后，农民起义军的烽火越燃越旺，并最终推翻了明朝。清廷摄政的多尔衮在一批汉族降官的建议下采取了静观其变、伺机而动的策略，为入主中原做最后的准备。

崇祯是在李自成农民军的直接打击下被迫自缢而亡的。农民大起义的爆发是因为天灾、人祸交相出现，走投无路的百姓为了活命，只得揭竿而起。地方官员们怕影响自己的政绩和升迁，故意隐瞒，不如实上报，尽可能大事化小，小事化了，把矛盾压在地方。纸里终包不住火，最初的招抚工作也以失败告终，原因是明政府在当时条件下无法解决农民生存的根本问题，发放的少许赈恤银很快就花光了，国家又拿不出更多的钱粮解救饥民，饥民为了生存，只能再次拿起武器了。经过十多年的努力，最终将朱明王朝推翻。

　　明朝的灭亡，对末代皇帝崇祯帝而言，是一场悲剧。崇祯皇帝在位的十七年，是他本人度日如年的十七年，也是大明帝国多灾多难的十七年。但由于他目光短浅、刚愎自用、心胸狭窄、贪财如命，他功利性过强、驭臣无术，最后只落个无将无兵的困地，终于把自己的性命和大明王朝一起葬送掉了。崇祯帝是一个存在颇多争议的帝王。他诛杀阉党、整理朝纲，却又唯内臣是信、肆意杀戮文武将官，最后直落得个孤家寡人；面对烽烟四起的破碎河山，他殚精竭虑，调兵遣将，使尽浑身解数，仍无法扶正将倾之大厦；面对空匮的国库，他肆意加派、搜刮粮钱，仍然无法支付官军的俸禄，他又是一个生活节俭的"守财奴"，宁丧江山，不愿舍弃赀财；作为丧国之君，他自知无颜面对列祖列宗，以巾掩面自绝于世，在此后的二百年间，反而备受人们的怜悯。一个简单的原因是，明朝的灭亡，显然并非他一人之过，责任也不应由他一人承担，而是复杂的合力运动共同作用的结果。

第九章　明清易代中的必然、可能与不确定性

1644年，甲申纪年，是中国历史上风云变幻的一年。这一年的中华大地存在有五种政权——崇祯的明政权、李自成的大顺政权、张献忠的大西政权、顺治的清政权和南明弘光政权，它们代表了不同的势力和集团，都一度左右或影响着中华帝国的命运，都试图主宰千年古国的未来。然后，短短十数年时间，统治了276年的大明王朝最终被推翻；大顺农民军首领李自成和大西农民军首领张献忠相继"意外"而亡，南明政权在坚持了十数年之后也灰飞烟灭，清军历时二十年消灭了国内主要的竞争对手，完成了统一。然而，明清易代之争

明末农民起义张献忠故里

并未尘埃落定，形式上和思想上的"反清复明"和"华夷之争"仍在继续。面对纷繁复杂的历史更替，人们有太多的疑问，明朝必然灭亡吗？清军的入关是历史的必然吗？大顺农民政权有存在的可能性吗？南明有机会重夺江山吗？孙可望或李定国有可能反清复明吗？

我们的基本观点是：明末危机四伏，统治日益腐败，明朝灭亡似乎不可避免，因为当时的社会矛盾不通过巨大的社会变革已经无法解决。但哪一方政权取代明朝都具有很大的偶然性，清取代明有太多的理由，但也有太多偶然因素。因为，虽然清养精蓄锐、图谋中原已有数十年之久，在政治、军事等多方面信誓旦旦，但大明余部和南明政权有深厚的政治、社会和军事基础，大顺、大西农民政权在广大的区域已经普遍建立，有着最大的社会基础。因此，可以说，哪一方都有机会建立对全国的统治。其间，五种政权都曾面对诸多选择，许多偶然的因素和历史的细节决定了中国历史的未来走向。

第一节　明朝灭亡的必然性

明朝的灭亡是必然。因为明朝所面临的矛盾过于复杂，当积重难返、制度内部的调整无济于事时，王权就失去了"天命"，天怒人怨，就只能通过突变式的王朝更替，方能消除社会矛盾。

明朝灭亡后，无论是明遗民还是清统治者都在分析其灭亡的原因。无论是从政治、经济、军事、社会等各个方面，得出的所有结论大都是明朝灭亡实属必然——"无流贼之蹂躏海内，而明之亡也决矣"①。应当说，明朝的灭亡是多种因素综合影响的结果，单纯归结于哪一二个原因都是不妥的。

1. 统治机构失效

国家机构的正常运转需要各级官员和相应机构的配合，明末的国家机构运转难以为继。神宗、光宗、熹宗和思宗作为最高统治者，不仅无力挽救危亡，其恶劣的行为反而加速了明朝的灭亡。

神宗怠政贪财，对大臣的奏疏留中不予处理，既不利于政务的处理，也给官员发出了错误的信号，加剧了官场的腐败。社会矛盾和社会问题不能得到及时的处理，势必越积越多。光宗在位一月，纵情滋事，无益国政。熹宗是在后宫、宦官、皇亲与内阁、六部等官员激烈的权力斗争中登上皇位的，他以文盲之躯，荒嬉昏聩，纵容客氏、魏忠贤乱政，朝政、内政和边政愈加混乱。至崇祯时，纵然他有中兴之志，无奈积重难返，他本人以狭窄之心胸处置千疮百孔之乱局，力已不能及，更何况他常常做出亲痛仇快、自毁长城的事情。

明后期官僚群体的集体腐败是从张居正被清算开始，张居正被抄家，受打击的绝不仅是张居正及其追随者，而是整个官员群体革新政令的信心和天下兴亡、匹夫有责的社会责任，其结果是各级官员因循旧章，明哲保身，集体腐败，结党营私。万历的怠政，导致官员的任免处于半瘫痪的状况长期存在，"人滞于官"、"官曹空虚"。一些官员弃职回家，在任者多以搜刮百姓为能事。

神宗末至熹宗初年，围绕"争国本"和"三案"，外朝、内廷官员党

---

① 佚名：《明亡述略》卷2。

同伐异，朝堂上乌烟瘴气。以杨涟、左光斗等为代表的东林党人以为官清正自居，他们也曾试图整顿吏治、澄清铨政，减轻百姓的经济负担，清理被拖欠的军费等。然而，东林党人大多是一些意气用事有余、治国谋略不足的读书人，他们并没有深刻地认识到社会矛盾的复杂性，没有深刻地认识到解决社会问题的难度，其主要精力不是放在团结各方面的力量、减轻改革的阻力上，而是把心思放在对所谓"邪恶派"官僚的秋后算账上，人为地制造敌对势力，使整个朝野充斥着党争，增加了官场的仇恨与争斗。这让以魏忠贤为首的宦官从中渔利，他们联合被东林党打压的敌对势力，对东林党反攻倒算，东林党在受到残酷无情地杀戮之后，人们再想听到正直的声音就更困难了。

天启的大部分时间里，"天下大柄""尽归忠贤"，魏忠贤的弟侄亲朋，个个平步青云，高官厚禄。奸臣恶宦充斥朝堂，大小官员都极力讨好献媚、巴结魏忠贤，干子孙满朝堂，生祠遍及全国。他们默视危机四伏的社会矛盾，永无休止地制造冤狱，用极其恐怖和残忍的手段打击政敌。整个统治者阶层不去关心国计民生，而仅仅为满足于一己之私而党同伐异，表现出他们的愚蠢、凶残和最后阶段的分崩离析，无法在这种环境下生存的人民群体只有以革命的手段将他们埋葬。

崇祯上台，曾为提升官员士气做了一些努力。他为一大批受到迫害的仁人志士平反昭雪，尤其是恢复东林党人的政治和社会地位，希望臣子能像东林党人一样以大无畏的气概与献身精神为明王朝效力。然而，复杂的派系党争仍然以新的面目呈现出来，使他深感失望，不由慨然长叹："诸臣但知党同逐异，便己肥家。"崇祯于是转而重用宦官，说："文武各臣，朕未尝不用，因其蒙徇，勉用内臣耳。"[①]但重用宦官，却又加深了他们与文臣武官之间的矛盾，使官员在处理军政事务时缺少主动性和灵活性，积极性遭受更大的打击。清人评价说："诸监多侵克军资，临敌辄拥精兵先遁。诸将亦耻为之下，缘是皆无功。"[②]

上之所好，下必甚焉，"官以财进，政以贿成"的政风遍及明末官场。魏忠贤时，周应秋担任吏部尚书，他公然按官职品级大小索价，据说每天得银一万两，人送绰号"周日万"。就连崇祯皇帝在崇祯六年（1633）时也说

---

① 《国榷》卷92，崇祯六年二月庚午。
② 《明史·宦官传二》。

"未用一官，先行贿赂，文武俱是一般。近闻选官动借京债若干，一到任所，便要还债。这债出在何人身上？定是剥民了！"①国家政权腐烂透顶，机构无法正常的运转，这台机器停摆也只是时间问题了。

2. 土地兼并严重

虽然明末全国的商品和货币经济仍在持续发展，但在绝大部分地区，传统农耕经济仍是当时的经济主体，土地是最重要的生产物资，是整个国家和社会稳定的经济基础。明末土地的高度集中，大地主所有制经济的恶性发展，严重破坏了明王朝统治的经济基础，这也是明末社会不安定的重要因素。严重的土地兼并，靠明统治者内部难以得到有效的遏制，根本上解决问题更是空谈。

明代的皇族，率先借助皇权兼并土地。早在永乐元年（1403），明成祖就在顺天府丰润县建立仁寿宫庄。到嘉靖初年，皇庄发展到63处，占地16015顷47亩。嘉靖二年（1523）夏言建议取消皇庄，还田于民，明世宗降旨将"皇庄"改为"庄田"，名改实未改。稍后，户部侍郎秦金又建议撤庄，由于勋戚、太监的反对，明世宗只下令清还正德以后额外侵占的土地，正德以前的保留不动。明代皇帝还大量钦赐诸王田地，这些王庄遍布河南、山东、山西、陕西、湖广、江西、广西等省。山西最好的土地，几乎全为王室所占。河南有王室72家，土地"半入藩府"。勋戚、宦官也大量占有土地，天启年间的大宦官魏忠贤，其家族占有的田地就"不下万顷"。一般的官僚地主即所谓缙绅之家，也利用其优越的政治地位，兼并土地。如内阁首辅徐阶致仕后，拥"有田二十四万"②。大学士朱赓几乎侵占了山阴（今浙江绍兴）所有的良田美宅。在河南，缙绅之家，"田多者千余顷，即少也不下五七百顷"。③

明后期，皇亲国戚是全国最大的地主，勋戚和太监侵占田地也极其严重，"富者动连阡陌，贫者地鲜立锥"。由于皇室贵族和官僚地主享有优免赋税的特权，又把赋税负担转嫁到农民和一般地主的身上，这不仅激化了广大农民和地主阶级的矛盾，也加剧了地主阶级内部的矛盾。

---

① 孙承泽：《春明梦余录》卷48。
② 伍袁萃：《林居漫录》前集卷1。
③ 郑廉：《豫变纪略》卷2。

晚明时代士人景象

（明）邵弥《贻鹤寄书图》，现藏北京故宫博物院

此图为明末画家邵弥赠送文人苍书的作品。画作描绘了贻鹤寄书的场景，江水浩渺，水泊溪头，断岸远渚，孤舟载鹤，苍松高士，构图简洁，设色秀雅，景致旷高雅，意境清远幽静，人物虽小而意态生动。明末社会动荡，士大夫群体却长期浸孕于奢侈浮华的生活中，"谈谐、听曲、旅游、博弈、狎妓、收藏、花虫鱼鸟"成为他们闲暇生活的主题。明清鼎革，战火纷飞，百姓生活陷于困顿，士大夫的富足宁静生活也终被打破。

3. 国家财政困难

"赋税是喂养政府的奶娘"（卡尔·马克思），赋役制度关系到国家的存在与发展，各朝代衰亡莫不与国库空匮、役制不力有关，明朝灭亡之时，国家财政陷于困顿。

明朝的财政窘境在张居正改革时曾一度缓解，原本空虚的国库，收入不断增加。以户部所辖的太仓收入的白银为例，从嘉靖、隆庆年间每年二百万两左右，增加到万历前期的三四百万两。张居正改革之重点就是清理赋税、打击兼并。张居正被抄家后，库存被耗空，财政入不敷出，正常的官俸、皇室开支、军费和救济等支出受到极大的影响。

明后期的各项开支节节攀升。首先是皇室的生活开支大幅度增加。这一时期，统治阶级生活奢靡成为普遍的现象，明神宗的奢靡，更是达到登峰造极的地步。其奢华挥霍主要包括对金银珠宝等装饰品的大量消费，日常生活开支庞大，礼仪典制的极度奢华，以及营建工程的繁浩奢靡等。为满足其奢侈的生活，他就想方设法聚敛财富。

战争和军费开支节节攀升。自嘉靖中期之后，北边防御经费增加迅速。万历中期的征战耗资更是惊人，一时"国用空匮"。万历以后，军费类支出成为政府支出最为头痛的大事。

万历三十八年（1610）时，宣府巡抚都御史薛三才对宣府粮饷状况的描述大体反映了明末这一时期北边各镇的基本情况，他说：边臣想尽了包括屯田、京运、民运、折班、通负、借拨等在内的各种办法，但粮饷依然供应不足，官军的经济生活困难，局势混乱——"诸军粮饷月不过数钱，八口之家，率皆仰给饷，不时至未免称贷，而食又不足，则以料草布花质钱于债家，银米未入手，子钱已去其大半，欲冀士饱马腾，容可得乎？营伍日疲，此可虑者一……至于今，事势窘蹙，如厝火积薪，发在旦夕，边臣不足惜，如封疆何？"[1]万历四十四年时，同是宣府巡抚的汪道亨反映出的这一时期边地军兵生活之苦以及他们的生存状况，给最高统治者敲响了警钟，可惜却没有人听取，或者说即便听了，似乎也无计可施。他说："该镇缺粮已四五月，军士或卖其弓箭、衣服，或质其妻子，以救旦夕之命。于是召募之兵率多逃散。又有奸人勾引亡人房中，忿怨之余，攘臂思逞。兼以地震连旬不

---

[1] 《明神宗实录》卷476。

止，讹言繁兴。土著之民咸欲移家关内……欲收人心，在足军饷，以太仓如扫舍，皇上发帑之外，更有何策？安危所系，时刻难缓，所费者少，所得者多，奈何不为宗社计也？不报。"①

崇祯元年（1628），大学士李田楷也呼吁边地缺饷严重，边情危机，请求发饷救济边军。他在奏疏中说："臣等连日接皇上发下各边章奏，皆为军士缺饷。自宣大迄陕西、延绥，哀吁虽不同地，而告饥适奏同时"，说明边地缺饷情况普遍，但当时国家的财政状况却是"顾民间膏髓竭矣，外解不前，太仓如洗"，"内帑空虚，何敢轻徇计？"最后，崇祯皇帝发银五十万两以救边军。②此后，边镇粮饷的供应拖欠更加严重，缺额越来越多。

在中央，为了保证基本或紧急的经费支出，只得加派催征，巧立名目增加赋税，其中最著名的莫过于明末的"三饷"加派（"辽饷"、"剿饷"和"练饷"）。在征收赋税时，又有所谓带征和预征。带征指历年拖欠未完的钱粮，于征收当年正额时带征若干份；预征是指除了责令完纳当年赋税外，提前征收来年的部分钱粮。如崇祯元年（1628），户科给事中瞿式耜说："计海内用兵十年矣，无事不取之民间……每一当催征之期，新旧并出，差役四驰，扭系枷锁，载于道路，鞭笞挞打，叫彻新皇。"③而征税时，地方官又往往趁机私行加派，装进自己的腰包。赋役加派，把本已激化的社会矛盾和民族矛盾推向更危险的境地。

在边镇，将领为保持必要的战斗力只好把有限的资金用于部分精锐军兵，尤其是自己豢养的家丁身上，这又导致大批军家生活进一步贫困，有的甚至走向对抗官府的道路。在边镇及内地，都出现了因为拖欠军兵行粮、月粮而发生兵变的情况。

迫于无奈，明廷于是加紧搜刮，除令地方将藏银解送京师外，还采取了拆东墙补西墙的方法，以解燃眉之急。明朝的马价银，本是用于购买战马的专项储备资金，由太仆寺库收贮。因明后期财政困难，太仆寺银遂成为各部门补足经费不足的途径，户部借用以充边镇年例，兵部动用以支付盐菜银或犒赏银，工部借用以作修工之费和工犒银，礼部奏请挪作年节发赏和修筑

---

① 《明神宗实录》卷550。
② 《崇祯长编》卷8。
③ 《瞿忠宣公集》卷2《清苛政疏》。

之费，就连凤阳巡抚也借故讨取以赈济灾民，几乎成为无所不用的太仓库银。[1]从万历九年（1581）尽卖种马后不到十年之内，千万两之巨的马价银只剩下二百万两有奇，仅户部所借就达七百余万两之巨。[2]

明朝末年，不堪重负的农民大量逃亡，地方官为完成"考成"之责，不顾百姓死活，利用严刑峻法追比钱粮，责令本里甲农户代纳逃户的税粮，从而引发了更为大规模的逃亡，许多地方出现了整个村庄逃散一空的情况。其实，早在万历中后期，社会矛盾已相当严重，时任漕运总督李三才说，"陛下爱珠玉，民亦慕温饱；陛下爱子孙，民亦恋妻孥。奈何陛下欲崇聚财贿，而不使小民享升斗之需"，李三才说，如果继续照此下去，大明的江山就很危险了，"一旦众畔土崩，小民皆为敌国，风驰尘骛，乱众麻起，陛下决然独处，即黄金盈箱，明珠填室，谁为守之？"[3]李三才的担忧不是多余的，当时，深受赋役之苦、天灾人祸等多重折磨的人们开始举起了反抗的大旗，零星的农民起义已经在各地出现。到天启末年，农民起义已经风起云涌。

明朝灭亡时，国家财政已经崩溃。崇祯末年，国库已囊空底净，崇祯帝曾号召官员捐俸助饷，出家资以解燃眉，但实际的效果相当之差。崇祯使出浑身解数，才募得区区20余万两，然而，大顺军入北京后，没收皇家内帑和对勋戚、太监、百官追赃的助饷，就弄出巨额的白银，统治者个个宁要国丧，不让家破，变成了十足的守财奴，明朝岂有不灭亡之理？晚明时代，人们视白银为财富象征，大量窖藏收储，也减少了市场上的白银流通量，加剧了贫富不均，激化了社会矛盾。

此外，与财政状况相关的是白银供应问题。由于白银的货币化，中国的国内市场与世界市场连接起来，全球的白银源源不断地流入中国。有学者认为，明朝末年，世界市场上发生白银贬值的通货危机，也进一步加重了明朝的财政危机。但是，随着市场的发展，白银的价格必须要向生产成本回落。到17世纪三四十年代，欧洲便爆发了"价格革命"，西班牙的通货膨胀日益加剧，英、法、意等国也都出现了通货膨胀的问题。亚当·斯密说："从1630年至1640年，或1636年左右，美洲银矿发现对降低白银价值的效果

---

①　《万历邸抄》，万历十一年正月。

②　周孔教：《周中丞疏稿·西台疏稿》卷2《明职掌以重军国大计疏》。

③　《明史·李三才传》。

似乎已经完结。白银价值相对于谷物价值的降低，从来没有达到过这种地步。"①受到世界市场的影响，中国的白银价值也大幅度跌落，崇祯年间金银比价为1∶13。结果是银贱物贵，市场一片萧条。同时，由于美洲和日本削减银矿的产量，流入中国的白银又在减少。由此引发了以白银为主要货币的明朝国内市场的混乱，既损害到了国家财政收入，也影响到了社会的稳定。这对陷入困境的明朝财政来说，无疑更是雪上加霜。②此说有一定的道理，但当时的明朝仍然是一个传统农业大国，财政匮乏主要是由于社会供给量的减少和有效供给不足，以及以国家为主体的社会财富分配极不均衡所致，货币的币值和流通数量的变化固然能产生很大的影响，但还不足以对明朝产生致命的打击。

4. 军制的败坏

"隆庆开关"和"俺答封贡"之后，明朝的"南倭"和"北虏"之患基本解除，但好景不长，二三十年后，战火再起。然而，自明中后期，北边防御体制发生变化，承平日久，军制日益败坏，军队保卫国家安宁的能力大大降低。这主要表现在卫所制度日益没落；募兵制限于资金和管理水平没有普遍推行；宦官监军，导致军纪败坏，军兵战斗力逐步下降；军饷长期拖欠或被克扣，军兵大量逃亡，兵变现象越发严重等方面。

卫所制度的没落表现在军兵数量和质量的大幅度下降。京军方面，嘉靖年间京军经过整顿后数量近27万人，其中三大营军12万人，但天启年间的三大营军已不足9万人。崇祯年间，京营操练已属虚应故事，不堪收拾，皇帝虽"屡旨训练，然日不过二三百人，未措遂散"，到李自成农民军攻入北京时，"守陴者仅内操之三千人"而已。③嘉靖时，京军操练质量甚差，"徒负操练之名，然耳未习于金鼓，目未明于旗旛，驰射击刺之无方，进止开阖之无则"，④已不堪大用。隆万间，京畿大修边墙、京师大兴土木，军兵被大批地驱于工役，疲于奔波，日削月累。万历四十四年（1616），礼科给事

---

① ［英］亚当·斯密：《国民财富的原因和性质的研究》上册，陕西人民出版社2001年版，第233页。

② 万明：《白银货币化与中外变革》，载《晚明社会变迁：问题与研究》，商务印书馆2005年版，第245—246页。

③ 《明史·兵志一》。

④ 《明世宗实录》卷3。

中巡视京营所说，"以营备甚虚……频年以来，猾者不至，至者不久，营伍虚弱"①，但这一提醒并未被重视。万历皇帝竟然以京营操练的炮声会惊动"圣母"为由，停止了当年本应当于闰三月开始的春操，然而，"大祥"已过一月有余，仍然没有复操的意思，这时期的京军操练已处于荒废状态，又怎能有什么战斗力可言呢？

地方防守军兵缺额更加严重。嘉靖二十九年（1550），明中央开始从除蓟、宣镇以外的其他边镇以及长江以北诸布政司和都司卫所调集军兵，以"入卫兵"的形式防守京畿、蓟镇，导致地方防守空虚。万历四十六年（1618），辽东全镇额兵不过6万，比嘉靖年间减少近3万，比明初减少了大半。②南方防御形势亦非常紧张。在广西，官军原额有121289名，万历初年仅有武官旗军3097名，补充的募兵有25854名。③明末，从京城到地方，御敌之兵已经非常有限，"举天下之兵，不足以任战守"④。

现有军兵的战斗力极其有限，主要原因一是军政败坏，二是经费缺乏，三是生活艰苦。由于军饷拖欠越来越严重，官吏的克扣又普遍存在，加之明末物价飞涨，军兵的生活陷入绝境，兵变时有发生。天启七年（1627），陕西临边一带"饷缺至五年、六年"，或"缺二年、三年不等"，军兵起初典当衣物维持生计，稍后则卖掉军器，最后只好"鬻子出妻"⑤。生活无着，官员也只好放任军兵打家劫舍，这又进一步败坏了军纪。明末有史籍称："今官兵所至，动以打粮为名，劫商贾，搜居积，淫妇女，焚室庐。小民畏兵，甚于畏贼。"⑥

明末，叛逃、哗变成为衣食无着军兵常见的反抗手段，他们或脱离军伍自谋生路，甚至投向敌对的蒙古部或女真政权，或者加入了农民起义军队伍。崇祯四年（1631），从山西调往辽东的军兵，"沿途逃窜，已向涿州一带"，明廷担心这批人"纵致狡脱为盗，流毒地方"，责令涿州总兵官王业隆，"设法邀截，星速擒捕解赴蓟辽督抚衙门究问，按法处治"，以免出现

---

① 《明神宗实录》卷541。
② 《明神宗实录》卷572。
③ （万历）《明会典》卷131《兵部十四·广西》。
④ 《明史·兵志二》。
⑤ 《崇祯长编》卷1。
⑥ 冯钦明：《甲申纪事·上家郵仙大司马书》。

"疏纵致狡脱为盗，流毒地方"的情况。[①]崇祯五年，陕西军兵在北京城内也发生了大规模的哗变事件，"军民混聚鼓楼街前，呐喊震地，声言父母妻子已俱饿死，今又枵腹出征，实难杀贼，且欠给三月饷银，抢亦死，不抢亦死，众相勾煽。遂乘势劫当铺一十三家，京铺七家，打毁抚院门栅"[②]。

崇祯七年，陕西巡抚吴甡所说的"晋中流贼，强半边兵"[③]，绝非耸人听闻。边兵或逃或加入到农民起义的队伍中去，边地已无御敌之兵。比较而言，逃亡的军兵长期在边地戍守，对明朝的军事力量部署、作战之法颇为了解；他们比农民军接受过较多的军事训练和作战技能，加入农民军后，构成农民军队伍中重要的作战力量，提高了农民军的战斗力，给官府带来的威胁更大。

5. 自然灾害频发

所谓"祸不单行"，明末，整个华北地区爆发了极其严重的旱灾和蝗灾，饥民和流民大量出现。此时，财政收入不足，无法进行有效的救济和安置，应对灾害不力。为了活命，广大灾民便铤而走险，这也是明末农民起义最先从天灾人祸最为严重的陕西等西北地区爆发的重要原因。

中国自古就是一个灾害多发的国家，频繁的自然灾害对人们的生产和生活有很大的影响，在西北和华北等农业生产对自然条件依赖性强的地区尤其如此。通常，国家都会积极建设防灾救灾制度，一旦发生灾害，就会启动救灾机制，蠲租免税，救济灾民，安置流民，防止出现社会动荡，并尽快恢复和发展生产。明初，太祖、成祖针对元末战乱就采取了积极有效的措施，经济得以恢复，社会也得以安定。明前中期的救灾制度也较为健全，后期的灾害很严重，救济却不得力。

万历初年至天启年间的五六十年间，陕西地区几乎无年不灾，灾害类型包括旱、蝗、风、雹、水、霜、地震、山崩和瘟疫等。天启七年（1627）时，陕西北部大旱连年，"赤地千里"。灾害出现后，如果中央和地方官府有足够的储备，尚可以帮助饥民渡过难关，但因财政困难，统治者不仅不愿

---

① 《中国明朝档案总汇》第928号档，《兵部为胡国贤所部西兵调赴榆关援剿途中逃散事行稿》（崇祯四年十一月十二日）。

② 《崇祯长编》卷62。

③ 吴甡：《忆记》卷1。

竭力帮助灾民，还催迫税粮，大大加剧了灾害的破坏性。

明末，严重的旱灾遍及全国各地。崇祯初年，陕西巡按马懋才对延安地区的天灾和人祸如实向皇上作了汇报，其大意是说，延安府一年多滴水未降，草木枯焦，百姓最初采食山间蓬草，稍后剥树皮而食，最后只能吃山间"青叶"石头，导致腹胀而死。每天都有饿死的儿童，每天都有失踪的儿童，那是被偷走吃掉了；县城外有数个大坑，每坑可埋死人数百，已经塞满了三个大坑，许多地方都是如此。此情此景，官府不仅不予以蠲免，反而束于功令，严加催科，百姓"转相逃则转相为盗"、"安得不相率而为盗者处？"①在山东，万历末年，诸城举人陈其猷进京会试，绘《饥民图》献给皇上，其中序云："见道旁刮人肉食者如屠猪狗，不少避人，人视之亦不为怪。"②在河南，崇祯三年至六年的四年间，连年大旱，"秋既无收，麦又难种。野无青草，十室九空"，骨肉相残，易子而食者，比比皆是。在山西，崇祯九年以后，保德州几乎无岁不荒，"至十三年，斗米八钱，人相食，盗贼遍野，村舍丘墟"③。大批饥民加入农民队伍，对明末农民起义起到推波助澜的作用，揭开了起义的新高潮。

大旱带来了自然环境的变异，出现了更多的次生灾害，如蝗灾和瘟疫。崇祯九年（1636），饱受多年旱灾的河南、陕西和山西遭受更为严酷的蝗灾。蝗灾最初出现在陕西的渭河两岸，后陆续向关中、河南、淮河、长江一带发展。崇祯十三年时，除了江汉平原一带灾害较轻外，黄河、长江两大流域中下游及整个华北平原都是蝗灾区。如果说蝗灾是与人争夺口粮的话，可怕的瘟疫则是直接掠夺百姓的性命。瘟疫是一种极其严重的大规模流行性传染病。通常，瘟疫（疑为鼠疫）临床表现为急性出血，心力衰竭，休克而亡，得病者"一二日辄死"，崇祯六七年后在华北各地陆续出现。在山西太原府，崇祯"七年、八年，兴县盗贼杀伤人民，岁馑日甚。天行瘟疫，朝发夕死。至一夜之内，一家尽死孑遗。百姓惊逃，城为之空"④。瘟疫迅速

---

① 《明季北略》卷5《马懋才备陈大饥》。

② （乾隆）《诸城县志》卷30《列传二》，转见顾诚：《明末农民战争史》，光明日报出版社2012年版，第13页。

③ （康熙）《保德州志》卷3。

④ 《古今图书集成·职方典》卷306《太原府部纪事》。

从北方向南方蔓延。在北直隶大名府，崇祯十四年时，"春无雨，蝗蝻食麦尽，瘟疫大行，人死十之五六，岁大凶"[1]，反映了旱、蝗和瘟疫三者之间的关系。在河南许多地方，百姓死亡无数，在阳武县，"瘟疫大作，死者十九，灭绝者无数"。[2]在荥阳县甚至出现了"民死不隔户，三月路无人行"的悲惨景象。[3]

旱、蝗、瘟疫等灾害交相出现，而各级官员的漠视，甚至是雪上加霜式的"人祸"彻底把百姓推向绝望的深渊。明末华北人口锐减，有估计说，万历八年至十六年间北方地区因旱、蝗和瘟疫夺去人的性命有700万人之多，而崇祯年间人口死亡率更高，至少造成北直隶的疫区内40%以上人口死亡，人口由崇祯初年的1095万人下降至730万人。山西人口由崇祯三年的1024万人降至620万人，河南人口可能下降了50%左右，只剩下820万余人。陕西、山东等地的死亡人口也都在数百万以上。[4]人口大量死亡，的确严重削弱了明朝的国力，这是明朝灭亡的重要因素。

幸存下来的灾民，为了生存，初则三五成群，后则数十百千人组织起来，变成了"盗贼"、"土寇"、"流民"或"流贼"等，由涓涓细流汇成汹涌澎湃的惊涛骇浪，汇成一支又一支起义军，这股势力不可遏制，最后成为灭亡明王朝的决定力量。

6. 错失的自救

虽然明末的朱氏江山岌岌可危，有许多因素都足以致命，但最终推翻明朝统治的却是李自成的起义大军。纵览明末17年农民起义的发展历程，其实，崇祯有足够的时间来安抚灾民和义军，他也有多次机会消灭李自成、张献忠的队伍，然而他却一次次错过了。细节虽然不一定改变历史的走向，却足以决定它的发展进程。在安抚与剿灭义军的过程中，面对农民义军和满洲贵族的双重打击，崇祯的战略战术接连出现失误。

在各地义军起事之初，崇祯和一些大臣都曾想过以救灾和招抚的方式化解矛盾，但他们却不愿意牺牲局部利益，招抚既已失败，灾害愈演愈烈。

---

① （顺治）《滑县志》卷10《纪事》。
② （康熙）《阳武县志》卷8《灾祥志》。
③ （康熙）《荥阳县志》卷1《地理志》。
④ 曹树基：《中国人口史》第四卷，复旦大学出版社2000年版，第426—445页。

天启七年，义军初起，地方官怕影响"政绩"，不愿将灾情上报，等到灾情无法遮掩了才上报。崇祯初年，东北战事紧急，崇祯帝也没有把心思放在国内的"盗贼"身上，他任命杨鹤为陕西三边总督前去处置。杨鹤认为，灾民聚集闹事，无非讨食活命，与其镇压杀掉，不如安抚救济。杨鹤的确抓住了问题的关键，获得崇祯和一部分大臣的支持。于是崇祯派杨鹤招抚"流贼"，并由吴牲携带十万两银子到陕西赈济。果然，在杨鹤的招抚工作之下，许多农民自愿解散回家。无奈，当时陕西的灾情已相当严重，十余万两白银和数万石粮食无济于事。饥民生活无着，只得再聚在一起。

崇祯本想以一纸赦书"免死票"，略加赈济，就可以把灾民、"流贼"问题解决，他没有考虑到问题的严重性。既然陕西义军"旋抚旋叛"，主剿派提议设计杀降，崇祯也转变了态度。崇祯四年（1631）五月，他下令："贼势猖獗，招抚为非，杀之良是。"[①]大批义军从陕西逃向山西，且声势越来越大。

义军降而复叛的根本原因是，官府发放的少许赈恤钱粮很快就被饥民花光了，国家又拿不出更多的钱粮解救，无法保障灾民的生存需要。更何况，他们不仅不宣布免去灾民的全部赋役，反而变本加厉追逼赋役，这真是岂有此理！

崇祯既已转为剿杀，如果他能坚定不移、果断镇压，等到局势缓解之后，再予以安置，调整和改善利益分配关系，也不失为缓解时局的办法。但是，随着时局的发展，加之关外局势持续恶化，崇祯也没有把握住稍纵即逝的机会，让义军的烈火越烧越旺。

崇祯四年九月，原延绥巡抚洪承畴接替杨鹤，任陕西三边总督，全力镇压。崇祯五年，在陕西的大部分起义军最先被洪承畴镇压下去，义军陷入沉

洪承畴像

---

① 《平寇志》卷1。

寂。崇祯六年，明军集中兵力镇压在山西的起义军。起义军流动作战，从山西逃向河南。由于华北饥民甚多，一部分义军被镇压了，又有新的饥民补充进来。饥民大军的流动性强，明军一时难以消灭。

崇祯八年初，一支义军由河南攻入明朝的"龙兴之地"——中都凤阳，他们不仅杀掉四千名守军，还放火烧了皇陵、皇殿和龙兴寺，这引起明廷极大震动，崇祯皇帝哭告太庙并下罪己之诏。接着，崇祯帝下令处死凤阳巡抚杨一鹏，调洪承畴率陕西官军出关，会同中原各军夹剿，并拨军饷一百多万两，限期六个月消灭起义军。此举未能奏效。崇祯八年八月，再改命洪承畴督剿西北，湖广巡抚卢象升总理直隶、河南、山东、四川、湖广等处军务，督剿东南。第二年七月，明军虽在陕西盩厔（今周至）俘获农民军前期的杰出领袖高迎祥，把他解送北京杀害，但起义却在持续高涨。李自成等部活跃于陕西、宁夏、甘肃；张献忠、"革左五营"、罗汝才等大部分起义军则驰骋于河南、湖广、安徽等广大地区。

崇祯十年（1637），明廷又起用杨鹤之子、原宣大总督杨嗣昌为兵部尚书，并命熊文灿总理直隶、山西、陕西、四川、湖广五省军务，调集12万兵力，加紧围剿。杨嗣昌的围剿努力取得成效，起义军大部分被剿杀，熊文灿又加紧实行招抚，不少起义军投降。李自成率残部不足一千人退入陕西、湖北、四川交界的山区，左金玉（蔺养成）、革里眼（贺一龙）等"革左五营"也退入英霍山区（大别山）。崇祯十一年（1638），张献忠和罗汝才接受招抚，但他们拒绝明廷的改编和调动，屯驻在湖北谷城和房县，等待时机。

应该说，到这个时候，崇祯皇帝以全国之力围剿农民军的措施还是有效的，只是他没有能力把短暂的战绩化为持久的统治。因为社会矛盾不仅没有解决，反而更为激化。崇祯十二、十三年，山东、河南、河北等地接连发生旱、蝗灾害，赤地千里，逃亡载道。明廷为镇压农民起义，除万历末年、崇祯初年加派的"辽饷"之外，再加派"剿饷"和"练饷"，以用于镇压农民起义和练兵的费用。"三饷"加派超过了明朝常年岁入一倍以上，此举无异于饮鸩止渴，把百姓逼上了绝路。黄河南北，不少饥民又揭竿而起。

同样，对与后金（清）政权对抗过程中，崇祯皇帝也有许多次机会把后金势力控制在东北地区，削弱甚至消灭他们，但崇祯和明中央没有把握住机会。

由于社会矛盾积弊太深，社会矛盾无法在体制内消除。崇祯帝目光短浅、刚愎自用、心胸狭窄、贪财如命，他功利性过强、驭臣无术，诛杀甚多。崇祯帝只落得个无将无兵的困地，终于把自己的性命和大明王朝一起葬送掉了。

第二节　大顺政权存在的可能性

1. 大顺政权的建立

崇祯十二年（1639）五月，张献忠得知朝廷正调兵准备向他发动围攻的密报，就在谷城重举义旗，西进房县，联合罗汝才部，击败前来镇压的官军。崇祯帝此前将负责的兵部尚书熊文灿逮捕治罪，命杨嗣昌出任督师，围剿张献忠。张献忠、罗汝才突围进入四川，采取"以走致敌"的方针，在半年之内，足迹遍及全川，官军疲于奔命。崇祯十四年正月，张献忠又突然率军东下，进入湖广，于二月初攻克襄阳，杀死襄王朱翊铭，发银15万两赈济饥民。杨嗣昌闻讯，忧愤而死，起义军走出低谷。张献忠牵制大批官军，给困境中的李自成带来转机，崇祯十三年（1640）夏，他率军进入防守空虚的河南。第二年初，李自成攻破洛阳，杀掉福王朱常洵，开仓散粮，受到当地饥民的欢迎，起义军迅速扩充，迎来了起义的大发展。

李自成攻入河南后，于崇祯十三、十四年间针对河南土地高度集中、百姓赋税负担沉重的现象，提出了"均田免粮"的口号。所谓"均田"，就是反对土地兼并，包含了反对大地主土地所有制的内容。不过，由于当时的战争环境，贵族官僚富豪或被杀或逃亡，荒废的土地较多，农民可以随时耕垦，农民军没有具体采取过分配土地的措施。所谓"免粮"，就是减免税粮，实行"三年免征"的政策，当时的民谣唱道："吃他粮，着他娘，吃着不尽有闯王，不当差，不纳粮！"[1]"均田免粮"的口号，在当时具有极大的号召力，深受广大农民的欢迎和拥护。起义军后来还提出"平买平卖"的政策，反对对城镇工商业的横征暴敛。这些政策的颁布，对李自成起义军的发展壮大并最终推翻明朝的统治，起到重大作用。

---

[1]　吴伟业：《绥寇纪略》卷9。

北京城区的李自成雕塑

李自成在河南的势力不断发展壮大，不仅附近农民纷纷来附，原来与张献忠合作的罗汝才也前来投奔，就连久居英霍山区的"革左五营"也赶来会合。崇祯十四年，李自成的队伍已发展到50万人，至第二年更号称百万。明廷于是将征剿的主要对象从张献忠转向李自成。从崇祯十四年至十五年，多次集结重兵向李自成发动进攻。李自成三次围攻开封，并在项城、南阳、襄城、汝宁诸战役中，先后击败傅宗尤、汪乔年、丁启睿、左良玉诸将，歼敌十余万，据有河南全境。尔后南进湖广，于崇祯十五年（1642）攻克襄阳。次年春，改襄阳为襄京，开始建立农民政权，设置中央政权机构，李自成以"奉天倡义文武大元帅"的名义充当最高掌权者，设丞相一人，由牛金星担任，下设吏、户、礼、兵、刑、工六部，各置侍郎一名。消息传至北京，明思宗急命三边总督孙传庭出关，"荡平流寇"。孙传庭率10万兵马东出潼关，会合河南的残兵败将，准备夹击起义军。李自成率部北上，在郏县、汝州重创敌军，孙传庭兵败身亡。李自成乘胜追击，于十月攻占西安。崇祯十七年（1644）元旦，改西安为西京，正式建国，国号大顺，年号永昌。

崇祯十七年正月，李自成统率大顺军从西安出发，对明王朝发起总攻。二月，大军渡过黄河，由李自成亲率主力，经太原、大同、宣府、居庸关，直逼北京。另一路大军由刘宗敏率领，沿黄河北岸挺进，经怀庆、潞安、大名、邯郸、保定，同主力会师北京。大军所到之处，宣传"除暴安良"、"蠲租免租"等政策，地方官绅闻风而降。

三月十八日，李自成所率主力进抵北京城下，崇祯帝在煤山（今北京景山）上吊自杀。十九日，大顺军进入北京内城，明朝的统治被推翻。晚明时代，明代统治肌体内部的毒瘤靠自身已无法清除，农民武装以暴力的方式打击腐朽势力、推进了社会矛盾的解决，其历史意义显而易见。

2. 大顺政权的失败原因

大顺军进入北京，标志着农民起义取得了初步的胜利。但李自成等领导人未能认清时局，未能分清轻重缓急，对明朝旧有的官僚贵族没能有效地拉拢利用，也未能及时对军事部署和政策措施进行必要调整，对关外清军实力估计不足、缺乏足够的警惕，坐失稳定和控制全国的最佳时机。所以，当盘踞在山海关的明总兵官吴三桂暗中观望，并与清军勾结时，大顺军还浑然不知。经山海关一役，李自成大军战败，被迫退出北京。李自成率军返回西安。十月，大顺军在河南发动怀庆之役，败退。不久，李自成率部撤回西安，率领13万左右的大顺军取道蓝田、商洛向河南转移，再进入湖北。第二年五月，在湖北与江西交界的通山县（今属湖北）九宫山，李自成率少数卫兵勘察地形时，遭到地方武装的突袭，不幸去世。大顺政权覆灭。在撤出北京后仅一年的时间，李自成和张献忠竟然以同样"意外"的方式丧命。

大顺和大西农民军在短短两年的时间内，经历了极盛到大败，留给人们太多的思考。从1644年灭明时的势如破竹到撤出北京时的兵败如山倒，大顺军仅仅在北京城待了42天。曾经所向披靡、无往不胜的队伍何以会如此不堪一击？从各地闻风而降、夹道欢迎，到各地的"反叛"浪潮，农民军经历了大喜大悲，何以会有如此巨大的反差？农民军和农民政权的失败是必

《甲申三百年祭》书影

然的吗？

关于明朝灭亡和李自成农民军失败的原因一直是学界关注的焦点。李自成农民军失败的原因众说纷纭，见仁见智，莫衷一是。本书主要参照顾诚先生《论大顺政权失败的主要原因》一文①，对各家观点略加辨析，并提出自己的观点，即大顺和大西农民军建立的政权有存在的可能，只是他们缺乏行政经验，没有能在建立政权之后及时调整策略，最终败亡。

第一，腐败变质导致败亡说。

论者认为，大顺农民军进京以后迅速腐化，失去民心，导致迅速灭亡。例如，从高级将领刘宗敏、牛金星到普通的士兵都加入了烧杀抢掠财物的行列，李自成虽然自己保持着农民本色，但他有始无终，有令不行，甚至有姑息、迁就、放纵之嫌，正是由于农民军忙于享乐，急于衣锦还乡，很快失掉民心。也有史料记载如下："先搜兵器火药，次责供飨。女子无夫者，强配贼兵。奸淫杀戮，备诸暴酷。赀财既尽，犹索饮食如故……大失民望"②。郭沫若在其《甲申三百年祭》一文中，也痛陈明末农民军入城迅速腐化，导致革命失败，他提醒中国共产党人当引以为戒。

的确，一些农民军和将领在京城有掠取私财的行为，但这些行为与大顺军原来制定的"追赃助饷"的政策是有区别的。即便采取"逼饷镇抚"的方法严厉打击京师内的官僚贵族，但需要思考的是，农民军进城不过短短的40天，从所向披靡到溃不成军，这是四十多天腐化的直接后果吗？其实，并非农民军不会打仗了，在山海关一役中，农民军作战勇猛，与吴三桂的五万

---

① 《李岩质疑：明清易代史事探微》，光明日报出版社2012年版，第244—264页。
② 彭孙贻：《流寇志》卷16。

精兵杀得天昏地暗，吴三桂几乎溃败。那个"腐败典型分子"刘宗敏亲临前线，冒着枪林矢石，身负重伤，被抬回北京，绝非贪生怕死之辈！战争的转机是清兵突然加入，才使战局迅速转变。

值得思考的是，农民军在京城的"敛财行为"导致"大失民望"中的"民"，是普通百姓呢，还是京城达官缙绅呢？所谓的"失去民心"，是各级地主及官员之心，而非普通百姓之心，"明朝末年各地的农民起义有如烈火燎原，清朝初年各地农民自发的反抗清廷残暴统治的斗争也是风起云涌。惟独在这两者之间的大顺政权管辖时期没有见到农民反对大顺政权的记载"，表明大顺政权失掉的民心之"民"并非普通百姓之心，而是旧有的官僚贵族集团。是他们后来的反攻倒算，从望风投降李自成，再到寻找满洲贵族的庇护，他们的目的，不过是希望继续拥有旧有的、高高在上的统治阶层社会地位。

第二，骄傲自满、麻痹轻敌说。

许多学者或政治家们都认为：农民军被节节胜利冲昏了头脑，推翻明王朝后不思进取，轻视明朝残存势力、漠视清军的虎视眈眈，尚未居安，却已忘危，是导致雪崩式败亡的重要原因。此说亦不无道理，原因是这一时期由于大顺政权领导人缺少高瞻远瞩的政治眼光，在一些方面掉以轻心，使局势突遭逆转。山海关之败确实有骄傲麻痹的因素，李自成等领导人对山海关战略位置未能予以充分重视，对收复和招降山海关守将吴三桂重视不够；对关外满洲贵族觊觎中原数十年的事实认识不清，没有把他们作为强劲的对手，对吴三桂与清廷联合认识不够，其中不排除被崇祯十七年各地闻风而降的迷惑。

然而，骄傲自满却无法解释大顺军迅速败亡的原因。山海关之惨败固然与麻痹轻敌有很大的关系，但此后，大顺军退守到北京。重创之下，近百万的大顺军应当从骄傲麻痹中清醒过来了，何以会一败涂地，几无胜绩可言呢？骄傲轻敌可能是导致山海关之役失利的原因，却无法解释百万大顺军迅速败亡的根本所在。

第三，"流寇主义"说。

一些学者认为，李自成像历史时期许多农民起义者一样，长期打粮取饷，没有根据地；在革命政权建立以后，不注重地方政权建设，缺少持久作战的思想准备，所以虽然其势力一度发展至长江以北的大半个中国，其实并没有对其进行有效的控制与管理，这也是他们退出京城以后，被追赶得无路可逃，陷入"四面楚歌"的重要原因。

大量史料表明，无论是大顺还是大西农民革命政权，委派各级官员到地方任职的情况非常普遍，既有高级的节度使（相当于明朝巡抚），也有基层县令及其属佐等官，并且大部分地方还都派有军兵护送镇守。大顺还委任一些明朝旧官吏，在北京期间通过科举选拔了一批士人，且给以任命（由于战局的变换，许多没有赴任）。顾诚先生曾在《明末农民战争史》的附录部分列有"大顺政权地方官员表"、"大西政权地方官员表"和"山海关战役后三个月内官绅叛乱情况表"三份表格①，以确凿的事实揭示了李自成、张献忠政权建立的情况，毫无疑义地告诉我们大顺、大西政权的性质，对所谓的"流寇主义"是绝好的回击。大量的史实证明，大顺和大西农民军并没有犯所谓的"流寇主义"的错误。

第四，对手过于强大说。

农民军最终败于清军之手。有学者认为，清兵的攻击力和作战能力远在农民军之上，换言之，农民军不是清军的对手。这一观点只是从大顺与清军角逐的结果上寻找原因，有失偏颇，详细的史料依据会在下面的"清军入关的偶然性"中提供。其实，李自成直接亡于地方自卫武装之手，而且虽然清军的作战能力确实超过农民军，但要说清兵强大到足以把农民军消灭的程度，是不太符合当时军事力量对比的，清廷能统一全国，主要是靠后来的降清汉人。

此外，还有人将农民军失败的原因归结于战略战术的失败。比如，从北京撤退以后，选择到东南财赋充盈之地要比回到西北更好，因为大顺军当时已经控制整个长江以北广大地区，没有必要仓皇逃回西安等。这只是一种假设，与史实相距甚远。

正确分析农民军失败的原因，应当把注意力放在整个明末农民军革命的进程中，不应当仅仅放在短时段内，既要能说明它的全面胜利，又能解释它的兵力如山倒。显然，大顺政权的兴衰，主要是由农民政权的性质、治国的理念和入京后的措施所决定的。

3. 大顺政权存在的可能性

大顺政权失败的最主要原因是李自成义军没有随着时局的变化，因阶级

---

① 《明末农民战争史》，光明日报出版社2012年版，第336—388页。

关系的变动相应调整自己的政策，没有从代表贫苦农民利益的革命政权转变成为以缙绅地主为基础的传统帝制，最后被以汉族为主体的地主阶级的武装力量所摧毁。就当时的生产力状况和阶级状况而言，转换政权的性质，立足地主经济，依靠地主、贵族、官僚、士绅阶层，才是大顺政权存在的前提条件。

李自成建立的政权是农民革命政权。李自成始终保持革命者的农民本色，由于对明统治者充满仇恨，以他为首的大顺政权的主要政策都是严酷打击各级地主。这一点从其实行的政治、经济和军事等措施上就可以说明。农民军进入北京以后，没有顺应新的形势，而是继续实行"追赃助饷"的政策，使大顺军陷入政治上的孤立。从崇祯十七年初，在攻占北京的过程中，农民军能够势如破竹取得节节胜利，实际上也是华北各级官绅贵族们闻风而降的结果。之所以投降，只因为这些地主阶层也看到了明王朝病入膏肓的现实，急于从可能新立的"大顺天子"那里寻求新的庇护。在山西、河北等地，当地的官绅把李自成当成了新的天子："真若沛上亭长（汉高祖刘邦）、太原公子（唐太宗李世民）复出矣。兵民望贼愈急"，表明了他们欢迎李自成的心态。[①]大顺军攻克北京以后，在京的数千名文武官员，"以死殉国"的仅仅二十余人，其他尽以"顺民"自称，高呼"永昌皇帝万万岁"，为了尽早在大顺朝挂职，他们送礼行贿，争相为新朝效命。有外地的官员，不惜长途跋涉到京城以谋取官位者。这一切都说明，官绅贵族们已经开始从内心接纳新的统治者，为自身的利益寻求新的保护者。

然而，当大顺军进入京城之后继续采取"追赃助饷"政策时，官绅贵族们才发现，新的政权并不属于自己。从京城到地方，在整个华北地区，新政权普遍对降官降将刑拷相加。大顺政权的官与兵，怀着对剥削阶级的刻骨仇恨，假公济私、公报私仇、乱扑滥杀，在京城造成了极大的混乱。新政权不仅剥夺了官绅地主的全部家产，还在肉体和人格上对他们进行打击，这是归降的官绅地主们始料未及的，内心的追悔与愤恨是不难想见的。当大顺军节节胜利的时候，地主官绅慑于大顺政权的武力，公然的反抗并不多见。但新政权与地主阶级的矛盾已经非常紧张，所谓"人人饮恨，未及发也"[②]，旧

① 邹漪：《启祯野乘》卷11《朱忠壮传》。
② 王度：《伪官据城记》，载《荆驼逸史》。

的官僚士绅伺机待发就不难理解了。所以，当大顺军兵败山海关以后、面临挫折之时，广大汉族统治者阶层就面临新的生死抉择——是继续拥戴农民革命政权，还是拥戴南明政权，抑或拥护作为"异族"的满族入主中原呢？

从闻风而降到集体倒戈，官绅贵族的态度让农民军经历了大喜大悲。从农民军撤出京城开始，在山海关一役之后三个月内，整个归降的华北地区出现了七十余次叛乱事件，大都是官绅地主先捕捉大顺地方官，而后静观事态的发展。大顺军又陷入地主阶级疯狂反扑的汪洋大海之中，处处受到地方武装力量的打击与骚扰，乱了阵脚与方寸。

这里给人一种印象，似乎农民革命的进程受到了官绅贵族势力的左右，当然不能完全这样理解！其根本原因是，当时的社会条件决定了代表农民利益的政权绝对是不可能巩固的，换言之，在当时的历史条件下，农民起义军虽然可以建立政权，但却不可能长久，"它们不是被地主阶级的武装所摧毁，就是在胜利进军的途中由于领导人的蜕化转变为封建政权"，大顺政权的失败在于李自成没有选择第一条道路，像刘邦和朱元璋那样成为第三位平民出身的皇帝，而是因为始终坚持自己"农民革命政权"的本色。大顺政权有存在的可能性，只是李自成拒绝了！

第三节　清朝统一全国的不确定性

纵观清朝开国史，从努尔哈赤开始，满族（女真族）政权就开始了自立、对抗直至灭亡明朝的努力，可谓处心积虑。历经数十载的努力，他们终于如愿以偿，一统天下。这一切似乎顺理成章，被许多人看成是历史的必然。然而，分析当时纷繁的局势可知，事实又并非如此。

1644年春夏之交，以李自成为首的大顺政权如果不是在政治上和军事上犯了一系列重大错误，清政权也就没有一统江山的机会，或者统一全国的时间一再推迟；南明弘光政权若不是在"继统"问题上钩心斗角，这个政权绝不至于那样迅速瓦解，至少半壁江山的局面能再维持一段时间。1645年，清军占领南京后，如果不强制推行剃发改制等民族压迫政策，也可能在较短的时间内统一天下，实际是，清王朝统一的大业又拖后了近二十年，而且面临被颠覆的危险。1648年，金声桓、李成栋、姜瓖等反清时，如果永历朝廷节制部署恰当，与拥明势力接应，反清仍大有可为。大西军联明抗清后，1652年李定国桂林、衡阳之役，刘文秀反攻四川之役，都表明明清双方胜负尚未尘埃落定。直到顺治十一年（1654）复明运动逐渐化为泡影。[1]可以说，清军入关并建立对全国的统治带有很大的不确定性。

1. 清军入关的可能性

努尔哈赤是一位雄才伟略的女真民族首领，接受明廷的封爵，常年赴京朝贡。他对万历中后期明朝统治之腐朽了然于胸，他以归顺明王朝为掩护，借助明中央的支持，暗地壮大自己的实力，为统一东北女真族诸部做努力。就在万历亲政的第二年即万历十一年（1583），努尔哈赤起兵攻打尼堪外兰，开始统一女真各部。从最初的称霸一方，到暗生灭明的雄心，努尔哈赤的努力从最初以复仇为目的的部族战争，到扩充势力的野心，再到万历四十四年（1616）建立后金政权，最后走向全面与明王朝争夺统治权的斗争，其间经历了长期的过程。

清军入关的最基本条件是凭借其颇具战斗力的八旗制度取得对东北的绝对控制权，稳定了统治后方。以此为基础，皇太极和多尔衮开始处心积虑地谋求取代明王朝。清统治者与大顺农民军最大的区别在于政治眼光和军事谋略的不同，而善于利用汉族官绅是其成功的保障。

以统众入关的多尔衮为例，在入关方略的问题上，他是在听到了汉族大学士范文程的入关建议和汉族大将洪承畴的分析后才下定决心的。范文程说：当时的大明王朝，"黔首无依，思择令主，以图安业"，"明之受病种种，已不可治"、"我国虽与明争天下，实于流寇角也"，所以，必须团结旧有的汉族官员，在入关以后"官仍其职，民复其业，录其贤能，恤其无告"。[2]山海关战役打响之前，洪承畴又给多尔衮打气，并着重分析了与农民军对垒的形势，"（贼）今得京城，财足志骄，已无固志，一旦闻我军至，必焚其宫殿、府库，遁而西行"。[3]他们的话在清军入关之后都得到了应验。

入关后，清军的首要任务是消灭已经控制长江以北地区的大顺政权，

---

① 顾诚：《顺治十一年——明清相争关键的一年》，《清史论丛》1993年。
② 《清世祖实录》卷4。
③ 《清世祖实录》卷6。

清军骑阵

再消灭明朝残余的武装力量，先占领北京，再攻城掠地，进而建立对全国的统治。在入关前后，多尔衮多次充分听取了保定副将王应登、河南道御史曹溶、顺天巡抚柳寅东、大同官员吴惟华等人的建议，确定围剿大顺、大西农民政权的策略。顺治元年（1644）七月，多尔衮又采纳了金之俊的建议，采用剿抚并用的措施，"凡土寇率众归者，应赦罪勿论"①。

入关以后，清统治者仍然采取非常审慎的态度，广泛吸收利用前明官员、广大汉族地主和知识分子，以期拉拢人心、稳定形势和长治久安。在中央机构里吸收汉族官吏参政议政，除明朝原官员照旧录用之外，在北京的六

① 《清世祖实录》卷6。

部和都察院等官与满族官员一起议政，一批汉族知识分子进入重要的部门，除早已入清的范文程、洪承畴、宁完我、宋权、冯铨等外，像陈名夏、谢启光、李若琳、党崇雅等都在六部任尚书。地方官府几乎全有汉族知识分子任职。在录用旧官的基础上，又开科取士，培养新官，顺治二年（1645）八月开科乡试，大批想到新朝谋取一官半职的汉族知识分子纷至沓来。清军入关，在很大程度上讲，是在李自成农民军已经拖垮明廷的武装力量的基础上实现的，实际上是享用了农民起义的胜利成果。

明末，以努尔哈赤为代表的少数民族首领反抗明王朝的腐朽统治具有正义性，这与农民起义具有相似的性质。清军入关是打着"为崇祯帝复仇"和"吊民伐罪"的旗号进行的，入关之初也曾采取安抚社会的积极政策。满洲贵族以新立统治者姿态取代了明王朝，成为新的地主阶级代言人，这是他们能够顺利入关的最重要的原因。

2. 统治全国的不确定性

然而，要想建立对全国长治久安的统治，还有很漫长、艰辛的路要走。明清易帜，鹿死谁手，尚难定论。入关后，清廷推行了许多倒行逆施的"恶政"以及民族压迫和歧视政策，成为入关之后中国当时的主要矛盾，也为它统一全国的进程增加了许多不稳定因素。

在1644年之前，清军曾五次入关，每次出入似乎都非常顺利，深入内地，"如在无人之境"，"旌旗所指，无不如意"，[①]在北直隶、山西、陕北、山东，以至南直隶都有清兵烧杀抢掠的记载。为什么每次清军都自饱以退，最终选择退回关外呢？论者或曰入主中原的时机未到。那么，满族贵族知道何时机缘到来吗？当然不知道！有人说，清军入关是迟早的事情，但历代王朝的变迁玄机四伏，变数甚多，决定发展进程的，偶然因素往往多于必然因素。

清军迟迟未敢大举入关，显然受制于自身的能力。偏居一隅的少数民族入主中原，谈何容易。首先从人数上来讲，以十数万之军兵，何以御天下？他们不能不考虑。在军事实力对比上，满族军士纵然个个出生入死，无往不胜，但他们偶尔的南下进攻尚有能力，但长期坚守对全国的统治，单靠自己显然是不行的。

---

① 《清太宗实录》卷46。

天启、崇祯初年，辽东绝大部分地区被后金攻克，但仅存的几座孤城还算坚固。天启六年（1626），袁崇焕以不足二万守军打退五六万后金军，此役后努尔哈赤受伤死去。次年，皇太极兴师动众历时26天，毫无办法，在宁锦再遭重创。皇太极曾多次提出与明廷议和，明廷不为所动、置之不理。清军入关看似如入无人之境，但双方真正对峙起来，清军却奈何不得，仅锦松战役双方就持续两年多。可见明军并不是那么容易被打败，更何况这仅仅是明帝国之一隅呢？！

清军趁势入关后，国内局势纷繁复杂，北京虽被清军控制，但地方权力归属差别极大，地方士绅伺机再动，这一点从当时河南的局势就能看出来。1644年年初，大顺军进入北京，河南各地官绅、武装也审时度势，归顺农民政权。四月底，李自成农民军失败以后，这些饱受农民军打击的地方士绅见形势不妙，在许多地方，基层武装叛乱、杀害大顺官员、拥兵自重。如归德府知府桑开第勾结其他官员，逮捕了归德府大顺官员，包括府管河同知、商丘、柘城、鹿邑、宁陵、考城、夏邑县令，并将他们押往南京，"豫东地区在两三个月里处于近似权力真空的局面"[1]。其他地方也不同程度地出现了大顺失控的局面，河南副将郭从宽擒获大顺长葛县令送往南京的南明政权。这说明，当地的汉族士绅是心系南明的。

撤出北京后的李自成将防御的重点选择在山西和河南。在河南卫辉一带，有大将刘汝魁镇守。六月时，刘汝魁带大军将濬县、滑县和长垣三县及卫辉府诸县的前明官员迁移至陕西边远地区，以消除隐患。但随着清军入关及其对大顺军的围剿，各地大顺政权的官员越来越难以立足。由于农民军在陕西的主力受到清军多铎和阿济格的围剿，河南等地驻军一部分奉命转移，另一部分则面临被剿杀的危险。

此后不久，清政府开始把政治和军事力量渗透到河南。清政权最早将河南纳入自己统治并付诸实施，是六月初四日派户部右侍郎王鳌永招抚山东、河南。王鳌永在任招抚官的两个月期间，颇受清政府赏识，但直到十月初八日，他被反清人士赵应元等诈降入青州（今山东益都县）杀掉，他都极有可能没有进入河南辖境，因为笔者翻阅了这一时期的《清实录》、《清代档案史料丛编》（第13辑）、《明清档案》等文献，发现他的奏报全部是关于招

---

① 顾诚：《南明史》，光明日报出版社2011年版，第55—56页。

抚山东的，根本没有谈及河南。七月份，清政府开始直接向河南选派官员，以户部启心郎苏弘祖为河南布政使司参政，兼按察使司金事，分巡河北道；刑部启心郎申朝纪为河南布政使司参政，分守河北道。同时，派出内国史院学士罗绣锦为都察御院右副都御史、巡抚河南，并兼任提督军务、兼理河道等，八月初，任命都察院参政祖可法为右都督，充河南卫辉府总兵官；侍郎金玉和为都督金事，充河南怀庆府副将，郑廷槐为河南布政使司参议，叶廷秀为河南道监察御史。此后，在河南的卫辉府、怀庆府设置镇守总兵，并配备了总兵、副将、参将、游击、守备、千总和把总等官员，设兵5000人，逐步建立其军事机构。

这一时期河南的总体形势是大顺军主要控制豫西地区，清军势力已渗透到豫北诸府县，而豫省的大部分地方，心仪明朝的故明将士仍占有相当的比例。三大政权力量在此都有体现。不过，清政府是主动进攻，大顺军欲卷土重来，而明朝则凭借旧有影响以期重整河山。

1644年10月初，原在山西的数万大顺军向河南怀庆府（今焦作）挺进。同时，兰阳（今河南兰考）一带大顺军也准备渡河进攻豫北清军。十二日，大顺军连续攻克济源、孟县等地，怀庆府的清军金玉和部几乎全军覆没，他率数十骑身先突围时被箭射死。大顺军又乘胜进攻怀庆府沁阳县，清卫辉府总兵祖可法火速赶去增援。无奈，河南境内的清军太少，清政权在这里的统治岌岌可危，大有被逐出中原之势。清河南巡抚罗绣锦向北京紧急求助，他说："马贼一万有余，步贼二万有余，后未到者还有五六万，要克取怀、卫等府，见今离怀城三十里外扎营……事态紧急，势非泛常，不得不再为吁请也。伏乞亟敕兵部，速催大兵星夜兼程前来，以济救援。"[①]摄政王多尔衮被迫调整原来的经过河南攻下西安、南京的计划，决定集中多铎和阿济格两路大军悉数围攻农民军。多铎一路南下抵达怀庆府后，大顺军力不能支，主动撤退。多尔衮和多铎深切意识到，统一全国最大的威胁仍来自农民军，于是改变继续南下消灭南明的计划，挥师西进，由孟津渡过黄河，与阿济格合力攻打西安的李自成"总司令部"。

由大顺军发动的怀庆之役是他们与清军在河南进行的一次正面交锋，它

---

① 《清代农民战争史资料选编》第一册（上），中国人民大学出版社1984年版，第24页。

以局部、暂时的胜利开始，以失败告终。单以在河南境内的驻军论，清政权并不是大顺军的对手。当时，李自成农民军主力正在部署陕北与清军主力的决战，也没能及时对豫北进行有效的增援。数日后，多铎所部清军赶到，强弱易势，气势各异，胜负已明。如果农民军能集中优越兵力，冷静观察当时全国的战局，与多铎大军决战于中原腹地，则鹿死谁手尚难预料。农民军在河南的大好战局旋即丧失，更为关键的是，怀庆之役让清军迅速调整战略战术，引来清军优势精锐，加速了自己的灭亡。

怀庆之役是大顺政权在河南组织的最后一次反击。此后，李自成大军先败于潼关，继而出蓝田、商洛退至豫西，然后再下到南阳邓州、内乡一带滞留月余，在清军的步步紧迫下向南撤退，于顺治二年（1645）三月下旬到湖北襄阳，退出了河南。没有撤走的大顺武装力量也开展了一些斗争，但这些抗争已无法动摇清政府在河南的统治。

举河南一例，想说明入关之初的清军在统一华北的战役中，得失常在一念之间，清军的统一进程并非一帆风顺。农民军有很好的机会，但在撤退时乱了方寸，缺少大局观。相反，清军在政治策略方面动足了脑筋，尽量打击对手的有生力量，集中优势兵力打击最重要的敌人，这一策略在乱局中显得极其关键。

这一时期，清统一过程充满了变数，带有极大的不确定性。这首先是因为满族以少数民族入主中原，尽管实行全民皆兵，但可以动用的兵力实在有限，不依赖汉族和蒙古族军队绝不可能征服和统治全国。雍正帝在《大义觉迷录》中讲，"至世祖章皇帝入京师时，兵亦不过十万"。入关后，由于连年的征战，阵亡和病死的将士数量很可能超过人口的自然繁殖数，顺治十年（1653）时，满族贵族能征善战的宿将所剩无几。因此，清统治者在全国建立稳定的政权主要取决于对待汉族的态度，即不得不推行"以汉治汉"的政策。

应该说，清军入关前后采取的诸多措施是可行的，故能顺利入关。但在入关后不久，清统治者在满汉关系的处理中出现了严重的偏差，在统一全国的过程中存在诸多重大错误，如五大"恶政"、"扬州十日"和"嘉定三屠"等惨绝人寰的暴行，点燃了全国反清的怒火，反而把形势搞得越来越被动。

顺治二年五月，清朝入关一年，大顺政权和弘光政权相继被摧毁，多尔衮认为天下大定，遂悍然下令"各处文武军民尽令剃发"，"自今布告之后，京城内外限旬日，直隶各省地方自部文到日亦限旬日，尽令剃发。遵依者为我国之民；迟疑者同逆命之寇，必置重罪。若规避惜发，巧辞争辩，决不轻贷"，稍后又下令"衣冠皆宜遵本朝之制"①。与此同时，又推行了"圈地"、"投充"和"逃人法"等所谓"以夷变华"的五大恶政。此举对中国传统的政治、经济和社会文化等带来极大的冲击，从而激发了全国性的"反清复明"的巨大浪潮。这一时期的主要社会矛盾由原来极其突出的阶级矛盾和社会矛盾，变成了满族与汉民族之间的矛盾。

这一时候，反清复明的力量依然强劲，当数股反清力量结合在一起的时候，清朝统一全国的进程突然变得艰难起来了。

"联合抗清"首先是由农民军提出来的，昔日不共戴天的大顺军与南明政权走到了一起，双方既有合作、又保持各自相对的独立。一批投降清朝的前明将领举起反清的大旗，顺治五年（1648）正月，金声桓、王得仁在江西南昌反清拥明；三月，李成栋在广东反清；十二月，姜瓖在大同反清。上述几位都曾任明朝的总兵，手中握有重兵，降清后都为清朝出了不少力，但他们既没有得到自己想要的东西，也看到了清军的力量并不太强，曾在国内汉民族反清运动和思潮的影响下，以迅雷不及掩耳之势举起反清大旗。当时，河南、山东、山西、陕西等华北地区的社会矛盾都比较尖锐，清朝在全国的统治形势也骤然紧张。

这些反清斗争均以失败告终，原因在于力量过于分散、缺乏有效整合。这些以"反清复明"为旗帜的军队，并没有得到南明政权的有效组织和支持，最后被各个击破。加之各支武装之间各怀心思，分散了太多的精力。以李定国两次进军广东为例，他的总体构想是联络郑成功，先收复广东，再夺取福建、江西、浙江和江苏等地，控制江南富庶之地，以图复兴大业。但郑成功意不在此，他只把自己经营闽海利益置于首位，一味拖延，空言应付，致使李定国前功尽弃。在北线，顺治十一年（1654），鲁监国政权之下的定西侯张名振和监军张煌言等与南方绅士策划了反清复明的"北线"战略，即"三入长江"，其基本设想是张名振等大军由东向西，联合西边的孙可望自西向东，展开长江之役。由于孙可望一方发生了内部的权力争斗，未能按约

---

① 《清世祖实录》卷17。

四川江口沉银

绵竹县五十两银锭

"骁右营总兵关防"铜印

金锭

"西王赏功"金钱

出兵接应，计划也泡了汤。这里需要交代的是，不论是南线广东的清朝守军，还是长江一线清军的数量都不足以与联合起来的反清力量相抗衡。南明时期，明清之争决定胜负的因素并不是简单的力量对比，而是在很大的程度上取决于领导者的决策能力与凝聚力。

反清力量内部的不团结在大西军余部也表现得非常突出。顺治三年（1646），张献忠牺牲后，大西军在孙可望、李定国、刘文秀等人率领下，渡过长江，由贵州进入云南，在平定云南后，致力于云南全面的建设。在军事上，"发兵守四川之大渡河，贵州之镇远，中路之雪山关，凡入滇之路，悉扼守之"①，并整肃军纪、加强训练，改善军需。在政治上，去大西国号，提出"共扶明后，恢复江山"，争取和团结当地力量。在经济上，恢复生产，保护民间贸易，落实赋役政策，增加财政收入。同时，既注重团结少数民族，尊重其宗教信仰，又能严厉打击不法的土司。事实证明，大西军余

---

① 《明末滇南纪略》卷4《政图治安》。

部成为南明时期最强有力的反清力量，只可惜，由于孙可望权欲过重，打击异己，导致农民军余部在云南的努力付之东流，最后走向穷途末路。

可见，清初建立的统治并不稳固，许多统一战争和平定反清复明的战役带有很大的偶然性。清政权能在群雄逐鹿的乱世中最终胜出，是最高统治者阶层把握住了机会，或者说是他们犯的错误比较少，也可以说，对手犯了更大的错误。明清之际，反清势力的群众基础丰厚，武装力量毫不弱于清军，也不乏忠勇的文臣武将，但大顺政权在政治上和军事部署上犯下难以挽回的大错，李自成失败之后始终没有形成较为稳定的领导核心，长期各自为战。大西余部的孙可望能力出类拔萃，但他飞扬跋扈，导致众叛亲离。南明政权的几位皇帝昏庸懦弱，延续着明末统治者的腐败与官场斗争，未能肩负起复兴明室的重任。

第四节　明清嬗代的争议

明清易代，本是中国王朝数次更替中之一环。明清更替的特殊之处在于此时已处于传统社会的末世，中国在世界上由先进转为落后大致发生在明中期至清中期这400年间，而晚明时代与清前期的强烈对比，以及清时期与西方近代化社会的强烈对比，让人们对明清嬗代有了多角度的分析和国际化的透视。明清易代，留给人们无限的思索。

1. 清朝统治的正义与非正义

对清朝统治的正义性争议，主要存在于民国革命时期的"反满排满"思想，他们固守着中国传统"华夷之辨"思想，对满族人建立的清王朝的正义性予以否定。当时著名的革命家、思想家章太炎（1869—1936）的观点就很有代表性。他的观点是只有反满、推翻清政府才能实现民主革命。他认为汉族历史悠久、文化优秀，而各少数民族文化落后，以汉族同化、统治其他的民族才是"正统统治"，相反，其他民族统治汉族，就是"异族栽虐"。他认为："同族相代，谓之革命；异族攘窃，谓之灭亡；改制同族，谓之革命；驱除异族，谓之光复。今中国既灭亡于逆胡，所当谋者光复也，非革命顾诚先生像及所著《南明史》书影。顾诚（1934—2003），江西南昌人。顾诚先生治学谨严，考证精深，在明帝国疆域管理体制、卫所制度、人口、耕地、农民战争及明清易代史事等领域均有独到研究。《南明史》是其代表作。

云尔"。[1]在晚清推翻清朝统治的革命浪潮中，否定清朝统治正义性的言论颇为流行。[2]然而，如果把清朝放到传统中国的多民族国家形成与发展过程中去考察，上述观点显然带有明显的时代烙印。

　　满族（女真、女直）作为中华民族之重要组成部分，明末，统治者对他们实行的民族压迫，导致女真族的反抗和后金的建立。明朝统治者对广大农民的残酷剥削，又导致明末农民大起义的爆发和大顺、大西农民政权的建立。清朝建立后，满洲贵族入关占领北京，特别是在占领南京后，把它的民族压迫政策推向全国，又导致了几个南明政权的建立。这样，便出现了几个政权并立对峙的局面。就建立后金的女真而言，他们原是明朝的臣属，其首领世代接受明朝的封号、官职和册封，后来为反对明朝的民族压迫，起兵抗明，建立后金，才从明朝分裂出来。皇太极改国号为清及此前改族号为满洲，也不应指责他另立政权，割据一方，破坏了中华民族的统一，因为它是反抗明朝民族压迫的正义行动，只要是明王朝内部的事务，谁夺取政权都存在正义性的一面。

　　清兵入关后进行的战争，严格意义上来讲，并不能算是统一全国的战争，这只是系列战争之一部分，"明末以来明清战争的继续，是明清易代斗

　　① 《章太炎政论选集》上册，中华书局1977年版，第193页。
　　② 参见刘浦江：《元明革命的民族主义想象》，《中国史研究》2014年第3期；林庆元：《章太炎是小资产阶级思想家》，《历史研究》1985年第4期。

贵州安龙博物馆（永历皇宫）

争全过程的后一部分，是镇压抗清起义和复明运动，大规模推行民族压迫、奴役措施，夺取全国统治权的战争"[1]。但后来的清政权确实统一了全国，从历史发展的连续性考虑，把入关之后的战争说成是统一全国的战争未尝不可。我们知道，虽然明朝的覆亡不可避免，"接替的可能是大顺王朝，可能是清王朝，甚至可能是孙可望掌握实权的朝廷，也不能排除在较长时间处于分裂的局面"（顾诚：《南明史·序》）。如果大顺政权完成了最后的统一，1644年之后各政权之间的战争，我们同样可以称为"大顺统一全国的战争"，道理是一样的。

同理，明朝覆灭之后相继出现的几个南明政权，它们为反抗清朝的民族征服和压迫，与清军作战，其行为同样具有正义性，不应该被扣上破坏中华民族统一的帽子，何况它们并非是从清朝分裂出来的政权。研究者不应掩饰

---

① 何龄修：《关于抗清复明斗争和郑成功研究问题的几点看法》，载杨国桢主编：《长共海涛论延平》，上海古籍出版社2003年版，第83页。

清朝满族统治者入关前后对汉族实行民族压迫的政策，只是轻描淡写地说清朝有过"剃发易服"的"具体政策""错误"。

根据民族平等原则，只要是中国境内的民族，满族作为中华民族的一员，毫无疑问也有参与角逐全国政权的权利。但是，应当把满族有权参与角逐全国政权的正义行为，与其推行压迫政策的非正义性严格区分开来。因为，任何民族，都不应该对其他民族实行压迫政策，否则被征服与压迫的民族就有权进行反抗。我们认为努尔哈赤在万历年间率领女真人民起兵抗明，建立后金，是正义的行动，而不是什么叛乱和分裂行为。满族有反抗明朝民族压迫的正当权利，汉族同样也有权反抗清朝的民族压迫，这个权利也应该是平等的，正义属性是显而易见的。[①]

2. 清朝统治的进步与倒退

晚明时代，虽然政治腐朽、军队腐败及国家财政困难，但明晚期社会生活却呈现出前所未有的开放活泼，当时的对外开放和商品货币经济发展水平前所未有。不少学者认为，尽管明末存在诸多阻滞社会转型的因素，但此时的中国已处于向近代化转型时期，或者说出现了近代化的因素。但清军入关之后，随着清统一王朝的建立，中国的社会转型并没有继续向前发展，而是出现了停滞不前，甚至是严重的后退。与之形成鲜明对比的是，由于西方工业化社会的快速发展，清中期以后，中国的发展被远远抛在西方之后，这也是不争的事实。对此现象该如此解释呢？

清朝的历史功绩，常被归纳为"康乾盛世"，其表现主要包括：传统经济的恢复与发展，如耕地面积和人口数量的增加、市镇经济的发展与繁荣；政治稳定，如加强吏治、反腐倡廉的举措等；在民族关系的处理上，弘扬"大一统"的思想，反对民族分裂、维护国家统一，成功地解决了西北、西南等少数民族问题等；在思想文化领域，重视儒家学说，编修《四库全书》，考据学是传统文化新的里程碑，在乾隆朝达到了"文治之极隆"的鼎盛局面。[②]这样指标化的盛世，究竟是怎样的盛世呢？对此，有学者提出不同的看法，认为"盛世"的制造者是康熙君臣，"清廷之所以需要而且能

---

① 陈梧桐：《关于处理我国民族关系史若干原则的商榷》，载《履痕集》，大象出版社2007年版，第347—557页。
② 李治亭：《再论康乾盛世》，《人民论坛》2001年第11期。

够在康雍乾三朝积极营造所谓'承平之世'，是以沉重的高额赋税、暴力专制、思想禁锢为前提的。清廷统治者之所以一定要宣扬所谓'盛世'，不仅与坚持维护满族的统治民族地位有关，而且与其意识到必须争取人数众多的被统治者的汉族接受其统治的合法性与合理性有关"，"社会政治秩序的稳定不是论证'盛世'的充要条件"，"以野蛮的文明来取代、毁灭先进的文明，则是历史的倒退，并不是值得肯定的民族融合，也是我们所不取的"。①对清前期的历史评价，学界的分歧明显。

如果把清朝的统治放在明清历史发展的动态进程中去考察，如果把这段历史放在同时期的世界历史长河中去考察，也许会得出更多的思考。对于清初社会经济的恢复及其与晚明的对比，有学者明确指出，"清朝统治者利用这一时机，乘机入主中原。与明后期相比，清朝的统治要保守得多，封闭得多，以致明后期出现的社会转型趋势遭到严重挫折，经过相当长的一段时间才慢慢恢复过来"②；而且，一个基本的史实是"正是当中国处于这种'盛世'的一百多年里，同西方社会发展水平的距离拉得越来越大。'盛世'过后不到五十年，爆发了中英鸦片战争，随之而来是一幕幕丧权辱国的悲剧，使大清帝国的腐朽落后暴露无遗"。③

刘凤云梳理了过去近百年"对清朝历史地位的评价问题"的历程与观点后认为，对明清易代中清代历史地位评价不高，一是受民国时期反满排满的影响，"对清朝的否定不遗余力"，如章太炎、萧一山和孟森等；二是受马克思主义五种形态学说的影响，"对明代资本主义萌芽的认同，仍成为对清朝历史地位重新评价的最大障碍"，谢国桢、郑昌淦、顾诚、傅衣凌、冯天瑜等，"他们几乎一致认为，清朝是落后的王朝，它阻碍了中国社会的发展，使之处于停滞状态。这与西方社会把18世纪的清朝称作'停滞的帝国'有着相同的结论"。她进而分析并认为"近年的研究表明，资本主义萌芽理论自身即具有缺陷，五种社会经济形态也不应该是唯一的社会历史演进模式。而清王朝的建立是一种历史上的倒退，阻碍了中国资本主义萌芽的发

---

① 姚念慈：《"康乾盛世"与历史意义的采择》，《清史论丛》2011年。
② 张显清主编：《明代后期社会转型研究》，中国社会科学出版社2008年版，第409页。
③ 顾诚：《南明史·序》，光明日报出版社2011年版。

展，致中国落后于世界的结论，也并非建立在对清朝历史深入研究的基础之上，最起码它忽略了清朝在康乾时期养育了3亿多人口的史实"。①事实上，评价一个王朝的进步与倒退，与养活多少人之间也没有如此紧密的联系。

评价明清易代的先进与落后，进步与退步，如果从传统国家王朝更迭的角度看，清朝的建立不过是"其兴也勃，其亡也乎"的王朝更替中的一环，长期的王朝稳定，带来了农耕经济的恢复、发展、繁荣，以及专制帝制之下的思想统一、文化发展，还包括民族融合和疆域的辽阔等，这在某些方面确实比明朝更进一步。就清朝统治者而言，由于他们是以少数民族入主中原，在治理国家方面，顺治、康熙、雍正和乾隆几位帝王都能够勤于政务，勤于治国，远在大部分的明朝帝王之上。但他们都纠缠于"以夷变华"和"满汉一体"的关系处理上不能自拔，既想以满汉一体构建所谓"大一统"的传统政治伦理与文化传统，又从未放弃过统治民族优越感。从帝制形态发展角度来看，清朝继承了明朝初年的专制主义中央集权制度，在文化专制与思想禁锢方面有过之而无不及，对晚明时代出现的"近代化"思想实行严酷地控制，其保守性、封闭性、反动性更加突出，愈是勤政的帝王，其破坏力反而更大，对社会发展的阻碍作用就会更加明显。

清朝继承了明朝专制主义中央集权制度，对本已经解体或受到严重冲击的落后藩篱予以修补、强化，使之继续运行，当乾隆朝"文治达到了极盛"时，思想禁锢也发展到了最高峰。清朝的统治在许多方面直接导致中国社会进程的停滞，甚至是落后。因涉及问题很多，仅以中国传统社会转型过程中的几个具体问题略加陈述。

其一，中西交流的停滞。晚明和清初时期中西文化交流取得丰硕的成果，方以智、李时珍、徐光启、徐霞客、宋应星五位科学巨匠以及朱载堉、李之藻、王徵等众多科学家为开启近代科技的大门打下坚实的基础。顺康两朝也有不少传教士在华活动，他们的科学著作也有相当的影响，但到雍正、乾隆两朝时，这些科技著作许多被列为禁书，禁止的理由是："西洋人私自刊刻经卷，创立讲舍、蛊惑汉人及旗民人向西洋人转为传习，并私立名号，

---

① 刘凤云：《观念与热点的转换：清前期政治史研究的道路与趋势》，《清史研究》2015年第2期。

煽惑及众，确有实据"，①西方技艺仅成为帝王的玩偶。

其二，扼杀启蒙思想，推行落后而僵化的专制制度。晚明思想文化界的巨大变化已如前述。清朝的思想禁锢在历史上无以复加，一是文字狱之惨烈，二是寓禁于征的图书编纂活动。文字狱历经顺、康、雍、乾、嘉等各朝，冤狱累累，整个思想界处于"失语"的状态。对"四库全书"的编修，论者往往以"善莫大焉"与"罪大恶极"论之，采取各打五十大板的评价，是不负责的。编修者的目的非常清楚："正人心而厚风俗"，为达此目的，就要对异端邪说严加管制。清代藏书家孙殿起在其《清代禁书知见录》中说，"在于销毁之例者，将近三千余种、六十七万部以上，种数几与四库现收书相埒。当时对旧籍之追缴销毁与四库开馆相始终。"②论者多以"四库"功在于保留了大量易于散佚的典籍，实际上，不仅四库全书刊刻的版本大部分保留至今，就是四库存目和四库禁毁的绝大部分书籍依然保留到今天。笔者认为，修四库的功过尚不在实际保存与禁毁图书的数量，而是在编修过程中的思想导向及其产生的影响。

其三，军事技术停滞不前。明清易代之际，火药火器技术曾是各方角力的重要影响因素。相比较而言，明代的火药火器技术的研究与管理都要比清朝更有利于社会的发展。明朝由于边患不断，军事技术管理相对宽松。火铳，是明朝前期最重要的新型、轻型武器，因其威慑力大、杀伤力强，其制造技术和操作方法一直被列为尖端军事机密，但从正统七年（1442）开始，首先允许在宁夏等地方卫所自主生产，明廷还鼓励地方官员和技术人员自主研究，激发军兵研制火铳的热情，各种形制的火铳也如雨后春笋般涌现出来。相反，到清代，清廷对火器的研制控制非常严格。康熙朝把最好的枪炮制造厂局设在宫廷的养心殿内，置于皇室的直接控制之下，制造的火器，仅供皇室和满洲八旗使用，汉军只能使用质量最差的局制火器，至于外地，则根本不能制造和使用比较精良的火器。清廷甚至把明代涉及兵器研制的兵书，如《武备志》等都列为禁书。这是近代中国与西方列强交战之时，中国

---

① 张详河：《会典简明录》，商务印书馆1939年版，第225页。

② 孙殿起：《清代禁书知见录·自序》，上海商务印书馆1957年版；参见黄爱平：《四库全书纂修研究》，中国人民大学出版社1989年版。

武器极其落后的重要原因。[1]

这里并非责难于清朝的统治，更没有把落后的罪责完全归结于作为少数民族满族的统治。几千年来，受传统文化影响之下的中华帝制根深蒂固，只有突破落后的传统观念与文化的束缚，才有可能实现真正意义上的转型。从传统向现代的转型，不是哪个民族建立的哪个王朝的问题。近代中国的落后，首先应该反思的是如何摆脱传统帝制，而不能把原因简单归结于满族的清王朝的统治，也不能简单归结于"明清社会的落后与保守"。

中国传统社会的转型与近代化的历程是海内外学术界长期关注的话题，本章不拟深入探讨。借助何芳川对比郑和下西洋和西方大航海的比较研究，简单表明本人的态度。何芳川以世界文明史演变为切入点，对郑和远航与西方大航海时代的文明进行了比较，他认为郑和率领的中华远洋船队，怀着强烈的文明使命感，全方位地传播了中华文明，特别是传播了"共享太平之福"这一中华文明的核心观念——和平，在增强中华文明与亚非大陆各民族的了解与友谊当中，积极促进了那里文明化的提升。但与此同时，在郑和远航船队的身侧，在世界的西半球上，也开始了另外一项远航事业，这就是所谓西方开启的大航海事业。西方大航海事业，虽然充满了暴力与野蛮，却在人类文明走向近代的过程上，树立了一个更高的高度，值得思量。[2]不同的政治传统与文化背景之下，历史发展的走向不能以同一个标尺来衡量。中国的近代化进程也不能完全参照西方社会发展轨迹去考察，完全脱离西方近代化进程来研究清朝的兴盛与危机同样失去了学术研究的基本精神，这是我们在研究明清易代问题时应当注意的重要前提。

① 王兆春：《中国火器史》，军事科学出版社1991年版，第281页。
② 何芳川：《文明视角下的郑和下西洋》，《北京大学学报》2004年第5期。

第十章 明史研究的主要史料

明朝历时276年，加上南明时段近300年之久。长期的历史发展，为明史研究留下了极其丰富的史料，为此前中国史各时段所无法比拟，可谓汗牛充栋，即便最勤奋的历史学家也无法遍览，甚至在史料数据化高度发达的今天，也不可能实现全部的数据化。实际上，明史研究的史料之来源和途径是不断拓展的，而且拓展的空间还相当大。因此，从事明史研究，准确把握基础史料、主要史料，了解明代史料的整体面貌和特征，就显得尤其重要。

对明史史料的全面论著，还没有像黄永年《唐史史料学》和冯尔康《清史史料学》这样的断代史料专著，目前内容较系统、可资参考的有陈高华、陈智超等著《中国古代史史料学》之明史部分（曹贵林、郑克晟撰稿），白寿彝《中国通史》甲编之第一章“文献资料”，肖黎主编《中国古代史导读》之明代部分（顾诚撰稿）等。对中国古代史史料的分类，见仁见智，本章结合史学界对史料的传统分类以及本人读书学习的心得，主要从研究者使用性的角度对明代史研究的史料加以简单介绍，并不刻意追求内容的面面俱到以及体例的系统严谨。对明代史研究史料的介绍，以形成于明时期的史料为主，对明代以后的相关重点史籍论著则选择重点介绍。

第一节　通史类典籍

编年体是以年、月、日为先后顺序撰述史事的，纪传体是以本纪、列传、志和表等形式对人物、事件和典制为对象进行撰述的。明代各朝的实录、起居注以及《国榷》《明通鉴》都是典型的编年体史籍，清代官修《明史》以及傅维麟的《明书》、查继佐的《罪惟录》等都属于纪传体。

1. 编年体史籍

（1）《明实录》

《明实录》是现存明代官修史书的最重要成果，它是由新一任皇帝对前一朝皇帝的军国大事进行的编纂，以皇帝活动为中心、以年月日为顺序来安排内容。通常，新皇帝登基不久，便会任命实录的监修、总裁和纂修等官，并主要由翰林院学士组成编纂群体，下诏修实录。编纂实录主要依据前朝的原始档案，包括官方诏令奏议、文书邸报等，以及起居注、日历、时政记和宝训等。

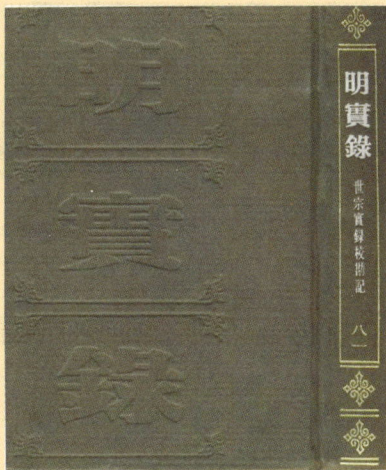

《明实录》书影

严格地讲，实录是经史官加工修纂而成，并非真正的第一手原始文献，但由于明代官方档案绝大部分已毁灭不存，实录又是在最原始的史料基础之上删削编辑而成，所以，它实际具有原始文献的属性，是研究明代史最完整、最系统和最重要的史料。

现存明朝实录共计3045卷，记载了从太祖洪武到熹宗天启朝的史实，以各皇帝庙号命名。其中，建文帝（1399—1402）因靖难之役被太宗（成祖）推翻，未得入太庙，其实录也被大量删削缺载，该朝史实以洪武三十二年至三十五年纪年，列于《明太宗实录》之前九卷。景泰皇帝也因为南宫复辟，其在位八年（1450—1457）的实录也以"废帝郕戾王附录"的形式、按时间顺序，夹在英宗正统与天顺之间。熹宗的实录之中，天启四年至七年六月间计有13卷出现了残缺，被明朝大学士、后降清的冯铨利用职务之便销毁，原因是其中涉及他本人当年追随宦官魏忠贤时的种种劣迹。明朝于崇祯十七年为李自成农民军所灭，自然无官修实录（南明时曾有修崇祯实录的动议），现校勘本《明实录》中所附《崇祯长编》66卷，以及《怀宗实录》、《崇祯实录》和《明□宗□皇帝实录》均为后人（清初）补编，可作为研究参考。

《明实录》的主要内容或者说所收史事的主要内容，可以参见实录之前的《修纂凡例》（太祖实录无凡例），凡一朝与皇帝（皇室宗亲）有关的事情均有收录，凡文臣、武将、官绅、黎民等诸群体，凡达一定品级或有一定事迹者皆可入实录，凡国家典制大事涉吏、户、礼、兵、刑、工等规定及其

《万历起居注》书影

变动者皆有著录，凡涉及朝贡、天文、历算、祥异等国家礼仪事，皆有记载。因此，《明实录》是研究有明一代政治、军事、经济、外交、文化与社会等领域，皇亲、贵戚、官员、士绅、妇女、僧道、外国人等诸群体历史的重要史料。

当然，《明实录》也存在"实录不实"的情况，原因在于它是官修国史，为反映统治者的思想，对一些敏感的政治思想皆有所隐瞒，甚至参修的当事人也会歪曲或隐匿若干史实。例如，太祖实录就历经建文、永乐朝三次修纂，围绕两位皇帝的即位、篡位而修改实录，现存的建文朝实录内容单薄，实际是朱棣靖难夺嫡过程的简单记录而已。景泰、天顺、成化、天启等朝的史实都因为有王朝的非正常更迭、权臣谋私或党派、学风分歧等带来的不实。

目前《明实录》的通行版本是1962年台湾"中研院"历史语言研究所校勘本，线装书局据此影印成22册《钞本明实录》。由于该书的价值极高，从明朝开始，就有一些学者抄录编辑刻印，近现代有多种性质、类型以及分地区的明实录类纂、辑录本，对难得阅读《明实录》原本的广大读者提供了研究和学习的机会。此外，《明实录》也完成了数据化工作，可进行全文检索，但录文有一些错误。研究者在使用辑录本、数据库时，应核对"史语所"的标准本。另：中华书局2016年已据此出版《明实录》新的影印本183册。《明实录》的点校工作也已提上议程。

（2）起居注

顾名思义，起居注是古代史官"左记言，右记事"、记载皇帝言行的产物。在明立国前后已有起居注之制，但一般认为在洪武朝加强皇帝专制之后，便被废除，原因是起居注官不离皇帝左右，凡言行皆书，实际是限制了皇帝的权力运行。明代起居注的恢复，在万历初年张居正当国之时，由翰林院大臣负责起居注的述录。

起居注以当时人记载当朝事，记载皇帝每一天的日常生活各层面，以及臣僚奏疏、言论、文书等，或有御批诏令等，或仅仅记载史事的发展。

起居注先于实录而出现，是实录的史源，故原始性更强，价值也更高一些。可惜，明代的起居注流传到今天的甚少，我们能够读到的明代起居注有万历朝、泰昌天启朝。万历朝起居注有北京大学出版社1988年影印本计9册，天津古籍出版社2010年出版的南炳文和吴彦玲辑校《辑校万历起居注》6册。此外，天启朝起居注也由南炳文点校，命名《校正泰昌天启起居注》计3册，由天津古籍出版社2012年出版。

（3）《国榷》

在明代的私修编年体通史中，明末清初的史学家谈迁编撰的《国榷》最具价值。该书104卷，每卷名直接以编年命之，如卷一"元文宗天历元年戊辰九月至顺帝至正二十三年癸卯"，卷一百四"弘光元年乙酉正月至五月"，纪事的时间从1328年至1645年，计318年。全书以年、月、日的顺序按条安排。卷首有4卷，计大统、天俪、元潢、各藩、舆属、勋封、恤爵、戚畹、直阁、部院、甲第、朝贡，有助于对有明一代的职官、典章等进行概貌性的了解和认识。

谈迁（1594—1657），浙江海宁人，生于万历末年，历泰昌、天启、崇祯和清顺治年间。他一生不仕，以幕僚、佣书为活，以读书著书为业，立志著明史。晚明书业发达，官私修的史著丰富，他主要参考明实录、邸报等，并数百种诸家论著，故采择史料既有一定的权威性，也有广泛性。其最大的价值在于补官方正史，尤其是实录、起居注之不足，实录凡缺少或曲笔者，甚至后来被清廷所禁毁、隐匿的史实，该书大多可予以补正。故阅读时可将该书与实录、起居注、私人著述对比阅读。然限于篇幅以及个人著述参考文献的局限，《国榷》在同类事件的记载上过于简略，在细节和深入考订方面有不足之处。目前通行的版本有上海古籍出版社1958年点校排印本计6册。

（4）《明通鉴》

以"通鉴"为名的编年体通史，前有北宋司马光的《资治通鉴》和清代毕沅的《续资治通鉴》，夏燮的《明通鉴》有仿二书之意。该书成书时间已到清朝的咸丰年间，此时，清钦定《明史》已付梓印行百年。夏燮饱读史籍，勤于撰述，有志于撰写一部高质量的明代通史，故历20余年始完成。《明通鉴》全书100卷，约200万字，编年体体例，总体又分三大部分，"前编"4卷，记明朝建立之前的元顺帝朝事，"正编"记洪武至崇祯年间事，"附编"虽以清世祖顺治、圣祖康熙纪年，但记载的却是南明朝史事。全书

《明通鉴》书影

始于1352年，直至1664年，达313年，更为完整地记录了明代的建立及灭亡的过程。全书内容涉及明朝一代的政治、经济、军事、文化、外交等诸方面，在对钦定《明史》中出现的错误（以"考异"的形式附于正文之后）、对清朝隐匿的南明历史书写等方面，具有突出的价值。

比较而言，《明通鉴》的史学论著性质比此前几部编年体史学更突出一些，毕竟该书完成于明朝灭亡后的200年之后，时代过于久远。对于今天学习、了解和研究明代历史，仍然具有很高的学术价值。该书的版本颇多，最新点校排印本有沈仲九点校、中华书局2014年印行的8册本。

（5）其他编年体史籍

陈建在嘉靖年间完成的《皇明通纪》，被认为是明代第一部编年体通史。该书起自元顺帝至正十一年，终于正德十六年，总计42卷，每卷以时间为顺序撰文，中间插入大量的"按语"。虽然其采择范围过泛过杂，有些记载失实，但研究明代中前期史料并不太丰富，陈建撰写此书参考了大量明前期史籍，而"采据书目"中的许多史籍并没有传世，故仍然有较高的史料价值。此外，该书以当朝人修当朝通史，对后世学人也产生很大的影响，多有仿陈建之体例撰写明代通史（断代史）者。如明末浙江秀水人沈国元就相继续修了《皇明通纪》、《皇明从信录》、《两朝从信录》等。其中，《皇明从信录》记载从正德末年续修至万历朝的史事，《两朝从信录》则续修了泰昌、天启两朝史事。是书在朝鲜等地也产生了一定的影响。

记有明一代史事的编年体史籍，还有薛应旂的《宪章录》、朱国桢的《大政记》、黄光昇的《昭代典则》等传世。

2．纪传体

纪传体以传记形式记载历史人物，以典制记载历史典制或事件，具有高度的概括、关联与变化，是系统了解个人、群体人物的重要史书体裁。因此，纪传体史学的价值无可替代。

（1）《明史》

研究明代历史，署名张廷玉的清修《明史》是最基础的纪传体史书。《明史》是"二十四史"中的最后一部，由清朝官方主导编修，记载始自元末明太祖朱元璋建

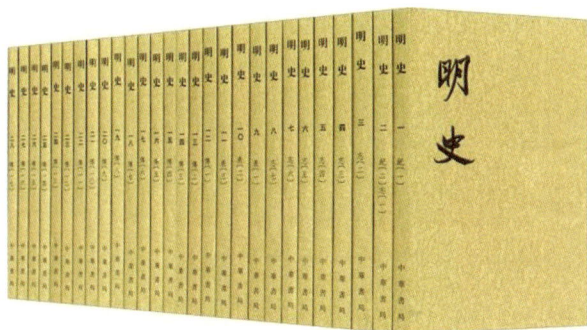

《明史》书影

国（1368）止于崇祯十七年（1644）明朝北京陷落，并涉及清军入关之初的史事。"正史"是一部纪传体断代史，《明史》332卷，包括本纪24卷，记载明代17朝16帝在位时的国家大事；志75卷，记载明朝天文地理及各项典章制度；表13卷，列诸王公侯宰辅七卿的世代接续演变；列传220卷，依时间顺序、类别，立人物传及四夷、外国等传。《明史》卷帙数量之庞大，在二十四史中仅次于《宋史》。

《明史》在体例方面集历代百家之长，又有所突破和创新。如"本纪"部分，共24卷，不足全书10%，字数所占则不及全书4%。这种体例意在突出本纪在全书中之地位，是将本纪作为全书之纲，它以编年的形式进行简明扼要的叙述，列于全书之首，使人在读阅这部史书之时，首先了解到有明一代历史之概况，而不至在读阅时有琐碎割裂之感。"志"的部分，仿《宋史》的体例，而《礼志》、《乐志》、《仪卫志》、《舆服志》均分立分述，较以前诸史更为完善。所述制度，既有相对稳定的整体面貌，又有形成及历代因革变迁之过程。以"选举志"为例，首卷为学校，次卷为科目，三卷则荐举、任官、铨选、考察，至于因革，论述明初重荐举，永乐以后科目渐盛，荐举日轻，诸多变化清晰而详明，而于叙述中又夹有议论，以表明作者之史观，以启发史鉴之思考。所以，赵翼将辽、宋、金、元诸史和《明史》作比较，认为诸史"未有如《明史》之完善者"（《廿二史札记》）。谢国桢于明代史事所知赅博，其评论《明史》缺失，如毁灭不利清廷之史实；于明初事实记载不详；因清廷讳言明朝驱逐蒙古于漠北，亦犹讳言建州女真于东北臣于明；因史官为明末降清人士，对明朝统治集团内部矛盾，皆略而不详；由于《明史》出于东南文人之手，因此《明史》于江浙文人尤其是东林党人多立佳

传，与其他方面人物相比，记述不均，是非亦难得其平，等等，皆为确论。

近年，随着新材料的大量被发现，新的理论和方法引入史学研究，对传统经典文献的精读受到冷落。其实，明清研究的最重要史料在传统文献，传统文献的最基础在经典文献，《明史》实乃经典史料中的基础，精读颇有必要。比如读本纪即可知有明一代之通史，读志书即可明察一体之制度："史之有志，所以纪一代之大制度也，如郡县之沿革，官职之废置，刑罚之轻重，户籍之登耗，以及于兵卫修废，河漕通塞，日食星变之类，皆需详列于志，以补本纪之略也"（徐乾学：《修史条议》）。而"传"涉及的内容丰富，其下的分类则更广泛更丰富，包括有后妃传、诸王传、公主传、循吏传、文苑传、儒林传、忠义、孝义、列女、宦官、外戚、佞幸、外国传、西域传，加上《明史》自创的"阉党"、"流贼"和"土司"等传。它们实际是专门历史的诸多范畴，即宫廷史、女性史、职官史、文化史、思想史、群体史、社会史、外交史、历史地理等。研究者如果能认真通读《明史》，将会对明代历史的把握以及研究打下坚实的基础。

《明史》以中华书局1974年标点本为通行本，另有"二十五史百衲本"可参考使用。

（2）《明书》和《明史稿》

清朝钦定《明史》的修纂从顺治二年（1645）五月，清廷下诏设"明史馆"开始，至乾隆四年（1739）七月武英殿刊刻，《明史》告成。其间经过4朝，周折往复，计94年。在《明史》修纂的漫长过程中，在其诞生之前，一些直接或间接参与修纂《明史》的学者率先完成了一批明代纪传体通史，包括顺治时期傅维麟的《明书》、万斯同和王鸿绪本《明史稿》。傅维麟是借入清史馆修明史之际完成了全书171卷，它被认为是清代首部明朝断代史著，为此后治明史者所参考。万斯同奉老师黄宗羲之命、以布衣之身修纂《明史》数十载，终于康熙四十一年完成初稿500卷的《明史稿》。王鸿绪则在万斯同本的基础之上，通过删削、修改、精炼等终成310卷本《横云山人明史稿》，并于雍正元年进呈。他们二人的纂修本即是后来钦定《明史》的前身。官私修明代史历时近百年，由于修纂者的身份、地位以及所处的时代不同，四部"明史"对明代史的编纂从思想到重大历史事实的不同之处甚多，既有助于厘清明代历史史实，也有助于分析明清近四百年的学术发展史，故研究者利用这几部典籍做比较阅读，也不失为一种有效的研究方法和途径。

（3）私修史籍

以编年体编纂本朝历史，在明代中期以来才出现。价值较高的史籍有郑晓的《吾学编》、何乔远的《名山藏》、张萱的《西园闻见录》以及明末清初查继佐的《罪惟录》和孙承泽的《春明梦余录》等。私人修史在体例和内容上虽然一般不如官修史书那么严谨，却也少了官修的束缚，其质量多由作者的阅历与学识决定。

《吾学编》作者郑晓，浙江海盐人，生活在明代弘治、正德和嘉靖年间，进士出身，初授兵部职方主事，得以遍览典籍档案，勤于诵读著述，后官至兵部尚书。该书起自洪武，至正德止，略仿正史之体，分记、表、述、考，共14篇计69卷，例如：皇明逊国记、皇明同姓诸侯表传、皇明异姓诸侯表传（开国、靖难、御胡、剿寇、戚畹、佞幸、列爵等）、皇明直文渊阁诸臣表、皇明两京典铨（尚书）表、皇明名臣记、皇明天文述、皇明地理述、皇明三礼述、皇明百官述（附表）、皇明四夷考、皇明北虏考等，涉及明代皇室公卿百官、军国政体边防等。因成书较早，收罗广泛，多为隆庆以后官私著述所引用。

《名山藏》作者何乔远，福建晋江人，万历十四年进士，先后在两京六部任职，职务不高但经历丰富，居家闲读时间长，著述颇丰。是书记明太祖至穆宗计13朝史事，共37记，实际由记、志、传三部分组成，计109卷（另有典礼、乐舞二记未刻）。是书对万历之前明代历史进行了系统归纳、整理和研究，对经济史资料尤其重视，凡河漕、漕运、钱法、兵制、马政、茶马、盐法、货殖等皆有详述，有重要的参考价值。是书有崇祯十三年刻本传世，张德信等点校本由福建人民出版社2012年出版。

《西园闻见录》由明后期广东惠州人张萱撰。张萱，万历二十六年进士，曾入内阁参修国史，遍览典藏的实录和档案文书，博学强闻，历时二十余年编著而成。是书107卷，自洪武讫大启年间事均有记载。全书分内编25卷，以表德行，专重行谊；外编77卷，记载政事，依官为次，自内阁、宰相、六部、台谏以至外官内臣，分众事而归隶之，尤重政治、军事、边防和民族事，为全书重点；杂编5卷，记方伎、鬼神、灾祥等无所归属者。全书按类编排，纪传体例，史料搜索丰富。

《罪惟录》是明末清初浙江海宁人查继佐所撰的明朝断代史，成书在康熙十一年。是书原帝纪22卷，志32卷，列传36卷，无表，是一部典型的纪传体史书，可与《明书》、《明史稿》等对比阅读。查氏为崇祯六年举人，曾任职于南明政府，明朝灭亡后，他开始撰写明代史。因记事多涉南明，加之不与清廷合作，故是书秘不示人，后人又多有涂抹。今有浙江古籍社"浙江文丛"2012年排印点校本8册。

（4）万历朝的官修成果

明朝人以纪传体修纂本朝史的时间比较晚，官方大规模的修纂本朝纪传体史书要到万历的中期，即时任礼部尚书的陈于陛（1543—1596）提议并进行的修纂本朝正史的活动。他制订了详细的修史计划，记述关于政治、经济、军事、文化和社会生活等。虽然此次修国史活动历时不到三年就停止，但还是留下一批成果，写出了本纪（含皇后本纪）、各志23篇以及部分的列传等。这些成果流传到今后的至今还有9种。此次修史的经过以及几种传世史籍，可参阅李小林《万历官修本朝正史研究》（南开大学出版社1999年版）一书。

3．纪事本末体

纪事本末体史书是以事件为纲，以述评若干事件的来龙去脉的方式来书写通史的体裁形式。《明史》有三部重要的纪事本末体史籍，一是署名谷应泰的《明史纪事本末》，二是高岱的《鸿猷录》，以及朱国桢的《皇明大事记》等。

《明史纪事本末》80卷，清初谷应泰（1620—1690）编著。是书80卷设80个专题，记载明代重大史事包括政治、经济、军事、民族、外交以及人物和事件等，详于政治，兼及经济和典章制度。各卷大体按时间进展为顺序，卷1为《太祖起兵》，卷80为《甲申殉难》。每卷末又附有作者的史论，有一代通史之特征，故《四库全书总目提要》称赞说它"排比纂次，详略得中，首尾秩然。于一代事实，极为淹贯"。由于该书完成早于清修《明史》之前，其史料的取舍以及史观的阐述，多有超越之处，其体例和内容也相当成熟和完备。虽然，受清初政治环境的束缚，是书对明末明清政权关系，同样有回避的问题，但自成书三百余年间，仍被学界公认为研究明代历史的基本史料之一。对《明史纪事本末》的阅读与研究，可参照台湾明史学会组织"明代典籍研读会"对该书校读的系列成果，徐泓、吴智和、林丽月、邱炫煜等发表有多篇研读成果，对该各部分的史源、编纂水平、作者等进行考释，并结合其他史料进行了针对性研究。①《明史纪事本末》有1977年中华书局点校本。

高岱生活在正德至嘉靖年间，进士出身，官至刑部侍郎。《鸿猷录》刊于嘉靖三十六年，是他以明开国以来"鸿猷"之事所撰述的纪事本末体史籍，全书16卷，每卷记载若干事件，共60题。本书第一卷第一事为"龙飞淮甸"，终于"追戮仇鸾"，内容侧重于兵事、战事和政事，"皆事之关于用兵者也"（《四库全书总目提要》），盖与作者任职于刑部有关。因属当代人修当代史，各篇末有评论，是研究明史的重要参考。该书有上海古籍出版社孙正容等点校本，列入"明清笔记丛书"中。

朱国桢（1558—1632）的《皇明大事记》是明人修纂的又一部纪事本末体史书，该书50卷，选择明代"大事"记叙其本末，以时间为序，起自太祖淮右起兵，终于天启朝事。作者更加关注的是社会矛盾（农民起义）、民族矛盾、边疆事务以及边镇兵变等问题，这与他生活在晚明的时代特征有密切关系。作者于万历末、天启年间官居要职，主修国史，阅读档案史料颇多，著作亦宏富。故是书具有很高的价值。

第二节　政书

"政书"是主要记载国家典章制度及其沿革变化的专书，也可称典制类史书，即"国家之制度"，与此前纪传体类史书中"志"的性质相同，在《四库全书总目》中列入史部，分通制、典礼、邦计、军政、法令、考工等6属，大体涉及政治、军事、法律、经济、社会和文化等基本规定及其发展变化的诸层面。政书类，既有记述历代典章制度的通史式政书，也有记述一朝代典章制度的断代式政书。

明代建章立制颇繁，从国家到基层诸领域均有典制可以遵循，故流传到今天的政书数量也为数不少。典制史（制度史）研究又是传统史学研究的重

---

① 徐泓：《〈明史纪事本末·南宫复辟〉校读：兼论其史源、纂纂水平及作者问题》，载单周尧主编：《明清学术研究》，中国社会科学出版社2009年版，第196—223页。

要领域，对一朝一代和中国传统典制史准确地把握，也是研究其他专史的基础，故对政书的阅读与研究就显得很重要。

1.《明会典》

它是明朝官修的各类典章制度总汇编，目前存世的有两种，一种是弘治修、正德刊本，另一种是万历重修刊行本。

正德本系弘治十年时由阁臣徐溥组织、历时五年完成，计180卷，正德四年经大学士李东阳重校后刊刻印行，有传世。至万历四年张居正任总裁官，直至十三年由申时行总裁，历十年续修增添最终完成228卷，并刊行。

《明会典》以吏、户、礼、兵、刑、工等六部为纲，收录各部所辖职官、职掌及事例沿革，首卷为宗人府，其下依吏、户、礼、兵、刑、工六部及都察院、六科与各寺、府、监、司等为序，计吏部12卷，户部29卷，礼部75卷，兵部41卷，刑部22卷，工部28卷，都察院3卷，通政使司、六科、大理寺、太常寺、詹事府、光禄寺、太仆寺、鸿胪寺、国子监、翰林院、尚宝司、钦天监、太医院、上林苑监、僧禄司各1卷。以上为文职衙门，共226卷，武职衙门仅2卷，列叙五军都督府和各卫等。各官职之下多列有详细统计数字，如田土、户口、驻军、粮饷等。该书主要依据《诸司职掌》、《皇明祖训》、《大诰》、《大明令》、《大明集礼》、《洪武礼制》、《礼仪定式》、《稽古定制》、《孝慈录》、《教民榜文》、《大明律》、《军法定律》、《宪纲》12种法律法规和百司之法律籍册，并附以历年有关事例，

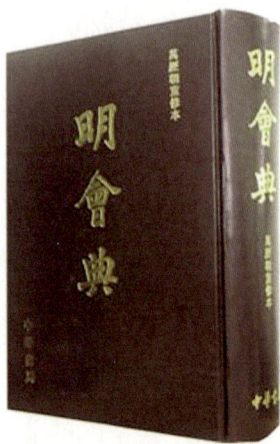

《明会典》书影

所谓："辑累朝之法令，定一代之章程，鸿纲细目，灿然具备"（万历《御制重修明会典序》）。全书内容包括国家制度机构及其运行的方方面面，故对研究明代中央和地方政府的机构与职掌、官吏的任免、文书制度、少数民族地区的管理、行政管理和监督、农业、手工业、商业和土地制度、赋税、户役、财政等经济政策，以及天文、历法、习俗、文教等，都提供了比较集中的材料，是记载明代典章制度的最重要而集中的史书。凡治明代制度史者必读此书。

《明会典》正德本在清代被采取入四库全书，内容有所修纂。万历本因事涉及东北、蒙古

部等"北虏"和女真事，虽然内容全面、丰富，却并不得选入四库。所幸两种明刻本均有传世，通行有中华书局影印《万有文库》本。

在《明会典》之后，许多政书在此基础上摘录、辑考，添加了不少新内容，亦可对比会典阅读使用。明末进士出身的陈仁锡所辑《皇明世法录》92卷，所辑明代朝章典故，起自太祖洪武，迄神宗万历间止。总目分维皇建极、悬象设教、法祖垂宪、裕国恤民、制兵救法、浚河利漕、冲边严备、沿海置防、奖顺伐衅、崇文拨武十类目，每个类目下又分五个子目，搜罗宏富，为研究明代典章制度的重要史料。有明崇祯间刻本传世，台湾学生书局1965年影印5册，《四库禁毁书丛刊》有影印本。大约同时期，浙江兰溪进士徐学聚所编辑的《国朝典汇》200卷，其中有不少政治、经济、军政、军事等方面的资料。

2. 《续文献通考》

它是明代王圻仿元代马端临《文献通考》所作，从南宋宁宗嘉定年间始，止于明神宗年间。全书共计30考254卷，体例既仿马氏著作，又多有创新，增加了不少典制卷目，同时兼取《通志》之长，收及人物。尤其是明代部分，收集了当时丰富的史料，有很高的参考价值。清乾隆年间，曾敕修《钦定续文献通考》252卷，以该书为基础，"仍马氏之旧例变通而匡正之者也"。目前有清"十通本"以及明万历本传世。

3. 行政制度

除以上两种外，明代还有专门记载行政制度的专史，此类"政书"与四库总目分类中"职官类"多有交叉，大略职官即是行政的主导与组织，比如《诸司职掌》、《大明一统文武诸司衙门官制》、《南京都察院志》、《南雍志》等。

《诸司职掌》是洪武二十六年由明太祖朱元璋亲自主持刊行的。是书仿《唐六典》，以官职为纲，下分十门，分别详细地规定了吏、户、礼、兵、刑、工六部及都察院、通政司、大理寺、五军都督府的官制及其职掌，涉及国家行政机构的诸层面。它是在《明会典》颁行之前，明朝行政法令制度的主要依据。该书收录于《皇明制书》计4册之中，有2013年社会科学文献出版社杨 ·凡点校本。

4. 法律制度

传统国家的行政制度运行带有明显的"法"与"制"紧密结合、难以清楚区别的特点。像《明会典》、《诸司职掌》等，学界一直有学者认为是行政法规，因为它带有明显的强制性，也规定了某些制裁措施。典章制度，通常指的是古代的法令规范。

杨一凡在点校《皇明制书》时介绍说，"是明朝代表性法制文献的汇集"。该书收录《大明令》、《御制大诰》、《御制大诰续编》、《御制大诰三编》、《大诰武臣》、《洪武礼制》、《诸司职掌》、《孝慈录》、《礼仪定式》、《教民榜文》、《稽古定制》、《资世通训》、《学校格式》、《皇明祖训》、《大明律》、《大明官制》、《宪纲事类》、《吏部条例》、《军政条例》、《（弘治）问刑条例》、《节行事例》等21种。除《资世通训》属于祖训性质的政书外，其余均系明代的代表性法律或记述国家基本制度的文献。这些文献不仅是研究明代法制史的珍贵资料，对于研究明代政治制度史、经济史、军事史、文化史，有重要的史料价值。"通过以上书名，大致可知"制书"就是包括了明代制度诸层面的史籍，它们既是广义上的法律制度，又各有侧重于司法、教育、礼法、军事法、行政法等等。

《大明律》被认为是中国传统社会最有代表性的一部法典，它上承唐律、下启清律，形式与内容比唐律有很大的发展，又几乎被清律所继承。《大明律》吸收了《唐六典》、《元典章》等以职官分类法典六部分类的格式，全书初编30卷，分为7篇30门，计460条。明太祖增加73条，遂成定律，于洪武三十年正式颁行。《大明律》之后，为适应新形势的需要或补充明律的适用范围，在此基础上，又颁行一批类似的律、令、例等，故在万历之后，《大明律》的版本也有数十种之多，加入了附例、注解、疏议、释义等内容。此外，尚有《嘉靖新例》等法律制度文书。《大明律》有法律出版社1999年怀效锋点校本，并附录《大明令》、《真犯杂犯死罪（弘治十五年奏定）》、《问刑条例（万历十三年舒化等辑）》。

《皇明条法事类纂》的实际内容虽然只收录了宪宗成化和孝宗弘治两朝的法律文书，却因为收录大量的司法判例，其性质系当时原始档案汇集而显得尤其珍贵。①该书共分8类计50卷，它的"类"几乎与《大明律》的"律"完全一致。"类"下详分为"罪名"，下按五刑、名例以及吏、户、礼、

---

① 王毓铨：《〈皇明条法事类纂〉读后》，载《莱芜集》，中华书局1983年版，第874—902页。

兵、刑、工六部和都察院等衙门的题本一道或若干道，间或杂有题准安排内容。另有附编239件，时间范围与内容俱与正编相同。该书是研究明代中期法律、社会等方面难得的原始文献。是书署名"监察御史戴金编次"，因属钞本，字迹不甚清晰，且原书编排次序也有所错乱，故阅读使用时应多加注意。目前仅见有明钞本传世，原钞本藏于日本东京大学图书馆，笔者所用为台湾文海出版社1985年影印本2册。该书的点校本收录《中国珍稀法律典籍集成（乙编）：明代条例》之中，由科学出版社1994年出版。

5. 礼仪制度

明代的礼仪制度已相当繁复细致，早在洪武建国之初，朱元璋便下令修有明一代礼仪之制，包括皇帝、皇室、勋贵、百官和庶民等在内的各阶层礼仪典则，称《大明集礼》。该书内容以"吉、凶、军、宾、嘉"五礼为纲，并附以冠服、车辂、仪仗、卤簿、字学、音乐等礼仪，书中还附有大量的典礼仪式的图形，以便于实际中的运用。所列子目，吉礼十四，曰祀天，曰祀地，曰宗庙，曰社稷，曰朝日，曰夕月，曰先农，曰太岁、风、云、雷、雨师，曰岳、镇、海、渎、天下山川、城隍，曰旗纛，曰马祖、先牧、社马步，曰祭厉，曰祀典神，曰三皇、孔子。嘉礼五，曰朝会，曰册封，曰冠礼，曰婚，曰乡饮酒。宾礼二，曰朝贡，曰遣使。军礼三，曰亲征，曰遣将，曰大射。凶礼二，曰吊赙，曰丧仪。又冠服、车辂、仪仗、卤簿、字学各一。乐三，曰钟律，曰雅乐，曰俗乐。"凡升降仪节，制度名数，纤悉毕具"（《四库全书总目提要》）。

《大明集礼》是有明一代礼仪制度的全书，洪武三年修完并未见刊行。嘉靖即位后，颇重视礼仪典制，在九年前后，明世宗为祭礼改制的需要，把《大明集礼》正式刊刻、传布。现存有嘉靖时刻本，钦定《四库全书》修纂之后收录于其中。

《军政条例类考》书影

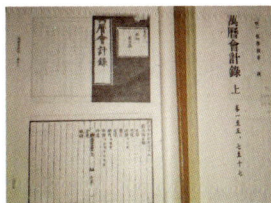

《万历会计录》书影

6. 军事制度

"国之大事，在祀与戎"，明以武功定天下，军事制度为明代重要制度。朱元璋建国不久，"定国家礼制，大祀用陶安，祫褅用詹同，时享用朱升，释奠耕籍用钱用壬，五祀用崔亮，朝会用刘基，祝祭用魏观，军礼用陶凯，一代典礼皆所裁定"，^①讲军礼由陶凯制订，又有记载说他采取刘基密奏立军卫法的建议。说明军队建章立制较早且严格。

《军政条例类考》六卷，有嘉靖三十一年刻本，署名"霍□辑"，当为曾任陕西总督、兵部尚书的霍冀辑录。是书为明初至嘉靖年间军政、军事条例的汇编，辑录了明代自宣德四年至嘉靖三十一年（1552）一百余年间，累朝颁布的军政条例167条，其中《军卫条例》53条，《逃军条例》26条，《清审条例》63条，《解发条例》25条，并辑录了朝臣有关清理军务的题本、奏本24件。这些题本、奏本均是经皇帝圣旨"准拟"了的，在当时被奉为"例"，具有法律效力。该书对明代的军卫制度、逃军的解补、军伍的清理、军丁的解发等各类军政事宜进行了详尽的规定，同时又由于皇帝的批复以及臣僚奏请等程序，更可以了解明代军事制度的实际执行情况。^②

在此之前，宣德年间颁布的《军政条例》33条是明代颁布最早的军政制度，此后相沿使用百余年，直到嘉靖年间丰富完善。万历二年时重修了《军政条例》计8卷377条。在《天一阁藏明代政书珍本丛刊》中收录的军事类政书还有明刻本《军政》、《军令》，是两广地区的军事文告，前者涉及一应军需粮饷等项事宜，重在奖赏规定，后者主要强调禁约事宜；明刻本《营规》是南京兵部整肃军政的文告；明刻本《军政条例续集》是《军政条例》的增补，与《军政事例》不同，收录的文献大多是兵部和都察院的原始文件。

7. 经济制度

经济是国家存在的物质基础，涉及面极其广泛，诸如土地、人口、赋税、差役、农业、屯田、渔业、手工业、商业、货币、物价、市镇、漕运、马政、仓库、粮草、市场、盐法、交通、驿站、关津等等均有相应的管理与规定，故此类文献相当丰富。

《万历会计录》是现存最能全面反映万历初期（张居正改革之前）及其以前明代国家财政总体面貌的文献，它也是"迄今存留于世的中国古代唯

---

① 赵翼：《廿二史札记》卷36《明史·明祖重儒》。
② 参见杨一凡：《明代重要法制典籍版本考述》，载氏著《明代立法研究》，中国社会科学出版社2013年版，第244—245页。

——部国家财政会计总册"①。该书主要依据诸司所存原有的档案，如部中的卷宗及各巡抚与布政司的册报等编订，署名为时任户部尚书张学颜等撰，共43卷。其内容安排，从行政管辖与区划上看，采取全国、布政司（省）、府、州、县的顺序；各机构或部门的各收支款项数记载，是以总数冠分数，以分数合总数；从收支的门类说，是先全国田粮旧额岁入、岁出总数，依次是省、府、州、县分数，次边镇饷额，次库监，次光禄，次宗藩，次职官，次俸禄，次漕运，次仓场，次营卫俸粮，次屯田，次盐法，次茶法，次钱法，次钞关，次杂课。又细分章目，如：饷额一门，又分屯粮、民运、漕运、盐引、京运、抚夷、马价、赈济、俸粮、修边、仓庾、职储各项目；漕运一门，又分漕粮额数、耗脚轻赍、席板筹架、运船官军、官军粮钞、土宜、漂流挂欠、禁令、河漕、海运、民运、军运、督运文武官各项目；盐法一门，又分两淮盐运司、两浙盐运司、长芦盐运司、山东盐运司、福建盐运司、河东盐运司、陕西灵州盐课司、广东海北盐课二提举司、四川盐课提举司、云南黑白安宁五井盐课四提举司各项目。②该书不仅列举了万历初年（以万历六年为主）各项经济项目的数据实态，还比较详细地列举了此前诸项规定的沿革、事例，实为明朝建立二百年的经济数据总记录。

不仅如此，《万历会计录》对此后直至清初均有重要的意义。首先，明朝的财政预算管理是以"原额"、"定额"为基础的，此时确定的数据是此后财政收入的重要依据。清军入关后，顺治下诏免清理明季三饷等加派，也依据万历前期数据，此后编写清代赋役全书时，仍然参考万历初的"各直省钱粮则例"，所以它是研究明清财政史极为重要的典籍。现存有万历十年刻本，书目文献出版社1989年影印2册发行。

《度支奏议》是一部内容更为可观的明代国家财政总记录，它是晚明崇祯元年任户部尚书的毕自严编写的一部大型经济史料。全书119卷，依次为：堂稿20卷、新饷司36卷、边饷司11卷、山东司1卷、湖广司2卷、四川司1卷、广东司1卷、广西司4卷、云南司17卷、贵州司2卷、福建司4卷、山西

---

① 万明：《〈万历会计录〉与明代国家和社会转型》，《史学月刊》2014年第7期。

② 参见梁方仲：《评介〈万历会计录〉》，《中国近代经济史研究集刊》1935年第2期。

司2卷司、河南司1卷、册库1卷、陕西司4卷。内容系其户部任内天下户口、钱粮、兵马、政令等一切与财政收支相关的领域，总计崇祯前期收支状况，极其详备，足以见明末财政收支情况，是晚明国家制度运行、经济状况和社会生活的真实记录，对明史研究有很高的史料价值。该书收录上海古籍出版社2002年版《续修四库全书》及2007年影印本计8册。

《嘉靖事例》为明代著名藏书家范钦等编著，辑录了嘉靖一朝经济方面的事例80余件，包括屯田、征田、国公田土、寺田、屯种、田粮、田租、赈田、盐法、茶法、钱法、酒醋、马羊、鱼课、草料、瓜果蔬菜、菜户、积谷造册、桑园、采矿、边储、边饷、禄米、香钱、军粮内府收纳、米俸、仓粮除耗、赈济流民、议处荒政、商税门摊、内府丝料、织染所填缴、官引、违例支俸等，是现存的明代经济法规中，有关田粮征解、赋役、盐法、漕运、厂库、屯垦等分类编纂的单行法规较多，但把同一朝的各类经济立法汇编在一起的法律文献相对较少。《嘉靖事例》是现存的不多见的同一朝经济类法律的汇编。①

政书中记载专项经济制度的史料更加丰富。如漕运在永乐废海运之后是支撑国家经济大厦的柱石，此类史料有明末兵部尚书王在晋的《通漕类编》，弘治中期在工部、户部任职的王琼所著《漕河图志》，弘治至嘉靖间由席书编次和朱家相增修的《漕船志》等。

盐税是明代国家财政收入中仅次于田赋的税种，是国家财政收支，尤其是军费钱粮中不可或缺的组成，故当时有详细的规定，也有大量的文献传世。由巡盐御史杨选倡修，史起蛰、张矩等人在前朝基础上修撰的《（嘉靖）两淮盐法志》12卷，资料丰赡，体例严整，全面翔实地记载了明嘉靖以前两淮盐务情况，是明代保留最完整、最早的一部两淮盐业史最基本的史籍。有方志出版社2010年点校本、四库全书本等。崇祯年间曾任山东盐运使判官的汪砢玉，对明代的盐政利弊有着切身的感受。为救时弊，他撰成《古今鹾略》一书。该书分前后两部分，正编9卷、补编9卷，各分生息、供用、职掌、会计、政令、利弊、法律、征异、杂考等9卷，实际是18卷，有清初钞本传世。明嘉靖刻本、河南道监察御史朱廷立、两淮运司运使史绅等人

---

① 万明：《天一阁藏明代政书及其学术价值》，《中国史研究动态》2008年第3期。

所修《盐政志》10卷，以及明万历刻天启崇祯递修影印本《两浙订正鹾规序》4卷，由两浙巡盐监察御史杨鹤等纂辑，两浙巡盐监察御史崔尔进、胡继升、傅宗笼等人陆续重订增补而成。福建巡按监察御史周昌晋在天启年间撰有《福建鹾政全书》2卷，上卷内容有盐敕、盐律、盐官、盐署、盐产、盐课、盐饷、盐会、盐运、盐引、盐丁、盐限、盐界、盐仓、盐船、盐牙、盐桶、盐斤、盐秤、盐票；下卷内容有盐捕、盐籍、盐禁、盐疏、盐议、盐碑等。以上5种盐法政书，均已影印收录到《北京图书馆藏古籍珍本丛刊》"史部·政书类"第58册之中。

明代的政书类史籍数量庞大，相关书籍可通过"四库全书总目"的史部"政书类"查询作者、版本、摘要、特点等。《皇明制书》《天一阁藏明代政书珍本丛刊》等丛书可以集中查阅。

第三节　诏令奏议

诏令类文献是指皇帝或以皇帝的名义颁行给臣民的政务类文书的统称，即"王言"，奏议是臣下向上奏请的行政性文书，二者都带有明显的公务色彩，它们都属第一手原始文献，"治乱得失，于是可稽。此政治之枢机"。[1]再者，一份完整的奏议文本，常见有皇帝的诏令敕谕批复。此外，《四库全书总目》之史部中有"诏令奏议类"，有例可以遵循。

1. 诏令

诏令即是"王言"，按清修《明史》的划分，诏令包括：诏、制、册文、谕、书、符、令、檄8种。诏令作为处理国家政务的手段，它不仅是皇帝个人的意志，也代表了国家的意志，它的政务性同时也具有法律法令法规或制度的特点，所以，诏令既属于行政性公文，同时又具有法律性。

明朝立国，朱元璋利用诏令文书治国之例颇多，在《明太祖御制文集》中保存有太祖亲撰的诏令，王世贞在其《弇山堂别集》之"诏令杂考"中也多有选录，从中可知在朱元璋统一全国的战争中是如何以敕书形式指挥和控驭义臣武将的。国家图书馆收藏的皇帝诏令，还有明太祖的《大诰三编》

---

① 《四库全书总目》卷55。

《燕王令旨》和《长陵诏敕》一卷（明成祖撰，明钞本）等。明人颇重视对当朝诏令敕书的整理与编纂，有嘉靖十八年霍韬等刻本《皇明诏制》8卷，明嘉靖十八年傅凤翱刻本《皇明诏令》21卷、崇祯刻本《皇明诏制》（孔贞运辑）10卷。因此类书多转录明代诏令，在清人修四库时多被列入禁毁或存目之中，但明刻本也有得以幸运保留下来者。

对明代诏令的整理与研究，中国社科院明史室万明曾组织同事做了《明大诏令集》（洪武朝卷），并出版有《明代诏令文书研究专辑》（《明史研究论丛》第八辑，紫禁城出版社2010年版）。实际上，诏令是政务类文献，又多是由官员代笔，所以诏令的收藏与流传形式也极其广泛，在诸多文献中都有收藏，比如实录中大量的节录、政书中作为法令的征引、奏议中皇帝的批复、代笔者收录自己的文集、碑刻金石或民间文献中的保存等等。由于明代历时近三百年，文献种类繁多，故诏令文献的收集、整理与研究的任务也是相当艰辛的。

2. 奏议

奏议文献，有收录一朝、一代、一类、一人或群体等不同范围或性质的奏议文书。以奏议为主要素材进行的经世文类文献的编辑整理的大量出现，既是明代完善、齐备的行政公文的集中反映，也为明代知识群体的经世济民政治理想的实现创造了条件，也使得大量涉及国计民生的政务公文得以流传。

（1）奏议合集

成书在嘉靖二十年、由黄训所撰《皇明名臣经济录》是明代较早由本朝人辑录本朝奏议而成的文献，它的资料来源主要有三种，一是作者平时收录之邸报所载奏议奏疏，二是官府内保存之奏疏奏议，三是所读名臣的自著文集。在《皇明名臣经济录》编纂完成不久，即由陈九德发现其价值所在，遂将其53卷删次改编为18卷本，名称未变，并率先刊行于世，该书对此后编辑本朝奏议类"经世文"影响很大，比如嘉靖三十年大名府刻本的张瀚《皇明疏议辑略》37卷。此后，明人辑录的奏议数量大增，比较重要的有孙洵辑《皇明疏钞》70卷，顾尔行辑《两朝疏钞》12卷，张卤辑《皇明嘉隆疏钞》22卷等，以及贾三近辑《重刻嘉隆疏钞》（又名《皇明两朝疏钞》20卷），内容仍是嘉靖隆庆两朝名臣疏奏。隆庆之后，又有吴亮刊行《万历疏钞》50卷，为万历朝奏议，上接嘉靖隆庆两朝。有万历三十三年刻本《皇明留台奏议》20卷，万历时朱吾弼、李云鹄、萧如松、孙居相等人共同辑录。明万历十六年，有汪少泉编《皇明奏疏类钞》61卷；有董其昌编辑《神庙留中奏疏汇要》40卷，包括吏部8卷、户部8卷、礼部4卷、兵部12卷、刑部4卷，内容有藩封、人才、风俗、河渠、食货、吏治、边防等。崇祯间有朱东观刻《奏疏》9卷，及杨士奇、黄淮等《历代名臣奏议》等。奏疏类文献涵盖了明代历朝各时段。

由于奏议是官员围绕政务进行的奏请，这些奏请大都是国家大政方针政策在论证、出台、实施、效果及其影响等诸环节的讨论过程总记录，可体现行政流程诸环节，是制度规定的动态体现，是深入研究"活的制度史"最重要的史料。例如朱吾弼等人辑录的《皇明留台奏议》奏疏，起自正德终于万历，皆为明朝中后期南京御史所作，不仅反映了明王朝由盛转衰的趋势，其中关于漕运、矿税等奏疏更富有极高的经济史料价值。本书内容共分20门，包括君道、修省、好尚、储贰、宗藩、厘正、臣职、国纪、时政、用人、援直、民隐、财储、矿税、兵防、漕河、爵谥、举劾、近幸、权奸等。

在黄训的《名臣经济录》之后，明代经济经世文编著作大量涌现，达数十部之多，著名的有万表的《皇明经济文录》，陈其愫的《皇明经济文辑》，最著名、流传最广的当属陈子龙主持的《皇明经世文编》。虽然，这些"经世文"的收集，并不仅仅限于奏议，许多内容是来自个人文集，但它们大都是来自文集中的"奏议"部分。

《皇明经世文编》主要内容据吴晗的总结（中华书局标点本序言），包括：时政、礼仪、宗庙、职官、国史、兵饷、马政、边情、边墙、军务、海防、火器、贡市、灾荒、农事、水利、漕运、财政、盐法、刑法、钱法、钞法、税课、役法、科举、宗室、弹劾、谏诤等。这些奏议或文集的作者中，出任阁臣、督抚者占到了近九成，辑录作者的内容主要遵循了"明治乱、存异同、详军事"的原则，即关注军国政务，以便人们了解本朝政事的演变，为解救明末的内忧外患提供借鉴。书中保存了大量的原始资料，许多内容已失传，是研究明代的政治、军事、经济、文化以及典章制度的重要史料，是研读明代经世文、政论文、奏议文集等文献的上佳选择。该书有中华书局1962年整理影印本。

（2）个人奏议

由本人、其后人或门人、亲友等为某一官职在任内的奏议文章的专辑单独结集出版，在明代很普遍，流传到今天的数量也很庞大，至少在百部以上。

奏议由于是官员任内奏议政务文本的结集，事涉以个人任职为中心的国家政务的执行，既是国家政务实际运行的实录，也是自己施政方略立场事迹的记录，故是研究政治史最原始的文献。明代前期虽有对前朝名臣奏议的辑录，但本朝人奏议专集者却极少，即便在官员的文集之中也很少收录其奏议，这可能与明前期严苛的政治环境之下官员对谈论政治持谨慎的态度有很大的关系。

明中期以后，官员的奏议结集渐渐多起来，愈往后愈加丰富。以笔者在军政制度研究中征引过的个人奏议为例，主要有：叶盛《叶文庄公奏议》、商辂《商文毅疏稿》、马文升《马端肃奏议》、王琼《户部奏议》和《晋溪本兵敷奏》、王恕《王端毅奏议》、胡世宁《胡端敏奏议》、何孟春《何文简疏议》、王廷相《浚川奏议集》、毛纪《密勿稿》、毛伯温《毛襄懋先生奏议》、李遂《李襄敏公奏议》、夏言《桂洲先生奏议》、郑晓《郑端简公奏议》、董传策《董宗伯奏疏辑略》、杨博《杨襄毅公本兵疏议》、谭纶《谭襄敏奏议》、戚继光《戚少保奏议》、项笃寿《小司马奏草》、王一鹗《总督四镇奏议》、赵志皋《内阁奏题稿》、沈一贯《敬事草》、赵世卿《司农奏议》、邹元标《邹忠介公奏疏》、田生金《按粤疏稿》、周孔教《中州疏稿》、项应祥《问夜草》、毕自严《度支奏议》、熊廷弼《经辽疏牍》、汪应蛟《汪青简公奏疏》和《抚畿奏议》、卢象昇《卢象昇疏牍》、朱燮元《少师朱襄毅公督蜀疏草》、孙传庭《孙传庭疏牍》、郭尚友《漕抚奏疏》、李永茂《邢襄题稿》等。以上还只是其中一小部分，书名中的奏议、奏稿、奏草、奏疏、疏牍等字样大体可以揭示文献的奏议性质，而书名的另一部分凡有谥号者多为去世之后的结集，如文庄公、端肃公、青简公、襄毅公等等，而以其职事官曹为名者，大多为其本人在某任上时编辑出版，如户部、本兵、小司马、司农、总督、漕抚、按抚、经抚等等。这些担任六部尚书或总督、巡抚、都御史等高官者，奏议的数量比较大，家资富饶，也有一定的经济和社会资源，所以刊刻自己奏议的各方面的条件也都具备。比较而言，官员的奏议单独结集，往往是研究某一专门史最集中的文献，如研究军事史，兵部尚书、总督巡抚的奏议内容最为直接原始，研究经济史，户部尚书的奏议是第一手文献，大略相当于奏议合集中的某一类奏议。当然，总督、巡抚、御史、给事中等官员都是权兼行政、军事、司法和监察等权力，在奏议中还涉及国家政务的诸层面，所以还是要综合利用，广泛阅读史料。

诏令奏议也广泛地存在于诸多史料类型中，比如政书中多有采择，像《皇明条法事类纂》中收录丰富的官员奏议。实录中也有大量节录的档案奏议。地方志的"艺文志"会有集中收录，至于一些专志中的收集数量更大，如《四镇三关志》就收集了数量庞大的诏令敕书和奏议等，是研究明代边疆史地制度的原始珍贵文献。文集之中也有大量的收录，尤其是官员的个人文集，如果没有奏议专门结集刊行，则奏议多是其文集的重要组成部分。

由于明代诏令奏议史料的原始性、重要性，近年越来越引起社会各界的重视，原来只有极少数重要官员的奏议有影印、点校或整理，但近20年来《四库全书存目丛书》、《四库禁毁书丛刊》、《续修四库全书》以及《四库未收书辑刊》等大型丛书中都影印了一大批被清修四库时禁毁或存目的奏议文献。线装书局"力争将明代传世的奏疏文献网罗尽致"，于2005年影印出版了《明代基本史料丛刊·奏折卷》100卷，大大方便了对明代奏议的阅读，唯当注意的是该丛书选取的仍然只是一部分，实际诏令奏议的数量更多。

第四节　地方史志

地方志的编写在我国有着悠久的历史，志书是以一定区域为中心，详细记述某一地区的政治、地理、军事、经济、风土、人物等情况，它的编写有较强的连续性与承继性。根据方志记载的范围不同，又分为全国性的、省、府、州、县、乡、镇，以及特殊的区划，如都司卫所、边关要隘、山水湖泊、寺庙道观、名胜古迹等专志。地方史志文献，在四库分类法中属"史部"之"地理类"。

明朝中央非常重视地方史志的编纂，洪武间"编类天下州郡地理形势"，永乐间"诏令天下郡县卫所皆修志书"，三令五申督促编呈方志，使得州县志的编纂在明朝建国之始就十分繁盛。为了统一规划方志体例内容，明永乐十年（1412）和十六年（1418），明成祖朱棣还两次颁发《纂修志书凡例》，对志书中的建置、沿革、分野、疆域、城池、山川、坊郭、镇市、土产、贡赋、风俗、户口、学校、军卫、郡县、廨舍、寺观、祠庙、桥梁、古迹、宦迹、人物、仙释、杂志、诗文的编纂，均有详细的规定。它是现存最早的关于地方志编纂的政府条令。

明前期，尤其是洪武、永乐年间完整的地方志书流传到今天的并不多见，但明成祖即位不久，为编纂《永乐大典》，曾诏令天下府州县皆修志书，以便采入大典之中。仅就中华书局2004年出版的《永乐大典方志辑佚》全5册看来，这一时期修纂的地方志数量还是相当可观的，有统计表明明正统以前，明代所修志书就已经高达1000部以上。而据巴兆祥在《方志学新论》中不完全统计，明代修志约3470种，流传到今天的约1104种，实际的数量肯定要超过这一统计数字。

明中期社会经济恢复发展起来之后，各地都有能力修纂更多的地方志书。据《中国地方志联合目录》统计，现存明代方志有973种，以现行区划考其分布，浙江最多，有113种，江苏、河南次之，各有96种，河北有88种，以下依次是福建（83种）、安徽（72种）、山东（68种）、山西（53种）、广东（49种）、江西（48种）、陕西（47种）、湖北（37种）、湖南（29种）、四川（21种）、上海（15种）、甘肃（14种）、广西（10种）、云南（10种）、北京（7种）、贵州（7种）、宁夏（6种）、辽宁（3种）、天津（1种）（参见黄燕生《中国历代方志概述》）。

1. 总志

有明一代全国性的地理志虽然不是太多，但作用和影响却非常大。

（1）《寰宇通志》

全书计119卷，由大学士陈循组织编纂的明代地方总志，景帝作序后于景泰七年（1456）颁行天下。是书以永乐年间的地理史籍为依据，分南北二京、布政司、府州县等的建置、沿革、郡名、山川、形势、风俗、土产、城池、祀典、山陵、宫殿、宗庙、坛壝、馆阁、苑囿、府第、公廨、监学、学校、书院、楼阁、馆驿、堂亭、池馆、台榭、桥梁、井泉、关隘、寺观、祠庙、陵墓、坟墓、古迹、名宦、迁谪、留寓、人物、科甲、题咏9门。附引用书目。英宗复辟之后，再组织大学士李贤等人编写新的全国地理志，即是天顺五年（1461）完成、流传颇广的《大明一统志》90卷（又名《天下一统志》），一统志成之后而景泰《寰宇通志》即被销毁，传世甚少。一统志仍以两京十三布政使司为纲，以下属149府为目，下设建置、沿革、郡名、形胜、风俗、山川、土产、公署、学校、书院、宫室、关津、寺观、祠庙、陵墓、古迹、名宦、流寓、人物、列女、仙释等38门，含全国政区之下地理诸方面资料。以上两部全国性总志形成时间较早，由于省府州县的地方志书编纂水平不高，全国性的总志资料也较为简略、不甚完备。

（2）《天下郡国利病书》

全书计120卷，是明末清初学者顾炎武以"讲究郡国利病"贯穿全书，从实录、方志及奏疏、文集等重点辑录了兵防、赋税、水利等三方面内容。该书先叙舆地山川总论，次叙南北直隶、十三布政使司。除记载舆地沿革外，全书以赋役、屯垦、水利、漕运等关乎国计民生的资料为核心，它既是一部覆盖全国的未完成的历史地理学著作，又是一部有明一代政治、军事、经济、水利等史事的资料长编，因其史料的原始性、来源广泛多样，具有极高的学术价值。该书有上海古籍出版社2012年出版点校本6册（《顾炎武全集》之一种）。

（3）《肇域志》

它是顾炎武所撰的另一部重要的明代全国性的舆地著作，"利病书"侧重于经济边防而该书地理属性更加突出，二书的编纂几乎同时进行，只是内容侧重各有不同，但都是以行政区划为纲目安排内容。该书序言称"此书自崇祯己卯起，先取一统志，后取各省府州县志，后取二十一史，参互书之，凡阅志收一千余部。本行不尽，则注之旁，旁又不尽，则别为一集，曰《备录》"，此备录，当是"利病书"中相关内容。原稿计有15部分，分南北二京和十三布政司，现存有11部分，京师（北直隶）、江西、四川和广西等4部分已流失。现存各部分及所辖府州县的内容也相距比较大，没有特别明确的体例，并存在内容重复的情况。也可以说，该书是他辑录的史料文稿，是一部札记初稿，

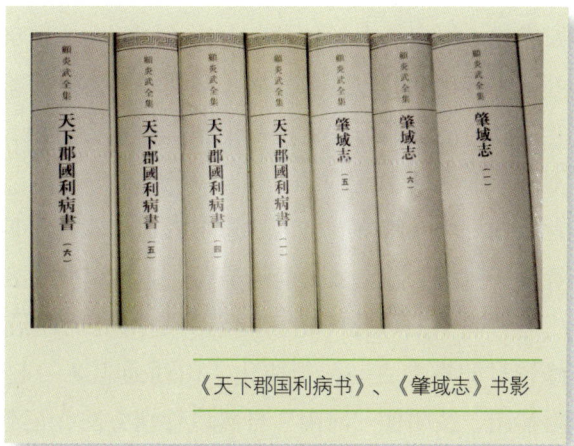

《天下郡国利病书》、《肇域志》书影

是尚未删定完成的明代地理总记。但毕竟是明清之际学者大家的整理之作，搜集资料广泛丰富，涉及各地的沿革、形势、城郭、山川、道路、驿递、街市、坊宅、兵防、风俗、寺观、水利、陵墓、郊庙等自然地理与人文风俗等诸方面，保存有大批丰富的地方史志资料，具有很高的学术价值。该书曾由谭其骧、王文楚、朱惠荣等主持点校，2012年上海古籍出版社作为《顾炎武全集》之一种分6册出版。

（4）《读史方舆纪要》

全书130卷，是清初遗民顾祖禹所撰。顾氏毕其一生著此一书，被誉为"数千百年所绝无而仅有之书"（魏禧序）。他参阅"二十一史"及上百种地方志书，自创新的写作体例，完成对明代全国地理著作的修撰。是书以明末清初的政区分类，前9卷为"历代州县形势"，梳理考订了数千年来各地的行政区域沿革，"综四千余年之大纲，敷畅贯通"，中间114卷以明代两京十三司及其所辖府州县为纲，详细叙述了该地区的方位距离、建置沿革、名山大川、地邑重险等。接次有6卷，记川渎异同、昭九州之脉络。最后一卷为天文分野。全文又侧重形势与重险，"山川险易，古今用兵战守攻取之宜，兴亡成败得失之迹"，具有浓厚的历史军事地理学特色，也是研究军事史的重要典籍。中华书局2005年有贺次君、施和金点校本12册出版。

2. 通志

省一级的方志，是反映一省情况的最为全面的志书，称"通志"，如弘治《八闽通志》87卷、嘉靖《河南通志》80卷、嘉靖《江西通志》37卷、嘉靖《广西通志》60卷、嘉靖《山东通志》40卷、嘉靖《广东通志初稿》40卷、嘉靖《贵州通志》12卷、万历《广东通志》72卷等；又称"总志"，如成化《河南总志》19卷、万历《湖广总志》90卷、万历《四川总志》34卷等；还有称"大志"者，如《江西省大志》有嘉靖本、万历本，均只有7—8卷，以经济资料为主，主要记载全省重大事项，与一般类目齐全的"通志"不同。有名"大记"者，如《万历闽大记》、《万历粤大记》；名"书"者，如万历《闽书》；名"志"者，如正德《四川志》；也有称"图经志"者，如河南、湖广、云南等早期通志均以此为名。

省志中，成化《河南总志》是河南现存最早的一部省志，也是全国纂修较早的省志之一，与成化《山西通志》一起被称为"志坛双璧"。卷前附辅图，按明代"河南"自然境管辖方法，记载了河南三司，尤其是河南布政使司和河南都司的管辖情况。此后，又较为详细地依次记载了开封府、汝宁府、南阳府、河南府、怀庆府、卫辉府和彰德府等府、卫和所的建置、沿革、治癖、兵备、屯田、职官等，是研究明代前中期行政沿革、经济、职官，以及河南都司卫所制度的重要资料。其余各省的通志大体如此。

3. 府州县志

府是省以下固定的最高行政机构，在下情上达、上令下达的行政管理中起到非常重要的作用。府志修纂的主持工作通常由知府来组织，下辖各州县首长参与其中，由知府出面聘请境内，或省内，或国内知名学者具体组织纂修事宜，府州县学的生员等士人广泛参与其中的资料收集、整理和初步的编辑工作。

现存明代最早的河南府志是编纂于弘治十二年（1499）的《河南郡志》，该书同时也是河南最早的地方志书之一。该书由时任知府陈宣修，邑人乔结纂。陈宣，字文德，浙江平阳人，进士出身，弘治九年（1496）来到河南府任知府。乔结，字廷仪，洛阳人，成化八年（1472）进士，曾任兵部员外郎、四川布政司参政等职。目前该志国内仅存在残本，从目录和凡例看，全志42卷。书前有伊府宗藩序、陈宣序，凡例26则及目录。正文之首为洛阳城图、境图各一幅。目录依次为：卷一封域，建置沿革，建都附；卷二郡名，分野，形胜，风俗，边维，城隍；卷三山；卷四川，土产；卷五藩封；卷六官治，兵卫，学校，坛民；卷七庙宇，户口，田赋，农桑，土贡，置邮，坊表；卷八关隘，乱津梁，寺观；卷九陵墓；卷十、卷十一宦迹；卷十二宦迹，游寓；卷十三至卷十八人物；卷十九序，记；卷二十至卷二十二记；卷二十三至卷二十四碑；卷二十五传；卷二十六诏，诰，敕；卷二十七状，辨，说，书，启，文，语；卷二十八赞，颂，铭，跋；卷二十九至卷三十墓志铭；卷三十一祭文；卷三十二赋；卷三十三田，行，辞，篇，引，吟，谣，曲；卷三十四至卷三十七诗，律，绝；卷三十八灾样；卷三十九至卷四十故迹；卷四十一故实；卷四十二杂志。这部形成明中前期的方志，无论是内容还是体例都有相当高的水平，成为后来各府、州、县地方志撰写的蓝本之一。

在明代，府州县志的纂修水平各地有很大的不同，前后也有较大的变化。地方志的撰修至明代已颇为繁盛，故万历时期河内知县卢梦麟在其主修的《河内县志·序》中云，到明代"世无不志之邑"，从仅存的明代方志看，到嘉靖年间，方志的体例并没有统一，纲举目设也极为凌乱，显然各地修志时并没有严格按照上述规定执行。直到嘉靖后期至万历中期，各地志书的普遍纂修，一些著名学者修纂的方志成为各地修史的范本，州县方志的体例大体统一起来。从内容上看，明志多以言简意赅为特点，许多重要内容语焉不详，或过于简略。但由于明代保留下来的其他地方文献不甚丰富，所以，能保留到今天的明代志书所录内容也就显得弥足珍贵。

4. 舆图类

明代的地方志大都有图，有的直接名为"图经志"，如洪武《北平图经志书》、景泰《云南图经志书》、嘉靖《湖广图经志书》和天启《海盐县图经》等。也有以"舆图"为主的地理文献，如嘉靖时曾供职翰林院的罗洪先所绘《广舆图》，崇祯时期任兵部职方司主事陈祖绶所著《皇明职方地图》等。尤其是陈祖绶奉兵部尚书张凤翼之命，率众查阅了有明一代大量的史籍和地图，如《寰宇通志》、《大明一统志》、《大明官志》、《广舆考》、《边镇图》、《川海图》、《河运》、《海运》、《江防》、《海防》诸书。还"参以桂少保蕚、李太宰默二公之《图叙》，广以许论之《边图》、郑若曾之《海图》"及其他大量自存当时地图档案等。该书是以国防为主的大型综合地图集，分上、中、下三卷。上卷为政区图，中卷为边镇地图，下卷为川海图及域外地图。内容较《广舆图》更加丰富，刻印精良，为明末中国传统地图集中的集大成之作。万历年间，利玛窦自绘《坤舆万国全图》献给明神宗，在地理观上引起很大的轰动。此外，万历时刊刻、章潢编辑《图书编》辑录明代地图，同为万历时期的王圻、王思义父子撰写的百科式图录类书《三才图会》，"地理"部分收图达16卷之多。

明代的一般志书大多也都附有地图，以山川形胜、城市布局、边关防御等内容为常见。图考、图论、图说之类的军事地图与边镇海防等专志的大量出现，是明代后期军事地理史志的突出特点。舆图志也是研究海洋史的重要参考资料。

5. 专志

所谓"专志"就是对以上一统志、通志中某一个方面进行专题撰述的志书，即通志中某一个特定地区内、某一类目被撰述成专题性志书，即形成专志。就现存的明代专志看，主要有九边、海防、江湖、水利、漕河、游记、土司、井盐、街市、村镇、山川、名胜、祠堂、寺观、宫殿、陵墓、风俗、杂志等等。这类志书是研究专门史的重要参考资料，在交叉学科的研究中也得到足够的重视。

（1）边镇志

"九边"是明代北部以长城为依托的军镇的统称，主要包括辽东、宣府、蓟州、大同、太原、延绥、宁夏、固原、甘肃等9镇，为了防御蒙古部族的南下，明朝在二百余年里，一直在广大的九边地区驻军，形成了以卫所为基础，行政与军事相结合的军镇防御体系，具有相对独立的地理属性，形成了一批九边志书。

举其大要者，有：魏焕《皇明九边考》（又名《九边图考》）10卷、许论《九边图论》、吴时来《江防考》、张雨《边政考》12卷、廖希颜嘉靖《三关志》32卷、王士翘《西关志》32卷、卢承业《偏关志》2卷、冯瑗《开原图说》、嘉靖《两镇三关志》23卷、孙世芳嘉靖《宣府镇志》32卷、刘效祖万历《四镇三关志》10卷、杨时宁《宣大山西三镇图说》、万历和康熙本《延绥镇志》等等。

这些志书有的是涉及九边的志书或图论，有的是涉及一镇或多镇的志书，有的则是重要关隘的志书。其内容虽然繁简不一，但大都涉及边镇的地理环境、建置沿革、职官机构、关隘堡塞、户口赋役、兵马粮草等。以《四镇三关志》为例，"四镇"指蓟州、辽东、保定、昌平等镇，"三关"指居庸关、紫荆关、山海关等关，此地为京畿防御最为重要的长城地区。其内容，卷一《建置考》，记各镇的图画、分野、沿革；卷二《形胜考》，记疆域、山川、乘障；卷三《军旅考》，记版籍、曹伍、器械；卷四《粮饷考》，记民运、京帑、屯粮附盐法；卷五《骑乘考》，记额役、免给、附互市胡马赔补；卷六《经略考》，分前纪、令制、杂防；卷七《制疏考》，有诏制、题奏、集议；卷八《职官考》，分部署、文秩、武阶）；卷九《才贤考》，记勋劳、谋勇、节义；卷十《夷部考》，有外夷、附入贡、属贡、入犯等；子目计30。卷前有边志檄文、修志姓氏、凡例等，有图71幅。

（2）卫所志

有一部分边地卫所志书可以归入边镇志之中，但明代的卫所由于分布在全国各地的内地与边疆作为独立的地理单位而存在，所以还有大量的在内卫所都修有地方志，所以卫所志的性质更接近于府州且志。

明代卫所志虽然传世有限，但可以肯定的是，明代中后期曾修纂有数量可观的卫所志，其主要原因有二，一是凡中央历代要求修志，均会同时要求卫所一同编修，卫、所的数量数百个，存在数百年之久；二是后期卫所内文化水平提高，修志具备了条件。由于在清代卫所建置（或部分职能）长期存在，一些地方甚至延续到民国时期，卫所的土地、人口、赋税和差役大都独立于附近府州县征收，所以，清代修撰了一大批卫所志，它们基本都是承袭明代的卫所建置而来。

流传到今天的卫所志至少超过40种，而且还在陆续被发现。较早影印或流传的卫所志主要有弘治《宁夏卫志》、正德《金山卫志》、嘉靖《观海卫志》、嘉靖《临海卫志》、万历《西宁卫志》（辑本）、康熙《永定卫志》、康熙《潼关卫志》、康熙《（新校）天津卫志》、康熙《重纂靖远卫志》、康熙和民国本《九溪卫志》、康熙《靖海卫志》、康熙《清浪卫志略》、康熙和乾隆本《威海卫志》、康熙《平溪卫志》、康熙《清浪卫志》、乾隆《灵山卫志》、乾隆《延庆卫志略》、乾隆《太仓卫志》、乾隆《镇海卫志》、乾隆《观海卫志》、乾隆《庐州卫志》、民国刊《临山卫志》[1]。卫所志的大部分内容与府县志相同，包括图考、星野、舆地、建置、沿革、户口、田地、赋役、学校、职官、选举、人物、艺文等，不同之处在于军制、防御、汛地、军器、关隘、堡塞等军事职能方面的内容。

卫所志也有传世，但内容一般比较简单，也大都没有刊刻，在地方流传传抄增补添加，以资备览，如现存福建崇安县图书馆的《崇武所城志》抄本，历明嘉靖和崇祯之后，在清朝和民国修改增添也有不少内容，1986年点校本附于明人叶春及《惠安政书》之后由福建人民出版社1987年出版。此外，清《蒲歧所志》收录《乐清文献丛书》由线装书店2013年出版。

（3）佛教类方志

它亦属专志之一种，曹刚华有《明代佛教方志研究》（中国人民大学出版社2011年版）一书，对此类文献进行了深入研究，作者认为"狭义佛教方志是指佛教僧人或居士撰写，有一定体裁体例的关于佛教地理环境、人文环境、名胜古迹的文献，如佛教寺志、山志、庵志、精舍志、塔院志等"，具有宗教性、史学性、文献性和地域性的特点。刊于万历三十五年、由葛寅亮编著的《金陵梵刹志》53卷，就是一部典型的佛教方志，该书的卷一是《御制集》收有敕谕、诏诰，以及论、说、序、杂著、祭、赞、诗等，主要

---

① 参见张升：《明代卫所志初探》，《史学史研究》2000年第1期。

内容有灵谷、天界、报恩三大寺以及南京地区各种寺院150余所，记录各寺历史沿革、山川古迹、庙宇建置、人物传略、寺产规约、游记题咏等，反映了南京寺院自然地理环境和人文社会环境。全书涉及明代的内容多为第一手材料，尤其在研究明代中后期南京佛寺诸方面价值颇高，有何孝荣点校本于2007年天津人民出版社出版。

（4）《后湖志》

它是明代一部非常特殊的方志类文献，以南京后湖为名修纂，但显然不同于一般的山水江湖志书，作者其意在以后湖志为名，记载南京后湖的职能、地位与管理等史实。后湖，即南京玄武湖，是明朝国家赋役黄册收藏管理之所。正德六年（1511），时任南京户部的赵官等人，充分认识到后湖所藏黄册的重大意义，决定编写《后湖志》。全书原有10卷，包括正文8卷，附录诗文2卷。嘉靖、万历、天启等朝陆续增订，现存有11卷，分为事迹3卷，事例7卷，诗文1卷，内容除简单记述后湖的自然地理状况外，绝大部分内容记载有明一代二百余年有关黄册制度的基本规定及其沿革，重点记载南京后湖黄册数目、户口、事产、库架和进册衙门，黄册职官和巡湖职役，后湖界址和公署，以及历年关于黄册的诏谕章奏，收藏有当时大量的相关原始档案文书，它既是一部明朝档案管理志书，也是研究明代经济史的重要典籍。该书由吴福林点校、收入《南京稀见文献丛刊》2011年版。

6．地方志的收藏与利用

明代方志记载丰富，征引和保存的原始档案较多，为后人研究当时地理建置、经济物产和风俗人物、文化著述带来莫大方便，这是学术界公认的。地方史志资料一直受到社会各界的广泛关注，其整理、点校和出版工作也一直颇受重视。

地方志是全国各级图书馆中最常见的古籍收藏，国家图书馆、上海图书馆、南京图书馆均是收藏古籍较多的图书馆，均有地方志影印。重点高校收藏的地方志数量庞大，它们近年都陆续有影印出版明代地方志，像北京大学、北京师范大学、南京大学和中国人民大学图书馆馆藏旧志均已整理出版一批珍贵部分。

明代地方志影印出版最为集中的丛书有：《天一阁藏明代方志选刊》及其"续刊"，分别收录了明代方志107种和109种，由上海书店影印。国家图书馆单独影印12册23种，《明代孤本方志选》由中华全国图书馆缩微复印中心2000年出版。《日本藏罕见中国地方志丛刊》及其续刊，分别由书目文献出版社和北京图书馆出版社2000年影印，分别收录有明代44册和11种。明代地方志的影印还通过4套"四库"类丛书，即钦定《四库全书》、《四库全书存目丛书》、《四库禁毁书丛刊》、《续修四库全书》等，尤其是"存目"、"禁毁"和"续修"里面更为丰富。由中国科学院图书馆选编、中国书店1992年出版的《稀见中国地方志汇刊》共50册，收录明代地方志55种，价值很高。《北京图书馆古籍珍本丛刊》（书目文献出版社）中亦收有20余部明代地方志。此外，全国各地方政府、高校和科研单位高度重视旧志的整理、影印与点校工作，包括明代在内的地方志整理成果极其丰富，研究者可根据自己的研究地域查询。

海外地方志的收藏，以日本和美国数量最为庞大。近年日本通过各种交流和数字化，所藏地方志基本已公开。巴兆祥所著《中国地方志流播日本研究版》（上海人民出版社2008年版）一书附录了日本藏中国地方志的详细情况，可作为查阅工具。美国国会图书馆、美国哈佛大学等美国藏地方志也有影印并在国内发行，美国犹他州家谱学会致力于方志的数字化，该学会共向中国国家图书馆提供家谱及地方志缩微胶卷2000余盒，涉及文献约2500种，其中也有丰富的明代地方志可以查阅。中国台湾成文出版社的《中国方志丛书》、台湾学生书局的《新修方志丛刊》以及与中国大陆联合出版的《中国地方志集成》分地区出版了大量的地方志，虽然主要以清代和民国方志为主，但考虑到地方志极强的连续性，亦可以参考。

对地方志查询最有价值的工具书是中国科学院北京天文台主编、中华书局1985年出版的《中国地方志联合目录》，该书以朱士嘉编纂的《中国地方志综录》为蓝本，核对了全国各省区市190家图书收藏单位所藏的自南朝宋至1949年的旧志计8200余种。目录分行政区划、按朝代的顺序分别著录。旧志的种类包括：通志、府、州、厅、县志、乡土志、里镇志、卫志、所志、关志、岛屿志等，山、水、寺庙、名胜等志并没有收录。每一种志书，其存佚情况、卷数分合、记事起讫，地名古今变迁、书名异称，内容详略，流落异域孤本的国别与收藏单位等等，都在备注内说明，是利用和研究旧志的必备工具书。邓衍林编的《中国边疆图籍录》（商务印书馆1958年版）系中国边疆文献和舆图资料的综合性目录著作，是目前最为全面的中国历代边疆图籍目录，其中收录有历代中国边疆史地典籍。目录采选了历代专著及刊物之文献及舆图近8000种（包括一部分佚书存目），体例上主要兼顾资料的不同门类、地域及著作年代三者关系编立专目。涉及明代专题的有《明代边墙史料》和《明倭寇史料》等。

近年，中国地方志的数字化建设水平越来越高，最有代表性的成果是由北京集古轩数字技术有限公司开发的"中国数字方志库"，收录了1949年以前地方志类文献万余种10万多册，涵盖了宋、元、明、清及民国时期的稿本、抄本、刻本、活字本等各种版本，全国各公共图书馆、大专院校图书馆、博物馆及私家的孤本、稀见本、批校本、题跋本等各种藏本，各个历史时期的全国总志、各级地方志以及山水志、水利志、名胜志、祠庙志、园林志、民族志、游记、边疆和外国地理志等。它被誉为"文献量最大、种类最多、内容最丰富，堪称现代中国最大、最权威的方志库"。"中国基本古籍库"是北京爱如生数字化技术研究中心研发的更为大型的古籍检索与阅读系统，分为4个子库、20个大类、100个细目，精选先秦至民国历代重要典籍，总计收书1万种、17万卷，版本12500个，全文17亿字、影像1200万页，数据总量330G。该系统已实现了全文检索。

第五节　文集

文集是作品的结集，可以是一个人、一家人、一地区、一时段的作者的文章汇集在一起，多位作家文章的作品合集，称总集，个人作品集称别集，明人文集以别集为主。

1．别集

据复旦大学吴格依据《中国古籍善本书目》、《中国古籍总目》和《中国丛书综录》，并参考了海外古籍目录的调查统计，明人诗文集现存的总数在3200余种，除去其中单纯的诗集，诗文兼收及单纯文集者，总数在2500种左右。这其中，又有约80%收藏于大陆图书馆，其余分藏于中国台湾、日本、韩国以及美国、英法等国的公私图书馆。[①]据台湾张涟的统计，

---

① 吴格：《〈明人文集篇目索引数据库〉编制刍议》，载（台北）《明人文集与明代研究》，乐学书局2002年版，第407页。

第十章　明史研究的主要史料　351

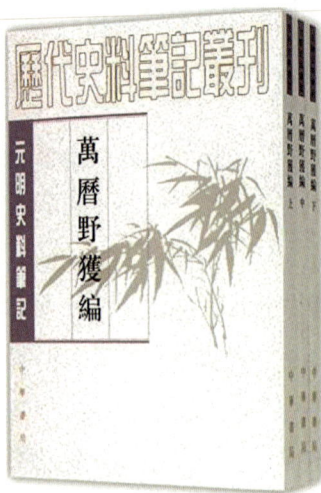

"元明史料笔记丛刊"书影

她认为：台湾现存古籍中，以明代的古籍文献收藏最为丰富，其中又以明代的别集最具有特点，并主持完成了《明代文集联合目录与篇目索引资料库》。她据中国台湾《国立中央图书馆善本书目》（1986年增订第二版）所列，集部别集类中的明人文集有2122种。

文集的结集，既可能是本人生前结集出版或身后出版，又有可能是家人、门生、乡谊等后来结集。历史毕竟是人的历史，作为参加的主体和参与者，不同的作者作为当时历史的参与者，其人生经历（仕宦）、家居生活、社会交往、思想成就等体现于文集之中，文集是研究作者、家族、群体及其时代的最直接的资料，是研究明代历史诸层面的重要参考。文集一般可以收集作者一生的作品，所以其读经、写史、书信、诗词、科研作品等都有可能收录其中，内容可能包罗万象。对那些著作颇多的作者，其某些专辑可能单独出版。以戚继光为例，其奏议有《戚少保奏议》为史部，其《纪效新书》和《练兵实纪》属于子部"兵家类"，其《止止堂集》只收录了他所撰诗文集。经、史、子分开先刊出自己的论著，集部作品则往往到了晚年或由后人来编辑，这是明人编辑和出版自己文集的常见做法。再如张居正的文集，在复旦大学藏明万历刻本《张太岳文集》中，主要收录了张居正从政期间的对奏11卷、书牍15卷、文14卷和诗6卷，而他的另外几部专门作品，《四书集注阐微直解》27卷属于经部"四书类"、《书经直解》13卷属于经部"书类"、《帝鉴图说》则属于史部"史评类"作品。

文集的内容，主要取决于作者的经历。戚继光、张居正都是政治家、思想家、著作家，著作又都比较多。普通的读书人尤其是儒林、文苑名人，文集以文学类作品为主，史部作品相对要少，即便有也多是史评或笔记小说之类，且价值也未必很高。明人文集还有一个突出特点，就是明前期文集所收政书类，如奏议者很少，像方孝孺《逊志斋集》（徐光大点校，宁波出版社2000年版）收录的是经史杂著以及诸文学体裁作品，再如杨士奇的《东里文集》（刘伯涵、朱海点校，中华书局1998年版）也只收他的诸文学体裁作品，包括记、序、题跋、神道碑铭、墓碑铭、墓表、墓碣铭、墓志铭、传、表、议、诗、赞、告祭文、辞、赋、铭、箴等。这可能与明前期的政治形势或文人著述的风气有关，即在文集编纂时，并不会将公务类文章留存或收录。而到明代后期，即便是给皇帝起草的文章也有可能被收录到自己的文集之中，这也从一个侧面反映了明代的文风变化。

2. 总集

它是多人作品的合集，四库馆臣认为总集的作用一是汇集零散的作品，二是选择优秀篇章，"文籍日兴，散无统纪，于是总集作焉。一则网罗放佚，使零章残什并有所归；一则删汰繁芜，使莠稗咸除菁华毕出。是固文章之衡鉴，著作之渊薮矣"。不过，他们对明代总集的水平评价一如对整个明代史学评价一样很低，认为"至明万历以后，侩魁渔利，坊刻弥增，剽窃陈因，动成巨帙，并无门径之可言。姑存其目，为冗滥之戒而已"（卷186）。

《明文海》是黄宗羲编辑的一部大型明代总集，他用时26年，搜索明代各家文集达2000多种。原定名《明文案》，全书现存有482卷，分28类，即赋、奏疏、诏表、碑、议、论、说、辨、考、颂、赞、铭、箴、戒、解、原、述、读、问答、文、诸体、书、序、记、传、墓文、哀文、稗文等，涵盖了明人文集之中所有的文学体裁。黄宗羲编著此书，意在发掘"埋没于应酬讹杂之内"的"情至之语"。清修四库时，也高度评价该书是研究明人文集和明史的重要参考："其他散失零落，赖此以传者尚复不少，亦可谓一代文章之渊薮。考明人著作者当必以是编为极备矣！"然而该书却被清人删削篡改得相当严重，在修纂四库全书时，书中凡涉及明代中后期边疆民族问题，以及晚明政治军事等问题均非原貌，故读者引证时尤其当注意。该书有钦定《四库全书》本，中华书局1987年影印本5册。

程敏政（1446—1499）编《皇明文衡》100卷，刊刻于嘉靖八年，编次依《玉台新咏》体例，分为38体，包括代言、赋、骚、乐府、琴操、表笺、奏议、论说、解、辩、原、箴、铭、颂、赞、策问、问对、书、记、序、题跋、杂著、行状、神道碑、墓志、墓表、祭文、字说等。是书所收为明代前期文论，由于前期史料相对单薄，故对研究明前期的文风与史事都有参考价值。该书有钦定《四库全书》本和《四部丛刊》本等传世。

明代家族性的总集和地域性总集也有一些，如明末清初屈大均编《广东文集》300卷、辑出《广东文选》40卷，收录明代以前广东籍作者文章；又如清初汪森编《粤西文载》75卷，辑广西历代文章。这类文献对研究区域史和社会史尤其珍贵，多有点校本出版。

总体论之，文集又不像政书、奏议、方志、专史，乃至子部文献的内容比较集中，它毕竟是作者一生作品的汇集，一是内容杂乱，二是文学作品体裁多，对传统史学的研究并不是很方便。所以，对明人文集的利用和研究，就不像经部、史部和部分子部那样深入集中，只有极少数名人名家的文集得到了整理与研究。近年来，随着史学研究的不断深入，文集文献的影印整理与出版增加，阅读大为方便，学者对文集的重视和使用程度都越来越高。2000年，台湾汉学研究中心专门召开了有上百人参加的"明人文集与明代研究学术研讨会"，意在提醒和推动学界加强对明代文集的研究与使用。

第六节　笔记小说

对笔记小说的认识，谢国桢有《明清笔记谈丛》一文，文章虽短却对笔记、小说类文献的缘起和发展、时代特征以及征引时注意的问题，交代得很清楚。其实，笔记是笔记、小说是小说，不同时期对它们的理解并不尽相同。在明清时期，笔记主要是记载一朝一代的军国大事，朝政得失，典章文物，或是记述一代人物的思想言行。其目的都标榜是为补正史之不足，或是以世道人心为念，记述前事，作为借鉴，教育后人。文字都是简短的，每条自成起讫。小说的基本特点是"记是人物的言行，有所剪裁、取舍，也有所渲染、抑扬。而且文采斐然，语言生动，意境玄远"。换言之，笔记属读史札记性质，以追求史论的平实客观为写作目的，而小说属文学作品性质，有大量人为虚构的情节。但实际上我们在阅读历代的笔记小说时，却又很难将二者区分开来，笔记即作者的读书札记，则是以史观之下的主观判断为主，而小说也是对特定的时代、人物和史实基础之上的加工，文、史难以分开，更有甚者，一部著作中的笔记和小说的内容互见，结成一集，为史学研究提供某些方面的素材。

故以"笔记小说"通称此类文献，由于它与"正史"相比，故也被称为"稗史"。"稗"有"鄙野卑微"之意，大体反映了笔记小说在诸史料之中的地位。在四库的分类中，笔记和小说分别记载史部的"杂史"类和子部的"小说家类"，当然四库馆臣认为，笔记入史部，小说入子部，明显有区别，即"（笔记）足以存掌故、资考证、备读史者之参稽云尔。若夫语神怪，供诙啁，里巷琐言。稗官所述，用别有杂家小说家存焉"。而小说"杂家类"，四库馆臣划定的范围有六，"以立说者谓之杂学，辨证者谓之杂考，议论而兼叙述者谓之杂说，旁究物理、胪陈纤琐者谓之杂品，类辑旧文、涂兼众轨者谓之杂纂，合刻诸书、不名一体者谓之杂编"（卷117）。它们又通称为"稗官所述"。学界公认，笔记小说的史料来源、叙述体制与作者身份均不同于官修正史，故地位"低下"，但有一定的文献价值，可以"为正史之助"。

笔记小说的基本特点一是字数和篇幅的短小，二是内容的杂乱，但其中并不乏真知灼见，既是正史之助，补正史之不足，自然有其独到之处，即作者独特的视角著文，正史不琐或不能、不敢所写的内容得以留存于世。谢国桢是著名历史学家，他家富藏书，尤善于笔记小说的收集整理，著有《明清笔记谈丛》（上海古籍出版社1981年版）。他把野史笔记的性质、地位、作用以及有明一代笔记小说在各时段的发展特点、主要代表作品有总体而全面的介绍。①他本人主要从明代的笔记小说中辑录出《明代社会经济史料选编》3册（福建人民出版社1980年初版，牛建强校勘2004年本），把内容分成9类：传说类、社会风俗类、农业生产类、手工业生产和商业类、科技工艺类、地理类、农民起义类、少数民族类、中外关系和海外贸易类等，在学术界产生了很大的影响。此外，他还从笔记小说中辑录出《明代农民起义史料选编》一册。从他的研究，可以得见笔记小说的地位和史料价值。

谢国桢认为，明代笔记小说的总体质量不如唐、宋、元时期的，影响笔记小说质量的主要因素一是作者的出身履历，如果出身"名公臣卿"，大人物能见、能经历大事，内容充实，价值就高，其次要经过时间的淘汰，越古老越有价值。但明代的笔记，"山野草茅，妄谈朝堂宫苑之事，辗转传闻，致有千里之失"。其实，明代笔记小说的数量远胜于前代，远远超过唐宋时期的，泥沙俱下，鱼龙混杂，水平低下者固然不少，高水平的佳作也

---

① 谢国桢：《明清野史笔记概述》，载《明末清初的学风》，上海书店出版社2006年版。

数量可观。

明代笔记小说质量高者，谢国桢最推崇沈德符（1578—1642）的《万历野获编》，该书30卷补遗4卷，作者虽仅中举，但出身官宦世家，外加长期寓居北京读书、交友，与士大夫及故家遗老、中官勋戚多有交往。他既博览群书，又留心于时事政务和朝章典故，遂仿欧阳修《归田录》的体例，记录在京城的所见所闻，成此名篇。全书或以官，或以人，或以事，或以物，或以地域等分类编排，详列48门，为列朝、宫闱、宗藩、公主、勋戚、内监、内阁、词林、吏部、户部、河漕、礼部、科场、兵部、刑部、工部、台省、言事、京职、历法、禁卫、佞幸、督抚、司道、府县、士人、山人、妇女、妓女、畿辅、外郡、风俗、技艺、评论、著述、词曲、玩具、谐谑、嗤鄙、释道、神仙、果报、征梦、鬼怪、禨祥、叛贼、土司、外国等，涉及从明初到万历末年之间明代典章制度、人物事件、典故遗闻、阶级斗争、统治阶级内部纷争、民族关系、对外关系、山川风物、经史子集、工艺技术、释道宗教、神仙鬼怪等诸多方面，可补正史之不足。

类似于《万历野获编》这样的内容和价值的笔记小说，在明代还有很多，中华书局择其重要者陆续整理点校出版了一批。计有叶子奇《草木子》、陆容《菽园杂记》、叶盛《水东日记》、李诩《戒庵老人漫笔》、余继登《典故纪闻》、焦竑《玉堂丛语》、王锜《寓圃杂记》、于慎行《谷山笔麈》、何良俊《四友斋丛说》、陈洪谟（前二种）和张瀚《治世余闻 继世纪闻 松窗梦语》、王士性《广志绎》、郑晓《今言》、李清《三垣笔记》、陆粲《庚巳编》、顾起元《客座赘语》、叶权、王临亨、李中馥等《贤博编 粤剑编 原李耳载》、朱长祚《玉镜新谭》、黄瑜《双槐岁钞》、谈迁《枣林杂俎》、张怡《玉光剑气集》、王士性《五岳游草》、张岱《陶庵梦忆 西湖梦寻》、王鏊《震泽先生别集》等。此外，上海古籍出版社、上海书店也都出版有一批明代笔记的点校本。

明代笔记小说的合集出有多种版本，上海古籍出版社2005年有《明代笔记小说》收有全4册计14种，除中华书局整理本外，还有都穆《都公谈纂》、刘若愚《酌中志》和朱国桢《涌幢小品》等。在明朝人编辑的笔记野史中，邓士龙辑录的《国朝典故》110卷，收集了元末明初至隆庆年间二百多年的文献有实录，有传记，有文集，有笔记，有译语，体裁多样，以笔记野史为主，史料价值颇高，由北京大学2005年出版（许大龄、王天有等点校）。

台北新兴书局影印《笔记小说大观》共计45编450册之巨，收录的明代部分在第四编第4—9册中，数量达75种之多，收录的数量多、范围也广，尤其是南明时期的稗史数量很多；第五编第4—5册中有40余种，则主要是小说，内容更是包罗万象。第六编第6—8册有超过80种的笔记类作品，第十编第2—5册有近30种明代笔记和小说。此后各编也都有明代笔记小说收录其中，数量也有数十种之多。广陵刻印社1983年出版的《笔记小说大观》，原由民国间上海进步书局石印，进步书局辑。全书共35册，从晋开始到清人笔记共220多部，清人笔记占一半，明代笔记仅次之。此外，1993年巴蜀书社出版有《中华野史集成》，收自先秦至清末野史著作950种，共50卷，该出版社2000年又出版有"续编"30册，共收书308种，计2242卷，所涉及之史事起自上古，迄民国初，其中亦有大量的明代笔记小说。虽然以上各丛书在收书时多有重复，但版本上稍有差异，也给读者以更多选择读书的机会。

第七节　子部文献

子部文献网罗的类别最为庞杂，这是由它的性质决定的。据《四库全书总目·总叙》"自六经以外立说者，皆子书也……大都篇帙繁富，可以自为部分者，儒家之外，有兵家、有法家、有农家、有医家、有天文算法、有术数、有艺术、有谱录、有杂家、有类书、有小说家，其别教则有释家、有道家。叙而次之。凡十四类"。子部文献是诸子百家之书，"杂家"、"小说"属笔记小说类之外，儒、法、释、道等约为思想史研究的专题领域，而兵、农、医、天文算法、术数等则属于自然科学研究的领域。

1. 思想史

主要指收录明代思想家的论著。明代程朱理学是科举考试的指导思想，儒学是思想一大端，前期理学著作丰富，中期阳明心学兴起，思想内容渐趋丰富，后期王学左派大行其道，务实思潮涌动，加之西方传教士来华，以及明清之际启蒙新思想的涌起，明代思想领域新旧杂陈、成果丰富。邱濬《大学衍义补》160卷，《大学》为儒家经典，南宋大儒真德秀作《大学衍义》，发挥"格物、致知、诚意、正心、修身、齐家"诸义，但缺"治国平天下"部分。邱濬博采六经诸史百家之文，补其所缺著成是书。《大学》和《大学衍义》重在讲义理，而邱濬重在治国平天下的"事"，按语体现了他的儒者思想。该书是研究明代前中期的政治、司法、军事、经济、文化、教育等领域的重要史料，故此书也类于史部之"政书"。本书有钦定《四库全书》本、有京华出版社1999年点校本。在《四库全书总目》中，儒家类存目有4卷，有大量的明人作品，主要原因是清人对明代学术思想的不认同。在"存目"部分保存有明代著名思想家，诸如薛瑄、陈献章、王守仁、吕坤、冯从吾、邹元标、颜元等人的论著。研究者可参阅《明史》"儒林传"、"文苑传"相关记载，查询传主的论著及生平情况。

2. 科学与技术史

在传统中国看来，它们都属于"淫巧奇技"之列，既不受重视也没有地位，主要在应用性比较强的领域有所成就，诸如农学、医学、天文历算、军事。

（1）"救荒类"文献

在传统的农业社会，受"民本"思想和现实需要的影响，此类文献的编纂一直比较发达，像朱橚所编《救荒本草》2卷、徐光启编《农政全书》60卷等，在"农家类"、"医家类"（中医中药以"草本"、"木本"类植物为主）有多部著作。周致元的《明代荒政文献研究》（安徽大学出版社2007年版）集中研究了明代11种荒政文献（并非全部为救荒书），可参考这些文献的版本、主要内容等。

（2）"医家类"文献

它是子部文献一大宗，仅钦定《四库全书》就收录明代文献达23种之多，为明代子部文献收录最大的一类。周王朱橚等人辑《普济方》是现存最大的方剂书籍，全书168卷，1960论，2175类，778法，61739方，239图，编录《四库全书》时改为426卷，"宋、元以来名医著述，今散佚十之七八，橚当明之初造，旧籍多存"（子部14），对明以前药方的收集，对后世影响巨大，有人民卫生出版社1959年点校本10册。另一部名篇李时珍《本草纲目》52卷的地位更高，无可替代，"业医者无不家有一编，明史方技传极称之，盖集本草之大成者，无过于此矣"（子部14，医家类2）。

（3）"兵家类"史籍

此类文献在明代也较为宏富，盖"北虏南倭"的军事压力让明代中后期文人著兵书一度出现热潮，这也是受阳明心学而兴起的"务实"之学的表现之一。兵家类文献"以论兵为主"，内容亦多涉及"生聚训练之术，权谋运用之宜"（四库总目，子部9）。解文超《明代兵书研究》（天津人民出版社2010年版）统计《明史·艺文志》得明代兵书计58部，1122卷，刘申宁编《中国兵书总目》（国防大学出版社1990年版）明代有1165卷，占1911年之前古兵书的48.6%，许保林编《中国兵书知见录》（解放军出版社1988年版）记明代存有兵书777部，存目兵书246种，占兵书总数的53%，明代兵书之富由此可见。许保林另编有《中国兵书通览》（解放军出版社2002年版）可参考。解文超将明代兵书分成兵法类、阵法类、训练类、城守类、兵器类、地理类、综合类、类书类、丛书类等进行研究。明代著名的兵书有戚继光的《纪效新书》18卷和《练兵实纪》9卷、杂集6卷，多为戚继光带兵的经验总结，像《纪效新书》18卷，包括束伍、操令、阵令、谕兵、法禁、比较、行营、操练、出征、长兵、牌筅、短兵、射法、拳经、诸器、旌旗、守哨和水兵等，"各系以图而为之说，皆阅历有验之言，故曰纪效。"（总目，子部9）。训练类的文献还有徐光启《兵机要诀》、孙承宗等《车营叩答合编》，火器类的有焦勖等《火攻挈要》、焦玉《火龙神器阵法》等，综合类的有茅元仪《武备志》和王鸣鹤《登坛必究》等。明朝还有一大批对明代兵书的研究，是研究军事思想和学术史的重要材料。解放军出版社和辽沈书社从1987年开始，联合影印出版"中国兵书集成"，选择200余部各时期的兵书，计30卷50册，明代重要的兵书收录其中。近年，随着中国海洋史研究的升温，明代海防类典籍整理、影印与研究成果也渐趋丰富。

（4）科技史文献

受时事政局和务实学风的影响，产生了一大批代表当时国内传统科技新成果的作品，西方传教士与中国士大夫的互动，也促进了传统科技的变化。宋应星的《天工开物》3卷（崇祯十一年刻本）属"谱录类"，方以智的《物理小识》12卷总论1卷，属"杂家类"之"杂说之属"。西洋人带来或撰述的作品大多列入"子部"，成为这一时期科技著作的突出特点。如由古希腊数学家欧几里得所著、被认为是欧洲数学基础的《几何原本》，就是由意大利传教士利玛窦传到中国15卷，他和徐光启合作翻译出前6卷，他们所使用的几何学名词，如点、直线、平面、相似、外似等直到今天仍在使用。此外，王徵的《远西奇器图说》、李之藻《天学初函》等带有近代性质的科技成果，反映了晚明时代与西方交流的加深，也开始了近代化的步伐，可惜这一进程却因为明清易代而中断，西方传教士带来的大批著作，被列入存目或禁毁名单，殊为可惜。

第八节　新材料的发现与利用

历史研究的材料发掘工作是没有穷尽的，所谓的"新材料"主要相对于传统文献而言，新材料一是新发现新出土的材料，二是重新被人们审视的旧文献新整理，三是运用新的研究理论和方法，拓展了传统材料的内涵和外延。明代史研究传统文献本已丰富，难以阅读穷尽，所以传统史家更注意对经典所代表的传统文本的解读。近年来，随着史学研究领域的拓展、新的研究理论和方法的运用，明史研究与时俱进，在研究的广度、深度上都有很大的推进，对材料的阅读和使用也提出了更高的要求。

1. 明代档案

狭义的"明代档案"就其现存的实际状况可定义为秘藏皇史宬内的明中央档案，而广义的档案指明代从中央到地方的各级衙门普遍设置的众多文书

北京中国第一历史档案馆

档案工作机构所管理和收藏的政务文书档案。由于明代档案主要是由清初在编纂《明史》时收集流传，大部分内容系明代后期兵部档案。涉及明清两朝档案，故明清档案常并称为一类史料，更有将"明清档案"与甲骨文、敦煌藏经洞遗书、居延汉简并称为近代古文献的四大发现。此时距离今天已近百年，所以，明清档案自然谈不上"新"材料。实际上对明史研究而言，明代档案利用的实在有限。

明代档案原档主要收藏在北京中国第一历史档案馆、辽宁省档案馆和台北故宫博物院、"中研院"历史语言研究所。北京中国第一历史档案馆收藏有明代档案3000余册，此为原收藏在清代史馆内。辽宁省档案馆存明代档案1080件，又分"屏风档"或"信牌档"，主要是明辽东都指挥使司及其所属各卫所的档案800多件，以及代管辽宁事务的山东备倭署和山东都指挥使司等衙门档案等近200件。典藏台湾的明代档案系1949年以后带过去的精选明清档案，多为档案中的精品。此外，国内许多省级档案馆、图书馆收藏有数量可观的清代档案，明代官方档案数量有限。日本、美国等海外国家有少量的明代国家档案流出。

（1）《中国明朝档案总汇》

现存明代档案，绝大部分是毁于明末战火，流传到今天的，是主要清初为修《明史》因缺少天启、崇祯两朝的档案和材料，由清朝官方征集的，而明代许多原档因为也在修纂《明实录》之后即被销毁，故保留到今天的已数量有限，且主要集中在天启和崇祯年间，又以兵部档案为主。毕竟档案是研究历史第一手原始文献，其重要性自不待言，对流传至今有限的明代档案，社会各界非常重视对它的整理工作。《中国明朝档案总汇》（广西师范大学出版社2001年版）是现存数量最多的明代汇编，该书影印了包括"一史馆"和辽宁省档案馆收藏的明档计101册。其中，第1—88册，收集"一史馆"所存明代档案约3000多件，包括有洪武、永乐、宣德、成化、正德、嘉靖、隆庆、万历、泰昌、天启、崇祯等朝的兵部、礼部、内阁等机构的档案文件，其中天启、崇祯两朝的档案（奏议、档册）最多。最早的年代是洪武四年，最晚是崇祯十七年。另外还有崇祯死后，福王朱由崧称"弘光"皇帝时的四件档案。第49—77册为流传下来部分的明代世袭武官选簿档案。第89—101册，为辽宁省档案馆现存明档共计1081卷，经过整理，形成900多份文件，分为四大部分：辽东都指挥使司档案，山东等处总督备倭署、山东都司等档案，兵部题稿和《明实录》稿本（洪武二十五年）。辽东档案此前曾被选出585件，编为《明代辽东档案汇编》2册，由辽沈书社于1985年印行。

（2）《明清史料》

它是"中研院"历史语言研究所在1949年前后，分别对明清档案进行的系统整理，该书以干支为编号陆续出版，1949年以前出版有甲、乙、丙、丁4编。戊、己、庚、辛、壬、癸6编于1959—1975年在中国台湾出版发行。全书线装，每编10册，每册100页。从海量的明清档案中精选明隆庆元年（1567）至清乾隆三十一年（1766）近二百年间计10300余件官方档案史料，明代部分有天启、崇祯二朝的敕、诏书、诰命、敕谕、题本、奏稿、塘报、揭帖、图、单，以及内阁各项档案、外交文书等。内容大多是关于明末辽东战争、农民战争，因涉及明清易代史实，多为其他史书所讳避或载而不详，是十分珍贵的原始资料。此外，张伟仁主编的《"中央研究院"历史语言研究所现存清代内阁大库原藏明清档案》（简称《明清档案》）324册，台北联经出版公司1985—1997年出版，档案编排以时间为序，也是研究明史的重要参考。

2. 民间文书

文书与档案有着密切的关系，档案学界有"文书是档案的前身，档案是文书的归宿"一说，档案多归于官府，文书则以散落民间为主。如果说诏令奏议等原始档案是国家层面的制度记载，民间文献就是基层社会实际运行的记录，这大体是目前明清文书的实际情况。

"古文书"在明清史研究中运用也有相当长的历史，但与传统文献的使用相比却是非常年轻。近年，古文书学在中国大陆方兴未艾，在历史学以及跨学科的研究中发展迅速。它们以简帛学、敦煌学、徽学以及黑城学等为代表。就明史研究而言，徽学作为以民间文书为研究对象的学问已成为独立学科，近二十年来，清水江文书也蔚为大观。此外，由于明清时代距离今天比较近，各地还陆续发现有零散的民间文书，它们构成了明史研究的"新材料"。

（1）徽州文书

徽州文书是明清时期徽州民间社会在生产、生活及交往中的书面凭证，用以明确事理、区分职责、规范动作、约束行为、记载历史或指导效尤等，文书形式包括公文、私信、契票（土地、人身、房产、典当等）、票据、案卷、账簿、鱼鳞册、析产标书、阄书、乡规、乡约等，具有日常性、具体性和世俗性的特点。①徽州文书的分类不一，周绍泉按其内容分为土地文书、赋役文书、商业文书、宗族文书、诉讼文书等（《徽州文书的分类》，1992年），以目前的档案分类法，徽州文书涉及政务、宗法、文化、教育、卫生、土地、赋税、工商、邮政、交通等类，在这些领域都有研究的对应关系。

明清时期，徽商和晋商并称中国最著名的商邦，徽州文书中因有大量商业经济文书，成为经济史研究重要的原始文献。随着史学研究的深入，徽州文书在研究领域被广泛征收，显示出其重要的价值。20世纪四五十年代开始流传于社会，被海内外各机构收藏。它到底有多少传世还难以估计，学者估算在20万—50万件之间，而且新的文书还在不断被发现，甚至还出现了"做旧造假"的现象。它的收藏、整理、出版和研究水平，在明清文书中也是最高的。

目前已经整理出大量的徽州文书。中国社科院历史研究所编有《徽州千年契约文书》40册（王钰欣、周绍泉主编），1993年花山文艺出版社出版，其中宋元明编为20册，内容以租佃文约、田土契约、合同文书、卖身契、典当文约、税契凭证、赋税票据等契约文书为主。该所收藏徽州文书的目录已有出版《徽州文书类目》（黄山书社2000年版）。中国社科院经济研究所也有徽州文书的收藏。安徽师范大学出版社2014年出版有李琳琦主编的《安徽师范大学馆藏千年徽州契约文书集萃》10册，选辑该校收藏的颇具特色的簿册文书，涉及族产、商业、诉讼、实征册、鱼鳞图册、保甲册等诸多类型，内容丰富，珍贵稀见，这也是该校馆藏徽州文书首次集中公开面世。广西师范大学出版社从2005年出版了由刘伯山主编的《徽州文书》系列影印件，到2015年已出版5辑计50卷本，对明清徽州文书的研究，有很大的推进作用。以上文书数量庞大，但均属影印件。了解徽州文书，亦可先从点校本开始阅读，例如张海鹏等编《明清徽商资料选编》（黄山书社1985年版）、《明清徽州社会经济资料丛编》（安徽省博物馆编第一辑、中国社科院历史研究所编第二辑，中国社会科学出版社1988—1990年版）。

（2）清水江文书

清水江是长江支流沅江上游河段，在贵州省东南部，它是黔东地区和外

---

① 姚邦藻主编：《徽州学概论》，中国社会科学出版社2003年版，第237页。

界沟通的重要门户。明清时期，这里商贾云集，繁盛一时。清水江文书是清水江流域的苗族和侗族百姓社会生活中留存下来的文书档案，主要内容是经营混林农业和木商贸易而形成的大量民间契约和交易记录。由于它大量保存在锦屏、黎平、天柱、三穗、剑河、台江、岑巩等县苗族侗族农户家中，确切的数量尚不清楚，但估计在30万件左右。

清水江文献的整理有国家重大社科基金等经费作支撑，在短短的时间内取得显著成绩。张应强、王宗勋主编的《清水江文书》由广西师范大学出版社陆续出版（2007—2010），目前已出版3辑，第一辑13册，第二辑10册，第三辑10册，虽然这些文书以清代和民国时期居多，主要是对锦屏县文书进行的整理，但对明史的研究仍然有很高的参考价值。张新民主持的《天柱文书》第一辑计22册，226卷，计960万字，由江苏人民出版社2014年出版。该书收录了在天柱县境内收藏的各类契约文书7000余件。民族出版社2013年、2014年相继出版了《贵州清水江流域明清土司契约文书》"九南篇"和"亮寨篇"（高聪、潭洪沛主编），主要是锦屏县境两村寨的专项文书。黎平被认为是清水江文书保存最多的县，约5.8万件的文书，将由凯里学院与当地合作编辑出版。

由于清水江文书的主要内容是山林经营契约文书，所以其内容根据山林经营的特点分为买卖契、租佃契、分合同契约等，是明、清至民国时期清水江地区林业与苗族、侗族人民生存发展关系的契约、簿册、诉讼词等原始文献材料，是这一地区混农林经济、社会的缩影。清水江文书是当地百姓在生产劳动、经济交往和社会实践中形成的土地山林房产权属转移、村规民约、环境保护等诸方面的原始记录，所以，研究涉及了基层社会生活的方方面面。

对清水江文书的研究，起步的时间远远晚于徽州文书，在21世纪之初才引起广泛的关注，近年渐成热点。其研究的方法，除对文献本身进行抢救性征集、整理、出版外，由于文书的原始性、地域性、群体性、历时性特征，研究的角度和层次也较为丰富，像社会学、人类学、法学、历史学、林学、经济学、档案学、民族学等不同学科视角、它的不同价值都有体现。就明史研究的特征看，历史学、人类学和社会学的方法综述研究，颇有新意，如傅衣凌强调"把活材料与死文字两者结合起来"，主张"接触社会，认识社会"，"以民俗乡例证史，以实物碑刻证史，以民间文献证史"，把文献分析与实地调查相结合，努力回到历史现场去研究等。

（3）其他文书

明清民间收藏的文书内容十分庞杂，除了徽州文书、清水江文书这样非常集中在相对固定区域内的民间文书之外，全国各地都存在着数量不少、品种丰富的文书，这也是研究明清史文献的一个突出特点。不同地区的文书均有明显的地域差异，在内容上也有明显的区别。陈支平主编有《福建民间文书》6册（广西师范大学出版社2007年版），影印出版了采辑而来自福建省厦门、泉州、闽北地区、寿宁县及其他10县的各类民间文书近3000件，文书涉及时间从明万历年间直到20世纪50年代，文书内容除大量的买卖、租佃等契约外，更有数量众多、时间集中且归户性强的捐税收据及工业捐税收据等等。在北方，民间文书的收集、整理与研究也有一定的特色，如邯郸学院特聘教授乔福锦多年来致力于"太行山文书"收集、研究与整理工作，他把太行山文书分五大类，每类又分有几十种小类，有日记、书信、契约、档案、教材、商书、医书等。文书的时间段从明清一直延伸到20世纪80年代末人民公社的解散，有个别到90年代，大量的近现代文书是其最大的特色。

3. 家谱

家谱是民间文书的重要形式，因数量大且具有特殊性，故单独来介绍。家谱又称族谱、宗谱、家乘、族乘、统谱等，一般分家、族和宗三种情况。由于家谱编纂者的水平差距极大，所以水平高低不一。家谱一般会记载某一地区某一姓氏中某一支（宗、族）的得姓、迁播、谱系、家训、家传、艺文等等，是研究社会史、婚姻家庭、经济史等重要史料，也可以作为政治史、制度史研究的补充材料，研究者应审慎对待其记载国家、制度等宏观层面的真实性。虽然目前国家图书馆和上海图书馆已收藏了大量的家谱，而且影印出版了可观的"文献"资料，但由民间个人收藏的家谱数量仍相当可观。利用者一般可到国家图书馆和上海图书馆检索。美国犹他州家谱学会编《美国家谱学会中国族谱目录》收集中国1949

广东东莞潢涌村黎氏新修宗谱

《中国家谱资料选编》书影

年之前家谱胶卷17099种。中国台湾地区建有"台湾地区家谱联合目录"数据库，收藏中国家谱28846种。中华书局1997年出版有《中国家谱综合目录》收有14719条。目前出版的家谱有《北京图书馆藏家谱丛刊》系列，有"民族卷"100册（北京图书馆出版社2003年版），"闽粤侨乡卷"50册（2001）。常建华等主编《中国珍稀家谱丛刊：稀见姓氏家谱》46册，由凤凰出版社2013年陆续出版。上海图书馆共收藏有约22000种、110000余册中国家谱，是国内外收藏中国家谱（原件）数量最多的单位。该馆组织编辑的《中国家谱资料选编》（上海古籍出版社2013年版）以上海图书馆的藏谱作为基础，又选择了北京、北大、湖南、日本、美国等地所藏，选编出"家族源流"、"家规族约"、"经济"、"教育"、"序跋"、"凡例"、"图录"、"传记"、"文学"、"礼仪风俗"、"漳州移民"共11卷，以推进社会学、经济学、历史学、谱牒学等学科的深入研究。

围绕民间文书的收集与整理，田野历史调查已作为明清史研究的重要手段之一，生活·读书·新知三联书店出版的"田野历史丛书"是"强调文献解读与实地调查"最为鲜明、影响最大的一套书，主持人陈春声在该丛书总序"走向历史现场"很好地诠释了传统文献与田野材料之间关系的处理方法，建立并发展起来有自己特点的民间与地方文献的解读方法和分析工具，将中国社会史研究建立在更坚实的学术基础之上。[1]

比较而言，明清时期南方的宗族社会组织有更大发展，长江以南尤其是东南、华南和西南地区的民间文献远比北方更为丰富。以《中国家谱综合目录》收录的家谱为例，该书共收录1949年以前的中国族谱14719种，其中浙江家谱3521种、江苏家谱2151种、湖南家谱1549种、安徽家谱1236种，分别占总数的23.92%、14.61%、10.52%、8.4%，四地的家谱之和占总数的

---

① 张应强：《木材之流动：清代清水江下游地区的市场、权力和社会》，生活·读书·新知三联书店2006年版。

57.45%，而辽宁、广西、云南、陕西、天津、甘肃、北京、吉林、海南、黑龙江、宁夏、内蒙古、香港、澳门等地区族谱藏量之和仅占总数的2.38%。明代区域经济史、社会史的研究较多依靠民间文书研究的成果，南方远胜于北方，北方在这一时期受政治、军事重心的影响，政治史、制度史、民族史等利用传统文献研究的特点更加突出一些。这也是目前明清史研究的基本区域特点之一。

4．碑刻

碑刻，指刻在碑上的文字、图案或符号，它既有艺术价值，也有史料价值。碑刻文献在明史研究中，最重要的是墓志铭、神道碑之类的，二者在碑刻资料中数量庞大。一些大型的碑刻拓本影印资料中，主要收有此类碑刻，如《北京图书馆藏中国历代石刻拓本汇编》（中州古籍出版社1989年版）第51—60册收辑有明代的碑刻资料。又如《中国西南地区历代石刻汇编》（天津古籍出版社1998年版）全二十卷，第1—2册为四川重庆卷；第3册为四川凉山卷；第4—8册为广西博物馆卷；第9—13册为广西桂林卷；第14册为云南省博物馆卷；第15—18册为云南大理卷；第19—20册为贵州卷。碑刻涉及政治、经济、军事、文化、交通、水文、地震、宗教、民俗等方面的内容。

第一，是责任碑、纪功碑、纪事碑等政务活动的碑刻。如工程责任碑，分布在长城沿线地区有大量的长城碑刻，科学出版社2009年出版的《河北省明代长城碑刻辑录》（上下册），是历年河北省明代长城调查中获得的碑刻及其他金石文献中相关资料的汇编。其内容包括城工碑，阅视、鼎建碑，纪年纪事刻石，门额、台铭刻石，边塞摩崖石刻，相关碑刻，墓碑、墓志铭，佚碑录文，文字砖，炮铳铭文10个类别。再比如在边疆和少数民族地区有许多"纪功碑"，如四川大学出版社1990年出版的《四川历代碑刻》收录有明万历初年平定都掌蛮人的"平蛮碑"，记录了这场惊心动魄的战争。再如各种工程修的纪事等，一般历代地方官员在修筑衙署、城池、学校等建筑时，都会有相应的碑刻。上述纪事性很强的碑刻，资料性强，对研究明代历史都有很高的史料价值。

第二，商业市镇、行业团体的组织、自律、娱乐等方面的碑刻，即工商业碑刻资料，像苏州博物馆等编《明清苏州工商业碑刻集》（江苏人民出版社1981年版）收录有明碑12件。王国平、唐力行主编《明清以来苏州社会史碑刻集》（苏州大学出版社1998年版）收录明碑达142件。

第三，寺庙道观是碑刻资料极其丰富的地区，帝王将相、知名文人凡驻足梵刹，多题字作诗为文刻石留念。如赵世瑜《北京东岳庙与北京泰山信仰碑刻辑录》（中国书店2004年版）即是此类碑刻的收录。甚至像冯俊杰编著《山西戏曲碑刻辑考》（中华书局2002年版）中的碑刻大部分也是来自寺庙道观。

第四，碑刻上的纹饰、图案、形制等，也是研究明史工艺、生活、艺术史等重要材料。

碑刻资料因为它的原始性、单件特征，使得它的真实性非常高。虽然碑刻文字的文学色彩比较浓，带有强烈主观价值判断，墓志、功德等溢美成分比较大，但仍然可以补传统文献之不足，有的资料是唯一的。就目前学术界对碑刻资料的研究和利用看，由于文献资料的缺乏，时代愈久远，碑刻资料愈显得珍贵。比较而言，明清史资料因为浩如烟海，碑刻资料只是备选资料之一，并不像隋唐史研究对碑刻资料使用那么精细。但碑刻、金石一直是史学研究的重要史料，明清史也不例外。各地的相关部门对碑刻资料的收集和整理都极其重视，加之古碑刻属于文物的范围，国家文物局对碑刻资料的文物普查工作也非常重视，故各地都对历史时期的碑刻予以整理、保存，资料丰富。当然，由于碑刻的数量太大，各地的保护能力有限或认识不足，研究者的精力有限，还有相当多的碑刻资料并没有得到很好的收集、整理和研究。此外，作为出土文献，碑刻资料的阅读与使用可以与传统文献相印证，由于年代久远、自然因素的影响，许多碑刻资料的释读可能都存在一定的困难，因此，像其他田野资料一样，碑刻资料的使用更应该与传统文献结合起来研究。

5. 域外史料

明朝所处的14—17世纪，既与周边国家（地区）保持着传统的朝贡关系，又与西方国家有了更多交往，这些国家有使臣、文人、传教士和外交人员以多种形式记录了有关明代的历史以及与明朝之间的关系史料。

（1）朝鲜文献

《朝鲜李朝实录》和《燕行录》记载了朝鲜使臣和文人笔下的明代史实。《李朝实录》采用编年体方式，用汉文记载朝鲜王朝始祖太祖到哲宗的25代472年（1392—1863）间历史事实；若连最后两任君主的记录也包括在内的话，则包含总共27代519年（1392—1910）。全书共1893卷888册，总共约6400万字。像《明实录》一样，它收录了关于朝鲜王朝时代政治、外交、军事、经济方面的丰富史料，被认为是研究朝鲜史的基本史料。其中大量记载了作为藩属国的朝鲜与中国的明朝、清朝交往的详细历史。吴晗认识到了该实录的巨大价值，编纂有《朝鲜李朝实录中的中国史料》12册（中华书局1980年版）供研究者参考。近年，韩国已经把实录全文数字化，可以免费在线汉字全文检索和原书高精度影像浏览、下载。

《燕行录》是明清时期朝鲜使臣到中国见闻记录的统称，由于它是在长达数百年之间、数量众多的燕行使者所著，其中的著作长短不一、风格各异，记述的内容和侧重点都有很大的差异，但他们从朝鲜出发，沿途在中国所见所闻，在北京城期间的日常公务、私务，都在返回朝鲜之后要向本国国王汇报，随行的其他人员也可能私撰见闻。这些著作大都以汉文写成，由此就形成了各个时期的《燕行录》。这些记录以朝鲜人的视角记录中国问题，对研究明史、明代中朝关系史、东北亚和东亚关系史，都是重要的原始文献。其写作文体主要有日记、诗歌、奏折、状启（即发回到本国的秘密报告）、书信、唱和诗、送行诗等。其中日记和纪行诗是它的主要形式。目前，该文献的整理与研究方兴未艾，主要有韩国的林基中历时30年、主编了《燕行录全编》（韩国东国大学校出版部2001年版）影印100册，共计380余种，58000余页。国内广西师范大学出版社2010—2013年陆续影印出版有3辑计30册《燕行录全编》，该出版社同时出版有《韩国文集中的明代史料》13册，系从《韩国文集丛刊》第7册到第100册中整理辑录出来的，内容主要是朝鲜使臣出使明朝往返过程中所写的诗、赋、日记等，记述了沿途所见所闻，以及一些实录、行状、奏疏等，涉及当时两国相关的政治、经济、军事、外交等情况。

（2）越南燕行录

越南使臣也编写有类似的"燕行录"，复旦大学出版社2010年影印出版有《越南汉文燕行文献集成》25册，该书搜集了现存的越南79种独立成书或成卷的燕行文献，包括越南陈朝、后黎朝、西山朝和阮朝出使中国的燕行使者的著述。从一个侧面展示了1314—1884年中越交往史，亦可直观呈现元明清时期中国的感性样态。

（3）耶稣会士著述

明代中期以后到清前期，大批耶稣会士来到中国，他们奉行科技传教，一批西方近代性质的科研著作传到中国，当然还有宗教、哲学和纪游类作品诞生。这些作品有的是与中国人合著、合译或合作的，有的用汉文，有的用外文，情况比较复杂，但反映了这一时期中西文化交流的成果。

中华书局出版有"中外关系史名著译丛"，有明时期《利玛窦中国札记》、《十六世纪中国南部行纪》（美国人博克舍编注，何高济等译）等。由黄兴涛、王国荣主持的《明清之际西学文本》全4册中华书局2013年出版，收录明清之际西方传教士在来华过程中的中文著作。这些著作涉及宗教神学、教育学、伦理学、逻辑学、语言学、心理学、哲学、美术学、文艺学、地理学、历史学、天文学、地理学、物理学、医学、数学（主要是几何学）、植物学和动物学等学科，在中西文化交流史、明清思想史和学术史等研究领域，具有很高的价值。周振鹤主编、凤凰出版社2013年亦出版有《明清之际西方传教士汉籍丛刊》，对明清之际西方来华传教士的汉文文献进行系统整理，第一辑6册收录30种文献。民国时上海神父徐宗泽著《明清闻耶稣会士译著提要》（上海书店出版社2006年版）介绍了明清间耶稣会士译著及本土相关著作200余种，可作为工具书查阅。

此外，日本、东南亚等国的文献中，也因为与中国的政治、经济关系有涉及中国的史料，甚至也不乏碑刻、族谱、民间文书和田野资料等。有的价值还相当高，比如嘉靖时期曾作为日本贡使的策彦周良所著《初渡集》和《再渡集》（合称《入明记》）对研究明代的朝贡制度、中日关系、明代社会生活史等，是其他文献所无法取代的。

6. 民族文字史料

（1）满文文献

明时期的民族语史料相当有限。老满文最初是努尔哈赤在1599年下令仿蒙古文创制，此文字文献，今存世有《旧满洲档》，皇太极命人加以改进，形成新满文。清入关的历史仍然属于明朝统治的时段，这一时期以满文档案记录汇编成的编年体史籍《满文老档》（中华书局1990年版），经清人编辑收录的有天命纪元前九年至天命十一年（1607—1626）、天聪元年至六年（1627—1632）和崇德元年（1636）共27年史事，是研究明代东北史，以及清入关前满族社会经济、政治、军事、文化、民族、外交、风俗习惯及宫廷生活等历史的较为原始的文献资料，颇为珍贵。

（2）蒙文文献

明时期蒙古贵族退居长城以外过逐水草而居的生活，八思巴文使用有限，传世文献极其有限，仅有少量的佛经翻译，如《甘珠尔》，有几部法典《图门汗法典》、《俺答汗法典》、《俺答汗宗教法规》等。历史文献仅见《高昌馆课》和《明代代宗朱祁钰对阳力耳吉圣旨》。另有医学翻译文献。

（3）藏文文献

藏文文献也很少，主要有反映西藏历史、藏族传说和佛教经义及故事，如《雅隆尊者教法史》、《汉藏史集》、《贤者喜宴》等。

此类史料，赵令志编著《中国民族历史文献学》（中央民族大学出版社2006年版）有专题介绍。

明史研究的史料过于丰富，以上分类和代表著作的介绍是在笔者阅读的基础之上，参照"四部分类法"以及前贤论著介绍，在文献分类和内容介绍方面，重点参考了陈高华、陈智超等著《中国古代史史料学》（修订本，天津古籍出版社2006年版）、顾诚《隐藏的疆土：卫所制度与明帝国》（光明日报出版社2012年版）和赵令志《中国民族历史文献学》等论著。特此说明，并致谢。

参考书目

白寿彝总主编：《中国通史·明时期》（上、下），上海人民出版社1996年版。

包诗卿：《翰林与明代政治》，上海古籍出版社2015年版。

曹刚华：《明代佛教方志研究》，中国人民大学出版社2011年版。

曹树基：《中国移民史（明时期）》，福建人民出版社1997年版。

陈宝良：《明代社会生活史》，中国社会科学出版社2004年版。

陈宝良：《明代士大夫的精神世界》，北京师范大学出版社2017年版。

陈高华、陈智超主编：《中国古代史史料学（修订版）》，天津古籍出版社2006年版。

陈高华：《陈高华说元朝》，上海科学技术文献出版社2009年版。

陈楠、任小波：《藏族史纲要》，中央民族大学出版社2014年版。

陈梧桐：《洪武大帝朱元璋传》，贵州人民出版社2005年版。

陈梧桐、彭勇：《明史十讲》，上海古籍出版社2007年版。

晁中辰：《明成祖传》，人民出版社1993年版。

〔英〕崔瑞德、〔美〕牟复礼著，张书生等译：《剑桥中国明代史》（上），中国社会科学出版社1992年版。

达力扎布：《蒙古史纲要》，中央民族大学出版社2006年版。

范金民：《国计民生——明清社会经济研究》，福建人民出版社2008年版。

樊树志：《晚明史》，复旦大学出版社2003年版。

范中义：《中国军事通史》（第十五卷上、下），军事科学出版社1998年版。

方志远：《明代国家权力结构及运行机制》，科学出版社2008年版。

冯尔康：《清史史料学》（上、下），故宫出版社2013年版。

高寿仙：《明代农业经济与农村社会》，黄山书社2006年版。

顾诚：《南明史》，光明日报出版社2011年版。

顾诚：《隐匿的疆土：卫所制度与明帝国》，光明日报出版社2012年版。

顾诚：《李岩质疑：明清易代史实探微》，光明日报出版社2012年版。

顾诚：《明末农民战争史》，光明日报出版社2012年版。

黄爱平：《四库全书纂修研究》，中国人民大学出版社1989年版。

韩大成：《明代城市研究(修订本)》，中华书局2009年版。

何兆武：《中西文化交流史论》，湖北人民出版社2007年版。

嵇文甫：《晚明思想史论》，东方出版社1996年版。

［美］杰克逊·J.斯皮瓦格尔：《西方文明简史》，董仲瑜等译，北京大学出版社2010年版。

李金明：《明代海外贸易史》，中国社会科学出版社1990年版。

李小林：《万历官修本朝正史研究》，南开大学出版社1999年版。

李新峰：《明前期军事制度研究》，北京大学出版社2016年版。

李洵：《明史食货志校注》，中华书局1982年版。

李洵：《正德皇帝大传》，中国社会出版社2008年版。

梁方仲：《明代赋役制度》，中华书局2008年版。

梁志胜：《明代卫所武官世袭制度研究》，中国社会科学出版社2012年版。

刘祥学：《明朝民族政策演变史》，民族出版社2006年版。

刘祚昌等主编：《世界近代史》，高等教育出版社2001年版。

毛佩琦、李焯然：《明成祖史论》，（台北）文津出版社1994年版。

南炳文、汤纲：《明史》（上、下），上海人民出版社2014年版。

南炳文、何孝荣：《明代文化研究》，人民出版社2006年版。

宁欣主编：《中国古代史》（下），北京师范大学出版社2009年版。

彭勇：《明代班军制度研究：以京操班军为中心》，中央民族大学出版社2006年版。

彭勇：《明代北边防御体制研究：以边操班军的演变为线索》，中央民族大学出版社2009年版。

彭勇：《真实的荒诞：中国二十帝王另类生活扫描》，东方出版社2013年版。

彭勇、潘岳：《明代宫廷女性史》，故宫出版社2015年版。

钱茂伟：《明代史学的历程》，社会科学文献出版社2003年版。

商传：《走进晚明》，商务印书馆2014年版。

沈定平：《明清之际中西文化交流史——明代：调适与会通》，商务印书馆2001年版。

沈福伟：《中西文化交流史》，上海人民出版社1985年版。

田澍：《嘉靖革新研究》，中国社会科学出版社2002年版。

万明：《晚明社会变迁：问题与研究》，商务印书馆2005年版。

万明：《明代中外关系史论稿》，中国社会科学出版社2011年版。

王春瑜：《王春瑜说明史》，上海科学技术文献出版社2009年版。

王天有：《明代国家机构研究》，故宫出版社2014年版。

王天有、高寿仙：《明史：一个多重性格的时代》，（台北）三民书局2008年版。

王毓铨主编：《中国经济通史·明代经济卷》（上、下册），经济日报出版社2000年版。

王兆春：《中国火器史》，军事科学出版社1991年版。

韦庆远：《张居正与明代中后期政局》，广东教育出版社2009年版。

吴德义：《政局变迁与历史叙事：明代建文史编撰研究》，中国社会科学出版社2013年版。

吴于廑、齐世荣主编：《世界史（近代史编）》，高等教育出版社2011年版。

肖立军：《明代省镇营兵制与地方秩序》，天津古籍出版社2010年版。

解文超：《明代兵书研究》，天津人民出版社2010年版。

徐泓：《二十世纪中国的明史研究》，台湾大学出版中心2011年版。

杨国桢、陈支平：《中国历史·明史》，人民出版社2006年版。

杨艳秋：《明代史学探研》，人民出版社2005年版。

张柏春：《明清测天仪器之欧化》，辽宁教育出版社2000年版。

张承友等：《明末清初中外科技交流研究》，学苑出版社2002年版。

张海瀛：《张居正改革与山西万历清丈研究》，山西人民出版社1993年版。

张佳：《新天下之化——明初的礼俗改革研究》，复旦大学出版社2014年版。

张金奎：《明代卫所军户研究》，线装书局2007年版。

赵令志：《中国民族历史文献学》，中央民族大学出版社2006年版。

张民服等：《豫商发展史》，河南人民出版社2007年版。

张显清主编：《明代后期社会转型研究》，中国社会科学出版社2008年版。

张显清、林金树等：《明代政治史》，广西师范大学出版社2003年版。

赵世瑜：《小历史与大历史：区域社会史的理念、方法与实践》，三联书店2006年版。

赵毅、于宝航：《明史十二讲》，中国广播电视出版社2009年版。

张应强：《木材之流动：清代清水江下游地区的市场、权力和社会》，三联书店2006年版。

赵中男：《宣德皇帝大传》，中国社会出版社2008年版。

朱鸿林：《中国近世儒学实质的思辨与习学》，北京大学出版社2005年版。

邹振环：《晚清西方地理学在中国》，上海古籍出版社2000年版。

大事记

元至正十一年（1351），刘福通、韩山童起义。

元至正十二年（1352），朱元璋参加红巾军。

洪武元年（元至正二十八年，1368）正月，朱元璋称帝，国号大明，以应天（今南京）为京师，年号洪武。七月，元顺帝离开元大都。八月二日，徐达军入大都。

洪武三年（1370），《元史》纂成。

洪武四年（1371），四川的夏王明昇（明玉珍子）出降。

洪武八年（1375），空印案发。

洪武十三年（1380），胡惟庸案发，废中书省和丞相。改大都督府为五府。

洪武十五年（1382），平定云南。

洪武十八年（1385），郭桓案发。

洪武二十年（1387），辽东元将纳哈出降。

洪武二十六年（1393），蓝玉案发。

洪武三十一年（1398），朱允炆即位，改元建文。

建文元年（1399）七月，燕王朱棣以"靖难"之名起兵，历四年，夺取皇位，改明年为永乐元年。建文帝不知所终。

永乐三年（1405），宦官郑和首次下西洋。

永乐五年（1407），《永乐大典》成。

永乐八年（1410）二月，成祖第一次亲征漠北。

永乐九年（1411），亦失哈巡视奴儿干，设奴儿干都司。

永乐十一年（1413），贵州承宣布政司建立。

永乐十九年（1421），迁都北京。

永乐二十二年（1424）太宗死于榆木川，太子高炽即位，是为仁宗。

洪熙元年（1425），仁宗卒，子瞻基继位。

宣德五年（1430），郑和第七次下西洋。

大事记

宣德十年（1435），朱祁镇即位，是为英宗，改元正统。王振任司礼监太监。

正统元年（1436）八月，始定江南岁赋折银入内承运库，谓"金花银"。

正统十四年（1449），英宗亲征瓦剌，兵败土木堡，被俘。九月六日，郕王朱祁钰即帝位，尊英宗为太上皇，改元景泰。十月，于谦组织北京保卫战。

景泰八年（1457），夺门之变，英宗复辟。改景泰八年为天顺元年，于谦被处死。

天顺五年（1461），曹吉祥、石亨叛变。

成化元年（1465），荆襄流民起事。大藤峡瑶壮人起事。

成化十三年（1477），置西厂，宦官汪直领。

弘治十八年（1505）朱厚照即位，是为武宗，改元正德。宦官刘瑾弄权。

正德五年（1510），安化王朱寘鐇叛乱，杨一清等讨平之。

正德五年（1510），河北杨虎、刘六起义。

正德十四年（1519），宁王朱宸濠叛乱，王守仁讨平之。

正德十六年（1521），武宗死，无子嗣。朱厚熜（兴献王世子）即位，是为世宗。

嘉靖二年（1523），日本贡使挑起"宁波争贡"之役，引起明朝严厉的海禁。

嘉靖二十七年（1548），严嵩取代夏言出任首辅。夏被杀。

嘉靖二十九年（1550），蒙古俺答汗兵临京城，称"庚戌之变"。

嘉靖三十二年（1553），葡萄牙人入居澳门。

嘉靖四十三年（1564），戚继光、俞大猷抗倭，东南倭患渐平。

隆庆元年（1567），开放福建漳州月港，"隆庆开关"。

大事记

隆庆四年（1570），那汉把吉投靠明朝。

隆庆五年（1571），封俺答汗为顺义王，明与蒙古部关系缓和。

隆庆六年（1572），穆宗死，朱翊钧即位。高拱被罢，张居正主政。

万历四年（1576），戚继光重修三屯营，大修边墙。

万历六年（1578），潘季驯治河。

万历九年（1581），行一条鞭法。

万历十年（1582），张居正去世。后被抄家。

万历十六年（1588），努尔哈赤统一建州。

万历二十年（1592），宁夏哮拜叛变。

万历二十二年（1594），播州杨应龙叛乱。

万历二十五年（1597），紫禁城"三大殿"等宫殿俱焚，神宗以重修之名，开始派出扰民的"矿监税使"。

万历二十六年（1598），援朝抗倭战争结束。

万历二十九年（1601），利玛窦抵达北京。努尔哈赤建八旗制度。

万历四十三年（1615），梃击案。

万历四十四年（1616），努尔哈赤即汗位，改元天命，国号大金。

万历四十六年（1618），努尔哈赤以"七大恨"为由对明廷开战。

万历四十七年（1619），萨尔浒之战爆发。

万历四十八年（1620），神宗死。太子常洛即位，称光宗，改元泰昌。光宗在位仅月余即死，由校即位，是为熹宗，复改明年为天启元年，以本年八月以后为泰昌元年。

泰昌元年（1620），红丸案、移宫案。

天启元年（1621），魏忠贤任秉笔太监，与客氏勾结弄权。

天启六年（1626），宁远大捷。八月，努尔哈赤死，皇太极立。

天启七年（1627），陕西澄城农民抗粮，揭开明末农民起义的序幕。八月，熹宗死，信王由检即位。十一月，魏忠贤死。

大事记

崇祯三年（1630），袁崇焕被杀。

崇祯九年（1636），皇太极改国号为清，改元崇德。

崇祯十三年（1640），李自成提出"均田免粮"。

崇祯十四年（1641），李自成入洛阳，杀福王朱常洵。二月，张献忠入襄阳，杀襄王。八月，洪承畴兵败松山。本年，荷兰打败西班牙，占据我国台湾。

崇祯十七年（1644）正月，李自成改西安为西京，建国号大顺，年号永昌。三月十八日，李自成军进抵北京，四月二十五日崇祯在煤山上吊自杀，明朝灭亡。五月，朱由崧在南京称帝，改元弘光。十一月，张献忠建大西政权，改元大顺。

后 记

如果从1992年开始的明清经济史研究生学习算起，我从事明清史专业的学习、教学和科研已经有小30年的时间，从郑州大学到北京师范大学，再到中央民族大学，一直没有离开明清史专业，其中又以明史为主。这本教材就是这么多年的学习心得体会。

在本书之前，本人曾和陈梧桐先生主编有《明史十讲》（上海古籍出版社2007年版）并撰写其中6讲，参撰了宁欣先生主编《中国古代史》（下）（北京师范大学出版社2009年版）的明代部分。两部书均有良好的表现，前者的修订版已由中华书局2016年出版，后者被评为教育部"十一五"国家级规划教材和北京市精品教材，多次加印。就内容而言，前书的定位是明史专题讲座，后者是本科生必修课教材。而本书的写作定位则是高年级本科生和研究生专业读本，它既要体现作为断代史的明代近300年的基本线索、知识和特征，又要具备一定的研究性，即它应比《明史十讲》有更强的连贯性，又要比《中国古代史》有更深入的研究性。所以，本教材的内容安排，是在前面两书的基础之上充分吸收了笔者的研究成果，又参考了学术界代表性的最新成果；在写作语言上，努力避免干枯的说教，尽可能增强可读性。考虑到目前尚没有一部专门的明史史料学论著，故结合自己的心得专列最后一章详述，以备研究者参考。本书的插图，部分是笔者十余年来拍摄的，部分由学界朋友提供，还有一些取自网络，在此向他们表示感谢。

本书的完成，首先要感谢张民服老师和顾诚老师把我引入明清史研究的大门，感谢清华大学历史系的倪玉平教授和刘松弢编辑的约请、帮助和通力合作。还要感谢中国社科院历史研究所原明史室主任万明研究员早在2010年的提议和督促，感谢中央民族大学的陈梧桐先生和北京师范大学的宁欣先生多年的关心和指导。从2010年撰写初稿到今天已走过近十年时间，内容和结构都调整了多次，其间，数十名中国古代史和历史文献学专业的硕士生与我在一起研讨，教学相长，谢谢他们的陪伴。限于本人的能力与视野，书稿中肯定存在不足，诚请读者批评指正。

彭勇

2019.1.23

黄向坚《万里寻亲图》（局部）
现藏苏州博物馆
黄向坚是明代吴门画派的代
表人物之一。明末清初，因
战乱黄向坚与云南任职的父
亲失去联系，他万里赴滇寻
亲，历时两年迎回父亲。

责任编辑：刘松弢
责任校对：吴容华
封面设计：汪　阳
版式设计：华辰图文

图书在版编目（CIP）数据

明史／彭勇著 . —北京：人民出版社，2019.6
ISBN 978 - 7 - 01 - 019621 - 3

I.①明… II.①彭… III.①传体 IV .①K248.042

中国版本图书馆 CIP 数据核字（2018）第 172520 号

明史
MINGSHI

彭 勇 著

人民出版社 出版发行
（100706 北京市东城区隆福寺街 99 号）

中煤（北京）印务有限公司印刷 新华书店经销

2019 年 6 月第 1 版 2020 年 1 月北京第 2 次印刷
开本：710 毫米 × 1000 毫米 1/16 印张：24.5
字数：397 千字

ISBN 978 - 7 - 01 - 019621 - 3 定价：70.00 元

邮购地址 100706 北京市东城区隆福寺街 99 号
人民东方图书销售中心 电话（010）65250042 65289539

版权所有·侵权必究
凡购买本社图书，如有印制质量问题，我社负责调换。
服务电话：（010）65250042